세계사를 바꾸어 놓은 기독교 설교
Christian Preachers Who Changed the World

Byungki Song · Kyuchul Yang
조영석 옮김

부산대학교출판부

저자 :

송 병 기 (Byungki Song)

현, 뉴욕 목양장로교회 담임목사
뉴욕한인장로신학대학장, 뉴욕주한인교회 위원회 회장
맥코믹 신학대학교 목회학 박사
한국장신대학교 신학석사
연세대학교 졸업

양 규 철 (Kyuchul Yang)

현, 랭카스터성서대학 교수
템플대학교 수사학 박사
펜실베니아 대학원 언어학 석사
템플대학교 사범대학 영어교육학과 졸업
저서 : 세계사를 바꾸어 놓은 기독교 설교(2015), 영문독해(2000) 등 다수

역자 :

조 영 석

현, 국립목포대학교 경영대학장
한국재무관리학회 부회장, 한국금융공학회 편집위원장
대통령직속 국가균형발전위원회 평가자문위원
미국 델라웨어주립대학교 교환교수(2013.7.~2015.6.)
건국대학교 대학원 경영학 박사
부산대학교 경영대학 졸업
저서 : 에센스 재테크(2017, 공저), 기업가치를 높이는 IR(2003, 공저) 등 다수

서문

예수님의 가르침을 중심으로 기독교가 형성되고 발전을 계속하여 온 지도 벌써 2천여 년이 지났다. 초기 형성기에는 기독교인들이 심한 박해를 받았고, 정통이냐 이단이냐 하는 문제로 격동기를 보냈다. 기독교가 로마제국의 국교로 공인된 후, 교권이 확립되고 교회의 힘이 커짐에 따라 비리와 부패도 성행했다. 이에 종교개혁은 사회적 시대적 요청에 부응하여 일어났고, 그 후 개신교의 수많은 종파가 형성되고 발전하면서 오늘날에 이르게 되었다. 기독교의 발전 과정에서 비난 받을 일도 있었지만, 그래도 공헌이 훨씬 더 많아 종교개혁 이후에 기독교는 세계 문명과 문화 발전에 크게 공헌하였을 뿐 아니라 산업혁명 이후 세계사를 바꾸어 놓았다.

오늘날 70억 명이 넘는 세계 인구 중에서 삼분의 일이 기독교 신자라는 사실을 보면, 우리는 다음과 같은 여러 질문을 던져 보지 않을 수 없다.

기독교가 이렇게 크게 발전할 수 있었던 중요한 이유는 무엇인가?

이에 대하여 다음과 같은 답을 제시할 수 있다. 즉 기독교는,
(01) 예수님의 가르침과 성서가 우수하다.
(02) 근본 철학이 평등하고 박애적이다.
(03) 추상적이고 철학적인 문제보다는, 당면한 현실 개선을 중요시한다.
(04) 평등한 원칙에 따라 인간의 존엄성을 강조한다.
(05) 핍박받고 가난한 사람을 대변하여, 사회 정의와 평화를 주장한다.
(06) 봉사와 선교 활동이 활발하다.
(07) 구원을 약속한다.

(08) 많은 시련에 절망치 않고 건전한 발전을 계속하고 있다.
(09) 설교의 힘이 절대적이다.

기독교의 발전을 볼 수 있는 측면은 위에 열거한 아홉 가지 이외에도 셀 수 없이 많이 있지만, 본서에서는 "설교가 어떻게 기독교 발전에 공헌하였는가?"라는 것에 초점을 두었다. 설교에 초점을 둔 이유는 다음과 같은 사실 때문이다.

즉 기독교는:

(01) 설교('산상설교')로 시작되었으며, 지금도 설교를 중심으로 발전하고 있다. 그러므로 기독교는 설교 중심의 종교이다.

(02) 예수님께서 십자가에 못박힘을 당한 이후, 초기 기독교인은 로마제국의 단속을 피하여, 기독교의 생존과 선교를 위하여 설교를 효과적으로 활용하였다. 기독교인이 아닌 사람을 선교할 때에는 가정을 방문하여 온화한 설득 방법으로, 같은 기독교인들과 이단 문제를 다툴 때에는 논쟁으로 설득하였다.

(03) 설교는 기독교 사상과 교리를 설득시키고, 발전시켜 주는 강력한 방편이기 때문에 설교에 대한 연구 없이는 기독교의 발전을 논할 수 없다.

(04) 설교는 가장 핵심적인 교회 행사로써, 신앙생활의 방향을 설정하고 이끌어 준다. 따라서 설교는 신앙의 흐름을 엿볼 수 있는 척도이다.

(05) 설교는 우리가 당면한 현실 문제를 외면하지 않고, 현실 개선을 요구하는 사회의 목소리이다. 그러므로 설교는 지난 2000여 년 동안의 각 시대적 현실과 종교의 관계를 살펴볼 수 있는 확실한 증거 자료이다.

그리고 효과적인 번역을 위해서 본서는 다음과 같은 방법을 택했다.

번역은 또 다른 창작이다. 이 말은 원서에 있는 말을 그대로 직역하는 것이 아니고, 주어진 글을 사건 상황과 문맥을 먼저 폭넓게 이해하고 나서, 독자들이 알기 쉽게 다시 써야 하기 때문이다. 번역은 많은 시간과 노력이 필요하다. 일단 번역한 글은 여러 번 수정하고 또 수정을 하여서 이해하기 쉽게 만들었다. 이러한 힘든 작업을 하여 주신 조영석 교수에게 특별히 감사를 드린다. 또한 본서의 핵심인 "설교와 기독교 발전"을 이해하는데 충실을 기하기 위하여, 다음의 주요한 자료만을 간추려 번역하였고, 나머지 여러 자료는 원문 그대로 두었다.

원문에서 번역된 내용은 다음과 같다.

1. 각 시대의 역사적 배경 A Historical Overview
2. 각 시대를 대표하는 설교인들 Preachers
   - (2.1) 설교인 Preacher
   - (2.2) 기독교 발전에 공헌한 점 Contributions
   - (2.3) 설교를 한 상황 Information related to his/her preaching
   - (2.4) 설교의 핵심 내용 Preaching
   - (2.5) 해설 Comments

본서에 있는 여러 고유명사인명, 지명에 대한 발음과 번역은 《동아 프라임 영한사전》2008, 서울: 동아출판사을 참고하였다. 성경에서 찾기 힘든 용어, 고유명사는 《새성경사전》2000, 서울: 기독교문서선교회과 《한·영 성경사전》1987, 서울: 대한성서공회출판사을 참조하였다. 성경의 본문은 《개정개역성경 제4판(2006)》을 사용하였으며, 위의 출처에서도 찾지 못한 용어 번역 또는 번역하기 힘든 고유명사는 한글로 쓰고 괄호 안에 영어로 되어있는 원문을 그대로 표기 하였다.

본서의 형식Format은 영어 원문과 일치시키기 위하여 미국심리학협회가 추천한 형식APA: American Psychological Association을 사용하였다. 이유는 APA는 MLAModern Language Association와 더불어 현재 학계에서 가장 널리 사용하는 형식이기 때문이다. 다음과 같은 점을 유의하기 바란다.

예: 허균(1612): 《홍길동전》(1612년 허균이 쓴 작품(저서) 이름)
임꺽정(2010): "홍길동전", 조선중기 문학 작품 선집("홍길동전"은 조선중기 문학 작품 선집(2010 년 판)에 실려진 글, 소설 또는 기사를 말함. 저서나 작품이름이 아님)

그리고 본서 내용을 정확히 파악하기 위해서는 용어해설Glossary을 참조하기 바란다. 자세한 용어해설은 영문판에 있고 한국어 번역문을 이해하는데 필요한 용어해설은 해당하는 각 페이지마다 주석을 달아 놓았다.

끝으로 본서가 나오기까지 기도하여 주시고 도와주신 여러 학자와 성직자 Donald Ecroyd, Robert Oliver, Davis Martin, Helen L. Kim, 한인철, 이정호, 우낭자 등 모든 분께 깊은 감사를 드리며, 특히 송춘희 목사님과 뉴욕에 있는 목양장로교회 신도님들의 협조에 특별히 감사를 드린다. 또한 본서가 출판되기까지 정성을 다해 준 부산대학교출판부 직원 여러분께 감사를 드린다.

Byungki Song
Kyuchul Yang
조 영 석

목 차

* 'c.' refers to 'circa'(대략)

제4장 / 계몽주의 시대(1650년경~1850년경)

제5장 / 불안한 시대(1850년경~현재)

서론

설교는 인간의 의사와 감정 표현, 또는 예식 수단으로 태고 적부터 시작되었다. 선사시대에는 문화와 언어를 같이 나눌 수 있는 지역사회에서 주로 설득, 예식, 의식, 주문, 서약, 축복 등을 위한 목적으로 사용되었다. 사회가 발달한 역사시대(B.C. 3000년 이후)에는 성직자 및 지역사회 지도자들이 어떠한 교리나 성서를 바탕으로 대중에게 전도와 설득의 목적으로 발달하였다.

위에서 말한 설교의 정의는 무난하지만, 본서에서 다루고 있는 설교의 정의와 비교하면 너무나 폭이 좁다. 설교는 복음 전파에 있어서 매우 큰 역할을 함과 동시에 또한 사회 현실을 반영하고 개선을 요구하는 시대의 목소리이다. 그러므로 사회 현실이 변함에 따라 설교 내용도 바뀐다. 어떠한 교회의 역사는 관련된 장소와 때를 중심으로 여러 가지 사회에서 일어나는 사건들을 다루어야 하므로, 교회와 사회 사건들을 분리하여 다룰 수 없다. 이처럼 설교는 교리와 사회 현실을 따로 떼어서 다루지 않고, 오히려 이러한 상호 밀접한 관계를 조절하고 보다 나은 사회와 신앙생활을 위하여 우리를 이끌어 주고 있다.

여기에서 '설교'에 대한 정의를 더 구체적으로 설명하고자 한다. 본서에서 말하는 '설교'는 영어로 'Preaching'이며, 'Sermon'과는 해석의 뜻이 조금 다르다. Sermon은 성서 말씀을 중심으로 공식 예배시간에 성직자에 의하여 행하여지는 가르침이다. 반면, Preaching은 설득을 목적으로 사용되는 모든 종류의 의사 전달을 말한다. 즉, Preaching은 물론 Sermon을 포함할 뿐 아니라, 광범위한 의사전달 방법을 지칭한다. 예를 들면, 초대 사도들이 사용하였던 서간Epistles, 수기, 일기 등과 중세기 때의 교황 교서, 시, 수필, 대화, 소설, 현대에서 사용되는 연설, 논평, 수필, 논문, 기고문, 교황 취임사 등 모든 종류의 출판물을 지칭하기 때문에 범위가 아주 광범위하다. 그러므로 Preaching은 설득하기 위하여 사용되는 모든 형태의 의사소통Verbal and nonverbal Communication을 지칭한다.

이를 바탕으로 본서는 다음과 같은 내용을 중심으로 다루고자 한다.

(01) 기독교는 설교 중심의 종교라고 하는데, 그 이유는 무엇인가를 검토해 본다.

(02) 설교를 통하여 신학 및 철학 분야에 세계적 공헌을 한 주요 기독교 설교인들을 자세히 알아본다.

(03) 기독교 초기부터 오늘날까지, 학계 및 종교계에 크나큰 논쟁을 불러 일으켰거나 또는 영향을 미친 주요 사건을 살펴본다.

(04) 기독교의 핵심 사상과 가르침을 중심으로 어떻게 기독교가 발전해 왔는가를 되새겨 본다.

(05) 어떠한 설교가 명설교인지 수사학적으로 분석하여 본다.

(06) 그리고 다음과 같은 어려운 질문에, 개인적인 답을 찾아보는데 도움이 되었으면 한다.

(001) '나'는 어디에서 왔는가?

(002) '나'라는 존재의 의미는 무엇인가?

(003) '삶'의 참된 의미는 무엇인가?

(004) '사망' 후에는 어떤 일이 일어나는가?

(005) '나와 예수님'의 관계는 무엇인가?

본서에서 우리가 살펴보고자 하는 종교적 사건과 설교는 그 당시의 시대적 상황과 매우 밀접한 관련되어 있으므로 일반적인 역사 구분을 활용하면 교회 발전과 사회상을 쉽게 이해할 수 있다. 따라서 본서의 내용 전개와 구성은 독자들의 이해가 쉽도록 다음과 같이 구분하였다.

제1장: 예수님의 설교로 시작한 기독교가 로마제국의 종교로 공인되고 (A.D. 391), 그 동안 '정통과 이단' 문제로 싸웠던 약 400년 동안 일어난 사건들을 다루었다. 이단성을 논박하고 정통성을 확립하는데 공헌한 10명의 대표 설교인들을 만나 본다.(*목차 참조)

제2장: 중세기(450년경~1500년경). 마지막 로마 황제 폐위부터 종교개혁 이전까지 약 천 년 기간. 이 기간은 긴 세월이기에, 초기(450년경~800년경); 중기(800년경~1300년경); 그리고 후기(1300년경~1500년경)로 나누었다. 중세 역사 배경과 9명의 대표 설교인들을 찾아 본다.

제3장: 종교개혁 시대(1500년경~1650년경). 중세 후기부터 현대 초기에 일어난 종교개혁에 대한 원인과 발전을 다루었고, 종교개혁을 대표하는 설교인 2명(마틴 루터와 존 칼빈)을 다시 만나 본다.

제4장: 계몽주의 시대(1650년경~1850년경). 여러 종교 및 사회운동(이성주의, 신앙부흥, 독립된 분파주의, 종교개혁에 대한 각성, 산업혁명, 식민주의)에 크나큰 영향을 끼쳤던 6명의 대표 설교인들을 수록하였다.

제5장: 불안한 시대(1900년경~현재). 불안한 정치사상, 경제 정책 및 종교의 혼란으로 빚어진 불안한 현실을 재검토하기 위하여, 6명의 대표 설교인들을 검토하여 본다.

다음에 나오는 제1장은 기독교 탄생 과정, 정통과 이단의 문제를 주로 다루었다.

제 1 장

기독교 탄생:
400년 간 정통과 이단의 논쟁
(기원 후 27년~450년경)

제 1 장 기독교 탄생: 400년 간 정통과 이단의 논쟁 (기원 후 27년~450년경)

제1장은 두 부분으로 나누어 설명하고자 한다. 첫째는 당시의 역사적 배경을 살펴보고, 다음에는 초기 기독교 발전에 공헌한 대표적 설교인들을 고찰하여 보겠다.

1. 역사적 배경

역사는 되풀이된다. 여러 역사적 사건은 서로 동떨어진 것이 아니고, 상호 밀접한 관계 속에서 영향을 미치며 끊임없이 이어지기 때문에, 어떠한 사건만을 독립해서 다룰 수는 없다. 그러므로 역사와 종교 사건을 특정 시대에 놓고 다룬다는 것은 비학문적, 비현실적이어서 결국 독단적인 처사가 된다. 그러나 역사적 흐름에 따라 특정 기간을 구분하여 교회 발전과 사회상을 설명하는 방식은 내용을 이해하는데 도움이 되기 때문에, 본서에서도 활용하였다.

제1장이 다룬 기간은 서기 27년부터 즉, 예수님이 설교를 시작하고 난 후부터 로마 황제 테오도시우스Theodosius에 의해 기독교가 공인되고(391) 발달한 450여 년 동안을 말한다.

사회 경제면에서 초기 로마시대에는 지배층과 피지배층간의 불평등은 매우 컸다. 상류사회의 지배층은 매우 부유하고 사치스럽게 살았으며, 집과 정원을 가꾸는데 많은 돈을 낭비하였고 수돗물을 사용하며 목욕을 즐겼다. 주로 큰 연회에 참석하여 거기서 제공되는 진귀한 음식들을 즐기고

노는데 많은 시간을 보냈다. 반면에, 로마 인구 대부분이며 압도적 다수를 구성하는 피지배층인 평민들은 어렵게 살았다. 그들 대부분은 일자리가 없었고, 나무로 지어진 복층의 아파트에 모여 살았다. 매우 가난하였기에 정부에서는 그들이 소란을 피우지 않도록 종종 무상으로 식량을 공급하였다. 또한 노예들의 생활은 더욱 비참했다. 시저August Caesar(B.C. 63~A.D. 14) 황제 때에는 수백만 명의 노예들이 전체 인구의 대부분을 차지하고 있었으며, 그들은 광산이나 농장에서 일하면서 어려운 생활을 하였다. 이런 면에서 그들에게 희망을 줄 수 있는 새로운 복음이 사회적으로 필요하게 되었다.

종교적으로는, 초기 로마 사람들은 조상신Family spirits을 포함한 여러 신을 숭배함으로써 신앙적 욕구를 추구하였다. 서기 27년경에는 기독교라고 알려진 새로운 종교가 나타나서 점차 제국에 퍼지기 시작하였다. 대부분의 추종자는 유대인 또는 유대교로 개종한 사람들이었고, 유대 경전을 성서로 사용하였다. 이들은 꾸준히 자신들의 신앙을 실천하였으나, 로마제국으로부터 이단이라고 판정되어 박해를 받았고 처형을 당하기도 하였다.

기독교는 마태복음(5: 6: 7장)과 누가복음(6:20-22)에 있는 '산상설교'에서 기독교의 핵심 철학을 엿볼 수 있다. 예수님의 십자가 고난 이후 초기 기독교 설교인들은 박해가 심한 로마제국에서 생존권을 위하여 두려움을 무릅쓰고 두 가지 목적으로 전도를 위한 설교를 하였다. 첫째 목적은 핍박 받는 제국에서 살아남기 위해서였고, 둘째는 이단과의 철학적 도전에 방어하고 기독교 권리를 확고하게 세우는 것이었다.

초기 기독교 설교인들은 두 가지 설득 방법을 사용하였는데, 하나는 '온유한 설득'(Apology)이고, 둘째는 '논쟁적 설득'(Polemic)이다. 온유한 설득은 기독교 교리를 논리적으로 정당방위 하는 목적으로 사용되었고, 특히 비기독교인이 기독교 교리에 대해 반론, 질문 또는 공격할 때 그들을 설득하기 위해 자주 쓰였다. 이러한 설득은 수사학적으로 볼 때, 신앙의 정당성을 역사, 성서, 교리적 사실에 근거하여 설득하기 때문에 군중들이 쉽게 동의하지 않을 수 없다. 이러한 설득은 상대방을 이기기보다는, 설득을 목적으로 하므로 상대방에 대하여 겸손한 방법을 취하게 된다. "너희 속에 있는 소망에 관한 이유를 묻는 자에게는 대답할 것을 항상 준비하되 온유와 두려움으로 하고"(벧전 3:15)라는 말은 온유한 설득을 정의하여 주는 좋은 예이다.

이에 비하여, 논쟁적 설득은 논쟁의 쟁점이 되는 주장, 반박, 의견 및 교리 다툼을 말한다. 이러한 다툼은 같은 신도간 또는 종교단체 내에서 이단적 가르침에 대항하여 일어난다. 때로는 마태복음(23:13, 15, 23, 25, 27, 29)에서 보여 주듯이 율법학자와 바리새인을 비난하기 위해 격분된 호칭(예, 위선자들)을 사용하기도 하였다. 그러나 마태는 "그러므로 무엇이든지 남에게 대접을 받고자 하는 대로 너희도 남을 대접하라. 이것이 율법이요 선지자니라"(마 7:12)라는 말로 논쟁적 설득의 성격을 긍정적으로 정의하였다.

이와 같은 설득 방법으로 교회는 4세기 동안 계속해서 발전하였다. 복음이 유대와 이방인의 땅에 전파됨에 따라 수많은 유대인이 예수님과 기독교를 받아 들였고, 기독교는 유대, 소아시아, 마케도니아Macedonia와 아카이아Achaea 땅까지 퍼져나갔다. 기독교는 대 콘스탄틴Constantine the Great 황제 치하(306~337) 동안 특권을 받았는데, 이는 밀리비안Milivian Bridge 전투(312)에서 콘스탄틴 황제가 승리한 것이 기독교인들의 간절한 기도 덕분이라 믿었기 때문이다.

전체적으로 기독교는 설교로부터 시작하였다. 따라서 초기 설교인들은 그들의 생존을 위한 선교 목적일 뿐만 아니라, 이단자들에 대항하여 기독교 사상과 교리를 확립시켰다. 즉, 설교는 '반론 진압, 위기 해결, 교리 확립'이라는 문제를 해결하는 수단으로 사용되었다. 비록 초기 설교인들은 순교와 같은 값비싼 대가를 치렀으나, 온유 및 논쟁적 설득 방법으로 기독교 발전에 공헌한 점은 높이 평가받기에 충분하다. 다음은 이 시대의 대표적 설교인들을 살펴보자.

2. 대표 설교인

초기의 대표적인 설교인으로 (1) 사도 바울St. Paul, (2) 순교자 성 저스틴St. Justin Martyr, (3) 성녀 비비아 퍼페투아St. Vibia Perpetua, (4) 퀸터스 터툴리안Qunitus Tertullian, (5) 알렉산드리아 출신 오리겐Origen of Alexandria, (6) 알렉산드리아 출신 성 아다나시우스St. Athanasius of Alexandria, (7) 성 대 바실St. Basil the Great, (8) 성 요한 크리소스톰St. John Chrysostom, (9) 히포 출신 성 어거스틴St. Augustine of Hippo을 선정하였다. 선정된 기준은 정통과 이단의 문제를 포함하여, 얼마나 기독교 발전에 공헌하였는가를 참고로 하였다.

구체적으로 살펴보면 다음과 같다. 기독교의 설계자 사도 바울은 신학 이론과 믿음은 "그리스도가 행했던 '사랑'에 바탕을 두어야 한다"라고 주장하였고, 순교자 성 저스틴은 "왜 우리가 예수 그리스도를 믿어야 하는가"를 설명하고자 했다.

성녀 퍼페투아는 기독교인의 진리에 관련된 비전을 말하였고, 라틴신학의 아버지 터툴리안은 새롭고 다양한 기독교 신학 용어를 만들면서,

신학과 철학이 밤과 낮처럼 왜 다른가를 설명하였다. 오리겐은 최초로 기독교를 위한 조직신학 이론을 정립하였고, 아리안주의*에 대한 반대자 성 아다나시우스는 400여 년 동안 중요한 문제가 되었던 예수 신성론*을 확립하였다.

갑바도기아의 교부 성 대 바실은 성 아다나시우스의 삼위일체설을 완성하였다. 성 크리소스톰은 나와 하느님과의 관계에 근거하여 명설교를 하였는데, 이러한 설교 방법은 훗날 기독교 설교의 방향을 제시하여 주었다.

끝으로 성 어거스틴은 중세 신학을 형성시키는데 크게 공헌하였다. 다음 장에서 대표 설교인 중에서 사도 바울부터 살펴보기로 하자.

---

* 아리안주의Arianism: 이 주의는 애굽 땅 알렉산드리아 신부 아리우스Arius(250~336)와 그를 추종하는 자들의 주장으로서, "예수는 인간으로 존재하였기에 실제로 하나님이 아니다." 이러한 주장은 알렉산드리아 주교 아다니시우스Athanasius(293~373)로부터 도전을 받았는데, "예수는 인간이었지만 또한 하나님이셨다." 이 문제는 구원에 관계된 중요한 문제였기 때문에 콘스탄틴 황제는 이 논쟁의 심각성을 고려하여 전체 기독교 전 대표를 소집하여 니케아 종교 회의를 325년에 열어 아리안주의를 책망하고 예수는 "신과 같은 존재"라고 선언하였다. 그러나 니케아 종교 회의는 논쟁을 완전히 종식시키지 못하였고, 아리안주의는 몇몇 동로마 제국 교회에서 없어지지 않고 있다.
* 예수 신성론: 예수님은 하나님의 아들이기 때문에 신과 같다.

01. 성 바울St. Paul : 기독교 설계자 (c.3~67)

▪ 바울 신학

그가 쓴 서간에서 보여 주듯이, 바울은 희랍 및 로마 문화권에서 새로 탄생하고 발전하는 교회가 신앙 및 도덕적으로 기독교를 따르고 섬기도록 하는데 목적을 두고 있다. 그에 의하면, 현재 의롭지 못한 인간 세상에서 구원이 필요하다는 계시가 바로 기독교 복음이다(롬 1:18-20). 사람이 하나님과 영생하려면(창 1-2장), 하나님이 원래 계획한 대로, 인간이 우주의 원리에 완전히 조화를 이루고 살아야 한다. 인간은 죄와 사망에 구속되어 있기 때문에 구원이 절실히 필요하다. 다시 말하면, 하나님은 우주 만물의 창조자이시므로, 우리의 구원은 예수님의 복음을 통해서만 이루어진다.

바울 신학의 또 한 면은, 신학에서 보여주는 예수님의 초자연적 역사이다. 바울과 예수님은 '사랑'을 초자연적으로 보여 주었다. 즉 "예수님이 말한 것보다는, 예수님이 몸소 보여준 사랑이다. 예수님은 우리를 사랑하였기에 우리를 위하여 그 자신을 바쳤다. 여기에 바울 신학의 바탕이 있기 때문에 기독교의 근본이 있게 되었다." 그러므로 성 바울은 기독교 설계자이다.

▪ 바울의 공헌

기독교의 사명, 사랑, 자유를 주장한 위대한 전도사 바울은 다음과 같은 업적을 남겼다.

(1) 진실한 종교는 율법과 규칙에만 매달리지 않는다.
(2) 예수님의 사망과 부활은 하나님의 자녀들에게 새로운 부활의 시대를 열어 준다.
(3) 숭고한 교리와 대의는 인간을 위한 것이어야 한다.
(4) 인종, 사회계급, 성별에 따라 차별 대우 하는 것은 하나님께 죄를 짓는 것이다.

이렇게 계율과 규칙 보다는, 인간을 위주로 하는 바울의 신학은 기독교가 유대교에서 분리되는 원동력이 되었다.

▪ 고린도 교인들에게 바울이 첫 서간을 쓰게 된 상황

사도 바울은 안디옥에서 출발한 두 번째 전도 여행에서 그리스 항구 도시 고린도에 서기 51년에 교회를 세운다(행 15:36-18:22). 삼차 전도 여행(행 19:1-20) 중 그는 교인들이 다른 종교 지도자들과 분쟁 중이라는 사실을 알게 되었고, 서기 56~57년에 보낸 이 서간은 교인들의 결속을 호소하고, 고린도 교인들이 당면한 여러 질문에 응답하고 있다.

그의 첫 서간은 비록 체계적이고 조직 신학적인 내용으로 쓰이지 않았으나, 1세기 중반의 초기 교회생활과 교회가 안고 있는 절실한 문제들을 잘 보여주고 있다. 서간은 (1) 하나님의 존재와 그분의 하시고자 하는 목적, (2) 하나님의 아들로 오신 그리스도의 역사, (3) 기독교인들이 지켜야 할 기본 윤리, (4) 하나님이 창조하신 피조물의 숙명 등에 대하여 복음의 깊고 넓은 뜻을 담고 있다. 바울은 얼마 후 연이어 일어나는 여러 문제에 대하여 고린도 교회에 두 번째 서간을 보낸다.

고린도 교회에 보낸 바울의 첫 서간은 어떠한 서간보다도, 특히 '사랑'

장은 가장 많이 인용되고 있다. 첫 서간은 성 만찬(고전 11장), 성령의 은사(고전 12장), 사랑(고전 13장), 그리스도의 부활(고전 15장) 등에 대하여 핵심 구절을 담고 있고, 십자가의 뜻(고전 1:18), 하나님과 성령의 관계(고전 2:10), 노동과 급여(고전 3:8), 연옥*/속죄(고전 3:11-15)에 관하여도 언급하고 있다.

바울은 우리 몸은 하나님께로부터 받은 '성령의 전*'(고전 6:19)이라고 부르면서 하나님과 예수님의 관계인 기독교 신앙의 핵심 교리를 말하고 있다(고전 8:6). 한 가지 안심되는 구절은, "하나님은 우리가 감당치 못 할 시험 당함을 허락하지 아니한다(고전 10:13)"는 말씀이다.

▪ 고린도 교인들에게 보낸 바울의 첫 서간

서간은 16장으로 구성되어 있고 각 장마다 교인들이 물어본 문제들을 다루고 있다.

제 1 장: 인사(1:2-4), 감사(1:5-10), 교인들의 단합(1:11-17), 십자가의 지혜(1:18-31)

제 2 장: 하나님의 지혜(2:6-10)

제 3 장: 목회자의 역할(3:5-23)

제 4 장: 기독교 사도들(4:1-5), 사도의 모범을 보인 바울의 생애(4:6-21)

제 5 장: 죄인을 벌함과 멀리함(5:1-13)

제 6 장: 법정 송사(6:2-11), 성적 부도덕성(6:12-17)

제 7 장: 결혼(7:1-16), 하나님이 주신 삶(7:17-24), 처녀와 과부에 대한 충고(7:25-40)

제 8 장: 우상의 제물(8:1-13)

제 9장: 바울과 사제의 권리(9:1-10), 권리가 없었던 바울(9:11-23), 고행의 필요성(9:24-27)

제10장: 이스라엘 역사의 교훈(10:1-23), 타인의 좋은 점을 구함(10:24-33)

제11장: 예배의 예절(11:4-22), 성만찬(11:23-34)

제12장: 성령의 은사(12:7-11), 신비로운 그리스도의 성찬의 빵(12:12-31)

제13장: 사랑이란(13:1-13)

제14장: 방언 보다는 예언(14:1-25), 예배법(14:26-40)

제15장: 그리스도의 부활(15:3-11), 죽은 사람의 부활(15:12-34), 부활의 방법(15:35-56)

제16장: 성도를 위한 연보(16:1-4), 바울의 계획(16:5-12), 끝인사(16:13-24)

▪ 해설

고린도에 보낸 첫 서간은 바울과 소스데네Sosthenes가 고린도 교인들을 위하여 서기 54~57년 경에 쓰여졌다(행 19:1, 20:31). 주요 내용은 앞에서 살펴보았듯이 (1) 이전의 서간 내용을 잘못 이해하지 않고, (2) 교회의 의롭지 않은 일에 관련되지 않고, (3) 교인이 서로 소송하여 분파 싸움을 일으키지 않고, (4) 부적절한 성도덕 문제, 여성들이 점잖지 못한 옷차림 등으로 문제를 일으키지 않고, (5) 기독교인들은 그들의 지도자가 그리스도의 종이므로 존경하여야 한다는 것으로 요약된다.

고린도 교회 설립자 바울은(행 18:1-5) 그곳에서 18개월 동안 머물렀고, 그의 교회 설립 목적은 다른 사람들에게 넘겨주고 떠나는 것이었다(행 3:10). 당시 고린도는 로마의 번성한 상업 및 행정 도시였다.

▪ **사도 바울은 13개의 서간을 다음과 같은 지역 및 인명을 위하여 썼다.**

지역:

(1) 로마서: 로마에 사는 기독교 지역사회

(2) 갈라디아서: 로마의 소아시아에 있는 갈라디아 주

(3) & (4) 고린도 전서 및 후서: 그리스에 위치한 옛 로마제국의 상업 도시

(5) 에베소서: 소아시아에 있는 에베소 지역

(6) 골로새서: 서부 터키에 위치한 골로새 지역

(7) 빌립보서: 그리스에 위치한 빌립보 기독교 지역사회

(8) & (9) 데살로니가 전서 및 후서: 그리스에 있는 데살로니가 지역

인명:

(10) 빌레몬서: 소아시아 골로새에 사는 부자 기독교인

(11) & (12) 디모데 전서 및 후서: 디모데는 1세기 기독교 지도자이며 바울의 친구

(13) 디도서: 디도는 1세기 기독교 지도자이며 사도 바울의 제자

---

* 연옥Purgatory : 천국과 지옥의 사이에 있는 중간 장소라는 개념으로 고통 받을 때, 특히 사망 전에 죄사함의 은총을 받기는 하였지만, 지은 죄에 대하여 완전히 속죄를 못하여 하나님 나라에 들어갈 때까지 일종의 정화와 단련을 받는 상황을 말함.
* 성령의 전Temples of the Holy Spirit : 성령이 거쳐하는 집/사원이 있는 것이 아니고, 성령의 위로가 있는 집/사원이란 뜻이다. 이는 연약한 자들을 돕고 위로하는 역사가 있는 집/사원을 말함.

02. 순교자 성 저스틴 St. Justin Martyr : 초기 기독교 변호자 (c.100~c.160)

▪ 공헌

성 저스틴은 기독교를 믿어야 하는 역사적 타당성을 정립한 인물이다. 하나님의 아들로서 육신과 인간성을 가지고 이 땅에 오신 예수님을 왜 경배하여야 하는지 설명하였다. 또한 기독교인들이 이교도의 이성론(두 가지 실체/신이 존재한다는 주장)과 영지주의(물질세계는 악한 것이지만, 신비로운 지식과 철학을 깨달은 사람은 구원을 받을 수 있다) 사상에서 벗어나게 하는 데 공헌하였다.

▪ 그의 저술, 《저스틴의 첫 번째 변론》을 쓰게 된 상황

기독교인 처형에 대하여, 저스틴은 로마 황제와 철학가들에게 기독교인은 모든 것을 창조하신 하나님을 경배하는 진정한 신앙인이라고 변호하였다. 예수님의 가르침은 그가 말하고 행동으로 보여 주었듯이, 그의 부활을 믿는 기독교인들이 진실한 신앙인이 되는 것이다. 기독교인을 처형하는 이유는 성찬식 때 신을 경배하지도 않고, 사람고기를 먹고, 부도덕한 성문제를 일으키기 때문이라고 로마인들이 퍼뜨린 소문을 반박하였고, 이를 입증하기 위하여 저스틴은 로마 교회에서 행하는 공식 세례식과 성찬식 요강을 제시하였다.

▪ 《저스틴의 첫 번째 변론》(c.155)

모두 68장으로 구성되어 있으며, 그 중에서 중요한 장은 다음과 같다.

제 2장: 정의의 편에 서야 한다.

쓸데없는 옛사람의 말과 관계없이, 신앙심이 있고 양심적인 학자라면 오직 진리만 따르는 게 도리이다. 건전한 판단력을 가진 학자는 의롭지 못한 행위나 가르침을 따르지 않고, 목숨을 걸고서라도 옳은 말과 행동을 하여야 한다. 여러분이 경건하고 학문을 사랑하는 학자라면 그에 대한 말씀을 해 주시오.

제 4장: 단지 기독교인이라는 이름 때문에 부당한 취급을 당함은 옳지 않다.

어떤 사람의 행위를 보지 않고, 단지 이름만으로 그의 선악을 따질 수는 없다. 이름만을 가지고 우리 기독교인을 비난한다면, 우리는 비난받을 일이 없는 훌륭한 사람이다. 우리가 시민으로서 이름 문제로, 죄를 짓고 기소를 당하였거나 혹은 당하지 않았을 경우에는, 사람을 부당하게 처벌하지 않도록 하고 그러한 범죄가 다시는 일어나지 않도록 하는 것이 여러분이 진정으로 해야 할 일이다….

우리가 기독교인이라고 비난받고 죄인 취급을 받는 것은 부당한 일이다. 만일 비난받고 있는 사람이 기독교인이 아니라고 진술하고 범법 사실이 뚜렷이 드러나지 않을 경우, 그를 사면한다든가, 또는 남이 그를 기독교인이라고 진술하였기 때문에 벌을 받는다는 것은 온당치 못하다. 올바른 심판은 일상생활에 있어서 양심을 따랐는가 또는 그렇지 않았는가를 살펴보면, 그 사람이 어떤 사람이라는 것을 알 수 있다….

제 8장: 기독교인은 진정한 하나님을 믿고 있다.

많은 재물과 화려한 장식품을 사원에 만들어 놓고 신에게 경배

드리는 예식은 하지 않는다. 재물과 장식품은 생명력도 없고 하나님의 형상을 조금도 나타내지 않기에, 차라리 인간을 괴롭히는 악령과 다를 바 없다고 생각한다….

우리 기독교인은 이러한 재물 예식은 사리에 맞지 않으며 오히려 신성한 하나님을 모욕하는 것이라고 생각한다. 그러므로 이러한 재물을 준비하고 만드는 사람은 모든 세상 악에 빠져 있고, 그들과 같이 일하고 있는 여성 노예도 더럽히고 있다는 사실을 알아야 한다.

제11장: 기독교인의 천국이란?

기독교인이 찾는 천국이란 인간세계 천국이 아니고, 하나님이 계시는 천국을 말한다. 하나님의 천국이란 예수님이 죽음을 알면서도 그를 재판할 때 분명히 보여준 예수님의 진실함이 있는 천국을 말한다. 인간세계 천국이라 함은 목숨을 구걸하기 위하여 진실을 외면하거나 또는 치부하기 위하여 진실을 은폐함을 말한다. 기독교인은 현재의 인간세계에 기대를 걸지 않고, 언젠가는 하나님의 천국에 갈 수 있다는 확신이 있기 때문에 죽임 당하는 것을 두려워하지 않는다.

제12장: 하나님이 지켜보시는 기독교인

하나님께 우리의 악함, 모략과 덕행을 숨길 수 없고, 또한 누구든지 자기의 행동에 따라 영원한 처벌 또는 구원을 받기 때문에, 기독교인은 국가의 공중 질서를 지키고 충성을 다하고 있다. 만일 모든 사람이 이러한 진리를 안다면 잠시라도 악한 짓을 하지 않고, 하나님으로부터 은혜를 받도록 자제하고 질서를 지킬 것이다. 국가의 법과 죄를 피하려고 자신의 잘못을 숨기는 사람이 있는

데, 이는 당신(로마 황제)이 하나님이 아닌 인간이기 때문에 당신을 피하고 넘어갈 수 있다고 생각하기 때문이다. 만일 그들이 우리 기독교인과 같이 사상과 행동이 하나님의 눈을 피할 수 없다는 사실을 알았다면, 그들은 공중 질서를 문란하게 하지 않았을 것이다.

제23장: 논증

나는 예수님의 제자와 진리를 말하는 예수님 이전의 선지자들을 따르는 사람으로서, 첫째는, 그들이(예수님 제자와 선지자) 옛 성현과 같은 말을 해서가 아니고, 오직 진실을 말하기 때문에 그분의 말을 믿으라고 요구한다. 둘째는, 예수 그리스도만이 하나님의 아들로서 하나님의 말씀과 권능을 부여받고 몸소 이 세상에 와서, 하나님 뜻을 따르는 인간성 회복을 위한 교훈을 가르쳐 주었음을 인정하기 바란다.

▪ 해설

《저스틴의 첫 번째 변론》은 로마 황제 안토니누스Antoninus Pius(138~161 재위)와 걸출한 철학자로 알려진 그의 아들 베리스무스Verissimus에게 보낸 초기 기독교 저서이다. 저술의 목적은 진실한 종교와 철학을 가진 기독교인이 부당한 처사를 당하는 것을 알리는데 있다. 기독교인은 하나님의 아들인 예수님이 도덕적 진리를 바탕으로 가르치기 때문에 진정 하나님을 경배하게 되었다. 저서는 모두 68장으로 구성되어 있으며, 각 장의 제목은 영문 원본에 있으니 참조하기 바란다.

03. 성녀 비비아 퍼페투아St. Vibia Perpetua : 신앙의 환상을 기록한 순교자 (c.181~203)

▪ 공헌

"퍼페투아, 펠리시티와 동역자의 수난"이라는 이야기로 지금까지 남아 있는 초기 기독교 시기에 젊은 여성이 쓴 작품이다. 그녀의 예언적인 이야기는 기독교가 가혹한 박해를 받고 있을 때, 요한계시록 내용과 박해받는 초기 교회의 관계를 흥미롭게 던져 주고 있다. 이는 기독교 신앙을 증언한 여성 순교자가 환상적으로 이야기를 그려 주고 있기 때문이다.

▪ 이야기를 쓰게 된 상황

기독교인들이 로마 황제와 여러 신을 믿는 것에 굴복하지 않았기에 자주 투옥되고 처형되었다. 세베루스 황제Septimius Severus(193~211 재위) 때는 로마 영토 카르타고Carthage(아프리카 서북쪽에 있는 고대도시)에 있는 광장에서 처형되었다. 체포된 기독교인이 처형될 때는 많은 군중 앞에서 사나운 맹수나 검투사에 의하여 목숨을 잃었다. 세례받은 아프리카 신도들과 함께, 퍼페투아와 그녀의 몸종 펠리시티는 투옥되었다가 카르타고에 있는 광장에서 처형당했다. 그들이 순교하기 전 퍼페투아는 그녀가 본 신앙의 환상과 생각을 적어 놓았다.

▪ "성녀 퍼페투아, 펠리시티와 동역자들의 수난"(203)

기독교인이라는 죄목으로 당국의 심문을 받고 있을 때, 아버지가 찾아와서 기독교 신앙을 버릴 것을 종용하였다. 나는 아버지한테, "저기에 있는 물체가 '꽃병' 또는 '주전자' 입니까? 혹은 다른 이름으로 바꾸어 부를 수 있습니까?" 아버지는 "물론 다른 이름으로 부를 수는 없지." 저도 그래서 "기독교인 밖에는 될 수 없지요"라고 말하니, 아버지는 화를 잔뜩 내면서(기독교인이 아니라고 하면 풀려나는데) 돌아갔다.

그 때 동생이 말하기를, "누나는 이제 많은 능력을 갖추게 되어서 누나가 벌을 받든지 또는 석방되든지 알 수 있는 환상력을 가졌을 텐데." 라고 하였다. 나도 하나님의 크신 사랑을 느꼈고 경험하였기 때문에, 그렇게 하리라고 속으로 다짐하고, 다음 날 동생에게 내가 본 환상을 말하여 주리라고 생각하였다. 내가 본 것은 다음과 같다.

하늘까지 닿는 황금 사다리가 있었는데, 사다리 폭이 너무 좁아서 한 번에 한 사람밖에 올라갈 수 없었다. 사다리 양쪽에는 칼, 창, 갈고리, 단검 같은 여러 무기가 붙어 있었고, 무섭게 생긴 용이 사다리 밑을 휘감고 있어서 올라가지 못하도록 위협하였다.

사터러스(감옥에 퍼페투아와 같이 있었던 동료)가 먼저 올라갔으며, 그는 우리가 체포되고 나서 우리를 걱정하여 자진하여 감옥에 들어왔다. 그가 사다리 끝에 올라가서 돌아보며 내게 말했다. "퍼페투아야, 올라와! 그런데 용한테 물리지 않도록 조심하고", "예수님 이름으로 말하면 용이 해치지 않을 거야"라고 그에게 말하였더니, 용은 나를 두려워하였는지 머리를 천천히 수그렸고, 나는 용의 머리를 첫 계단으로 삼아서 하늘로 오르기 시작하였다.

정상에서 나는 거대한 정원을 보았는데, 그 가운데에는 양젖을 짜는 목자 같은 옷을 입은 백발 남자가 앉아 있었고 흰 옷을 입은 수천 명이 그 분을 둘러싸고 서 있었다. 나를 보더니 그는 고개를 끄떡이면서, "어서 와! 나의 어린 양아." 그는 손짓으로 나를 오라 하더니 그가 만들고 있던 작은 치즈 한 쪽을 주어서, 나는 두 손으로 받아먹었다. 그 때 둘러싼 모든 사람이 '아멘!'이라고 말하였다. 나는 꿈에서 깬 것 같았으나, 입속에서는 달콤한 치즈를 여전히 즐기고 있었다. 나는 즉시 동생에게 내가 본 환상을 말하여 주었고, 순교자가 당할 고통을 서로 이야기하였고, 그 때부터 이 세상에 더 이상 미련을 가질 필요가 없다고 하였다….

우리는 앞으로 나가 맨주먹으로 싸우기 시작하였다. 상대방은 나의 발을 붙잡으려 하였으나 나는 발뒤꿈치로 그의 얼굴을 연거푸 걷어찼다. 내 몸이 공중에 들어 올리는 것을 느꼈고 그를 때리기 시작하였다. 그러나 시간만 낭비할 뿐 그를 물리치는 데 아무 도움이 되지 못하였다. 그래서 나는 두 손을 모아 그의 머리를 잡고 놓아주지 않았더니, 그가 넘어지기에 그의 머리를 짓밟았다. 그러니까 군중과 나를 도와주었던 사람들은 승리의 노래를 부르기 시작하였다. 나는 심판관 앞에 나아가 그가 상으로 주는 황금색 나뭇가지를 받았는데, 그는 키스해 주면서, "이제 평온할지어다"라고 말했다. 나는 사나비바아리안 문 쪽을 향하여 걸어갔다. 앞으로 나는 맹수가 아닌 악마하고 싸워야 한다는 사실을 깨달았으며, 싸우면 이기게 되리라고 생각하였다. 이러한 모든 일을 나는 마지막 시합 하루 전에 기록하였으며, 누가 또 이러한 일들을 기록하고 싶으면, 그렇게 하기를 바란다.

- **"퍼페투아, 펠리시티와 동역자들의 수난" 이야기는 6장으로 구성되어 있고, 다음과 같이 요약된다.**

1장: 체포되어 더러운 지하 감옥에 던져지고 다른 사람들과 같이 세례받는다. 기독교인이 아니라고 진술하여 풀려나라는 아버지의 간청을 거부한다. 환상을 통하여 곧 순교를 당할 것을 안다.

2장: 아버지가 또 간곡히 기독교인이 되지 말라고 간청하였지만, 오히려 아버지를 위로한다. 다른 사람들과 같이 법정에 끌려 나왔을 때, 그녀 자신이 기독교인이라고 공언한다. 다른 사람들과 같이 맹수의 밥이 되는 판결을 받았을 때, 첫 번째 환상에서 보았던 하나님의 낙원을 보게 된다. 일곱 살에 먼저 간 남동생 디노크라테스를 위하여 기도한다.

3장: 애굽 사람과 싸우라고 끌려간 그녀의 3번째 환상을 보게 되고, 그 악마(애굽 사람)를 이겨서 상으로 초록색 나무 가지를 받는다.

4장: 사터러스가 말한 환상이 적혀 있는데, 퍼페투아가 천사들의 인도를 받아 면류관을 쓴 하나님께 인도되어 그곳에 있는 여러 순교자의 환대를 받는다.

5장: 하나님의 마지막 심판 날까지 변치 않는 순교자들의 충성심을 그리고 있고, 많은 사람들의 기도 덕분에 고통 없이 8개월 만에 아이를 낳는다.

6장: 퍼페투아, 펠리시티와 여러 사람들이 두려움 없이 기쁨으로 광장에 나온다. 순교자들은 매질을 당하고 맹수들 앞에 던져진다. 퍼페투아와 펠리시티가 광장에 던져졌을 때 사터러스는 표범에게 물려 상처를 받는다. 순교자들은 다시 사나비바아리안 문으로 돌아와서 서로 부둥켜안고, 칼을 받아 순교를 당한다.

04. 퀸터스 터툴리안Quintus Tertullian : 라틴 신학의 선구자 (c.160~225)

▪ 공헌

라틴어로 신학을 구사한 최초의 중요한 학자였으며, 그의 공헌은 다음과 같다.

(1) 기독교 라틴문학 대두, (2) 삼위일체 교리 형성, (3) 많은 신학적 용어와 단어를 창출(예: 삼위일체의 본질, 개체는 셋이나 본질은 하나)하여 다가올 천 년 동안 쓰일 새로운 교회 용어와 문화를 발전시키는데 공헌하였다.

이교도의 미신을 공격하면서 기독교의 포용력을 호소하고 기독교인은 국가에 위험을 주지 않는 선한 국민이라고 주장하였다. 《기독교 변호》A Defense of Christianity라는 저술에서 모든 이단은 사라지라고, 《마르씨온에 대항하여》Against Marcion라는 저술에서 신·구약에 나오는 하나님의 정체와 구세주로서 예수에 대한 예언, 《이단에 대한 경고》The Prescriptions Against the Heretics라는 저술에서는 교회만이 정통 기독교가 무엇인가를 증언할 수 있는 권리를 가졌다고 주장하였다. 그리고 신학과 철학은 낮과 밤 같이 서로 다르다고 강조하였다.

▪ 《이단에 대한 경고》The Prescriptions Against the Heretics를 쓰게 된 상황

초기 기독교 신학자는 비기독교적인 고대 희랍의 철학 사상을 좋아할 수 없었기에, 터툴리안은 "예루살렘기독교 본거지과 아테네희랍 철학의 본거지가 무슨 관계가 있겠는가? 예수가 이 땅에 온 후 철학 문제로 골치 아플 필요도 없고, 복음이 전하여진 이후, 더 연구하여 알아볼 필요가 없어졌다"라고 말하였다. 이단에 대한 그의 논쟁적 설득은 매우 분명하고 단호하여, 모든 것을 '맞다' 또는 '틀리다'라는 2분법/흑백론으로 보았다. 그는 기독교는 하나님의 진리를 알려 주고 있고 사도들에 의하여 전하여 왔기 때문에, 그 이후에 나온 교리들은 다 거짓이니 폐기되어야 한다고 주장하였다. 이러한 이유로 기독교인이 이단에 유혹되지 않도록 《이단에 대한 경고》(c.190)를 저술하였다.

- **《이단에 대한 경고》**The Prescriptions Against the Heretics**(c.190) 《초기 라틴 신학. 제5권》**Early Latin Theology, vol 5, **《기독교 고전 선집》**The Library of Christian Classics **(Westminster Press, 1956)에서 발췌**

이단은 왜 생기는가?

우리가 살고 있는 이 시각에도 이단은 생기고 있는데 이에 놀랄 필요는 없다. 이단 발생은 이미 예언되었고 우리의 신앙심이 약해졌을 때 우리를 시험하고자 하기 때문이다.(마 7:15, 마 24:4-11, 고전 11:19) 불행하게도 많은 사람들이 이단에 빠졌다는 사실은 수치스러운 일이다….

존경을 받던 사람, 특히 교회에서 독실하고, 지혜롭고 경험 많은 지도자 아무개가 왜 그럴까? 이러한 질문에는 답이 있기 마련이다. 만일 이단의 유혹에 빠져서 몰락하였다면, 그는 독실하고 지혜롭고 경험 많은 사람이라고 볼 수 없다. 다른 사람보다 결점이 적다는 사울(바울의 본래 이름)도 질투심 때문에 자신을 그르쳤고, 마음이 따뜻한 다윗도 살인과 간통죄를 지었고, 주님의 은총을 받아 지혜로웠던 솔로몬도 여자에 빠져 우상숭배의 죄를 범했다. 죄를 짓지 않은 분은 오직 하나님의 아들 뿐이다.

주교, 집사, 과부, 처녀, 교사, 순교자가 신앙의 규칙을 위반했다면 이단의 힘이 그렇게 강하다고 결론지을 수 있을까?

어떤 신앙의 잣대로 어떤 사람의 신앙심을 평가할 수 있을까? 기독교인이 아니고서야 그렇게 할 수는 없으며, 끝까지 신앙을 지키지 못하는 사람은 기독교인이 될 수 없다….

▪ 예루살렘과 아테네

이단의 교리는 세속적이고 유혹적이기 때문에 하나님은 비록 어리석게 빠져들지 말라고 경고하였으나, 사람들이 유혹에 빠지기 쉽다. 세상의 쓸데없는 어리석은 것들을 골라 철학이라고 하였으니 부끄러운 일이다. 세상 철학이란 하나님의 본성과 목적을 잘 모르면서 제멋대로 해석하여 놓았기 때문에 이단은 이러한 약점을 이용하고 있다….

변증법을 가르쳤던 아리스토텔레스는 변증법에서 답을 찾지 못하고 너무 갈팡질팡 하고 논쟁이 많은지라, 이 법은 도움이 되지 못하고 오히려 부담거리가 되고 있고, 토의된 안건에 대하여 결론을 내지도 못한다. 철학적 문제에서도 관련이 적은 우화나 족보 문제와 쓸데없는 말만 많아서 그들의 말은 암세포 같이 퍼져 골치 아프게만 하였지 어떤 도움도 안 된다….

아리스토텔레스는 진실을 왜곡하고 속세의 지식으로 서로 싸움질하며 패거리를 만들어 적대시 하는 아테네에서 가르쳤다. 그러니 예루살렘이 학원 같은 교회와 이단 기독교인들이 득실거리는 아테네와 무슨 볼일이 있겠는가? 우리 기독교 교리는 솔로몬 행각*(요 10:23, 행 5:12)에서 나왔고 마음이 순수한 자 만이 하나님을 찾을 수 있다는 가르침에서 나왔다. 스토아 철학*, 플라톤의 2분론 변증법* 또는 변증법적 기독교 철학, 영지주의* 등은 다 쓸데없는 것이고, 예수님이 이 땅에 온 후 철학이 필요 없게 되었고, 복음이 전파된 이후에는 더 이상 연구하여 알아볼 필요가 없어졌다. 우리가 기독교를 믿게 되면, 더 이상 다른 것은 믿고 싶지 않게 되는데, 이는 더 이상 믿을 것이 없기 때문이다.

---

* 솔로몬 행각 The Porch of Solomon or Solomon's Colonnade : 예루살렘 사원으로 들어가는 행각(문, 주랑)
* 스토아 철학 Stoicism: 고대 희랍 철학자 제논 Zeno of Citium(B.C. 335~262)에 의하여 주창되었고, 인간은 세상의 모든 욕망에서 벗어나 신 또는 자연의 뜻에 따라 모든 운명을 조용히 받아 들여 한다는 일종의 금욕주의 사상
* 플라톤의 2분론 변증법 Platonic Dialectic Dualism : 모든 사물은 둘로 구분된다. 절대적으로 이상형으로 보이는 실체도 알고 보면 완전하지 못하고 잠시 지나가는 형체에 불과하다. (예. 육체와 정신, 변화와 불변화, 완전과 불완전, 자연과 초자연)
* 영지주의 Gnosticism : 물질세계는 악한 것이지만, 신비로운 지식과 철학을 깨닫게 되면 구원을 받을 수 있다는 교리. 2세기 때 매우 활기를 띤 사상이었으나, 초기 기독교권 내에서 이단이라고 여겨졌음.

05. 알렉산드리아 출신 오리겐Origen of Alexandria : 조직신학의 선구자 (c.185~c.254)

▪ 공헌

《제1원리》On First Principles(212~215)는 조직신학에 대한 기독교 최초의 저서로써, 중세기 조직신학* 발전에 가교 역할을 하였다. 성경 거의 전체 내용을 다루고 있는 이 저서는 기독교가 역사 전면에 등장하게 하였을 뿐 아니라, 기독교의 기틀을 확립하는데 공헌을 하였다.

▪ 저술하게 된 상황

약 180년 경, 알렉산드리아에서 고전 문학과 철학을 공부한 기독교 학자들은 그들이 체계적으로 공부한 사상을 기독교 신학을 정립하는 데 사용할 수도 있겠다고 생각하였다. 이러한 동기에서 오리겐은《제1원리》에서 기독교 사상을 조리 있게 서술하였는데, 이 저서가 조직신학에 대한 기독교 최초의 저술이 되었다.

▪ 《제1원리》On First Principles (211~215)

I 권 서문 4장

사도들이 알기 쉬운 말로 가르친 교리는 다음과 같다.

첫째, 우주 만물을 창조하고 제자리에 모든 것을 질서 있게 놓으시고, 우주가 제 궤도를 갈 수 있게 만드신 분은 오직 하나님 한 분이다. 예수님은 하나님으로부터 이 땅에 오시어 "만물이 그로 말미암아 지은 바 되었으니,"(요 1:3)라는 말씀에 따라 하나님을 섬기었다. 비록 예수님은 하나님이었지만, "오히려 자신을 비워 종의 형체를 가져 사람들과 같이 되었음"(빌 2:7)으로 사람으로 존재할 수 있었다. 형체는 우리와 다름이 없지만 성령으로 잉태한 처녀의 몸에서 나셨기에 우리와 같이 고난을 당하다가 죽게 되었다. 그러나 그는 죽음에서 부활하여 사도들과 함께 천국에 갔다. 이에 사도들은 아버지와 아들 그리고 성령이 결합하여 하나(삼위일체) 임을 설교하였다. 예수님의 출생에 대하여 그가 성령으로 잉태하였는지 또는 아닌지, 하나님의 아들인지 또는 아닌지는 아직 분명하지 못하지만, 우리가 성서the scriptures를 많은 지혜로 더 열심히 연구하여 볼 일이다.

I 권 서문 5장

그 후 사도들은 신성과 생명을 받은 영혼은 죽은 후 공과에 따라 보상을 받을 것이라고 가르쳤는데, 보상은 영생과 축복 또는 심판의 결과에 따라 영원히 불로 고통을 받게 될 것이다. 또한 죽은 자의 부활도 이와 같으니 "썩은 것은 썩을 곳에 심고, 썩지 아니할 것은 다시 살아서, 영광으로 일어날지어다."(고전 15:42-43)

I 권 서문 8장

성서 교리는 하나님의 성령을 받아 쓰여졌기 때문에, 대부분의 신도들에게 쉽게 이해될 수 있는 글이 있는가 하면, 반면에 쉽게 알 수 없는 글도 있다. 그 이유는 성서 내용이 어떤 사실의 외양과 동시에 내향성(신성성)을 갖고 있기 때문이다. 이런 면에서 볼 때, 전체 교회가 분열이 없는 한 몸이 되고, 교리가 영적인데도 불구하고, 하나님이 원하시는 뜻을 지혜롭게 성령을 받은 분을 제외하고는, 모든 신도가 성서 교리를 다 이해할 수 있는 능력을 받을 수는 없다.

▪ 해설

본서는 212~215년에, 신앙 및 철학적 지식이 풍부한 독자가 읽어 보라고 4권으로 나누어 저술되었다:

1권: 창조자(하나님)와 피조물 간의 관계 및 개념을 다루었으며, 특히 삼위일체, 성령, 이성/전제 및 하나님을 섬기는 불멸의 천사에 대하여 서술하였다.
2권: 예수님의 성육신*, 영혼, 자유의지, 종말론 그리고 불멸의 하나님이 하시는 셀 수 없는 기적들을 포함한다.
3권: 죄와 구원에 관련된 교리들을 설명한다.
4권: 비유적 방법*으로 성서 해석에 중점을 두고 있다.

---

* 조직신학Systematic Theology: 성경에 나오는 중요한 주제들을 논리적이고 체계적 방법으로 연구하는 학문
* 성육신Incarnation: 인간을 구원하기 위하여 예수님이 하나님의 아들로써 육신과 인간성을 가지고 지상에 나타난 일
* 비유적 방법Allegorical Approach: 문학 작품 또는 성경을 해석하는데 있어서 쓰여진 글의 뜻에만 매달리기 보다는, 글자 뜻을 넘어서 그 뜻이 내포하고 있는 넓은 의미를 찾아보는 방법.(예. 존 번연의 천로역정Pilgrim's Progress, 1678년 작)

06. 알렉산드리아 출신 아다나시우스St. Athanasius of Alexandria: 아리안주의 반대자 (c.296~373)

▪ 공헌

4세기 때에 기독교에서 가장 중요하고 논란이 많았던 문제는 예수론("예수님이 하나님과 같은가 또는 아닌가?")이었는데, 알렉산드리아 주교 아다나시우스는 아리안주의를 공격하고 예수님과 하나님의 유사한 본질을 주장하여 기독교 교리인 삼위일체설을 강화시킨 공이 크다. 그는 《성육신론》The Incarnation of the Word of God(c.320)과 《아리안주의 반박론》Apology Against the Arians(c.357)에서 이단에 대한 문제와 이에 대한 비판을 역사적 고찰로 서술하였다. 그는 성육신Incarnation으로 기독교 교리를 방어하였는데, 이는 아리안 논쟁에 있어서 매우 중요한 역할을 하였다.

▪ 저술을 하게 된 상황

아다나시우스가 두 번째 망명 후(339~349) 로마에서 알렉산드리아로 돌아온 후, 아리안파의 지도자인 니코미디아의 에스비우스Eusebius 주교는 케케묵은 비난으로 그를 또다시 공격하였다. 이에 아다나시우스는 357년 경에 자신의 변론에 사용할 자료들을 모아 논문으로 저술하게 되었다.

▪ 《아리안주의 반박론》Apology Against the Arians(c.357)

제1장: 서론

제1절

나의 죄가 없다는 증거가 그렇게 많이 밝혀졌기에, 나와 다른 사람들을 비난했던 사람들은 그들의 허위 진술에 대하여 이제는 자중하고 반성하고 더 이상 문제를 만들어 공격하지 않으리라 생각하였다. 그러나 그들은 자신들의 죄가 분명히 입증되었는데도 부끄러운 줄도 모르고, 오히려 나를 끊임없이 비방하면서 모든 사건을 다시 공판에 회부하자고 하였다.

나는 여러분이 그들의 중얼거리면서 불평하는 소리를 더 이상 들을 필요도 없고, 오히려 그들의 간악하고 중상 비방하는 소리를 여러분께 보여주기 위하여 나의 변론을 하게 되었다. 나의 변론은 진실한 사람을 위한 것이며, 다투기 좋아하는 사람에게는 결정적 증거를 가지고 항소를 한다….

첫 번째는 거의 백 명의 주교가 모인 집회에서, 두 번째는 에스비우스가 보낸 소집장 때문에 로마에서 소집되어 오십 명 주교 앞에서, 세 번째는 신앙심이 깊은 동로마 황제 콘스탄틴 2세와 콘스탄스 1세가 소집한 사르디카(343) 공회*에서였다. 그 공회에서 나를 공격했던 사람은 허위 고소인이라고 지목을 받았는데, 이는 세계 여러 곳(애굽, 리비아, 아라비아, 팔레스타인, 마케도니아, 시실리, 사디니아, 스페인, 고올, 영국, 아프리카 전역 및 기타)에서 온 300여 명의 주교들한테도 허위 고소인이라고 간주되었다.

다음은 여러 공회의 많은 주교들이 나의 편을 들어 서신을 썼는데, 첫 번째로 애굽 주교의 서신을 제시한다.

제3절:

사랑하는 형제들이여, 우리는 에스비우스와 그의 무리들이 음모를 꾸며 아다나시우스를 괴롭힐 때, 또는 아다나시우스가 알렉산드리아에서 돌아왔을 때, 그들의 드러난 모든 허위를 밝혀 아다나시우스를 변론하였어야 했다. 그런데 그가 알렉산드리아에 돌아온 후 그들이 나타난 진실에 부끄러워 하리라고 생각하였기에, 우리는 침묵을 지켜 주었다. 그러나 아다나시우스가 심한 고통을 받고 고올*Gaul로 은거한 후, 자국이 아닌 타국에서 방랑하고, 비방 때문에 죽음을 겨우 피하였을 때 황제의 사면을 받았으나, 그들은 부끄러움도 느끼지 아니하고 교회와 아다나시우스에게 다시 무례한 행동을 하고 있고, 그의 석방에 화가 나서 극악한 계책을 꾸미고, 또한 성서 말씀도 두려워하지 않고 있다.

"거짓 증인은 벌을 면치 못할 것이요"(잠 19:5)라는 말씀에 따라 우리는 더 이상 그들의 음모가 보여주는 사악함과 말다툼에 놀라서 평화스러운 마음을 더 누릴 수 없어서(이렇게 변론하는 서신을 쓴다)….

제6절:

아리우스와 그를 따르는 미친 이단자들이 불경하여 알렉산더 주교에 의하여 교회에서 추방당하였을 때, 불경스러운 에스비우스와 그의 추종자들도 그들이 축출되었다고 간주하였기에 알렉산더 주교에게 자주 탄원서를 보내어 교회에서 아리우스를 몰아내지 말라고 청하였다. 알렉산더 주교가 그렇게 하지 않으니까 그들은 그 당시 집사였던 아다나시우스에게 적개심을 돌렸는데, 그 이유는 그가 주교와 가깝게 지내고 존경을 받고 있었기 때문이다. 아다나시우스가 니케아 공회*에서 아리안 추종자의 불경함을 꾸짖으니 이에 대한 적개심은 더 증가되었다. 아다나시우스가 감독 주교로 승진 되었을 때 그들의 분노는 극에 달하였다. 그러나 그의 정통주의 권위를 두려워하였기에, 그들은 모든 간악한 방법을 동원하여 아다나시우스를 중상하였다. 그들은 황제에게 좋지 않은 말을 하여 그를 중상하였고, 공회에 회부하고 자주 위협하여서 결국 티루스Tyre(고대 페니키아 항구 도시)에서 공회를 갖게 되었다. 오늘날까지 그들은 아다나시우스에 대한 공격을 그치지 않고, 그의 감독 주교 승진에 불만을 표하고, 그의 인격을 비방할 목적으로 거짓말을 퍼뜨리고 있다….

▪ 해설

본 논문은 이전에 행한 종교회의 과정과 판결, 그리고 아리안 논쟁 역사를 포함하여 아다나시우스를 위한 고위 성직자와 주요 인사들의 서신을 보여 주고 있다. 아다나시우스는 자신의 결백을 보여 주기 위하여 로마에서부터 알렉산드리아에 이르기까지 관련된 모든 일련의 문서를 포함하고 있어서, 그의 논문 양이 무려 90장이나 되는 방대한 분량이다. 그의 논문을 간추려 보면 다음과 같다.

제3~19장: 애굽 공회에서 보낸 회람에 한 성직자가 어떻게 아다나시우스가 선출되었고, 그에 대한 중상 그리고 이에 대한 부당성에 대하여 그를 증인으로 변호해 줄 수 있는 주교에게 보낸 호소문을 다루고 있다.

제20~35장: 교황 줄리어스가 안디옥에 있는 에스비우스를 추종하는 무리에게 보낸 서신으로, 아다나시우스 편을 들어주고 그들이 니케아 공회와 로마 주교*(교황)에 대한 불경을 꾸짖었다.

제36~50장: 사르디카 공회에서 3통의 서간이 요청한 (1) 아다나시우스의 명예 회복과, (2) 아리안주의 지도자의 직위 박탈과 파문(교회에서 추방)을 다루고 있다.

제51~58장: 콘스탄티우스 황제, 교황 줄리어스, 팔레스타인 및 기타 여러 지역의 주교들이 보낸 서간에서 사르디카 공회의 결정을 따르라는 내용

제59~63장: 티루스 공회Synod of Tyre(333)에서 콘스탄틴 황제가 보낸 서간에서 자기 문제와 관련된 사항을 인용

제71~83장: 티루스 공회에서의 회의 절차 및 내용을 보여줌.

제84~88장: 자신의 문제에 관련된 문서들을 보여줌.

제89~90장: 이태리, 고올, 스페인의 주교들이 받은 고통을 보여 주고, 특히 교황 리베리우스Pope Liberius와 오시우스Ossius의 주교가 아다나시우스의 무죄를 믿었기에 받는 고충을 보여 주고 있는데, 이유는 아다나시우스가 대의를 저버리기보다는 망명의 길을 택하였기 때문이다.

---

* 사르디카 공회Council of Sardica: 343년에 동로마 황제에 의하여 소집된 공회. 사르디카는 현재 불가리아 수도 소피아Sofia를 말한다.
* 고올Gaul: 현재 프랑스 및 벨기에의 일부 지역
* 제1차 니케아 공회The First Council of Nicaea: 아리안 논쟁으로 일어난 문제 때문에 콘스탄틴 황제가 325년에 소집하였다. 소집된 대부분의 주교들은 아리우스Irius(250~336)의 가르침이 이단이고 영혼 구원에 문제가 있다고 생각하였다. 325년 여름 동로마 제국에 있는 주교들이 니케아로 소집되었고 예수님과 그의 아버지 하나님과의 관계(예수님은 정말 또는 꾸며낸 하나님의 아들인가?)를 정하기 위함이었다. 318명의 주교 중에서 250명이 예수는 하나님의 아들이라고 결정하였다. 황제 콘스탄틴은 예수님이 하나님의 아들이냐 또는 아니냐 문제 보다는, 자기 제국 내에 있는 여러 지역을 통합 및 통치하는데 더 관심이 있었다. 니케아Nicaea는 소아시아 북쪽에 있는 마을 이름이었으며, 현재 터키에 있는 이즈닉Iznik 지역의 일부이다.
* 로마 주교See of Rome

07. 성 대 바실St. Basil the Great : 동방 수도원을 이끈 갑바도기아* 교부 (c.330~379)

▪ 공헌

바실은 성 아다나시우스의 삼위일체 신학을 더욱 발전시켜서 삼위일체에 바탕을 둔 정통 기독교 신학의 기초를 다듬어 놓았다. 다시 말하면 바실은 성서 역사와 단어 사용과 용어 해설을 바탕으로 삼위일체설을 공고히 하였기 때문에, 초기 기독교 교리(삼위일체)설이 흔들리지 않는 자리를 차지할 수 있게 되었고, 중세기 때에도 도전에 흔들이지 않는 교리가 되었다. 아리안 논쟁 이후 콘스탄티노플 공회(381)*가 열리도록 한 것과, 그의 저서 《성령에 관하여》On the Holy Spirit가 동방 정교회와 니케아-콘스탄티노플 신조(381)를 만드는데 바탕이 된 것은 큰 공헌이다. 삼위일체 보호자, 그리고 동방의 금욕생활 지도자로서 그는 기독교 수도원 발전에 가장 큰 영향을 주었다.

▪ 저술을 하게 된 상황

《성령에 관하여》(c.375)라는 저서는 이코니움Iconium주교이자 니케아공회 신조주의자인 앰필로치우스St. Amphilochius(340~95)를 위하여 저술되었으나, 아리안파들이 옳게 쓰지 못하였다고 비난하였다. 그 비난은 바실이 사용한 영광송*Doxology, "성령을 입은 아들과 함께 하는 하나님께 영광"Glory to the Father with the Son together with the Holy Spirit은 삼위일체 관점에서 볼 때 하나님의 3위(성부, 성자, 성신)에 대한 영광의 수준을 분명히 나타낼 수 없으니, 전에 사용하였던, "성령을 함께 하는 아들을 통하여 아버지께 영광”Glory to the Father through the Son in the Holy Spirit을 사용하는 것이 문맥상 의미로도 정확하고 더 좋다고 주장하였다. 영광송을 3개의 전치사 개념으로 설명하면, (1) 부터from, (2) 통하여through, (3) 안에/함께in 인데, 이는 (1) 모든 것을 창조하신 하나님으로 '부터from', (2) 영혼이 심판 또는 구제받는 일은 예수님을 '통하여through', (3) 성령에 의하여 신비스럽게 역사하는 시간과 장소는 '안에/함께in'라고 하여야 하였다. 이에 바실은 교회는 문맥의 뜻에 따라서 두 가지 영광송을 쓰고 있다고 반박하였다. 그는《성령에 관하여》라는 저서에서 두 가지 영광송을 분석하고 각 영광송이 뜻하는 신학적 의미를 추가하였다.

▪ 《성령에 관하여》On the Holy Spirit (c.375)

제1장: 신학에서 가장 상세하게 연구하여야 할 분야에 대한 머리말

제1절:

존경하는 형제 앰필로치우스Amphilochius여! 당신의 질문은 너무나 반갑고 감격스럽습니다. 특히 하나님에 관한 여러 용어에 대하여 깊은 연구 없이 함부로 다루어서는 안 될 말을 쓰는 방법에 대한 당신의 견해를 높이 평가합니다.

당신은 하나님의 권고, “구하는 자는 받을 것이요, 찾는 자는 찾아낼 것이다.(마 7:8)”라는 말씀에 훌륭한 설명을 해 주었습니다. 그래서 비록 반대파라 할지라도 가진 것을 당신에게 나눌 수 있는 아량을 조금은 불러일으킬 수 있다고 생각합니다. 내가 당신을 더욱 존경하는 점은, 현 시대의 많은 사람이 그러하듯이 단순한 시험 방법으로 해결을 찾아내는 것이 아니라, 진리를 찾아내고자 하는 진실한 태도입니다. 거기에는 질문자와 듣는 자의 구분이 없으며, 비록 어려운 일이지만, 사실을 찾고 진리를 찾아서 우리가 무지에 빠지지 않도록 하는데 있습니다.

사냥꾼의 올가미나 병정들의 매복같이 계교는 교묘하게 숨겨져 있으며, 논쟁을 일으키는 대다수의 질문도 어떠한 유익한 결과를 얻어 내지는 못합니다. 그들은 자기들이 원하는 답을 이끌어 내는데 실패할 경우가 있다 하더라도 논쟁할 만한 충분한 이유가 있다고 생각할 것입니다.

▪ 해설

《성령에 관하여》라는 저서는 30장으로 구성되어 있으며, 본서에서 사용된 장들은 바실의 삼위일체 신학에 대한 변론이다. 독자의 편의를 위하여 중요한 각 장의 제목을 열거한다.

01장: 신학에서 가장 상세하게 연구하여야 할 분야에 대한 머리말
02장: 문구 표현에 대하여 이단자가 사용하는 경향을 역사적으로 고찰
03장: 문구 표현에 대한 논의는 이교도 철학에서 유래함
05장: '통하여through whom'이라는 구phrase는 성부를 '통하여'라는 경우에도 쓸 수 있고, '~의of whom'이라는 구는 '성자와 성령의' 라고 말할 때 쓸 수 있다.
09장: 성서의 내용에 따르는 성령에 대한 확고한 개념
19장: 성령은 영광 받을 수 없다는 주장에 대한 반대
20장: 성령은 종이나 주인의 위치에 있는 것이 아니고, 하나의 자주 독립체라는 주장에 반대
21장: 성령이 하나님으로 불리는 성서 구절의 증거
22장: 성령은 실제로 성부와 성자를 자연스럽게 조합한다는 사실
24장: 피조물에 대한 영광을 돌렸음에 비교하여 볼 때, 성령 찬미를 거절하는 어리석은 짓을 한 증거
25장: 성서에서 '같이with'라는 단어 대신에 '함께/안에in' 또는 '의하여by' 라는 단어를 썼고, 또한 '와/그리하면/그래서and'라는 단어도 '같이

with' 라는 단어와 같은 뜻을 갖고 있다.

26장: '함께/안에in'라는 단어는 여러 문맥으로 따져 볼 때, 성령과 '함께/안에in' 라는 뜻으로 보아야 한다.

27장: '같이with'라는 단어가 어떻게 역사적으로, 그리고 교회의 불문율Unwritten laws에 의하여 영향을 받았는가에 대하여

28장: 그리스도와 함께 성령이 세상을 다스림에 있어서, 그리스도와 성령이 함께 한다는 성서의 말을 받아들이기를 거부하는 사람들에게

---

* 갑바도기아: 소아시아에 있었던 옛날 지역으로서, 현재는 터키 중부 동쪽 지방에 있다. 초기 기독교인들이 로마 네로 황제의 박해를 피하여 이곳에 약 250년 동안 은둔생활을 하면서 기도처, 동굴교회, 학교 수도원을 만들어 사용하였다. 로마제국에서 교회가 타락하자 수도사들이 이곳에 수도원을 만들고 경건한 신앙생활을 하였다.
* 제1회 콘스탄티노플 공회The First Council of Conatantinople: 동 로마 황제 테오도시우스 1세Theodosius I(재위 379~395)가 후유증이 없지 않았던 아리안 논쟁 이후, 동방 교회의 단합을 위하여 381년에 소집한 공회
* 영광송Doxology: 하나님께 영광을 드리는 찬송가로써, '하나님께 영광' 말로 시작되는 찬가 예: "지혜로우신 하나님께 예수 그리스도로 말미암아 영광이 세세무궁토록 있을 지어다 아멘"("--- to the only God, be glory forever through Jesus Christ! Amen"). (롬 16:27)

08. 성 요한 크리소스톰St. John Chrysostom : '황금 입'이라고 불리는 설교의 대가 (c.347~407)

▪ 공헌

하나님과 인간의 관계에 깊숙이 뿌리를 둔 그의 감동적인 설교는 기독교의 방향 설정과 모든 설교자가 효과적인 설교 기법을 배우는 데 크게 기여하였다.

▪ 설교에 대한 상황

환관 출신으로 동로마 제국에서 총관으로 막강한 권력을 행사하던 유트로피우스Eutropius가 황제 테오도시우스 I세Theodosius의 신임을 잃고, 직위에서 해임 당하였을 때, 그는 요한 크리소스톰이 주교로 있는 하기아 소피아 성당*The Hagia Sophia Cathedral으로 피신하였다. 막대한 증세 부과에 화가 난 안디옥 시민들은 거리에 있는 황제 테오도시우스와 그의 죽은 황후의 동상을 끌어내어 훼손시켰다. 동상 훼손이라는 죄에 대한 황제의 처벌을 걱정하면서 기다리고 있을 때, 요한 크리소스톰은 "동상"On the Statues이라는 일련의 감동적인 설교로 군중을 진정시키고, 유트로피우스를 구하였다. 요한 크리소스톰이 이러한 극적인 설교로 군중들을 매료시키고 있을 때, 유트로피우스는 목숨은 살릴 수 있겠다는 말을 듣고 성당을 탈출하였다. 그러나 그 후에 재산과 명예를 빼앗기고 키프로스Cyprus(지중해 동부의 섬)로 추방 당하였고, 죽여야 한다고 주장한 가이나스 장군에 의하여 칼케돈Chalcedon(소아시아 북서부에 있던 고대도시)으로 송환되고 황실 재산과 귀중품을 남용했다는 죄목으로 재판 받고 참수형을 당하였다(399).

■ **"동상"**On the Statues*: **설교/연설(378)**

"헛되고, 헛될지어다. 이 세상일이 다 헛될지어다."라는 이 말은 지금 바로 같은 때에 꼭 맞는 말입니다. 여러분의 집정관들이 쌓아 놓았던 찬란한 업적은 어디로 갔습니까? 빛나는 문화 업적은 어디로 갔습니까? 떠들썩하던 무도, 연회, 축제는 다 어디로 갔습니까? 극장의 화환과 커튼은 어디로 갔습니까? 박수로 환영하던 소리는 어디로 갔습니까? 경기장을 가득 채웠던 관중의 함성과 갈채는 이제 어디로 갔습니까? 이제 그들은 갔습니다. 아주 정말 가 버렸습니다. 심한 바람이 불면 나뭇잎이 떨어지고 앙상한 가지만 남아 뿌리까지 흔들어 놓습니다. 이는 광풍의 위력이 너무 커서 나뭇가지와 뿌리까지 뽑아내는 힘 때문입니다….

그래서 저는 여러분들께 재물은 허무한 것이라고 늘 말씀 드리지 않았습니까? 그러나 여러분은 귀담아 듣지 않았습니다. 재물은 '못 되어 먹은 종놈'이라고 말씀 드리지 않았습니까? 그러나 여러분은 미처 깨닫지 못하였습니다. 자! 이제 실제로 보십시오.

우리가 무서워서 벌벌 떠는 이유가 이처럼 허무한 재물이 못된 종놈 노릇을 하고, 우리까지 죽도록 하기 때문입니다. 제가 진리를 말할 때 여러분은 저를 종종 비난하였지요. 그럴 때마다 저는 "아첨하는 사람보다 여러분들을 더욱 사랑한다"고, "비위를 맞추려는 사람보다 꾸짖는 제가 여러분을 더 생각하고 있다"고 말씀 드리지 않았습니까? 여러분이 나의 모욕을 받고도 이겨낼 수 있다면, 적의 달콤한 키스는 여러분을 파괴하지 못할 것입니다. 그 이유는 나의 꾸지람은 건전하지만, 적의 키스는 불치병을 유발하기 때문입니다….

---

* 우리말 번역은 '황제동상 훼손' 이라고 할 때 뜻이 더욱 분명함.

이제 저는 그(유트로피우스)를 책망하거나 그의 불행을 경멸하기 위해서가 아니라, 그에 대한 여러분의 마음을 누그러뜨리고, 그를 동정하여 이미 받은 그의 벌에 대하여 관용을 베풀어 주기를 바랍니다. 신성한 피신처인 이곳에 그를 받아 주었다고 저를 욕하는 냉혹한 분도 이곳에 있겠지만, 제 이야기를 듣고 그에 대한 반감을 풀어 주시라고 감히 요청하는 바입니다….

또한 다음과 같은 경우도 생각하여 봅시다. 만일 황제가 모독을 당하였는데도 노하지 않는데, 여러분은 노할 수 있겠습니까? 이곳의 집회가 끝난 후, 하나님이 우리 모르게 하시는 일과 우리 채무자에게 보복을 요구할 때, "우리에게 채무자를 용서하듯이, 주여 우리를 용서하소서"라는 말을 할 수 있겠습니까? 저사람(유트로피우스)이 크게 잘못을 하여 여러분께 모욕을 주었습니까? 물론 전혀 그렇지 않다고는 못하겠지요. 그러나 지금은 누구를 심판할 때가 아니고 자비를 베풀 때이며, 해명을 요구할 때가 아니고 친절을 베풀 때이며, 손해 배상을 조사할 때가 아니고 배상을 양보할 때이며, 판정을 내려 복수할 때가 아니고 자비와 호의를 베풀 때입니다.

자, 이제 우리는 아무도 괴로움을 당하지 않게 하고, 그가 죽음에서 유예되고 사형 사면을 받아 다시는 하나님께 죄를 짓지 않도록 자비스러운 하나님께 간청을 드립시다.

그리고 교회를 위하고, 제단을 위하고, 한 명의 생명을 구하여 그가 성찬대Holy Table에 참석할 수 있도록 우리가 단결하여 자비스러운 황제께 간청을 드립시다. 그렇게 하면 우리의 자비스러움에 큰 보답을 주시는 하나님께서 승인하기 전에, 황제는 우리의 청을 받아 줄 것입니다. 하나님은 잔인하고 비인간적인 짓을 하는 사람을 미워합니다. 반면에 자비롭고 인간적인 사람을 사랑합니다. 만일 황제가 의롭다면, 그의 왕관은 더욱 빛날 것이고, 황제가 죄인이라면 신하에게 베풀어 준 대가로 하나님은 그의 죄를 눈감아 주실 것입니다. 하나님의 "나는 희생보다는 자비를" 구한다고 하신 말씀은 (40)성서 전체에 흐르고 있습니다. 이로 인하여 우리가 죄에서 벗어나는 방책으로 쓰고 있습니다. 하나님은 우리를 긍휼히 여기시고, 우리의 죄에서 벗어날 수 있게 하시고, 우리의 교회와 황제를 섬길 수 있게 하십니다. 그러면 제가 말씀드렸던 바와 같이, 자비스러운 황제는 우리를 칭찬할 것입니다. 모든 국민은 우리에게 갈채를 보내고, 세상의 모든 사람은 우리를 높이 평가할 것이며, 이러한 우리의 일을 듣는 모든 사람은 우리를 (45)칭찬할 것입니다. 자, 이제 우리의 선행을 본받아, 기도와 간청을 위하여 무릎을 꿇읍시다. 저기에 있는 자는 포로이면서, 도망자이고, 탄원하는 자입니다. 위험에서 구출해 줍시다. 우리가 주 예수 그리스도의 영원한 축복을 받을 수 있도록 합시다. 아멘.

▪ 해설

그의 설교/연설은 군중들에게 감동을 주며 효과적으로 설득시켰기 때문에, 그는 '황금 입'이라는 별명을 갖게 되었다. 그의 설교/연설의 힘은 (1) 수사학과 역사에 대한 지식이 뛰어남, (2) 다양한 어휘를 효과적이고 적절하게 수사학 기법(반복, 논리적 문답, 대조법)에 따라 사용, 그리고 (3) 가장 적절한 화제에 맞추어 생각과 표현을 응용하여 설명할 수 있는 능력에서 나온 탁월함이었다. "동상"이라는 그의 연설에서 효과적으로 사용된 주요 수사학 기법을 살펴보자.

(1) 반복Repetition:

같거나 비슷한 구와 절을 연결된 문장의 앞 또는 뒤에 넣어 요지Main Idea를 반복하여 말함으로써, 요점을 더욱 강조하여 군중들의 강력한 감동을 불러일으킨다.
예: 반복문, "어디로 갔습니까?"는 줄Lines (2), (3), (4), (5)에 있음.

(2) 논리적 문답Dialectic Discourse:
대화식으로 질문과 대답을 교환하여 사실적 결론을 찾고, 대답하는 사람의 판단에 의하여 모순된 점을 알게 한다.
예: "말씀드리지 않았습니까?"라는 논리적 문답은 줄 (9), (11), (15)에서 찾아볼 수 있다. "재물은 허무한 것이라고 늘 말씀드리지 않았습니까?"는 사실에 근거를 두고 답을 유도하는 질문이고, "여러분은 귀담아듣지 않았습니다."는 질의자 질문에 사실을 말하는 대답임.

(3) 대조법Antithesis:
서로 비슷한 문장 구성에 있어서, 비교되는 점을 강조함으로써 독자들이 비교된 점을 잊지 않고 오래 기억될 수 있게 하는 수사기법
예: "당신의 국가가 당신들에게 무엇을 해줄 것인가를 묻지 말고(부정문), 당신이 조국을 위하여 무엇을 할 것인가를 물어보십시오.(긍정)"
(케네디 대통령 취임사에서, 1961)
'부정문' 다음에 '긍정문'이 오며, '부정문'을 대조하여, '긍정문'의 내용을 강조한다.
"지금은 누구를 심판할 때가 아니고(부정), 자비를 베풀 때이며(긍정),
해명을 요구할 때가 아니고, 친절을 베풀 때이며,
손해 배상을 조사할 때가 아니고, 배상을 양보할 때이며,
판정을 내려 복수할 때가 아니고, 자비와 호의를 베풀 때입니다."
줄 (28), (29), (30)에 있는 대조법 "… 아니고(부정), … 때이며(긍정)"

(4) 원인과 결과Cause and Effect:
원인은 결과를 가져오게 한 요인이기 때문에, 결과가 더욱 중요시된다.

보통 '만일/그렇게 하면If, 그러면/그리하여then' 라는 문장 형식
예: "그렇게 하면(35), 황제는 우리의 청을 받아줄 것입니다.(36)" 라고 말하며 결과를 더 강조하였음.
"만일 황제가 의롭다면(37), 그의 죄를 눈감아 주실 것입니다.(38-39)"

(5) 은유법Metaphor:
두 개체가 서로 같을 수 없음을 '같이' 라는 단어를 쓰지 않고 비교하며, 이는 독자나 군중들이 오랫동안 기억하기 위함이다.
예: '적의 키스'(16); "적의 키스는 불치병을 유발하기 때문"(17)

(6) 직유법Simile:
두 개체를 '같이' 라는 단어를 사용하여 비교하는데, 목적은 문장을 다양하고 멋있게 하는 데 있다.
예:"우리가 채무자를 용서하듯이, 주여 우리를 용서하소서."(25-26)

(7) 하나님께 호소Appeal to Inspirational Support:
많은 군중이 적의 또는 부정적인 태도를 보일 때, 그들을 설득하기 위하여 초자연적인 힘에 호소한다.
예: "더 이상 하나님께… 간청을 드립시다."(32)
"교회를 위하고, 제단을 위하고… , 성찬식에 참석할 수 있도록"(33),(34)
"우리가 주 예수 … 있도록 합시다."(47)

(8) 행동을 취하게 하는 호소Appeal to Action:
진지한 요청 또는 간청으로 호소하는데, 군중이 행동을 즉시 취하도록 호소한다. 또한 설득을 위한 연설/설교에서 효과적인 종결로 쓰인다.
예: "기도와 간청으로 무릎을 꿇읍시다."(45)

"포로이며 … 자를 위험에서 구출하여"(46)

"그리스도 축복을 받을 수 있도록"(46-47)

이와 같이 '황금 입' 요한 크리소스톰은 적재적소에 다양하게 수사학 기법을 효과적으로 사용하였다.

---

* 하기아 소피아 성당: 터키 이스탄불에 360년 콘스탄티우스 2세에 의하여 세워진 것으로 현존하는 최고의 비잔틴 건축물로 칭송받고 있음. '하기아 소피아(Hagia Sophia)'는 '신성한 지혜'라는 뜻
* 요한 크리소스톰은 이 연설을 387년 희랍어로 말하였고, 그의 연설문은 여러 학자들이 다양한 외국어로 번역하였다. 본서에서는 Houston Peterson(1954)이 선별하여 편집한 저서, "Chrysostom Preacher on the Fall of Eutropius, Minister State" in A Treasury of The World's Great Speeches. NewYork: Simon and Schuster. (pp.60-66)에 수록된 영문본(약 3,700 영어 단어를 사용)에서 주된 연설문만 인용하였다. 본서 우리말 번역에 사용된 단어는 616단어임을 독자의 편의를 위하여 밝힌다.
* 본서에 수록된 영문 원본으로 읽어 보면 수사학 기법이 더 분명하여 진다.

09. 히포 출신 성 어거스틴St. Augustine of Hippo: 초대교회 철학/신학자 (354~430)

▪ **공헌**

기독교 역사에서 사도 바울 다음으로 큰 영향을 끼친 인물은 성 어거스틴 이라고 볼 수 있으며, 그의 사상, "자유의지, 은총, 운명 예정설"은 중세기 신학 발전에 공헌하였다. 그는 초기 기독교 신학의 마지막 사상가이자, 중세기 최초의 신학자 역할을 하였는데, 16세기 개신교 종교 개혁자들에게도 영향을 미쳤다. 그의 지시 《하나님의 도성》The City of God은 서구 문명, 문화 및 신학 이론 구축에 큰 몫을 하였다.

▪ **저서 《하나님의 도성》에 관한 상황**

플라톤파 철학자들이 로마의 멸망은 전통적인 다신교를 버리고 기독교를 인정하였기 때문이라고 주장하였다. 이에 어거스틴은 로마의 멸망은 그리스도 이전에 예견되었으며, '하나님의 도성'과 '인간의 도성'이라는 관계를 비교하여 설명하였다. 관계라는 것은, "하나님의 영원한 진리를 찾기 위하여 세상 만족을 버리는 사람은 하나님의 도성 사람이 될 것이고, 현세에 쾌락에 빠지는 사람은 인간의 도성 사람이 된다."라는 설명이다. 그의 친구 마쎌리누스Flavius Marcellinus의 권고를 받아들여, 14년이나 걸려 (413~427) 어거스틴은 이 저서를 집필하였다.

▪ **《하나님의 도성》(413~427)**

제1권 서문: 《하나님의 도성》을 쓰는 당위성

마쎌리누스 친구에게: 약속한 대로 저술을 시작하였는데, 이교도들이 섬기는 그들의 신보다는 영광스러운 하나님의 도성을 설명하고자 할 뿐입니다. 나는 두 가지 측면에서 설명하는데, 하나는 '믿는다'라고는 하지만, 이 세상에서 죄를 짓고 사는 일시적인 순례자 입장에서, 또 하나는 변함없는 우리의 거주지이며 목표*를 추구하기 위함입니다. 이 저술 작업이 힘들다는 것은 알지만, 하나님이 도와주시리라고 굳게 믿습니다.

제2권 2절: 그리스도 이전의 재난에 대하여

… 왜 하나님은 사악하고 감사할 줄 모르는 자(야만인들)에게 축복을 주고, 적은 선한 자와 악한 자를 가리지 않고 살육하는가? 이 포괄적인 문제는 여러 가지 이유로 쉽게 말할 수는 없다. 첫째는, 왜 하나님이 주신 은혜와 인간의 잔인성이 종종 선한 자와 나쁜 자에게 구별 없이 일어났음을 생각할 때, 많은 사람이 이 문제에 혼란을 일으키기 때문이다. 더구나 비록 야만인의 군인들에게 정숙한 로마 여인들은 짓밟혔지만, 그들의 숭고함은 조금도 훼손되지 않았고, 개인적으로 애통하여야 할 이유가 없기 때문에 그들은 삶에 대하여 애통할 필요가 없다고 위로를 드린다. 이제 나는 로마와 이의 속국 영토에서 일어났던 재난을 역사적인 면에서 상술하고자 한다. 기독교가 모략을 받지 않았더라면, 또는 그 당시 복음의 가르침이 그릇되고 현혹하는 신들을 멀리하고 자유스러웠더라면, 이러한 재난들이 일어나지는 않았을 것이다.

▪ 해설

《하나님의 도성》은 모두 22권으로 되어 있고, 하나님, 순교, 유대인과 여러 기독교 철학과 관련된 문제들을 다루고 있다. 독자의 참고를 위하여,

* 목표: "심판이 의로 돌아가리니 마음이 정직한 자가 다 따르리로다."(시편 94:15)

각 권의 주제를 간단히 소개한다.

01권: 세상 재난을 가져오게 한 이교도 비판

02권: 그리스도 이전의 재난에 대하여

03권: 그리스도 강림 이전 재난들의 도덕적, 신앙적 문제점

04권: 지상 왕국의 권력은 어떻게 세워졌고 다스려지는가?

05권: 기독교를 믿는 황제의 진정한 행복은 무엇인가?

06권: 세속적인 이로움을 말하는 다신교 교리를 비판

07권: 이교도 신으로는 누릴 수 없는 영원한 생명

08권: 깊이가 없는 플라톤 철학 체계

09권: 폐기되어야 할 악령 숭배

10권: 오직 하나님과 함께하는 천사들

11권: 천국과 속세의 도성에 대한 기원, 역사 및 운명

12권: 천사에 대한 두 가지 면: 선과 악

13권: "사망은 아담의 지은 죄로 받는 벌"이라는 말에 대한 해설

14권: 탐욕의 생활과 소유와 집착의 욕심에서 생기는 죄

15권: 두 도성의 성장 과정과 기원

16권: 두 도성의 발전 과정

17권: 사무엘부터 다윗까지의 기간 동안 살펴본 하나님 도성의 역사

18권: 아브라함부터 세상 종말까지 살펴본 두 도성의 역사

19권: 두 도성의 종말

20권: 구약, 신약을 통해 본 최후의 심판 선언

21권 : 영원한 벌을 피할 수 없는 악마의 도성

22권: 하나님의 도성, 그 종말과 성도들의 영원한 행복

---

* 성 모니카St. Monica(c.331~387): 어거스틴의 어머니로써 40세에 혼자가 되었고, 아들이 개종하기를 간절히 기도 하였다. 아들이 북아프리카에서 로마와 밀라노로 갈 때 동행하였다.

제 2 장

중세기 (450년경~1500년경)

제 2장 중세기(450년경~1500년경)

중세기는 로마의 마지막 황제가 476년에 폐위된 때로부터 16세기 종교개혁까지의 기간을 말한다. 이는 서로마 제국의 멸망 이후부터 16세기 초기 근대사에 이르는 기간을 말한다. 중세기는 1,000여 년에 걸친 오랜 세월이기 때문에 편의상 세 기간으로 나누었다: (1) 중세 초기(450~800년경), 중세 중기(800~1300년경), 그리고 중세 후기(1300~1500년경)이다. 중세 초기는 로마 황제 폐위부터 샤를마뉴Charlemgne 대제가 교황 레오 3세Pope Leo III에 의하여 800년에 신성로마제국 황제가 되었을 때의 기간을 말하며, 중세 중기는 샤를마뉴 황제 즉위부터 11~13세기의 십자군 전쟁 시기를 말한다. 끝으로 중세 후기는 유럽 중세왕권의 대두부터 1453년까지 계속되었던 교권 분리*까지를 말한다.

A. 중세 초기(450년경~800년경)

1. 역사적 배경

13살에 불과했던 마지막 로마 황제, 로물루스 아우구스투스Romulus Augustus가 476년 게르만 추장 오도아케르Odoacer에 의하여 축출된 후, 로마와 서쪽 지역의 영토를 지배하는 황제는 없었고, 로마제국의 절반인 서쪽 영토를 지배하던 권력은 사라졌다. 그러나 서쪽 영토에 대한 정치적 권력은 사라졌으나, 로마의 사상, 문화 및 종교적으로는 중세 초기의 소란한 여러 사건으로부터 많은 영향을 받았다. 이러한 영향은 훗날에 문화와 종

---

* 동방 정통교회와 로마 가톨릭교회 분리: 1054~1453까지. 1453년 동로마 제국 멸망

교를 부활하는 르네상스Renaissance시대의 밑거름이 되었다.

한편, 로마제국 동쪽에 있는 비잔틴 제국(동로마 제국)Byzantine Empire은 서로마 제국과는 달리 몰락하기보다는 오히려 번성하였는데, 이는 수도 콘스탄티노플Constantinople에서 정치 권력을 로마 황제의 후계자로서 행사하면서, 동시에 희랍 및 로마의 우수한 문화를 잘 보존하고 발전시켰기 때문이다. 비잔틴 제국은 오스만 튀르크족에게 1453년에 멸망할 때까지 지속되었다.

좀 더 자세히 말하면, 중세 초기는 476년 로마 멸망으로부터 800년 크리스마스 날 교황 레오 3세가 샤를마뉴에게 신성로마 황제관을 씌워주는 날까지이다. 이는 지상 권력과 영적 지도자의 힘을 결합해 놓는 일이었다. 이러한 발상은 로마제국, 기독교 조직 체계 및 게르만 통치 방법에서 발생하였다. 그러나 서구 기독교 지도자, 레오 3세에 의하여 게르만족 왕이 로마제국의 황제가 되었다는 것은 혼란과 새로운 사회의 의식구조를 가져다주게 되었다. 샤를마뉴 대제는 서게르만 민족을 하나로 통합하였으며 기독교 통치 체계가 자기 왕국을 통치하는 데 도움이 되리라는 것을 알았기 때문이었다. 일반 성직자들이 상사에게 직접 명령을 받는 것 같이, 교구, 대주교 같은 새로운 행정 직책을 만들어 기독교를 강화해 나갔다. 그러나 이러한 지상과 천국 권력의 결혼은 바람직하지 못한 씨앗을 심는 계기가 되었다. 교회의 힘이 강해짐에 따라, 로마 가톨릭교회가 중앙 집권, 통제와 계급 차별을 중히 여기는 체제로 바뀌었기 때문에, '암흑시대'The Dark Age에 들어가게 되었다.

중세 초기에는 각 행정 지역에서 벌써 공동회가 형성되어, 영리 추구나 상호 경쟁보다는 하나의 공동체로써 중세 경제 체제를 추구하는 체제가 이루어졌다. 그러나 교권을 꼭 강화해야 하겠다는 성 대 레오와 성 대 그레고리 교황은 교회가 단일화 체제에 의하여 성장하게 했으며, 교회 내에서 일어나는 부패를 막기 위한 수단으로 교황의 최고권을 확립하려고 하였다. 교황 그레고리 7세Gregory Ⅶ는 이탈리아를 야만족 침입에 방어하기 위하여 국내 행정과 국방 체제를 개혁하였다. 성직자가 지켜야 할 규범서를 내놓았으며, 교회에서 교황은 최고의 권위자라는 사실을 확고하게 다져 놓았다.

중세 초기에 널리 알려진 설교인으로는 성 패트릭St. Patrick, 성 대 레오 1세St. Leo the Great, 알즈 출신 성 세사리우스St. Caesarius of Arles, 성 대 그레고리St. Gregory the Great, 성 콜럼바St. Columba, 켄터베리 출신 성 어거스틴St. Augustine of Canterbury, 그리고 성 베드St. Bede 등이며, 그들은 가톨릭교회의 교권을 확립하는데 큰 공헌을 하였다.

2. 대표 설교인

본서에서는 중세 초기의 교회와 사회 현실을 아는 데 도움이 되는 인물로는, 성 대 레오와 성 대 그레고리를 선정하였다. 레오는 중세기 교황이 기독교 교회의 수장으로서 모든 기독교인에게 직접 영향권을 행사할 수 있다고 '베드로 위임설'을 주창하였으며, 그레고리는 중세 초기에 기독교 문화가 전파되지 못한 지역에까지 선교사를 파송하면서 필수적인 교회 개혁을 단행한 공헌이 크기 때문이다.

10. 성 대 레오 1세St. Leo the Great : 베드로 위임설 주창자 (c.400~461)

▪ 공헌

예수님의 두 특성((1) 인성: 사람으로 지상에 오신 일, (2) 신성: 하나님의 아들로 오셨기 때문에 신이다)은 결합하여 결국 하나Hypostasis라고 하는 그리스도의 양성론을 설파하였고, 중세기의 로마 교황은 모든 기독교인에게 직접 영향권을 행사할 수 있다는 베드로 위임설*을 주창하였다.

▪ "레오 서간*"Leo's Tome을 쓰게 된 상황

그리스도 정교 대 수도원장인 유티커스Eutyches가 449년에 로마 교황 레오에게, 콘스탄티노플 주교인 플라비아누스Flavian로부터 파면을 당하였으니 복권해 달라고 서신으로 청원하였다. 그의 청원은 황제 테오도시우스 2세Theodisius II로부터 타당성이 있다고 인정되어 사건을 심의하기 위하여 회의가 소집되었다. 회의장에는 유티커스를 지지하는 사람들로 가득 찼으며, 회의 주제자, 알렉산드리아의 주교인 다이아스코러스Dioscorus 또한 유티커스 지지자였다. 레오가 도둑 회의라고 부른 이 회의에서는 유티커스를 사면하고, 플라비아누스를 비난하였다. 레오가 보낸 특사는 허락을 받지 못하여서 레오의 서간을 읽을 수가 없었다.

그러나 2년 후(451년) 새 동로마 황제 마르선Marcian에 의하여 600여 명의 주교들이 참석한 회의가 소아시아에 있는 칼케돈Chalcedon에서 열렸다. 플라비아누스는 이미 사망했으나 그의 공적은 많은 사람이 기억하고 있었고, 그에게 잘못이 없다는 판정을 받았다. 다이아스토러스는 도둑

회의 때 레오의 서간을 은폐하였다는 죄목으로 기소되었고, 449년 플라비아누스에게 보낸 레오의 서간을 칼케돈 회의에서 레오의 특사가 읽었다. 레오는 그의 서간에서 가톨릭 교리인 성육신과 그리스도 양성론(인성과 신성)을 명확히 정의하여 놓았다. 레오의 서간이 읽힌 후에, "그것이야말로 우리 교부와 사도들이 가졌던 신앙이여, 우리도 그것을 믿고 그리스도 정교를 그렇게 믿지요! 성 베드로는 하고 싶은 말을 레오를 통하여 말하였군요." 그리하여 칼케돈 회의는 새 교리를 인정하였는데, 이는 "혼동되지 않고, 바꾸지 않고, 편을 가르지도 않고… 예수님의 인성과 신성은 하나이다."라는 선언을 하였다.

▪ 교황 레오가 콘스탄티노플 주교인 흘래빈에게 449년에 보낸 서간

본 레오의 서간은 451년 칼케돈 회의에서 교리로 채택되었음.

유티커스는 성육신에 대하여 어떻게 이해하여야 하는지도 모르고, 성서를 더 공부하여 성서 내용을 잘 알고 싶은 욕망도 없는 사람입니다. 그렇지 않다면 적어도 그는 모든 신도가 받아들이고 믿는 교리, 즉 "전능하신 하나님, 그리고 그의 독생자 예수 그리스도가 성령으로 잉태되어 동정녀 마리아 몸을 빌려 태어나셨다"는 말을 주의 깊게 들었어야 했습니다.

이러한 세 단어(성부, 성자, 성령)로 된 교리에 대한 믿음은 이단의 음모를 물리칠 수 있습니다. 하나님이 전능한 자이고 '하나님 아버지'라고 믿을 때는, 아들도 아버지와 같이 동등하게 전능하고 '하나님 아버지'가 되는 것이지요. 아들은 전능하신 하나님으로부터 태어났기 때문에 아버지와 조금도 다르지 않으며, 또한 영원불멸 하고, 하는 일에 선과 후를 가리지 않고, 권세를 사용하는 데 있어서, 영광을 드리는 데 있어서, 그리고 존재하는 데 있어서까지, 아들은 '하나님 아버지'와 조금도 다르지 않습니다. 이렇게 성령에 의하여 동정녀 마리아 몸을 빌려 태어난 아들은 전능하신 아버지와 전혀 다르지 않다는 말입니다. 아들의 탄생 시기는 하나님이 계획한 시기와는 상관이 없으나, 그를 탄생시킨 목적은 속고 짓밟힌 인간을 구속하기 위하여 당신 자신을 온전히 베푸신 것이며, 우리를 사망케 하는 마귀의 권세를 멸하기 위함입니다….

만일 유티커스가 이렇게 분명하고 깨끗한 기독교의 성경 해석을 스스로 아둔하여 이해할 능력이 없었더라면, 그는 적어도 복음의 가르침에 따랐어야 하였지요. 마태가 다음과 같은 "아브라함과 다윗의 자손, 예수 그리스도의 계보라. 아브라함은 이삭을 낳고 이삭은 야곱을 낳고"…(마 1~2)라는 말을 하였는데, 유티커스는 사도들의 가르침에서 무엇을 말하고 있는가를 좀 더 깊이 생각하여 보았어야 하였지요. "예수 그리스도의 종 바울은 사도로 부르심을 받아 하나님의 복음을 위하여 택정함을 입었으니, 이 복음은 하나님이 선지자들을 통하여 그의 아들에 관하여 성경에 미리 약속하신 것이라"(롬 1:1~2)라는 말씀을 읽었을 때, 유티커스는 예언의 말씀에 심사숙고를 하여야 하였지요….

유티커스는 복되신 사도 베드로의 가르침, "예수 그리스도의 피 뿌림을 얻어 죄를 씻고", "썩어질 부가 아니라 때 묻지 않는 양같이 예수 그리스도의 뿌린 피와 하나님한테 물려받은 소박한 생활에 의하여 구원을 받을 수 있음을 알아야 합니다. 또한 유티커스는 요한 사도의 증언과 하나님의 아들로써 예수님의 피 뿌림이 우리의 모든 죄를 씻어줌을 부정할 수 없으며, 우리의 이러한 믿음이 세계 곳곳에 퍼지게 하지요. 하나님의 아들인 예수님을 제외하고는 누가 세계 곳곳에 퍼지게 하는 승리를 가져와 줄 분이 어디에 있습니까? 그분은 성육신으로 오신 예수 그리스도입니다. 인간으로만 오신 게 아니고, 인간과 하나님으로 오셨습니다. 성령은 진리이기에, 성령은 다음과 같이 증언합니다. 세 가지 개체(성부, 성자, 성령)는 결국 하나입니다. 다시 말하면, 죄를 깨끗이 씻고, 피 뿌림으로 구원받고, 물로 세례를 받습니다. 이 세 행위가 서로 관련이 되어 있어서 각각 따로 떼어 놓을 수 없는 하나라는 뜻입니다. 이러한 관계 즉 신성시 없이는 인간성이 결여되고 인간성 없이는 신성시가 결여되는 교리에 따라 가톨릭교회가 성장하게 됩니다.

▪ 해설

레오의 서간은 가톨릭 교리인 성육신*과 예수님의 양성론(하나님의 아들로써 육신과 인간성)을 정의하였다. 레오는 그 교리를 정의하는 데 있어서 선지자와 복음의 가르침, 그리고 사도들의 저서가 어떻게 서로 잘 일치되는지를 정확히 설명하였다. 이리하여 초기로부터 중세 초기까지 그렇게 논란이 많았던 예수님의 성육신 교리를 451년 칼케돈 회의에서 그리스도 논쟁의 정설로 채택되었다.*

---

* 베드로 위임설Petrine Doctrine: 예수님이 "나의 후계자는 베드로"라고 말하였기에 ("내가 천국 열쇠를 네게 주리니"(마 16:18-19), 로마 교회와 교황의 권력은 응당 베드로한테 나온다는 설. 이는 교황의 절대 권력을 강화시키기 위한 주장이었음.
* 서간Tome: 서간/편지 형식으로 쓰여진 라틴어 서적. 서간 형식으로 쓰여 졌기에 보통 "서간/ 편지"라고 함.
* 성육신Incarnation: 인간을 구원하기 위하여 그리스도가 하나님의 아들로써 육신과 인간성을 가지고 이 지상에 태어난 일

11. 성 대 그레고리Pope St. Gregory the Great : 교황 중의 교황 (c.540~604)

▪ 당시 사회 상황

사회적으로는 542년부터 발생한 전염병이 로마와 이탈리아 전역을 휩쓸며 황폐화되어, 심한 기근과 큰 폭의 인구 감소로 인해 신앙 및 정신적 불안을 초래하며 공황 상태에 빠져든 상황이었다.

정치적으로는 콘스탄틴 황제Constantine 이후에도 계속 동서로 나누어진 지역이 395년 독립국가로 분단되었다. 제국의 분단 이후, 서로마 제국은 야만족에 의하여 침공을 당하다가, 드디어 476년에 마지막 황제 로물루스 아우구스투스Romulus Augustus가 퇴위 되었다. 이에 여러 게르만 왕국이 로마제국을 대신하여 통치가 되었다. 이를 본 성 대 그레고리는 탄식하기를: "옛날 세계를 주름잡았던 로마는 이제 고통을 받아 신음하고, 시민은 사라졌고, 적의 공격을 받아 다 쓰러진 건물만 남은 쓰레기 같은 도시로 전락하였구나"….

한편, 동로마 제국은 수도 콘스탄티노플을 중심으로 물질문화를 계속 누리며 15세기까지 지속하였다.

종교적으로는 교권과 왕권이 새로운 양상을 보여 주었는데, 즉 "왕권이 황제에 속하여 있는 것 같이, 교권은 주교에게 있다." 이 말은 (1) 교회와 왕은 서로 공존한다. 또는 (2) 교권은 왕권보다도 높을 수 있다. 이러한 말이 나올 수 있었던 배경은 당시 사회 상황 그대로였다. 교황 그레고리가 로마와 인근 이탈리아 지역을 지키기 위하여 내정 및 군사 계획을 짜는 데 주도적 역할을 하였기 때문이다.

▪ 공헌

서로마 제국과 화려했던 문화가 몰락하며 당시의 사회 현실이 암담할 때, 그레고리는 이교도 땅에 널리 선교사를 파송하는 한편, 여러 가지 중요한 교회 개혁을 단행하였다. 이로 인하여 유럽 대륙에 '신앙의 시대'가 오는 데 공헌하였다.

▪ 《목회 규범》The Book of Pastoral Rule을 저술하게 된 상황

《목회 규범》은 이탈리아 라브나Ravenna의 주교로 있는 요한John의 질문에 답하기 위하여 쓰였다. 그레고리가 교황이 되자마자 그는 성직자의 책임과 의무가 무엇인지를 물었더니, 그레고리는 성직자가 맡은 양 떼(신도)를 어떻게 보살펴야 하는 내용을 상세히 적었는데, 이는 중세기 동안에는 신도들을 위해 봉사하는 일의 지침서가 되었다.

▪ 《목회 규범》The Book of Pastoral Rule(590)

양치는 목동의 생활이 양보다 조금 높다고 생각되는 것과 같이, 성직자의 품행은 보통사람보다 더 품위가 있어야 한다. 그러한 위치에 있는 성직자에게 보통사람들은 그의 양떼라고 생각되기 때문에, 성직자는 올바른 품위가 자기 어깨에 있다는 것을 결코 잊어서는 안 된다. 이 말은 생각하는 데는 깨끗하여야 하며, 행동을 취하는 데 있어서 단호하여야 하며, 침묵을 지킬 때는 신중하여야 하고, 말할 때는 건설적이어야 하고, 누구에게든지 동정을 베풀 때는 내 이웃같이 행하고; 생각할 때는 어떤 생각보다 뛰어나야 되고, 친구를 대 할 때는 겸손으로 대하고, 옳은 일을 위해서는 불의와 타협하지 않고, 외형에 현혹되어 속마음을 방심하여 성직자의 의무를 다하지 못하거나, 또는 속마음 걱정 때문에 외형으로 보이는 일을 하는데 태만해서는 안 된다.

성직자는 다른 사람의 마음을 정화하는 일을 하고 있으므로, 조금도 불순물이 들어가지 않도록 자기 생각을 항상 깨끗하게 가져야 한다. 때를 씻는 손은 더러운 진흙이 묻지 않도록 그리고 만지는 곳이 더러워지지 않도록 깨끗하여야 한다.

성직자는 행동에 있어서 지도자 역할을 하여야 한다. 생활하는데 있어서는 신도들에게 바르게 삶을 사는 방법을 보여줄 수 있어야 하고, 자기를 따르는 사람에게는 말로만 하지 말고 실제로 어떻게 삶을 이끌어야 하는 것을 배울 수 있도록 하여야 한다. 또한 성직자는 직업상 가장 훌륭한 일을 말할 수 있으므로, 가장 훌륭한 일을 하여야 한다. 그러면 생활의 경험에서 보여 주는 성직자의 말은 신도들에게 더 잘 받아들여지게 되는데, 이는 성직자가 말하는 것을 보여 줌으로써 실천을 행하기 때문이다.

성직자는 침묵을 지킬 때는 신중을 기하고, 말할 때는 건설적이어야 한다. 그렇지 않으면 하지 말았어야 할 말을 하게 되거나, 하여야 할 말을 못하게 된다. 신중을 기하지 않으면 실언이 되고, 무분별한 침묵은 고쳐야 할 실언을 가져온다. 성직자는 나쁜 말이 얼마나 크게 선한 말을 해치는 것을 알아야 한다. 때로는 인색함이 검소라는 이름으로 채색되기도 하고, 낭비가 관대라는 이름으로 제 모습을 감출 때가 있다….

지금까지 성직자가 지켜야 할 사항들을 살펴보았으니, 이제는 무엇을 어떻게 가르칠 것인가를 생각해 보자. 성 그레고리 나지안젠St. Gregory Nazianzen(329~389)은 같은 권고라도 듣는 사람의 질이 비슷하지 않으면, 모든 사람에게 호응을 줄 수 없으며, 어떤 사람에게 이익이 되는 일이라 하더라도 다른 사람에게 해를 줄 수도 있으며, 어떠한 동물에게 약이 되는 약초도 다른 동물에게는 극약이 될 수 있으며, 말을 진정시키기 위한 부드러운

'쉿' 소리가 말을 망나니짓을 하게 할 수 있으며, 어떠한 병을 조금 악화시키는 약이 다른 병에는 더욱 악화시킬 수 있고, 정상적인 사람의 건강을 더욱 증진하기 위하여 먹는 음식이 어린아이들을 죽일 수 있다….

▪ 해설

《목회 규범》은 4권으로 되어 있으며, 제1권은 교회를 위하여 일할 성직자의 자격 및 품위를 다루고 있고, 제2권은 성직자가 삶에서 지녀야 할 덕성과 삶의 형태, 제3권은 매일 여러 종류의 사람과 만나서 교제할 때 지켜야 할 예의와 도리, 그리고 제4권은 자기 본위, 욕심, 사회생활에서 취하여야 할 행동, 포부 등을 포함하여 다음과 같은 인간관계 정립에 초점을 두었다. 즉 가진 자와 못 가진 자, 남자와 여자, 종복과 상전, 성직자와 신도와의 관계를 규정하였다. 그레고리가 약 1,400년 전에 저술한 이 지침서는 오늘날까지 큰 영향을 미치고 있다.

B. 중세 중기(800년경~1300년경)

중세 중기는 800년경부터 1300년 경까지를 말한다. 역사적 배경을 먼저 살펴보고 나서 기독교 발전에 공헌이 큰 대표 설교인들을 고찰하여 보겠다.

1. 역사적 배경

중세 중기는 샤를마뉴Charlemgne 대제 즉위식부터 11~13세기에 있었던 십자군 전쟁The Crusaders까지의 기간을 말한다. 이 기간에 교회는 번창하여 막강한 권세를 누렸는데, 그 이유는 교황 그레고리 7세Gregory Ⅶ와 이노센트 3세Innocent Ⅲ의 역할이 컸다. 그레고리 7세는 더 나아가서 교회의 도덕성 회복과 개혁을 하기 위하여 1074년에 성직자의 성직 매매, 결혼과 음란행위Simony, clerical marriage, incontinence of the clergy 금지령을 내렸는데, 이러한 금지령은 교회가 얼마나 부패하였는가를 잘 보여주고 있다. 또한 그는 성직자 선출 논쟁Investiture Controversy에 비성직자는 자격이 없다고 함으로써, 교황의 권위가 왕권 위에 자리 잡게 하였다. 세속 권력을 감독하고 지배자를 폐할 수 있는 그레고리 개혁안The Gregory Reforms에 준하여 그레고리 교황(1015~1085)은 비성직자의 성직자 선출에 간섭 또는 참석을 금한다는 교령*을 내림으로써, 독일 왕 헨리 4세King Henry Ⅳ(1050~1106)를 격분시켰다. 이에 교황은 헨리 4세를 파문시키니, 그는 이탈리아 북부에 있는 카노사Canossa 성까지 와서 참회하면서 용서를 빌었고 그제야 교황은 그를 사면하여 주었다.

1075년에 소수의 종교 개혁자들이 작성한 "그레고리 개혁안"을 보면 세상 정치 사회 현실과 교회에 대한 교황의 힘과 권위가 어떠했는지 쉽게 알아볼 수 있다. 예를 들어, 교황 훈령The Dictates of the Pope은 27조항으로 되어 있는데, 그 중에서 몇몇 조항만 살펴보면:

(01) 로마 기독교 교회는 오직 하나님만이 창설하였다.
(02) 교황은 불참자를 폐할 수 있다.
(08) 오직 교황만이 교황 전유의 표장/휘장을 사용할 수 있다.
(09) 모든 왕자는 교황 앞에서만 땅에 엎드릴 수 있다.
(10) 교황의 이름만이 교회 안에서 들려질 수 있다.
(12) 황제 퇴위는 교황만이 할 수 있다.
(17) 교황의 승인을 받지 못한 서적은 좋은 서적이 못된다.
(19) 교황은 어떠한 인간으로부터도 심판을 받을 수 없다.
(20) 성서가 입증하듯이 로마 교회는 지금까지 어떠한 잘못을 한 적이 없었으며, 앞으로도 영원히 그러할 것이다.

이 시기에 일어난 중요한 사건은 1054년에 기독교가 동과 서로 분리되었는데, 하나는 동/희랍 정교이고 또 하나는 서/라틴 교회이다. 분리된 이유는 동·서 간에 오랫동안 지속되었던 교리 및 신학적 분쟁과 교회 운영 및 정치적 체제의 차이점을 들 수 있다. 또한 기독교가 깊이 뿌리를 내린 유럽 대륙에 사회 및 정치적으로 크게 영향을 끼친 일이 있었다. 그것은 공동으로 운영된 유럽의 단일 경제체제와 교회를 중심으로 관료주의 형식으로 운영되었던 체제에서 발전한 호전적이고 종교 열정에 빠진 유럽 기독교인들이 성지* 회복을 위하여 일으킨 십자군 전쟁*이다. 십자군 전쟁은 거의 200년(1092~1291) 동안 계속되어 많은 손실을 초래하였지만, 유럽의 기독교 국가는 유럽에서는 남아 있지 않은 희랍 설교인의 자료를 보존한 아랍의 문화와 접하게 되었다. 결국 고대 희랍 문화에서 발달되었던 철학, 과학, 수학 같은 학문은 기독교 교리와 스콜라 철학*으로 동화되었다.

2. 대표 설교인

이 시대의 대표 설교인으로 선정된 인물은 (1) 캔터베리 출신 성 안셀름St. Anselm of Canterbury, (2) 교황 어반 2세Pope Urban II, (3) 클레보 출신 성 버나드St. Bernard of Clairvaux, (4) 아씨씨 출신 성 프란시스St. Francis of Assisi, 그리고 (5) 성 토마스 아퀴나스St. Thomas Aquinas이다.

자세히 말하면, 안셀름은 신의 존재에 대한 답을 성경이나 교부의 권위에서 찾지 않고 이성과 지적인 면에서 답을 찾으려고 하였고, 교황 어반 2세는 십자군 전쟁을 효과적으로 주창하여 교황 왕국을 세우는데 기여하였다. 클레보의 성 버나드는 유럽 여러 곳에 새로운 수도원 기풍을 세웠고, 아씨씨의 성 프란시스는 하나님이 창조하신 모든 피조물을 사랑하면서 가난한 사람들을 도와주었다. 마지막으로 성 토마스 아퀴나스는 기독교주의에 맞게 신학과 이성주의를 병합하여 스콜라 철학을 완성하였다.

---

* 성직자 선출 논쟁Investiture Controversy: 고위 성직자 선출/임명에 있어서 평신도는 선출에 간섭이나 참석할 수 '있다/없다'에 대한 논쟁
* 십자군 전쟁Crusades: 이슬람교도에게 점령당한 성지The Holy Land를 탈환하기 위하여 기독교인들이 11~13세기에 걸쳐 일으킨 전쟁
* 성지The Holy Land: 성지란 유대인에게는 '이스라엘의 땅'을 말하고, 비유대인들에게는 성경에 나오는 '팔레스타인 지역'을 지칭한다. '성지'란 예수님의 성육신과 신성한 성지가 그곳에 있었다고 하여, 팔레스타인/이스라엘 이름으로 지어졌음(Oxford Concise Dictionary of the Christian Church, 2006). '성지'란 중동지역에 있는 나라로 성경에 실려 있는 이야기가 실려 있고 기독교인들이 예수 그리스도가 살았다고 믿는 지역을 일반적으로 말한다(본서 저자).
* 스콜라 철학Scholasticism: 신앙도 중요하지만 이에 못지않게 학문도 중요하다는 신학 철학이다. 중세기 철학으로 신앙과 이성/학문을 같이 바탕으로 하자는 주장이며, 이러한 철학사상은 라틴/로마계 교부와 아리스토텔레스의 가르침을 중심으로 일어났다.

12. 캔터버리 출신 성 안셀름St. Anselm of Canterbury : 신의 존재에 대하여 논리적 근거 제시 (c.1033~ 1109)

▪ 공헌

스콜라 철학을 발전시킨 학자로서, 기독교의 신앙 체계가 합리적으로 발전될 수 있는 길을 열어 놓았다.

▪ "신이 존재한다는 담화"Colloquy/Proslogion를 저술하게 된 상황

노르망디에 있는 벡Bec이라는 수도원에서 수도 생활을 하고 있을 때 동료 수도승의 질문에 답하기 위하여, 안셀름은 《담화》Proslogion를 저술하였다. 이 저술을 통하여 신의 존재에 관한 가설을 논리적 근거로 증명하고자 시도하였다. 그의 가설을 담화에서 읽어 보자.

▪ "신이 존재한다는 담화"(1078)

주님은 저희들에게 신앙이 무엇인지 알게 하여 주셨으니, 무엇보다도 위대하다고 생각되는 주님의 존재를 알게 하여 주십시오. 혹은 주님의 존재라는 것이 없는 것입니까? 아니면 시편 14:1의 "어리석은 자는 그 마음에 이르기를 하나님이 없다 하는도다"라는 말씀처럼 제가 어리석어 주님의 존재를 모르는 것입니까? 어리석은 자라 할지라도 "더 위대하다고 생각되는 존재"라는 말을 들으면 알아들을 수 있고, 비록 존재한다는 개념은 잘 몰라도, 자기가 알아들을 수 있는 만큼 알아들을 수 있습니다.

왜냐하면, 어떠한 사물을 보았을 때 그 사물을 이해하는 것과 그 사물이 존재하고 있다는 사실은 똑같지 않기 때문이지요. 화가가 그림을 그리기 전에 무엇을 그릴 것인가를 생각하는 것은 화가가 알 수 있지만, 아직도 그리지 못한 부분이 이미 존재하고 있었다는 사실은 알기 힘들지요. 화가가 그림을 끝내고 나서야, 그는 끝냈다는 사실과 자기가 그렸다는 작품이 이제 존재하고 있다는 사실을 알게 되지요. 그렇게 되면 어리석은 자라 할지라도 무엇보다도 위대한 것이 존재하고 있다는 사실을 그 나름대로 알게 됩니다. 만일 무엇보다도 위대한 것이 존재하지 않는다고 생각되면, 존재라는 개념은 있을 수 없는데, 이유는 '이해' 한 가지만 가지고 존재 개념 성립이 안되면 실제의 존재 개념도 되지 않기 때문입니다. 그러므로 무엇보다도 위대한 것이 존재하고 있다는 사실을 이해만으로 생각할 수 없다면, 같은 원리로 위대한 것이 존재한다는 사실은 말이 되는데, 이러한 생각은 있을 수 없는 일이지요. 따라서 이해면과 실제면에서 무엇보다도 위대한 것이 존재하고 있다는 사실을 생각하지 않을 수 없습니다….

▪ 해설

성경이나 교부의 권위보다는 지적인 사고방식으로 '신의 존재'라는 사실을 방어하려고 하였다. 《독백》Soliloquy/Monologion이라는 저서에서 그는 신이 완전한 존재라는 전제 하에서 신의 존재를 합리적인 측면에서 다루었고, 《담화》Colloquy/Proslogion에서는 더 체계적으로 정리하여 신의 존재론* Ontological Argument 측면에서 이성적 사고방식으로 다루었다. 담화에 대한 논리의 예는 다음과 같다.

어떠한 것보다 더 위대한 것이 있다는 생각을 할 수 있다.
위대한 것이 있다고 생각이 되면, 현실에도 있는 것이다.
고로 위대한 것이 있다고 생각되는 것은 실제 현실에 있는 것이다.

쉽게 풀이하면:
신은 생각할 수 없는 위대한 존재로 있는 것이다.
그러한 존재가 있다는 것은 상상만이 아닌 현실에 있는 것이다.
고로 내가 생각하는 존재는 현실에 꼭 있어야 한다.

더 쉽게 풀이하면:
나는 신은 가장 위대한 존재라고 생각한다.
신은 상상보다는 현재에 존재한다.
고로 신은 현실에 존재하는 것이다.

요약해서 말하면, 안셀름은 종교 문제에 관한 한 믿음이야말로 모든 사상과 토론을 능가하는 일이라고 믿었다. 믿지 않는 사람은 믿지 않은 시각으로 이해하려고 한다. 믿는 사람이나 믿지 않는 사람이 똑같이 사물을 보았을 경우에, 같은 사물을 보았다고 서로 같은 결론을 내리지는 못한다. 따라서 믿지 않는 사람은 이 세상의 종교문제를 이해할 수 없다. 이에 대하여 안셀름은 '언어적 사고 원리Philosophy of Language'라고 부르는 형식을 만들어 신이 존재함을 증명할 수 있는 5가지 단계식 문장을 예로 내놓았다.

"눈은 하얗다"라는 예문을 단계적으로 다음과 같이 해석할 수 있다.

모형문 1: "눈은 하얗다"라는 문장에서 믿는 사람이나 안 믿는 사람이나 다 같이 현실로 받아들인다.
모형문 2: "눈은 하얗다"라는 말은 믿는 사람은 중요한 사실로 받아들이는 반면, 믿지 않는 사람은 별로 중요하지 않다고 받아들인다.
모형문 3: "눈은 하얗다"라는 말을 믿는 사람은 확실히 이 사실을 받아들이지만, 믿지 않는 사람은 의심한다.

모형문4: "눈은 하얗다"라고 믿는 사람은 신의 뜻에 의하여 "눈이 하얗다"라고 믿지만, 믿지 않는 사람에게는 신의 뜻을 믿지 않는다.

모형문 5: "눈은 하얗다"라고 믿는 사람은 세상 진리라고 확실히 단언하지만, 믿지 않는 사람은 그렇다고 단언하지 않는다.

---

* 존재론Ontology: 신 또는 어떠한 개체가 어떻게 존재하는 것을 다루는 논리적 학문

13. 교황 어반 2세 Pope Urban II : 십자군 전쟁 주창자 (c.1035~1099)

▪ 공헌

교황이 지배하는 왕국을 이룩하는데 주춧돌 역할을 하였다. 첫 번째 십자군 전쟁*을 주창한 그의 연설/설교는 서로마 제국 멸망 이후 처음으로 서양과 동양 간의 국제 무역이 이루어지는 시발점이 되었다.

▪ 연설/설교를 하게 된 상황

비잔틴(동로마) 황제 알렉시우스 1세 Alexius I Comnenos(1048~1118)가 1095년 교황 어반 2세에게 사절을 보내어서 터키의 침범을 막아달라고 요청하였다. 황제가 걱정한 것은 비잔틴 제국의 수도인 콘스탄티노플에서 멀지 않은 니케아 서쪽까지 터키가 침범하였기 때문이며, 이에 교황은 1095년 11월 27일에 "동쪽의 기독교 제국(비잔틴)을 구하기 위하여 서쪽 기독교국이 일어나자"는 종교회의를 옥외에서 열었다.

▪ 클레몽 회의* The Council of Clermont에서 첫 십자군 전쟁을 주창한 교황 어반 2세의 연설문(1095년 11월 27일)

저들 터키 사람들은 우리 조상이 그렇게 중히 여겼던 넓고 광활한 지역에서 지구의 제3의 땅*인 아세아에 마치 원주민 같이 살고 있습니다. 두 사도(사도 요한과 가롯 유다)만 제외하고 우리 사도들이 순교한 그곳에, 기독교 신앙의 암적 존재인 그들이 나타났습니다. 그런데 현재 그곳에 살고 있는 우리 기독교인들이 비참한 농경 생활로 겨우 연명하기도 어려운데, 터키 이단자들에게까지 과중한 세금을 바쳐야 한다니 말이 됩니까? 그곳에 있는 우리 기독교 형제들은 자유를 잃었지만, 그들은 이곳에 있는 여러분의 자발적 십자군 참전을 간절히 바라고 있습니다.

터키족은 또 하나의 제3의 땅인 아프리카도 무력으로 200년 이상 장악하고 있습니다. 이것은 기독교 명예에 먹칠하는 것인데, 이유는 그곳에서 훌륭한 기독교 인물이 나와서 신학 저서로 더 로마 문학을 즐기는 사람도 없고, 쇠퇴해지는 희랍 및 로마 고전이 보존될 수 있도록 도와주었기 때문이지요. 학식이 있는 사람은 제가 말하는 사실을 알 것입니다.

또 다른 제3의 땅인 유럽이 이교도의 지배를 받지 않고 남아 있는데 우리 기독교인들이 사는 땅이 얼마나 작고, 바다가 먼 섬에서 문화 혜택을 못 받고 살았던 야만 기독교인(바이킹족)들을 생각하여 보십시오. 이렇게 작은 제3의 우리 땅 유럽도 터키와 사라센(십자군 전쟁 때는 아라비아 이슬람교도인) 사람들에게 억압을 받고 있습니다….

여러분이 우리 기독교 형제들을 위험에서 구출하여 주면 여러분은 영원히 기뻐하실 수 있습니다. 여기에 있는 분들에게 하나님은 격찬하시며, 여기에 없는 분들에게는 같이 참전하라고 하나님이 요구합니다. 기독교를 위하여 싸우겠다는 분들의 군복에 십자가를 달아서 믿음에서 나오는 사랑을 보여 줍시다.

하나님과 성 베드로의 은혜로 참전 용사의 죄를 면하게 하여 주시고, 먼 여행길의 수고를 덜어 주게 합시다. 그리하면 전사 후에도 축복받은 순교자로서 평화스럽게 천국에서 살 수 있습니다. 여러분, 참전하십시오. 여러분이 속인과 다툼에서 쓸데없이 썼던 전략이 아닌, 용맹하고 고귀한 전략을 참전하여 쓰십시오. 군사들이여! 어떠한 곳에 가든지 명성을 떨치고, 터키 사람이 자행하고 있는 비열한 행동을 진압시키십시오. 선봉인 프랑스 군대의 용맹과 뒤를 따르는 여러 나라 군대들의 이름만 듣고도 전 세계가 두려워 떨게 하십시오….

이러한 일들은 제가 공표하고 여러분께 자신 있게 말할 수 있습니다. 그들을 처단함에 있어서 너무나 인정에 매달리지 마십시오. 하나님은 이 전쟁에 참여하는 분에게 자비를 베풀어 주셔서 물질적으로나 정신적으로 복 받는 해를 갖게 될 것입니다. 전사하는 분은 천국의 대저택에 들어갈 것이고, 살아 있는 분은 예루살렘에 묻힌 주님의 무덤을 볼 수 있습니다. 그렇게 되면 하나님의 아들이 인간으로 살았던 곳을 직접 보게 되니 일평생 이보다 더 영광스러운 일이 어디 있겠습니까? 이번에 참전하는 분은 복을 받아 하나님으로부터 보상을 받게 되며, 상을 받을 수 있도록 참전하는 사람은 매우 운이 좋은 사람입니다.

(교황의 연설이 끝나기 전에, 군중들은 그것은 "하나님의 뜻! 하나님의 뜻!"이라고 수십 번 외치면서, 수천 명 이상의 사람들이 즉시 십자가 표장을 달았다)

---

* 십자군 전쟁 1기(1095~1204):
  - 제1차(1095~1099): 이슬람교가 지배하고 있던 성지를 회복하려고 교황 어반 2세가 주창하여 시작되었음. 안디옥과 예루살렘(1099)을 함락하고 지중해 동부 연안에 몇 개의 기독교 국가를 세움.
  - 제2차(1147~1187): 에데사Edessa가 함락되고 클레보의 성 버나드의 주창으로 시작되었다. 아무 결실을 보지 못함. 황제이며 영웅인 살라딘Saladin이 예루살렘을 함락(1187).
  - 제3차(1189~1192): 신성로마제국, 영국, 프랑스 황제들이 원정을 갔으나, 예루살렘 회복 실패
  - 제4차(1202~1204): 출정하였으나 콘스탄티노플로 방향을 돌렸다가 해산됨.
* 클레몽 회의The Council of Clermont(1095): 프랑스에 있는 클레몽에서 교황 어반 2세가 소집하여 종교개혁과 첫 십자군 전쟁을 주창한 회의
* 제3의 땅The Third Portion of the World: 중세기 초·중기까지는 지구의 땅이 유럽, 아프리카, 아시아만 있다고 생각하였다.

14. 클레보 출신 성 버나드St. Bernard of Clairvaux : 수도원 신성화 주장(1090~1153)

▪ 공헌

(1) 수도원 생활에 새로운 정화 운동을 불러일으켰다. (2) 수도원 밖에 있는 성직자의 개혁을 도모하였고, (3) 이단을 억누르는데 기여하였으며, (4) 제2차 십자군 전쟁이 일어나는데 연설함으로써 협력하였다. (5) 성모 마리아에 대한 경배를 발전시켰고, (6) 인간으로서 예수님의 고난을 선명하게 서술하였으며, (7) 1135년부터 클레보에 있는 형제들을 위하여 구약성서 "솔로몬의 아가/최상의 노래"Song of Songs 86편을 남겼다.

▪ 설교 "솔로몬의 아가/최상의 노래"를 쓰게 된 상황 (1135년부터 시작하여 1153년 사망까지)

보수 신학자인 버나드와 교회 개혁을 주장하는 학자(예: 피터 아벨라르Peter Abelard와 브레시아의 아놀드Arnold of Brescia)간에 심한 논쟁이 있고 나서, 버나드는 예수 그리스도에 대한 깊고 무한한 사랑을 표시하기 위하여 이 설교를 썼다. 그는 예수님을 신랑으로, 신부는 교회, 인간 또는 자기 자신을 상징한다고 그렸고, 수도자의 묵상적 생활에서 속죄하고, 깨닫고, 종합적 방법으로 보는 세 가지 키스를 풍유*적으로 묘사하였다.

▪ 설교 3: 예수님의 발, 손, 입에 세 가지 키스

"예수님, 저의 입에 키스하여 주십시오". 이러한 말을 진실되게 말하는 사람은 많지 않지요. 그러나 한 번이라도 신비스러운 키스를 예수님의 입으로부터 개인적으로 받은 경험이 있는 사람은 그러한 경험을 다시 찾게 되고, 또 그러한 경험을 갖게 되기를 진심으로 바라게 되지요…."

나의 주 예수님, 이러한 말로 간절히 기도드립니다. "저는 예수님이 보고 싶어서 예수님 얼굴을 찾고 있습니다." 새벽에 일어나면 주님이 저를 사랑하고 있다는 것을 보여 주시고, 제가 죄의 흙먼지에서 용서를 받을 수 있도록 주님의 발에 키스하는 일이 첫 번째 순서가 됩니다. 해가 중천에 떠오르면 주님의 종복인 제가 주님의 손에 키스할 때는, 바르게 살라는 기쁨의 은총을 받게 됩니다. 주님이 내려주시는 광명으로, 저의 마음이 이렇게 벅차오를 때, 저에게 주님의 입에 키스할 수 있게 허락하여 주셔서 주님 앞에서 무한한 기쁨을 누릴 수 있게 하여 주십시오….

▪ 설교 4: 예수님의 발, 손, 입에 하는 세 가지 키스

어제는 세 가지 키스라는 주제 하에서 우리 영적 성장에 관한 세 가지 단계를 설교하였는데, 여러분은 다 기억하고 계시리라 생각합니다. 오늘도 이 같은 주제를 꼭 필요로 하는 사람이 있다고 생각되어 같은 내용의 설교를 하겠습니다. 기억하시겠지만 키스는 발에 하는 것, 손에 하는 것, 입에 하는 키스로 하는 것이 순서입니다. 발에 하는 키스는 예수님을 영접하였기 때문에 인생을 바꾸어 놓는 키스이며, 손에 하는 키스는 믿음이 자라나고 있다는 증거이며, 마지막 입에 하는 키스는 신앙심이 아주 투철한 소수의 사람만이 경험할 수 있는 키스입니다….

오늘은 사랑에 의한 세 가지 영적 성장 단계와 그리고 3단계를 경험하여 잘 아는 분들이 더욱 완전하게 성장하기 위한 단계를 말씀드리겠습니다. 주의 죄 사함이 첫째이요, 두 번째는 선한 행위를 하면 이에 따라오는 은총이고, 마지막으로는 아직 건강을 잃지 않았을 때 주님이 저희들에게 반성하고 묵상에 잠기는 생활을 허락하여 주신 은총입니다. 그러므로 성서에서 알려 주었듯이, 여러분이 여러분을 위하여 영광을 돌리는 일을 하는 것은 여러분의 손에 키스하는 것과 같으며, 주님께 영광을 돌리는 일은 주님의 손에 키스하는 것입니다. 이러한 일은 사람들 간에서도 마찬가지이며, 노예는 그들의 주인 발에 키스함으로써 용서를 빌고, 가난한 사람은 도움을 받을 때 은혜를 베풀어 주는 사람의 손에 키스함으로써 원만한 인간관계를 맺으며 살 수 있습니다….

오늘 이 문제(세 가지 키스)에 대하여 여러분이 쉽게 이해하도록 말하였습니다. 이제 시간이 다 되었으니 내일 더 얘기하기로 하고 오늘은 마치겠습니다.

▪ 해설

본 설교는 86편으로 되어 있으며 버나드가 1135년에 시작하여 미완성 작품으로 남겨 놓고 1153년에 사망하였다. "솔로몬의 아가/최상의 노래"는 이스라엘 왕인 솔로몬이 애인 슐라마이트Schulamite와 그의 친구를 위하여 선집한 사랑의 시인데, 하나님과 이스라엘 관계를 풍유적으로 다루었다. 그런데 기독교인은 이 "아가/최상의 노래"를 주님과 교회/또는 개인과의 관계를 비유하였다고 하였다. 이에 버나드는 주님과 우리의 관계를 그렸다. 즉 주님은 우리를 깊이 사랑하시니, 우리도 신랑 신부와 같이 주님께 사랑으로 보답하여야 한다고 하였다. 설교 4에 있는 세 가지 키스는 '발, 손, 입'의 순서인데, 첫 순서는 '죄의 사함', 두 번째는 '선한 행위에 따라오는 은총, 세 번째는 "묵상에 잠기는 생활을 할 수 있게 허락해 주신 주님의 은총"을 말한다.*

* 풍유Allegory: 직접 말하고 싶은 말을 다른 형식으로 우회적으로 말함.(예: 이솝의 우화, '토끼와 거북이'에서, 인물(토끼. 거북이)과 상황 배경(경주)이 어떠한 도덕성 또는 특징을 직접 나타내는 사실보다는, 담겨진 뜻을 강조하는 일종의 은유를 말한다. 이 우화에서의 테마theme는 "천천히 꾸준히 하면 경주에 이긴다"라는 사실을 강조하고 있음.
* 교회Church: 16세기 종교 개혁 이전의 교회는 가톨릭교회를 말하며, 본서에서는 영어로 쓸 때는 항상 대문자로 썼음. 가톨릭교회의 'Church'와 개신교 교회인 'church'를 혼동하지 않기를 바람.

15. 아씨씨 출신 성 프란시스St. Francis of Assissi : 청렴을 중시한 탁발 수도사 (c.1181~1226)

▪ 공헌

청렴과 종교 생활에 일생을 바쳤다. 하나님이 창조한 피조물/자연(동물, 꽃, 태양, 달, 약초, 죽음, 물, 불, 바람, 공기, 구름 등)을 사랑하였으며, 가난한 사람을 돕는 데 힘을 썼다. 프란시스칸* 수도회 창설하기 위해, 설교하러 동유럽, 성지 및 이집트를 여행하였다.

▪ "태양 찬미"라는 시를 쓰게 된 상황

성 클래어St. Clare와 같은 수도회에 속한 여러 수녀가 마련한 산 다미아노San Damiano 마을에 있는 조그만 오두막집에서 병이 조금씩 회복될 때 프란시스에 의하여 1224년 말경에 쓰였다. 그는 죽음이 가까워진 것을 알고, 이 찬미시에 모든 피조물과 그들을 창조한 하나님께 영광을 드리게 되며, 이 시를 통하여 그의 신비스러운 상상력을 우리에게 보여 주었고, 우리도 이 시를 통하여 그의 깊은 신앙생활을 엿볼 수 있다.

▪ "태양 찬미"(1224~1225)

가장 높으시고, 강하시고 좋으신 주님이시여!
당신께 모든 찬양과 영광과 축도를 드립니다.

가장 높으신 주님에게만 모든 것이 속해 있고,
누구도 입을 모아 주님의 이름을 빌려 칭찬할 수 없습니다.

주님이시여, 그대가 만드신 모든 것으로부터 찬양을 받으십시오.
특히 빛을 주시고 그가 낮을 밝게 하는 태양으로부터 받으십시오.

그는 빛으로 모든 것을 아름답고 찬란하게 만듭니다.
가장 높으신 주님을 닮으셨습니다.

주님이시여, 달과 별로부터 찬양을 받으십시오.
천국에서 주님은 그들을 빛나고, 귀하고, 아름답게 만드셨지요.

주님이시여, 바람, 공기, 구름 폭풍 등으로부터 찬양을 받으십시오.
그들을 만드셨기 때문에 우리 모두 살아갈 수 있습니다.

주님이시여, 물로부터 찬양을 받으십시오.
물은 유익하고 겸손하고, 귀하고, 순수합니다.

주님이시여, 어둠을 밝게 하는 능력을 주신 불에게 찬양을 받으십시오.
불은 아름답고, 명랑하고, 힘이 세고 강합니다.

주님이시여, 땅으로부터 찬양을 받으십시오.
땅은 우리를 먹여 살리고, 다스리고, 많은 색깔이 있는 과일을 주고 있습니다.

주님이시여, 당신 경배함을 용서해 주는 분들부터 찬양을 받으십시오.
그들로부터 병을 견디어 내고, 시련을 이겨내는 것을 배우고 있습니다.

평화롭게 참는 자들이 복이 있나니,
주님께서 그들에게 왕관을 씌워 줄 것입니다.

주님이시여, 죽음으로부터 찬양을 받으십시오.
그분이 껴안으면 아무도 죽음에서 벗어나지 못합니다.

아! 죄를 짓고 죽는 사람은 불쌍하구나!
주의 뜻을 따르는 사람은 복이 있나니, 다시 죽어도 아무런 해를 끼치지 못합니다.

주님을 찬양하고 감사를 드리십시오.
그리고 주님을 겸손으로 섬기십시오.

▪ 해설

"태양 찬미"라는 시에서 보았듯이, 프란시스는 자연과 초자연적 세계에 어떠한 담을 쌓지 않고, 모든 피조물을 존중하고 똑같이 취급하였다. 이 말은 우리 사회에 성직자와 비성직자 간에 차이가 있어서는 안 된다는 것이다. 그에게는 하나님의 세계와 자연의 세계가 분리된 것이 아니고 '통합된 하나'이며, 이 통합된 점에서 영적 친숙을 통하여 하나님을 찾자는 생각이다. 그는 15개가 넘는 은유(달, 별, 태양, 바람, 죽음 등)를 이 시에 사용하여 조물주와 피조물이 서로 연관된 미묘한 관계를 잘 보여 주고 있다.*

* 프란시스칸 교단Franciscan Order: 1209년 성 프란시스에 의하여 창설된 탁발 수도단

16. 성 토마스 아퀴나스St. Thomas Aquinas : 스콜라(학문 중심) 신학의 개척자 (c.1225~1274)

▪ 공헌

초기 기독교 지도자들은 플라톤Plato의 형이상학* 사상에 영향을 받아, "공상이 아닌 어떠한 실제"가 하나님이 있는 천국에 있다는 생각을 하고 기독교 교리를 만들었다. 성 토마스 아퀴나스가 아리스토텔레스 사상을 새롭게 연구하여 "과학과 병행하는 이성주의*"를 기독교 교리에 맞게 발전시켜 활용하자는 시대적 요청이 일어났다. 이에 토마스 아퀴나스는 신학과 이성주의가 서로 모순되는 게 아니라, 서로 보완적이라는 전제 때문에 신학과 과학과 병행하는 이성주의 사고방식은 타당하다고 단언하였다. 이는 하나님이 만들지 않은 것은 아무것도 없고, 하나님이 존재하지 않은 곳은 어디에도 없다는 결론이다. 이렇게 과학과 병행하는 이성주의에 대한 새로운 방향 설정은 유럽의 문예 부흥/르네상스Renaissance기에 오게 될 발견/발명의 시대에 큰 공헌을 하였다고 역사가들은 말한다.

▪ 《신학대전*》The Sum of Theology을 저술하게 된 상황

토마스 아퀴나스는《신학대전》 저술하기 전에《대 이교도 대전》The Summa contra Gentiles(1259~1264)을 내놓았다. 이 책의 독자층은 교회에 속해 있지 않은 사람을 위하여 가톨릭에서 가르치는 것을 요약한 것이다. 그런데 교인, 성직자, 신학자를 위한 저술이 없어,《신학대전》(1256~1274, 사망으로 미완성)을 저술하게 되었고, 후에 그들을 위한 교재로 사용되었다. 이 저서는 기독교 신학에 관련된 '이성과 신앙'에 대한 무한한 영역을 탐구하는 데 도움이 되었다.

▪ 《신학대전》(1256~1274)

조항 3: 신은 존재하는가, 존재하지 않는가?

(1) 이의/반대 1: 신은 존재하지 않은 것 같습니다. 만일 "신이 존재하느냐, 않느냐"하는 문제 중에서 하나를 답으로 결정하지 못하며, 둘 다 답으로 받아들일 수도 없습니다. '신'이라는 단어는 무한히 좋으심을 의미합니다. 만일 신이 존재하였더라면 악한 일을 찾아볼 수 없어야 했는데, 이 세상에는 악한 일이 있습니다. 고로 신은 존재하지 않습니다.

(2) 이의/반대 2: 더군다나 몇몇 원리로 설명할 것을 많은 원리에 의하여 설명하려 하는 것은 불필요한 일입니다. 그런데 우리가 이 세상에서 보는 모든 것을 신이 존재하지 않는다는 다른 원리로 보고 있는 것 같습니다. 자연의 만물을 자연이라는 원리에서 보면 되고, 자발적 행위는 인간의 이성이나 의지에서 보면 됩니다. 고로 신이 존재한다는 생각은 할 필요가 없습니다.

(3) 이에 반하여, 신은, "나는 스스로 있는 자니라"(출 3:14)라고 말씀하셨습니다.

(4) 신의 존재에 대하여 저는 다섯 가지 답으로 설명하고자 합니다.

첫째로 분명한 방법은 모든 사물을 움직이거나 변화시키는 현상에서 우리는 감각기관을 통하여 무엇인가 움직이고 있는 상태를 분명히 알 수 있습니다. 어떤 개체가 움직인다는 것은 다른 개체의 힘에 의한 것이며, 움직이게 할 수 있는 개체의 작용 없이는 움직일 수 있는 것은 없습니다…. 고로 다른 개체의 도움 없이 움직이고 있는 상태를 최초로 창조한 개체가 있다는 것을 인정하여야 하며, 이 개체는 신이라고 믿게 됩니다.

둘째는 결과를 낳게 하는 원인의 본질에서 찾아볼 수 있습니다. 우리는 원인이 무작정 한꺼번에 오는 게 아니고, 사건의 중요성에 따라 먼저 또는 나중에 오기도 합니다. 어떠한 사건이 원인 없이 일어나지 않으며, 원인 이전에 사건이 일어남은 불가능합니다. 결과를 가져 오는 원인은 무한정으로 계속되지 않는데, 이유는 순서 문제 때문입니다. 첫 원인은 중간 원인을 낳게 하며, 중간 원인이 여러 개든 또는 하나이든 마지막 원인을 낳게 합니다…. 고로 결과를 낳게 하는 개체를 인정하여야 하며, 모든 사람은 그를 신이라는 이름으로 부르고 있습니다.

셋째는 가능성과 필요성에서 찾아볼 수 있습니다. 자연계에서는 만물이 생성 또는 소멸하여 살 수 있음이 가능한 것 또는 그렇지 못한 것이 있습니다. 그러나 이러한 것들이 항상 살아야 한다는 것은 불가능합니다. 왜냐하면 가능한 것이 불가능하게 되고 불가능한 것이 가능하게 되기 때문입니다…. 고로 우리는 어떤 개체가 자기 필요성에 의하여, 다른 개체의 도움 없고 오히려 그들에게 도움을 주면서, 존재하고 있음을 분명하게 가정하지 않을 수 없습니다.

넷째는 등급(좋음, 나쁨, 고상, 진실 등)에서 찾아볼 수 있습니다. 존재하는 모든 것은 좋다, 나쁘다는 등급으로 비교가 되기 때문에, 어딘가 "절대적 좋으신 분"이 있습니다. 고로 모든 것을 존재하게 하고, 이롭게 하고, 완성으로 이끄는 개체가 있는데, 이를 신이라고 부릅니다.

다섯째는 이 세상을 지배하는 개체가 있습니다. 이 세상 만물은 교묘하면서도 질서를 지키고 존재합니다. 고로 모든 만물이 자기의 갈 길을 가라고 하는 현명한 개체가 존재하는데, 이를 우리는 신이라고 부릅니다.

이전에 제기된 이의/반대에 대하여 간단히 답변하겠습니다.

첫 번째 이의: 성 어거스틴이 말씀하시길, "신은 최고로 선하신 분이기 때문에, 당신이 하는 일에 악에서 선을 가져옴을 제외하고는 어떠한 악을 용납하지 않습니다." 이러한 조치는 신의 선하신 면을 보여 주고 있으며, 신은 선을 가져오기 위해서는 악이 존재할 수 있도록 해야 합니다.

두 번째 이의: 자연은 높은 개체의 뜻에 따라 움직여야 하는데, 자연이 무슨 일을 하든지 결과를 낳게 원인을 만드는 개체인 신이 있음을 알아야 합니다. 또한 자발적으로 한 일은 인간의 이성이나 뜻보다는 높은 개체가 있음을 알아야 합니다.

▪ 해설

《신학대전》은 토마스 아퀴나스가 스콜라 철학 사고방식으로 그의 철학과 신학 사상을 상세히 설명한 대작이다. 조항 3에서 다섯 가지 답으로 신의 존재를 정의 하고자 하였다.

설명은 다음과 같다. 신의 존재는 (1) 사물을 움직이고 변화시키는 현상에서, (2) 결과를 낳게 하는 원인에서, (3) 가능성에서, (4) 등급성에서, 그리고 (5) 세상을 만들고 지배하는 개체/신에서 이다. 한편 아퀴나스는 신학대전 조항3에서 설명한 다섯 가지 답의 전제와 종결을 다음과 같이 찾으려고 시도하였다.

(1)은 "모든 사물은 다른 개체에 의하여 움직인다/변화된다."(전제)
"고로 분명히 움직이게 하는 개체가 있다."(결론)
(2)에서는 "원인이 없는 사건은 순서 없이 일어나지 않는다."(전제)
"고로 첫 번째 원인을 준 신의 존재를 인정하여야 한다."(종결)
(3)에서는 "존재하는 모든 것은 서로 관계가 있다."(전제)
"고로 서로 관계를 맺지 않고 존재하는 개체를 인정하여야 한다."(종결)

(4)에서는 "존재하는 모든 것은 등급으로 비교할 수 있다."(전제)

"좋으신 분은 등급으로 비교할 수 없다."(소전제)

"고로 '절대적으로 좋으신 분'은 존재한다."(종결)

(5)에서는 "이 세상에 존재하는 만물을 지배하는 개체가 있다는 것을 보여 준다."(전제)

"고로 이 세상을 지배하는 개체를 인정하여야 한다."(결론)

《신학대전》은 3권으로 구성되어 있고 각 권마다 다음과 같이 기독교 신앙의 논리성을 다루고 있다.

1권: 119조항으로 여러 가지 문제점

(예: 신의 존재와 본성, 인간의 본성, 우주 창조 등)을 다루고 있다.

2권: 2편으로 나누어 인간성과 도덕성을 논하고 있다.

1편: 114조 항으로 일반 도덕 원리, 법 이론을 다룸.

2편: 189조 항을 가지고 도덕성, 개인의 미덕과 악덕을 다룸.

3권: 90조 항으로 "예수님을 통하여 하나님께, 성찬식, 세계 종말" 같은 문제 등을 설명하고 있다.

---

* 《신학대전》The Sum of Theology을 읽는 법:
  문제마다 5가지 항으로 만들어진 형식으로 문제 된 각 조항을 다루고 있다.
  1항: 문제점을 의문형으로 구성(예: "하나님은 존재하는가?")
  2항: 이의/반대를 연속적으로 그럴듯한 답변으로 말하고 그 답변이 종결로 이루어짐.
  (예: "첫 번째 이의, 두 번째 이의")
  3항: 어떤 권위자의 말을 인용하여 반대되는 구로 시작함.(예: "이에 반하여"로 시작)
  4항: 토론의 답은 저자의 입장을 따르는데, 이 점은 문제점을 명확히 하여 준다.
  (예: "그 문제에 대하여 저는 이렇게 대답한다.")
  5항: 이전에 제기된 이의에 대하여 간단히 답변한다.
  (예: "첫 번째 이의, 두 번째 이의"에 대하여)
* 형이상학 철학Metaphysical philosophy: 현실을 이루고 있는 구성 요소는 무엇이고, 정신과 사물, 속성과 실체의 관계는 무엇인가를 연구하는 일종의 철학 분야
* 이성주의Rationalism: 이성과 경험은 지식을 얻는데 불가결한 요소이다.

C. 중세 후기(1300년경~1500년경)

중세 후기의 역사적 배경을 간단히 살펴보고, 기독교 발전에 공헌을 한 두 설교인을 살펴보겠다. 오캄 출신 윌리암William of Ockham은 현대 신학의 선구자로서, 교회의 독단적 주장에서 이성을 중시하는 신앙으로 조정하기 위하여 노력하였다. 죤 위클리프John Wycliffe는 1384년에 교황의 소환에 서신으로 항변을 하였는데, 이러한 사건은 교황의 독단적 권위에 처음으로 도전하는 계기가 되었으며, 후에 종교 개혁을 할 수 있는 길을 열어 놓았다.

1. 역사적 배경

중세 후기에는 괄목할 만한 역사적 사건이 자주 일어났다. 이는 가톨릭 교회가 분리되어 통일성이 없어지고(1378~1416), 영국과 프랑스의 100년 전쟁(1337~1453), 비잔틴 제국에 의하여 동로마 제국이 멸망하였고, 큰 재앙(예: 대 기근(1315~1317)과 흑사병(1347~1351)으로 유럽 인구의 25~ 35%가 감소)이 발생하였다.

이러한 위기에도 불구하고 중세 후기에는 상당한 역사적 발전이 있었는데 그것은 (1) 철학과 신학 사상의 발전, (2) 여러 가지 과학적 발명, (3) 지구상의 발견, 그리고 (4) 가톨릭교회 힘의 쇠퇴 등이다.

철학과 신학에 있어, 그 당시를 주름잡았던 신학 사상은 토마스 아퀴나스가 기독교 신학에 맞게 아리스토텔레스 사상을 병합시킨 스콜라 학문이었다. 이에 오캄의 윌리암William of Ockham은 이성과 신앙은 병합하는 것보다는 분리되어야 한다고 주장하였다.

과학적 발명에서는 화약, 인쇄기, 나침판이 대표적이다. 특히 구텐베르크Johann Gutenberg가 1448년에 발명한 자동 인쇄기는 정보와 복음을 빠르게 배포할 수 있어서 유럽의 정치 사회에 끼친 영향은 지대하다.

콜럼버스 신대륙 발견(1492), 바스코 다 가마Vasco da Gama의 인도와 아프리카 항로 발견(1498)은 여러 유럽 강국(포르투갈, 스페인, 네덜란드, 영국, 프랑스, 독일, 벨기에)들이 그들의 경제력과 국력을 키우는 계기가 되었다. 끝으로 가톨릭교회의 쇠퇴에 있어서 교회가 오랫동안 이단 문제로 싸웠으나, 교회 내의 개혁을 하자는 요구가 계속 나오면 드디어 종교개혁에 이르는 길을 택하지 않을 수 없는 상황이었다.

2. 대표 설교인

중세 후기에 공헌이 커서 이름이 널리 알려진 설교인들이 있다. 그들은 오캄 출신 윌리암William of Ockham, 죤 위클리프John Wycliffe, 시에나 출신 캐더린Catherine of Siena, 죤 후스John Huss, 프라하의 제롬Jerome of Prague, 노리치의 쥴리안Julian of Norwich, 토마스 캠피스Thomas a Kempis 등이다.

이들 중에서 오캄 출신 윌리암 과 죤 위클리프가 중세 후기 대표 설교인으로 꼽힌다. 그들이 어떤 설교를 하였는지는 간단히 정리하면 다음과 같다.

오캄 출신 윌리암은 스콜라 신학자로써 '오캄의 면도날'이라고 부르는 경제적 원리를 도입하여 "진리는 잡다하지 않고 단순 명쾌하다"는 형식 논리 개발에 공헌하였다. 이는, "모든 것은 신의 뜻에 의하여 존재한다는 일반 개념"보다는 "오직 신학 및 성경에 입각한 진리를 알 수 있는 신앙을 통하여 우리는 하나님을 찾아볼 수 있다"라는 주장을 하였다. 그의 주장은 다가올 종교개혁의 문을 여는 계기가 되었으며, 동시에 현대 신학의 개척자 역할을 하였다.

교황의 독단적 권위에 도전한 또 다른 설교인은 "종교 개혁의 샛별"이라고 불리는 죤 위클리프였다. 그는 '화체설*'Transubstantiation을 반박하였고, 영원한 진리란, "교황의 돈과 권력이 난무하는 현실이 아니고, 오직 성경만이 영구하고 변치 않는 진리"라고 주장하였다. 그는 "성경은 교황에서부터 나오는 게 아니고, 하나님에게서 직접 나오는 것"이라고 주창하였다. 고로 "교황은 세상의 일에 참견하지 말고, 오식 신성한 일을 하는 데 있어서 모범이 되어야 한다."고 강조하였다. 성경은 교리, 신앙 및 복음을 널리 알리고 통제하는데 큰 몫을 하므로, 그는 교황의 통제와 지나친 힘을 약화시키기 위하여, 라틴어로 쓰인 《불가타 성경*》Vulgate을 자국어인 영어로 번역하였는데, 이를 '위클리프 성경'이라고 한다.

이처럼 윌리암과 위클리프는 종교개혁으로 이어지는 길을 열어 놓게 되었다.

---

* 화체설Transubstantiation: 가톨릭교회에서 성찬식 때 쓰는 빵과 포도주가 예수의 피를 말한다는 교리
* 《불가타 성경》Vulgate: 라틴어 성경이며, 로마 학자 제롬Jerome이 400년경에 번역하였음.

17. 오캄 출신 윌리암William of Ockham : 현대 신학의 선구자 (c.1285~c.1347)

▪ 공헌

스콜라 철학의 주요 신학자로서, 오캄의 윌리암은 논리학, 언어학, 기호학, 신학, 물리학, 경제학, 철학 및 과학에 뛰어나 중세 사상의 선구자 역할을 하였다. 그의 폭넓은 성과는 현대 과학과 지적 문화에 크게 공헌을 하였다. 윌리암은 '오캄의 면도날'Ockham's Razor이라고 하는 경제적 원리를 이용하여 형식 논리 개발에 공헌하였고, 이는 종교개혁을 유도하는데 도움이 되었다. 또한 그의 철학 및 신학 사상은 중세 후기부터 현대에 이르기까지 많은 사람의 학문적 관심을 불러일으켰다.

▪ "총체성Universals과 개별성Particulars"을 저술하게 된 상황

프란체스코 수도원 고위직 성직자였던 세스나의 마이클과 교황 죤 22세 간에 사도 청빈 문제 때문에 1328년에 분쟁이 있었다. 그때 윌리암은 '사도 청빈' 분쟁에 대하여 평을 하여 달라고 의뢰를 받았는데, 그는 마이클이 주장한 누가복음에 나오는 70명 사도 계율, 즉 "성직자는 토지 소유나 축재 없이 살아야 한다."는 주장에 동의하였다. 이에 윌리암은 교황으로부터 파문을 당하고 뮤니히Munich로 도주하였고, 거기에는 신성로마 황제 루이스 4세가 왕권 신장 목적으로 그를 보호하였다. 뮤니히에서 윌리암은 교회의 너무나 큰 권력을 줄이기 위하여 교황을 공격하는 많은 글을 썼으며, 그의 저서 《논리의 총론》The Total Number of Logic에 실린 "총체성(교회의 독단적 교리)과 개별성(하나님으로 부터 받은 개인의 존엄성)"이라는 글도 교황의 독단적 권위와 힘에 도전하기 위한 것이었다.

▪ 《논리의 총론》The Total Number of Logic에서 "총체성과 개별성"(c.1323)에 대한 논고

총체성이 우리의 마음과 분리하여 존재하는 실체가 아님은 다음과 같이 증명 된다: 어떠한 총체성도 하나의 실체로 존재할 수 없다. 만일 하나의 실체로 존재할 수 있다면, 소크라테스Socrates도 하나의 총체적 실체로 간주할 수 있는데, 그 이유는 하나의 실체가 또 하나의 총체성 실체가 될 수 있기 때문이다. 고로 어떠한 하나의 실체가 총체적 실체가 될 수 없으며, 모든 단수 실체는 숫자상으로 하나이다. 그러나 만일 실체가 많다면, 그 실체는 많은 개별성 또는 많은 총체성으로 간주하여야 한다….

그런데 만일 어떤 실체가 서로 밀접한 관계없이 분리되어 하나로 존재할 수 있다면, 실체는 서로 따로따로 존재할 수 있다. 이유는 하나님의 뜻에 상관없이 모든 실체는 서로 분리되어 자연적으로 존재할 수 있기 때문인데, 이러한 결론은 어리석기 짝이 없다.

더구나 그러한 결론이 사실이라면, 개개의 실체는 창조될 수 없으며, 어떠한 실체가 창조 이전에 존재하였을 것이다. 그 이유는 아무것도 없는 데서 실체가 창조될 수 없었기 때문이다. 같은 이유에서 보면, 하나님은 다른 실체를 멸하지 못한다면 하나의 실체도 멸할 수 없었을 것이다. 왜냐하면 하나님이 하나의 실체를 멸할 수 있었더라면, 모든 실체도 멸할 수 있었기 때문에, 모든 총체적 및 개별적 실체를 멸할 수 있다. 고로 어떠한 실체도 다른 실체와 관계없이 홀로 존재할 수 없다.

그럼에도 불구하고, 총체성은 개별성과 관련이 없다고 생각하지 않는다. 왜냐하면 개별성의 실체가 총체성의 요소로 사용되기 때문에, 개별성이 총체성보다 더 중요하다고 생각할 수는 없다.

그리고 그리스도의 어떤 실체가 비참하고 저주받을 수 있다고 생각하는데, 이유는 그리스도 안에 존재하는 일반적 본바탕이 유다에도 있기 때문에 저주받을 수 있다고 생각한다. 고로 그리스도가 저주받은 유다 마음에 존재한다는 생각은 어리석기 짝이 없다.

▪ 해설

저자는 비대한 교회 권력과 독단적 교리를 공격하였는데, "실체는 총칭성만을 갖지 않는다.No substance is universal"라는 전제하에서, (1) 모든 실체는 하나님의 뜻에 반하여 따로 존재할 수 없다. (2) 하나님은 하나의 개별적 실체를 멸하지 않는다. (3) 개별성도 총체성만큼 중요하다. (4) 그리스도의 선함과 유다의 나쁜 실체가 같이 존재한다는 생각은 어리석다. 간단히 말하면 '총체성'을 주장하는 교회와 인간의 존엄성을 말하는 '개별성'은 서로 분리된 것이 아니고, 상호 밀접한 관계를 이루고 있기 때문에, 이제 교회도 권위주의보다는 인간이 믿고 따를 수 있는 종교 단체가 되어야 한다는 권고이다. 논리의 총론The Total Number of Logic은 논리를 위한 교재였으며, 세 권으로 이루어져 있고, 다음과 같은 분야를 다루고 있다. 1권은 개념과 전문 어휘, 2권은 명제, 3권은 삼단논법(Syllogism)에 대한 내용을 다루고 있다.

이러한 논리에 대한 저술은 조직 체계 면에서는 중세 시대의 논리와 비슷하다.

* 오캄의 면도날Ockham's Razor: "양자의 조건이 동일할 때, 가장 쉽게 설명할 수 있는 쪽이 효과가 더 크다"라는 주장
* 사도 청빈Apostolic/Franciscan Poverty: "예수님과 사도들은 개인 소유 재산 없이, 구걸하거나 또는 타인이 주는 물질로 생존하였다"는 설인데, 이는 누가복음(10:1-24)에 근거를 둔 주장이다.
* 삼단논법Syllogism and Enthymeme: 어떠한 논리를 주장할 때 종종 사용되는 방법으로 보통 (1) 전제, (2) 소 전제, (3) 결론으로 이어진다.
  두 가지 삼단논법은 (1) 연역법Syllogism과 (2) 생략추리법Enthymeme 이 있는데 전자는 '진리'를 바탕으로 논리를 세우는 것인데 반해 후자는 '가능성'을 전제로 하기 때문에, 논리의 타당성을 인정받기가 어렵다.
  예: 인간은 누구나 죽는다 (전제) ('진리'를 바탕으로).
  그는 인간이다 (소 전제).
  고로 그는 죽는다 (결론).
  한국 사람은 돈을 좋아한다 (전제) ('가능성'을 바탕으로).
  그는 한국 사람이다 (소 전제).
  고로 그는 돈을 좋아한다 (결론).

18. 죤 위클리프John Wycliffe : 종교개혁의 샛별 (c.1330~1384)

▪ 공헌

위클리프의 '화체설'Transubstantiation 부정은 교황의 권위에 도전하고, "진리란 돈과 교황의 권력이 난무하는 당시 현실에서 나오는 것이 아니라 오직 영구히 변하지 않는 성경의 진리에서 나온다."고 주장하였다. 또한 성경이란 다음 사항과 같은 내용, 즉 (1) 우주의 진리와 하나님의 존재, (2) 과거사를 비추어 보아 미래상을 예측함, (3) 하나님이 창조하신 만물의 존재 등을 담고 있어야 한다고 주장하였다. 그러므로 교황은 세상 권력에 개입하지 말고 성직자의 모범이 되어야 한다고 목소리를 높였다. 권력을 행사하는 데 있어서 언어는 교리와 정보를 통제 또는 보급하는 데 매우 중요한 역할을 하므로, 교황의 통제를 줄이기 위하여 그는 라틴어 성경Vulgate을 자국어인 영어로 번역하였다. 이러한 공헌으로 그는 '종교 개혁의 샛별'이라는 칭호를 갖게 되었다.

▪ 교황이 죤 위클리프에게 보낸 소환과 그의 죄목에 대한 상황

위클리프가 화체설 부정 및 교황 권위 도전(성경 번역 및 가톨릭교회 비판)하면서 말썽을 일으키자, 교황 그레고리 11세가 1382년에 그를 소환하였다. 다행히 롤라드Lollards의 회원 수가 많아서 교황으로부터 사형 선고는 받지 않았다.

▪ 교황 그레고리 11세의 소환 내용Bull of Pope Gregory XI against John Wycliffe

이러한 조치를 꼭 취하고 싶지는 않지만, 우리가 더는 방관하고 많은 사람에게 위험한 해악을 끼치는 당신의 행동을 처음부터 제거하지 않으면, 나중에 아무리 좋은 약을 써도 소용이 없으므로 당신이 몸담고 있는 옥스퍼드 대학과 사도의 권위로 엄중히 경고한다. 가톨릭 교리에 따르지 않으면, 대학과 런던 대주교가 주는 은사와 모든 혜택은 소멸할 것이고, 당신의 학문적 견해, 종결, 제의가 가톨릭 도덕 및 신앙에 들어맞지 않으면 허락되지 않음을 천명한다. 또한 당신이 쓰는 용어를 변호할 때도 마찬가지로 허락이 안 된다.

뿐만 아니라, 당사자 죤은 우리가 체포할 수 있고 우리가 신임하는 켄터베리와 런던 대주교에 넘길 수 있음을 알기 바란다.

▪ 죤 위클리프에 대한 죄목(1382)

01. 성찬식에 사용된 빵과 포도주는 제사 단에 그냥 남겨 둔다.
18. 십일조 헌금은 전적으로 자선용으로 쓰이며, 보자 신부의 진술에 따라, 십일조를 대교구장이 보관 또는 다른 사람들을 위하여 사용할 수 있다.
20. 가톨릭교회가 아닌 어떠한 사적 종교에 입문한다는 것은 십계명을 따를 수 있는 사람이 아니다.
22. 사적 종교(가톨릭을 비판하는 종교)를 따르는 사람은 기독교 종교를 가졌다고 볼 수 없다.
24. 탁발수도사 또는 설교하고 다니는 탁발수도사에게 동냥하는 사람은 파문을 당하게 되며, 또한 동냥을 받는 사람도 마찬가지이다.(가톨릭을 비판하는 학자와 설교하고 다니는 탁발수도사와 비유).

▪ "로마로 출두하라"는 교황 그레고리 11세의 "소환에 대한 위클리프의 답서"(1384)

제가 믿고 있는 신념과 진리를 사랑하는 모든 분, 교황 특사와 교황님께 드립니다. 만일, 제 신념이 하나님의 뜻에 틀리지 않는다면 교황님은 기꺼이 받아 주실 것이고, 틀렸다면 교황님은 현명하게 정정하여 주시리라고 생각합니다….

저는 그리스도 복음이야말로 하나님 법의 정수라고 생각합니다. 그 이유는 예수 그리스도가 하나님의 뜻에 따라 그의 복음을 전하였는데, 이는 인간성과 신성을 갖고 있어서 어떠한 법과도 비교될 수 없기 때문입니다….

저는 이 세상 어떤 사람도 또는 천당에 계시는 어떤 성자도 교황님께 소송을 제기할 수 없다고 생각합니다. 이는 그리스도를 소송할 수 없는 것과 같기 때문이지요. 사도 요한과 야고보James는 세상의 명예를 탐한 죄를 지었고, 베드로와 바울 역시 처음에는 그리스도를 부정하고 불경스러운 말을 하여 잘못을 저질렀으나, 우리는 그들을 고소할 수 없습니다. 왜냐하면, 그들도 예수 그리스도와 같이 우리와 같은 식구이니까요. 그리스도가 그렇게 하셨듯이, 저는 교황님이 이 세상 지배권은 이 세상 지배자들에게 물려주고 교황 밑에서 일하는 성직자들이 그들의 일을 신속하게 처리할 수 있도록 하는 것은 유익한 일이라고 생각합니다. 그리스도는 그렇게 하셨고 또한 마귀가 이 세상을 어둡게 할 때까지 그리스도는 제자들에게 그렇게 가르쳤습니다. 그런데 하나님의 법을 어기고 오랫동안 잘못을 하고, 정당하지 않은 방법으로 그리스도를 고소하고, 이단을 돕고 이단이라는 오점을 쓴 사람들은 몇몇 안 되는 우리 기독교 식구였습니다.

만일 저의 답서에 잘못이 있다면 죽음도 무서워하지 않고 정정하겠으며, 그렇지 않다면, 제가 교황님으로부터 많은 것을 배운 것으로 생각하겠습니다. 제가 교황님을 뵙기 위하여 몸소 로마에 간다면 저는 호의적으로 가게 되지만, 불행하게도 하나님은 그러한 기회를 저에게 주시지 않았고, 인간보다는 하나님께 더욱 복종하라는 교훈을 가르쳐 주셨습니다.

저는 우리 교황님이 예수 그리스도의 일과 뜻에 반하는 반기독교적 교황이 아니시기를 바랍니다. 만일 교황님이나 그를 따르는 성직자가 이성에 반하여 이렇게 졸렬한 소환을 하게 되면, 소환자는 공개적으로 반기독교인이 되는 것입니다. 어떠한 실수에도 베드로가 용서를 못 받았듯이(받았더라면 그리스도는 그를 악마라고 불렀을 것이다), 맹목적이고 사악한 실수는 교황이라도 용서받을 수 없습니다. 만일 교황이 맹종에 얽매이지 않고 진실한 성직자에게 물어본다면, 그는 하나님의 이성에 반하지 않으며, 반기독교인도 아닙니다. 왜냐하면 우리 교리에 의하면 하나님은 우리가 필요 이상으로 유혹의 상황에 빠져들어 가는 것을 원치 않는데, 왜 인간(교황)은 그러한 시험을 원하는지 알 수가 없습니다. 고로 우리는 교황 어반 6세의 숭고한 의도가 적으로부터 무시되지 않기를 하나님께 기도합니다. 그리고 조금도 틀림없는 그리스도가 말씀하신 것처럼, 우리가 특히 경계하여야 할 적은 우리 내부에 있는데, 이러한 현상은 우리와 적 사이에 놓여 있는 현실입니다.

---

* 롤라드Lollards: 14~15세기에 존 위클리프를 따르는 종교 개혁자로서 교황권 개입을 반대하고 성경 중심 개혁을 주창하였으며, 개신교 종교 개혁의 선구자 역할을 하였음.

제 3 장

종교개혁 시대
(1500년경~1650년경)

제 3장 종교개혁 시대(1500년경~1650년경)

오늘날까지 기독교 역사에 있어서 종교개혁보다 더 큰 사건은 없었다. 종교개혁은 중세기와 종언을 고하고 근대사가 시작되는 역할을 하였는데, 이는 종교개혁이 다양한 분야에서 사회 발전의 큰 원동력이 되었기 때문이다. "개신교는 현대 문명 발전에 가장 큰 주춧돌 역할을 하였다."고 알려져 있다. 종교개혁 기간은 유럽 기독교 사회에서는 14세기부터 17세기를 말하지만, 본서에서는 편의상 1500년경부터 1650년경까지로 구분하였다.

1. 역사적 배경

종교개혁은 가톨릭교회가 안고 있던 여러 가지 문제점을 개혁하자는 시도였다. 그 중 가장 문제가 되었던 점은 (1) 연옥, (2) 교황의 전횡, (3) 비밀 참회, (4) 순례 여행, (5) 성찬식, (6) 성모 예배, (7) 성직자 독신 생활, (8) 면죄부 판매, (9) 원리주의 교리, (10) 종교와 정치의 유착, 그리고, (11) 화체설 등이다.

1517년에 도미니칸 수도승이자 교황 레오 10세가 위임한 요한 테첼Johann Tetzel이 독일에 와서 로마에 있는 성 바울 성당을 재건축하기 위하여 '면죄부'를 팔았다. 이에 마틴 루터는 95개 조항을 내세워 테첼의 행위에 공개적으로 비판하면서, 교황은 죄를 용서하여 줄 권리가 없다고 주장하였다. 루터의 저항 이후 여러 뜻있는 기독교인들이 종교개혁을 요구하였는데, 결과적으로 개신교는 세 종파로 나뉘어 발전하였다. 세 종

파란: (1) 루터교(루터교회, 복음루터교회), (2) 칼빈(장로교, 개혁/침례교, 영국교회), (3) 성공회(영국성공회, 침례교, 감리교, 오순절)를 말한다. 16세기부터 유럽 전역에 전파된 개신교는 그 후 세계 곳곳에 퍼지면서 지금은 465 개가 넘는 종파로 세분화되어 있다.

종교개혁이 가져온 중요한 변화는 가족 간의 관계, 개신교 탄생, 그리고 중·고등학교와 대학에서 더욱 더 많은 인문과학을 교과과정으로써 채택한 것 등이었다. 전통적인 종교 예식 및 관습이 바뀌기 시작하였고, 가톨릭교회도 스스로 개혁을 하기 시작하였다. 구체적으로 말하면, 가족은 인간 생활에 있어서 구심적 역할을 하고, 남녀 간 대등한 상호 사랑으로 맺어지는 가족 단위 개념이 발전하기 시작하였다. 교육에서는 인문주의 교과과정이 급증하게 되었고, 종교적으로는 순례 여행, 성령 참배, 조각상, 공동 기도 같은 종래의 예식도 개별기도, 가족 예배로 대치되기 시작하였다. 끝으로 가톨릭교회 자체도 새 시대의 요청에 부합하기 위하여 개혁을 시작하였는데, 이는 트랜트 회의*Council of Trent(1545-1563)에서 보내준 개신교 종교개혁에 반대하여 가톨릭 자체 개혁과 예수회*Jesuits를 조직하고 많은 전도사를 해외에 보내기에 이르렀다.

로마 가톨릭교회와 개신교가 서로 다른 점은 (1) 그 동안 교회에서 쓰는 언어와 성경은 라틴어 사용을 주장하였는데, 그 이유는 지난 천 년 동안 써 왔기 때문이라고 하였다. 반면에 개신교는 일반 사람도 이해할 수 있도록 그들의 자국어 사용을 주장하였다. (2) 성직자는 하나님과 일반 사람 사이에 있는 계급이지만, 개신교는 성직자(신부)나 교황 없이도 우리는 하나님을 만날 수 있다고 하였다. (3) 신부와 교황은 우리 죄를 사해 줄 수 있으나, 개신교에서는 오직 하나님만이 우리 죄를 사할 수 있다고 주장하였다.

2. 대표 설교인

종교개혁을 주창한 주요 설교인은 데시데리우스 에라스무스Desiderius Erasmus(1446~1536); 마틴 루터Martin Luther(1483~1546); 캐더리나 본 보라Katharina Von Bora(1499~1552); 필립 멜란히톤Philip Melanchthon(1492~1560); 울리히 츠빙글리*Ulrich Zwingli(1484~1531); 마틴 부써Martin Bucer(1491~1551); 존 칼빈John Calvin(1509~1564); 데오도르 베자Theodore Beza(1519~1605); 토마스 크랜머Thomas Cranmer(1489~1556); 존 오웬John Owen(1616~1683); 윌리암 타인델William Tyndale(1494~1536); 그리고 존 낙스*John Knox(1513~1572) 등이다.

종교개혁 시기의 대표 설교인으로 마틴 루터와 존 칼빈을 선정하였다. 루터는 가톨릭 교리와 실행에 처음으로 도전하였고, 칼빈은 칼비니즘을 바탕으로 장로교, 개혁 침례교와 영국 국교회를 탄생시키는 데 중요한 역할을 하였기 때문이다.

---

* 트랜트 회의Council of Trent(1545-1563): 로마 가톨릭교회 자체를 새롭게 개혁하여, 개신교 종교개혁에 대항하자는 회의로서 가톨릭교회의 교리 통일을 결의하였음.
* 예수회Jesuits: 세계 선교를 목적으로 성 이그나티우스 로욜라St. Ignatius Lyola(1491~1556)가 창건하여 1540년 교황 바울 3세에 의하여 승인되었다.
* 울리히 츠빙글리Ulrich Zwingli(1484~1531): 스위스 종교 개혁가
* 존 낙스John Knox(1513~1572): 스코틀랜드 종교 개혁가

19. 마틴 루터(Martin Luther : 개신교 종교개혁 선구자(1483~1546)

▪ 공헌

면죄부 판매에 대한 루터의 공식 항의는 16세기 유럽의 가톨릭 교리와 관례를 공격하여 기독교 발전에 공헌하였다. 그의 공헌의 결과는 (1) 독일에서 루터의 가르침에 따른 루터교(루터교회, 복음루터교회), (2) 스위스에서 존 칼빈의 가르침에 따른 칼빈주의와 교회 분파(장로교, 개혁교회), (3) 영국에서 왕 헨리 8세King Henry Ⅷ에 의하여 세워진 성공회(영국국교회, 침례교, 감리교, 오순절) 등이 탄생하였다. 16세기 유럽에 퍼지기 시작한 개신교는 그 후 세계 곳곳으로 확장되며 오늘날 465개 이상의 교파를 갖고 있다.

▪ 보름스*Worms 시의회에서 행한 "루터의 변론"에 대한 상황

죤 위클리프John Wycliffe나 존 후스John Huss 같은 신학자의 개혁 사상에 영향을 받은 루터는 종교개혁을 주창하였다. 개혁자들은 교황이 세계 정치를 할 수 있는 권위를 부정하고, 성경이 교회 지도자들보다 더 권위를 가지고 있음을 주장하였다. 이에 루터는 강력히 주장하기를; (1) 구원은 교회에서 말하는 선한 행위보다는 오직 신앙을 통하여 받을 수 있고, (2) 기독교 가르침은 교황이나 가톨릭교회 관습보다는 성경 말씀을 중요시 하여야 한다. 1517년에 요한 테첼Johann Tetzel이라는 수도승이 로마에 있는 성 바울 성당을 재건하기 위하여 면죄부를 팔자, 루터는 이를 공적으로 항의하였다. 이에 대하여 신성로마제국 황제와 스페인 왕이 주재하는 보름스 의회에 출두하여 항의를 공식 취소하라는 명을 받았으나, 루터는 이를 거절하였다.

▪ 보름스 의회에서 "루터의 변론"(1521년 4월 18일)

저는 두 문제에 대하여 답을 하겠습니다. 첫 번째는 저의 이름으로 된 출판물에 대하여 그대로 인정하느냐 또는 회수하겠는가 하는 문제입니다. 저의 출판물 내용이 간교한 사람들에 의하여 변절, 수정 또는 삽입되지 않았다면, 출판물 내용에 대하여 책임을 지겠다고 분명히 말씀드렸습니다. 제가 답변할 다른 문제에 대하여는 폐하와 고위 관직자에게 청을 드리고 싶은데 저의 출판물 내용이 다 같은 것이 아님을 고려하여 주십시오. 어떤 내용은 참된 기독교 신앙과 교훈을 전도할 목적으로 쉽게 다루었기에, 제 의견에 반대하는 기독교인들도 읽어 보면 도움이 되도록 하였습니다.

제 출판물의 두 번째 요점은 교황권과 가톨릭 교리에 대한 반대입니다. 그들의 옳지 못한 교리와 관행이 기독교 정신을 저버리고 영적 타락과 이 세상의 재난을 가져왔기 때문입니다. 이에 대하여 부정하거나 사실을 부인하는 사람은 없습니다. 이 세상 사람이 받는 고통과 불만이 그 증거입니다. 교황의 법과 교리 때문에 신앙인의 양심은 유혹에 빠지고, 고문당하여 산산조각이 나고 있는데 비하여, 그들은 수단 방법을 가리지 않고 부를 축적하는 야만적인 추태가 이 신성한 독일에서 행하여지고 있습니다. 그들의 법과 교리가 복음과 사도들의 말씀에 어긋나고, 또한 하나님의 버림을 받고 있지만, 그들은 그것을 모르고 당연한 현실이라고 생각하고 있습니다.

제 출판물의 세 번째 요점은, 개인의 욕심을 탐하는 자, 로마 가톨릭 횡포를 변호하는 자 경건한 신앙심을 파괴하는 자들에 대한 반대입니다. 이들에 대하여 저의 종교와 제 직업인 신부가 받아들일 수 있는 한계보다 더 신랄하게 비판하였습니다. 그 이유는 제 성직이나 생활과 관계없이, 저는 그리스도의 가르침을 존중하기 때문입니다. 그래서 제 출판물에 대해 취소가 불가능하며, 취소하게 되면, 독단적이고 신앙심 없는 불경심이 제가 관할하는 교회에서도 일어나게 되고, 하나님의 백성에 대하여 더욱 더 사나운 횡포가 일어날 수 있기 때문입니다.

루터가 변론을 끝냈을 때, 그의 출판물을 "철회 하겠는가?" 또는 "출판하지 않겠는가?" 라는 질문을 받았을 때, 그는 다음과 같이 계속하였다.

존경하는 폐하와 고위 관리들이 간단히 답변하라고 하니, 저는 이렇게 말씀드립니다. 성경과 근거 있는 이성을 확신하기 때문에, 저는 잘못과 모순된 일을 많이 한 교황이나 종교회의원을 믿지 않습니다. 저는 양심 때문에 하나님의 말씀을 따르지 않을 수 없습니다. 그래서 저는 출판물을 취소할 수 없으며, 이는 제 양심에 반하여 정직하고 옳지 않기 때문입니다. 저는 여기에서 더 할 말이 없습니다. 하나님이시여 도와주시옵소서.

보름스 의회에서 진술한 지 한 달 후에, 찰스(신성로마제국 황제)는 "보름스 칙령" The Edict of Worms *에서 루터는 법의 보호를 받지 못하는 이단이라고 공표하였다. 이는 신성로마제국 내에서 루터에게 아무도 거주지나 음식을 줄 수 없으며, 그가 쓴 모든 출판물은 불태워 버렸다.*

▪ "마틴 루터의 95개 조항"(중요 조항만 열거)

05. 교황은 교회 법규를 제외하고는, 어떠한 형벌을 면제할 권리가 없다.
10. 임종에 처한 자에게 연옥 문제를 내세워서 종교상의 속죄를 보류하는 행위는 잘못된 것이며 무지하고 어리석은 짓이다.
21. 교황의 면죄로 인간은 모든 형벌로부터 해방되며 구원받을 수 있다는 오류에 빠져 있는 것이다.

43. 가난하고 필요한 사람을 도와주는 것이 면죄부를 사는 것보다도 선한 일이라는 것을 기독교인들에게 가르쳐야 한다.

93. 사실 십자가는 없지만, 그리스도의 백성을 향하여 '십자가, 십자가' 하고 부르짖는 모든 예언자는 축복을 받는 일이다.

94. 기독교인은 형벌이나 죽음이나 지옥 같은 고난을 통하여 머리가 되시는 그리스도를 부지런히 따르도록 훈계를 받아야 한다.

95. 기독교인들은 잘못된 마음의 평안보다는 오히려 많은 고난을 통하여 하늘나라에 들어갈 수 있는 믿음을 가져야 한다.

---

* 보름스Worms: 독일 서남쪽에 위치한 도시. 프랑크푸르트-암-마인Frankfurt-am-Main에서 40마일(약 150리) 떨어져 있음.

20. 존 칼빈John Calvin : 개신교 운동의 초기 조직신학자 (1509~1564)

▪ 공헌

1517년에 루터의 95개 조항 성명서로 시작된 개신교 발전은 칼빈에게 크나큰 영향을 주었다. 95개 조항이 공표된 지 40년 후(1557), 칼빈은 이전과 달리 기독교 발전을 위해 방해받지 않고 다음과 같이 공헌할 수 있었다. (1) 칼빈주의*를 본받아 장로교, 개혁 및 침례교, 영국 국교 등의 탄생, (2) 가족, 교육, 대중문화에 대한 새로운 사회규범 탄생(가족은 인간 생활에 있어서 구심적 역할을 하고, 남녀의 대등한 상호 사랑으로 맺어지는 가족 단위 개념이 발전하였다. 교육에서는 인문주의 교과과정이 급증하였고, 대중문화에서는 순례 여행, 성령 참배, 조각상, 공동기도 같은 종래의 예식도 개별기도, 가족 예배로 대치되기 시작하였다), (3) 가톨릭교회가 자체 개혁을 시작하였고, (4) 유럽의 여러 나라들이 칼빈주의를 받아들여 세계 선교를 시작하게 되었다

▪ "종교개혁의 필요성"을 쓰게 된 상황

칼빈을 비롯한 여러 종교개혁 주창자들이 기독교의 통일성을 위하여 로마 가톨릭교회와 건설적인 대화를 모색하였으나, 교회 측에서는 성경에 나오는 그리스도와 사도들이 말하는 가르침에 대한 대화를 거부하였다. 대화는커녕 오히려 잔인과 폭행으로 개혁 주도자들을 억압하였다. 이러한 억압적 행위는 종교개혁 시대 이전과 개혁시대에 가톨릭교회를 계속 공격하는 계기를 만들어 주었다.

■ **"종교개혁의 필요성"**(1541)

그들(가톨릭교회)이 우리(종교개혁 주창자)에 대한 크나큰 비난은 우리가 "교회의 분열을 조장하고, 교회의 통일성을 파괴하는 것은 어떨 때 있어서도 불법 행위"라고 뻔뻔스럽게 주장하고 있다. 그들이 얼마 동안 우리에게 이러한 부정한 짓을 하고 있는지는 종교개혁에 대하여 집필하고 있는 분이 증인이 된다. 그러나 이런 답변을 그들이 귀담아 들어야 한다. 우리는 잘못된 교리를 반대하는 것이지, 교회를 반대하는 것이 아니다. 또한 종교단체로부터 이탈한 사람이 아니다.

그들이 할 일은 먼저 그리스도를 가깝게 하여야 한다. 그러고 나서, 그들의 교리가 왜곡된 것 같이, 우리가 교회를 분열시켰다는 죄를 증명하여야 한다. 내가 분명히 말한 것처럼 그리스도는 그들 세계에서 추방당하였고 복음은 사라졌기에, 그들이 우리에게 퍼붓는 비난은 그들의 허구성을 더 보여줄 뿐이다. 우리는 그들보다 그리스도를 따를 뿐이다. 그리스도의 진리를 외면하고 세상 권력을 쫓아가는 사람이야말로 교회 분리자이고 교회 단체의 이탈자이다….

우리들에 대하여서는, 무슨 일이 일어나더라도 하나님이 우리를 항상 도와주실 것이기 때문에, 우리의 양심에 따라 하나님께서 주관하는 교회에 영광을 돌리고 바른 일을 하여야 한다. 그러한 목적을 달성하기 위하여 우리는 충실히 일하여 왔다. 간단히 말하면 우리가 할 수 있는 일을 다 하였다. 우리의 양심은 하나님의 교회에 떳떳한 영광을 돌리는 것 이외에는 아무 것도 바라는 것이 없다. 그리고 그러한 사실을 분명하게 증명하기 위하여 우리는 지금까지 그들의 잘못을 개선하기 위하여 부단히 시도하였다. 그리고 물론 우리가 확신하건데, 하나님의 역사를 위하여 일하는데 있어서 하나님과 그의 역사가 조금도 부족함이 없도록 우리가 자신감을 갖고 있음을 알린다.

그러나 어떠한 난관이 닥치더라도, 우리가 시작하고 지금까지 해온 일에 대하여 후회하여서는 안 된다. 성령께서 우리 일에 대하여 올바른 증인이 되기 때문이다. 나는

우리가 행하는 성경을 중심으로 한 설교야말로 하나님의 불변 진리이다. 우리는 성직자의 봉사가 세상에 빛을 가져다주기를 바라고, 우리를 위하기보다는 하나님께 드리는 영광이 되어야 한다. 하나님께 배은망덕하고 자기 생각만 옳다고 주장하는 그들에게, 그들이 선한 일을 하라고 어떠한 징계를 준다는 것은 오히려 사태를 악화시킬 뿐이다. 나는 기독교인으로서 성직자로서 그들에게 진리를 말하지 않을 수 없다. 우리는 결국에는 모두 죽는다. 그러나 우리는 죽은 후에도 승리자가 될 것이다. 그 이유는 우리가 더 나은 생활을 할 수 있는 길을 택한 것이 아니라, 현재 그들이 경멸하는 우리의 피가 하나님의 진리를 몇 배로 가져오는 씨앗이 될 것이기 때문이다.

---

* 칼빈주의Calvinism: 은혜, 신앙, 하나님의 영광, 그리스도와 성경을 통합하여 구원을 강조하는 교리이며, 그의 '운명 예정설'은 왜곡된 것이다. 오히려 그는 (1) 성경중심 교육, (2) 하나님 중심의 삶, (3) 그리스도 중심의 신앙을 강조하였다. 이는 오직 '신앙'만이, '성경'만이, '은혜'만이, '그리스도'만이, '하나님께 영광 돌림'만이를 통합하여 말하였다.

제 4 장

계몽주의 시대
(1650년경~1850년경)

제 4 장 계몽주의 시대(1650년경~1850년경)

종교개혁 이후 계몽주의 사상이 다양한 사회적 운동을 통하여 찾아왔다. 계몽주의 또는 이성주의 시대란 말은 중세기 때 가졌던 어떠한 미신과 신앙적 두려움을 떨쳐 버리고, 이성을 통하여 세상 현실을 찾아보자는 것을 말한다. 이는 진리를 찾는 것은 중세기 때 사용되었던 교리보다는 "오직 '이성, 관찰 및 실험'을 통하여서 된다."는 과학적 법칙은 다가오는 과학, 정치 및 사회 경제 발전에 기여하였다. 또한 계몽주의 설교인 및 사상가들도 신앙을 이성적 바탕에서 재조명하게 되면서, 가톨릭교회의 권위와 그의 정치적 영향을 거부하기 시작하였다.

1. 역사적 배경

시대가 변함에 따라 사회적 종교적 요구도 다양해지면서, 이에 부응하는 여러 운동이 일어났다. 사회적 실정이 요구하는 '현대신학'이라는 사상이 대두되어 "가톨릭교의 권위에서 하나님의 말씀이 나오는 게 아니고, 하나님의 성령으로 쓰인 성경이야말로 하나님 말씀을 담고 있다"고 주장하였는데, 이러한 운동을, '신정통주의'라고 불렀다. 이외에도 여러 운동이 일어났다. 제2차 대각성 운동(1800~1830), 자유주의, 해방 신학, 여성해방주의, 감리교파, 퀘이커파, 유일교도*Unitarianism 등이며, 모두 이 시대에 등장하여 종교계에 활기를 불러 일으켰다.

구체적으로 살펴보면 대각성 운동(1730년~1970년까지)은 미국 기독교 사회활동에 뜨거운 열기를 불러일으켰다. 제2차 대각성 운동(1800~1830)

에서는 부흥회를 통하여 새롭게 다짐하는 개인의 구원을 기도하였고, 제3차 대각성 운동(1850~1900)에서는 개신교 경건주의 종파에 영향을 주었고 사회사업에 봉사하는 사회주의 복음을 강조하였다. 자유주의는 종래 편협하고 완고한 기독교 교리에서 해방하여, 새로운 사상을 받아들이고, 또한 신학에서 대두되는 여러 가지 해석을 존중하여 이를 바탕으로 종교를 개혁하자고 주장하였다. 해방 신학은 교회의 중요한 의무는 억압받는 사람을 도와주는 것이기 때문에, 가난하고 궁핍한 사람들을 먼저 도와주어야 한다고 하였다. 여성해방주의는 사회, 정치, 경제 분야에서 남성과 동등한 권리를 주장하였다. 감리교파는 장로교를 중심으로 하여 신앙과 관례를 개혁하여야 한다고 주장하였다. 조지 폭스Geroge Fox에 의하여 세워진 퀘이커교는 가톨릭교의 권위, 교리보다는 하나님이 주신 성령감이 더 중요하다고 가르쳤다. 끝으로 현대 일신교가 나타나서 "더 많은 사람에게 더 많은 행복을 주는" 법칙이 효율적이라고 주장하였고, 하나님은 삼위일체가 아닌 하나의 개체라고 하였다. 이처럼 우리는 이 시대를 반영하는 여러 사회적 및 신학적 현실을 살펴보았다.

2. 대표 설교인

이 시대에 잘 알려진 설교인은 존 오웬John Owen, 블레즈 파스칼Blaise Pascal, 조지 폭스Geroge Fox, 조나단 에드워드Jonathan Edwards, 조지 화이트필드George Whitefield, 존 울맨John Woolman, 임마누엘 칸트Immanuel Kant, 윌리암 캐리William Carey, 호레스 부쉬넬Horace Bushnell, 조지 뮬러George Muller, 데이빗 프리드리히 스트라우스David Friedrich Strauss, 데이빗 리빙스톤David Livingston, 쇠렌 키에르케고르Soren Kierkegaard와 앨버트 리츨Albert Ritschl 등이다. 이 시대를 대표하는 설교인으로 존 번연John Bunyan, 존 웨슬리John Wesley, 프리드리히 D.E. 슐라이어

마허Friedrich D.E. Schleiermacher, 존 헨리 뉴만John Nenry Newman, 찰스 스펄전 Charles Spurgeon, 드와이트 라이먼 무디Dwight Lyman Moody를 선정하였다.

더 자세히 말하면, 퓨리탄Puritan 작가이며 설교인 존 번연은《천로역정》에서 성경 줄거리와 상상을 섞어 기독교인이 체험한 이야기를 비유적으로 서술하였다. 이는 기독교 철학과 사상을 재검토하는 동시에 선교 확대를 목표로 한 것이었다.

존 웨슬리는 동생 찰스 웨슬리와 함께 복음을 전하고 복지사업(병원, 학교, 보육원 설립)과 공중도덕 질서(노예 거래, 음주, 도박 행위 반대) 확립을 위하여 많은 여행을 하였다. 그는 신앙 부흥 사상을 토대로 감리교를 창설하고 복지사업과 공중도덕 질서 향상에 심혈을 기울였기 때문에, 그의 복음주의 설교는 사회적 문제에 관심을 끌게 하는 새로운 방향을 설정하여 주었다.

프리드리히 슐레이어마허의 '종교의 정당성'에 대한 사상은 하나님을 의식하는 적극적 사고방식 뿐만 아니라, 기독교 통일주의와 다문화주의에 대한 식견이 있어야 정당성이 있다고 주장하여 조직신학 발전에 공헌하였다. 이러한 영향으로 20세기에 접어들어 학문 분야와 사회적 요구가 균형을 이루기 위하여 신학대학 교과과정이 개정되었다. 그의 설명은 기독교 사상가들이 기독교 신앙은 현대 세계관과 공존하여야 함을 가르쳐 주었기에, 그는 현대 개신교 신학의 아버지라고 불렸다.

존 헨리 뉴만은 과학과 신학은 참지식을 쌓는 '두 개의 큰 바퀴' 역할을 하고 있기 때문에 참된 종교와 지적 사상을 찾기 위하여서는 그들을 분리할 것이 아니라, 병합하여야 한다고 주장하였다.

찰스 스펄전은 칼빈주의 목회자로서 설교 기술이 능숙하여 당시와 후세 복음주의 목회자들에게 모범이 되었으며, 교회 기금은 침례교 전도회에서 작성한 '신앙 전도 규범'에 따라야 한다고 주장하였다.

끝으로 드와이트 무디는 19세기 미국의 유명한 복음 전도사로서 우리에게 다음과 같은 문제에 해답을 제시하고자 하였다. (1) 어떻게 선교 사업을 준비하고 이를 국제적으로 운영할까? (2) 숭고한 목적을 위하여 어떻게 자산을 투자할까? (3) 자산을 기독교 출판 사업을 위하여 어떻게 기증할까? 이제 이 시대를 대표하는 설교인들을 각각 살펴보자.

* 유일교도[Unitarianism]: 삼위일체를 부정하고 신은 하나의 개체라고 주장. 현대의 유일교도는 18세기 계몽기 때에 탄생하였음.

21. 존 번연John Bunyan : 《천로역정》을 쓴 청교도* 성직자 (1628~1688)

▪ 공헌

기성 교리, 특히 영국 국교의 교리를 따르는 것을 거부한 번연은, 풍유 작가로 성서 신학과 비유를 섞어 기독교인이 경험할 수 있는 사건들을 소설형식으로 썼는데, 이는 기독교인 뿐만 아니라 일반 대중이 쉽게 읽을 수 있도록 하기 위해서였다. 이러한 특징에 힘입어 이 저서는 수많은 언어로 번역되어 기독교 전파에 크게 공헌하였다.

▪ 《천로역정》을 저술하게 된 상황

두 권으로 엮어진 《천로역정》The Pilgrim's Progress은 번연의 대표작이다. 첫 번째 책은 1678년에, 두 번째 책은 1684년 런던에서 출판되었다. 첫 번째 감옥생활(1660~1672) 할 때 본 저서를 쓰기 시작하여, 두 번째 감옥생활(1677) 하는 동안에 완성하였다. 이 저술을 쓰게 된 동기는 두 번째 부인 엘리자베스Elizabeth와 아이들의 생활에 도움을 주려는 것이었다고 알려졌다.

▪ 《천로역정》(1678) 줄거리

해설자는 조금 전 꿈에서 본 이야기에서부터 시작한다. 영적 고뇌에 괴로워하다가 들판에서 잠깐 잠에 취하여 꿈을 꾸었던 크리스천Christian이라는 사람에 대하여 말한다. 영적 안내자인 에반젤리스트Evangelist가 크리스천을 찾아와서 더 희망이 없는 멸망의 도시City of Destruction를 어서 떠나라고 재촉한다. 그는 시내산Mountain Zion이라고 알려진 천국의 도시Celestial City에 가면 구원을 받을 수 있으리라고 주장하였다….

에반젤리스트의 권고를 듣고 크리스천은 가족들에게도 같이 떠나자고 설득하였으나 실패하고 만다. 결국 혼자 구원을 찾아 순례의 길을 나선 크리스천은 길을 가다가 절망의 수렁Slough of Despond에 빠졌다가 가까스로 목숨을 건졌다. 또 길을 가다가 세속 현자Worldly Wiseman를 만나는데 그는 크리스천에게 종교 없어도 잘 살 수 있는데 무엇 때문에 종교가 필요하냐고 반문하였다. 이에 크리스천은 그 말을 거절하고 선의의 집Goodwill's house에서 숙박하게 되었는데, 선의Goodwill는 크리스천에게 해설자Interpreter 집에 잠시 들러서 신앙에 대한 교훈을 배우라고 알려 준다….

순례길을 가던 크리스천은 고향에서 온 순례자 믿음Faithful이라는 사람을 만난다. 그들은 가다가 또 다른 순례자 수다쟁이Talkative를 만나게 되는데 크리스천은 수다쟁이와 같이 가는 것을 꺼렸다. 곧이어 에반젤리스트가 와서 믿음과 크리스천에게 곧 그들의 도작할 사악한 허영의 도시town of Vanity에 대하여 조심하라고 일러주며, 크리스천 또는 믿음 중 한 명이 허영의 도시에서 죽게 될 것이라고 예고한다….

두 사람은 허영의 도시로 들어가서 이 도시의 유명한 박람회가 열리는 곳을 찾아갔다. 그들은 여러 유혹을 뿌리쳤으며 동네 사람들로부터 놀림도 당하였다. 결국에는 허영의 도시 사람들이 크리스천과 믿음이라고 부르는 순례자가 자기들이 믿는 종교를 조롱하였다고 감옥에 넣었다. 믿음이라는 순례자는 자신을 변호하다가 처형을 당한 후 천국으로 올라간다. 크리스천은 감옥생활을 하다가 탈출하여 순례를 계속한다….

크리스천과 희망Hopeful이라는 순례자는 천국의 문이 있는 안식의 땅Land of Beulah에 가벼운 발걸음으로 가쁘게 도착한다. 그곳은 꽃과 과일이 충만하고 순례자들이 휴식을 취하고 있었다. 그곳 성문에 가려면 다리가 없는 강을 먼저 건너야 하는데, 크리스천은 물에 빠져서 익사할 뻔하였다. 그 순간 희망이라는 순례자가 '예수님의 사랑'을 생각하라고 말하니 그 말을 듣고 물에서 안전하게 나왔다. 천국의 도시에 사는 분들이 나와서 그 두 사람을 열렬히 환영하였다. 첫 번째 책 제1부의 결론에서 해설자는 "꿈에서 일어난 모든 사건이 독자들에게 적절히 이해되기를 바라기를 원한다."라고 말하였다.

▪ 해설

풍유적 해석은 쓰인 내용을 그대로 고지식하게 이해하는 것이 아니고, 쓰인 내용 뒤에는 무엇을 말하고 있는가를 알아야 한다.

본서에서 인용한 5문단의 풍유적 해석은 다음과 같다.

문단 1: 앞으로 전개될 사건 소개

문단 2: 종교를 가지지 않는 사람들이 누릴 수 있는 현세적 기쁨

문단 3: 허영에 유혹받지 말라는 경고

문단 4: 거짓 선지자, 이단 또는 사교를 조심하라는 경고

문단 5: 예수님의 사랑이 기다리고 있는 천국의 도시에 드디어 입성

* 청교도Puritans: 16세기 후반에 영국국교에서 일어난 일종의 개신교파. 영국 개신교 극단주의로써 여왕 엘리자베스 1세Queen Elizabeth I(1533~1603)의 온건적인 종교 분쟁 해결에(가톨릭과 개신교 간의) 불만을 품고, 당시 부패된 종교 현실에서 벗어나 교회를 더욱 정화시키자는 주장을 하였음.

22. 존 웨슬리John Wesley : 감리교 창시자(1703~1791)

▪ 공헌

부흥주의* 이념에 바탕을 둔 감리교를 창설하고, 사회 정의, 복지 및 도덕심을 강조하였다. 순회 복음 전도사를 임명하여 많은 곳에서 사회 복지 사업(병원, 학교, 보육원 설립) 및 공중도덕 질서 향상(노예 거래, 음주 및 도박행위 반대)에 공헌하였다. 노예 폐지론자로써 노예 거래에 반대하는 설교 및 저술(《노예제도에 대하여》, 1774)을 하였다. 신학적 문제가 발생하였을 경우, 찬반을 할 수 있는 제도적 기관을 두는 방안을 제안하였다.

▪ "감리교의 특징"에 대한 설교를 하게 된 상황

존 웨슬리는 1730~40년경에 광범위하게 순회 전도 여행을 다녔을 때, 그는 감리교의 교리가 무엇인가를 알려줄 필요성을 느꼈다. 그래서 "감리교의 특징"이라는 설교를 통하여 감리교의 특징을 설득시키고자 하였다.

▪ "감리교의 특징"(1739)

감리교의 가장 두드러진 차이는 어떤 개인의 의견이나 생각을 중요하다고 생각하지 않습니다. 누가 어떠한 특정된 종교와 사상을 지지하거나 받아들인다는 것은 개인의 자유의사이지만, 감리교에서도 그러한 점을 받아들인다는 것은 완전히 잘못된 생각입니다. 감리교는 "모든 성경은 하나님의 영감에 의하여 주어진 것이다"라는 사실을 믿기 때문에, 유대교, 터키교(이슬람교), 불신자와는 확연히 구별됩니다. 우리는 하나님 말씀이 기록된 성경이야말로 기독교 신앙과 관례라는 것을 믿기 때문에,

로마 가톨릭교회*와 이와 관련된 교회와 근본적으로 다르다는 것을 믿습니다. 또한 우리는 예수님만이 영원하고 최고의 하나님이라고 믿기 때문에, 소시니안*Socinians이나 아리안주의*Arians 신봉자와 다르다는 것을 믿습니다. 그러나 기독교의 핵심 교리와 사상을 공격하지 않는 의견에 대하여 우리는 참견하지 않습니다. 그들의 의견과 사상이 옳든지 또는 잘못되었든 간에, 감리교의 특징과는 아무 상관이 없습니다.

우리는 감리교를 어떤 파에 속한다거나, 어떠한 종류의 유별난 말이나 표현을 빌려 써서 우리의 종교를 특징 짓거나 설명하지 않습니다. 우리는 하나님의 뜻을 이해하는 데 도움이 될 수 있도록 평소에 사용되는 쉬운 말을 사용하고 있습니다. 그러므로 성경에서 쓰는 성경 단어를 제외하고는 평소에 쓰는 쉬운 말을 절대 버리지 않는데, 이에 대하여 어떠한 기독교인도 책망하지 않으리라고 생각합니다. 또한 성경에 나오는 특성된 표현에 대해 성령을 받은 노련한 작가들이 함부로 다루지 않듯이, 우리도 표현 사용을 조심하고 있습니다. 따라서 감리교의 특징을 어떠한 의견이나 말로써 표현한다는 것은 큰 잘못입니다.

"그러면 당신은 어떤 사람이 감리교도* 입니까?"라고 물으신다면, 저는 이렇게 대답하고자 합니다. 감리교도는 "성령을 받아서 그의 마음에 하나님의 사랑이 흘러넘치는 사람입니다." "모든 정성으로, 모든 영으로, 모든 마음으로, 모든 힘으로 하나님 주님을 사랑하는 사람"입니다. 하나님을 사랑하는 것이 그의 기쁨이며, 그의 영적 욕구이기 때문에 다음과 같은 말들이 크게 들렸습니다. "하늘에는 하나님 이외에 누가 있으리오? 그 곳에는 나의 주님과 나의 모든 것이 있습니다." ….

이러한 신앙과 삶의 신조로 우리는 믿지 않는 사람들과 구별되며, 예수님의 복음을 쫓지 않는 사람들과도 구별이 됩니다. 기독교의 어떠한 종파를 따르든지, 진실한 기독교인들과는 구별이 없습니다. 하나님의 말씀을 충실히 따랐으나 아직 어떤 경지에 이르지 않았다고 생각하는 사람들과도 조금도 구별되지 않기를 진정으로 바라지 않습니다. 당신은 하나님을 사랑하고 봉사하고 있지 않습니까? 그렇다면 그것으로 충분합니다. 하나님은 당신에게 의로운 오른손을 주실 것입니다.

---

* 부흥주의Revivalism: 철저한 설교와 집회를 통하고, 고무된 군중 종교 의식을 바탕으로 한 복음 전도 부흥 예배.
* 로마 가톨릭교회Romish Church: 로마 가톨릭교회와 이와 관련된 교회
* 소시니안Socinians: 16세기 이탈리아에서 생겨난 하나의 종교파로 예수의 신성설과 삼위일체설을 부정하였음.
* 아리안주의Arians: 이집트 알렉산드리아 출신 성직자 아리우스Arius(250~ 336) 사상을 따르는 사람들이다. 아리우스는 하나님은 홀로이며, 알 수도 없으며, 피조물과 아무 관련이 없으니 예수님은 하나님이 아니고 그보다 못한 신 같은 존재라고 주장하였음.
* 감리교도Methodism: 18세기 영국에는 여러 개신교 종파 및 종교 기관이 있었는데, 존과 찰스 웨슬리 형제가 교회 사도들의 가르침을 바탕으로 하여 그들의 종교 사상과 전통을 발전시켰다. 그들은 종래 기독교의 삼위일체설과 예수님의 성체공존설(예수님의 몸과 피는 성찬식 때 사용하는 빵과 포도주와 일치할 수 있다는 교리)을 재확인하였고, 개인의 구원은 세계 기독교 전도와 봉사에서 나온다고 주장하였다. 하나님을 사랑한다는 것은 이웃을 사랑하고 이 세상을 정의롭고 거듭나게 사는 것을 말하며, 많은 사회복지 사업과 공중도덕 질서 향상에 공헌하였다. 현재 감리교 신도수는 세계적으로 4천만 명을 넘고 있다.

23. 프리드리히 D.E. 슐라이어마허Friedrich Daniel Ernest Schleiermacher : 현대 개신교 신학의 선구자 (1768~1836)

▪ 공헌

그는 "종교 정당성"Religious validity을 논함에 있어서, 기독교가 '정당성'을 가지려면, (1) 하나님을 찾고 싶어 하는 적극적 태도, (2) 기독교 분파들이 나누어져 서로 다투지 않는 세계통일주의Ecumenism 그리고, (3) 각 종교 마다 장점이 있는데도 불구하고, 다른 종교를 비난하지 않고 존중하는 다문화 종교Religious pluralism 풍토를 살려야 한다고 주장하였다. 그의 호소력 있는 주장은, 조직신학 발전과 여러 신학자(쇠렌 키에르케고르Soren Kierkegaard, 칼 바르트Karl Barth, 폴 틸리히Paul Tillich, 디트리히 본훼퍼Dietrich Bonhoeffer 등에게 큰 영향을 끼쳤다. 그 결과 많은 신학대학 교과과정이 20세기 초에 학구 및 사회적 요구에 부응하기 위하여 수정되었고, 그의 사상은 기독교 신학에 커다란 전환점을 가져다주었다. 또한 처음으로 기독교 신학자들이 기독교 신앙은 '현대 세계관'과 병행하여 발전시켜야 한다는 생각을 하게 하는 데 공헌을 하였다.

▪ 그의 강연, "종교의 본질"과 관련된 상황

그의 두 번째 강연, "종교의 본질"에서 슐라이어마허는 오해받기 쉬운 부분을 수정하여 종교의 본질을 좀 더 이해하기 쉽도록 말하였다. 그의 목적은, "지식인 사회에서 완전히 잊힐 뻔 했던 종교를 되찾기"이며, "종교가 없다면 인류의 고귀한 지적 생활은 사라질 것"이라고 말하였다. 이 저술은 지식인들이 종교 생활을 통하여 현대 사회의 발전에 기여하여 달라는 것이다.

▪ 두번째 강연: "종교의 본질"(1799)

종교라는 것은 본질적으로 여러 문제를 생각하여 보는 것입니다. 여러분은 세상일에 마음을 꽉 닫아 버리고 바보짓만 하는 사람보고 '신앙심이 독실한 사람'이라고 하지는 않습니다….

신앙심이 깊은 사람은 이 세상의 모든 생명체가 태어나고 죽는 영원한 진리를 생각하여 보고 이를 인식하는 사람을 말합니다. 종교는 이러한 문제를 찾아보고, 영원한 진리 속에서 생명체가 살아 움직이고, 성장하고, 변화하는 사실을 발견하는 것입니다. 이러한 사실을 인식하게 되면, 종교에 만족할 것이고, 그러지 못하면 우리는 불안하고 고민하다가 궁지에 빠져 죽음에 이르게 됩니다. 삶이란 무한한 하나님의 관점에서 보면, 모든 것이 하나 또는 전체가 되어 하나님이 모든 것을 소유하게 되므로 다 하나님 것입니다. 그러므로 종교는 세상 또는 하나님을 찾아보는 학문이나 과학이 아닙니다. 학문 없이도 우리는 지식과 과학을 통해 알 수 있기 때문에, 종교는 애착이고, 유한에서 무한을 알 수 있는 계시이며, 이러한 변치 않는 진리 안에서 볼 수 있는 하나님, 그리고 하나님 자체에서 보여주는 진리입니다….

온전한 신앙생활은 두 가지로 볼 수 있습니다. 첫째는 자신을 하나님께 맡기고 그분의 뜻에 따라 사는 것이고, 둘째는 확실한 신념으로 자신과의 내적 일치를 이루도록 자신을 바꾸어 놓는 일입니다. 이러한 두 가지 중 하나를 지속해서 새롭게 해나가는 것이 바로 신앙생활입니다. 그러면 세상일 때문에 마음이 뒤흔들려서 그가 열심히 쌓아왔던 순수한 독실함이 도덕적으로 상처를 받았습니까? 물론 그렇지는 않겠지요! 오히려 이와 반대로 그의 독실함은 그가 무엇을 성취하였는가를 알려주고, 무엇을 받아들일 것인가를 알려주고, 무엇을 종합할 것인가를 알려줍니다. 무엇이 일시적이고 특유한가를 구별할 수 있습니다. 그의 독실함이 소요가 아닌 조용하고, 순수하고 영원한 것으로 존재하는 것입니다. 이렇게 마음을 굳게 먹으면, 자연스러운 삶의 일부분같이 행동도 결심한 대로 행동할 수 있습니다. 우리가 알다시피, 행동이란 결심과 감정에 의한 반작용이라는 것을 잘 압니다. 하나의 행동은 일시적 감정에서 나오는 것이 아니라는 것을 알아야 합니다. 그래서 우리는 적절한 장소에서, 무엇에 사로잡히지 않고 맹목적이 아닐 때는 감정에 따른 어떤 자연스러운 행동을 보여주게 됩니다. 이는 내적 정신이 어디에 사로잡히지 않는 통합된 상태를 말합니다….

▪ 해설

"종교의 본질"이라는 논술이 있는, 《종교에 대하여: 종교를 멸시하는 교양인들에 대한 강연》On Religion: Speeches to its Cultural Despisers과 《기독교 신앙론》The Christian Faith(1820~1821)은 그의 대표 작품이다. 《종교에 대한 강연(1799)》은 다섯 편의 수필을 모은 강연집으로 이루어지고 있는데, 첫 번째 강연은 '변론', 두 번째는 '종교의 본질', 세 번째는 '종교의 발달 상황', 네 번째는 '종교/교회 및 성직에 대한 고찰', 다섯 번째 '종교란 무엇인가?'를 다루고 있다.

"종교의 본질" 내용을 간추려 보면 다음과 같다.

(01) 종교는 학문이나 과학이 아니고, 오히려 무한에서 유한을 찾아볼 수 있는 계시이다.

(02) 종교의 총체성은 하나님을 통하여 우리의 존재와 삶을 느껴보는 것이다.

(03) 온전한 신앙생활은 (1) 하나님께 모든 것을 맡기고 그분의 뜻에 따라 사는 것이고, (2) 확실한 신념으로 삶과 존재의 의미를 깨닫기

위하여 자신을 바꾸어 놓는 일이다.

(04) 기적이란 무엇인가? 모든 표시, 지시, 이름, 사건, 자연 및 인위적인 장소, 시간, 정신상태에 관련된 모든 것이 기적이다. 그러므로 모든 것은 기적이라고 볼 수 있다.

(05) 종교란 우리의 '느낌'으로 '무한에 대한 느낌'이라고 정의할 수 있다. 하나님은 이성으로 알 수 있는 게 아니고, 우리가 경험할 수 있는 하나님을 '느낌'으로 알 수 있다.

또한 철학, 형이상학적 사상, 자연과학, 또는 독단주의를 따르는 것이 종교가 아니다.

종교는 지식의 양에서 오는 게 아니라 지식, 행동, 경건함, 인간성 통합이 달성되었을 때 종교의 본질을 찾을 수 있다. 그리고 종교마다 특수성이 있기 때문에, 그는 세계 다문화 종교를 인정하였다.

그의 또 다른 저서, 《기독교 신앙(1820~1821)》에서는 조직신학을 통하여 과거의 생활수준을 살펴보고 미래를 지향하기 위한 기독교 신앙을 논하였다.

24. 존 헨리 뉴만John Henry Newman : 영국 국교회 가톨릭파 지도자 (1801~1890)

▪ 공헌

19세기의 옥스퍼드 운동*Oxford movement에 주도적 역할을 하였을 뿐 아니라, 그의 강의 내용을 수록하여 출판한 《대학의 이념》The Idea of a University에서 주장하였듯이, 그는 “창조냐, 진화냐?”Intelligent Design Theory라는 문제에 지적 공헌을 하였다. 그는 과학과 신학은 순수 학문을 하는 데 있어서 ‘두 개의 큰 바퀴’The Great Circles 역할을 하므로, 진정한 종교에서는 지적 사상을 위하여서는 과학과 신학은 서로 공존을 하여야 한다고 주장하였다. 과학자는 “하나님이 창조한 만물이 왜 이런가”라는 사실을 찾아보는 데 반하여, 신학자는 “이러한 사실에 대한 이유를 설명한다.”라고 강조하였다. 과학자는 정당한 원인과 결과를 다루지만, 신학자는 마지막 결과(우주의 창조/ 멸망과 구원)를 다루고 있다. 전자는 법칙을 말하고 있으나, 후자는 법의 적용의 범위, 정지, 처음과 끝을 포함하여 조물주, 관리자, 법의 집행자가 누구이고 어떻게 다루는가를 설명한다. 그는 기독교는 삶이나 지식 축적에 연연하지 않으며, 생존에서 조직 원리이다. 이는 개인마다 목적과 방향 의식을 가지고 노력하는 가치관을 말한다. 이에 대하여 다음과 같은 가치관 질문을 던질 수 있다고 주장하였다:

(1) 나는 누구인가? (2) 나는 왜 이 세상, 이곳에 존재하는 것인가? (3) 나는 어디에서 왔는가? (4) 어디로 가는 것인가? (5) 삶의 목적은 무엇인가? (6) 사후에는 어떻게 되는가? 라는 질문은 과학적 측면에서 다루기 힘들다.

▪ **그의 저술 "가톨릭교 발전에 대한 일곱 번째 메모"**Application of the Seventh Note of a True Development**에 관한 상황**

1824~1842년까지 뉴만은 복음주의 목회자와 옥스퍼드 운동 지도자로서 "가톨릭의 교리 일부가 부패하였고, 교황도 적기독교인"이라고 공격하였다. 동시에 그는 영국 국교회Church of England도 개혁하여 초기교회(기원후 500년간) 기간에 보여 주었던 깨끗하고 소박한 정신문화로 돌아가기를 시도하였으나 성공하지 못하였다. 실패 후 오랜 고민 끝에 로마 가톨릭교회에 들어가(1845), 종교를 바꾸는 데 대한 사과의 뜻으로, 《기독교 교리 발전에 대한 고찰》Essay on the Development of Christian Doctrine이라는 저서에 있는 "가톨릭교 발전에 대한 일곱 번째 메모"를 썼다. 그 후에 가톨릭에 대한 모든 공격을 취소하였고(1843), 영국 국교회도 떠나고, 로마에서 신부 서품(안수)과 신학 박사학위를 받았다(1847). 비록 그의 저술이 그의 일생에 전환점을 가져다 주었지만, "과학과 기독교는 서로 공존하여야 한다."는 그의 신념에는 조금도 변함이 없었다.

▪ **"가톨릭 교리 발달" 또는 "가톨릭 발전에 대한 일곱 번째 메모"(1845)**

(비고: "가톨릭 교리 발달"은 뉴만이 본래 사용한 본래의 용어는 아니다. 가톨릭교를 옹호하는 그의 입장을 고려하여, "가톨릭 발전에 대한 일곱 번째 메모" 대신에 "가톨릭 교리 발달"로 사용되고 있음).

▪ **12장 4절**

수십 세기 오랜 세월 동안 비록 조그만 실수가 없지 않았으나, 훌륭한 사도와 성자의 노력으로 가톨릭교회는 말썽 많았던 이단 논쟁에서 벗어나, 알기 쉽고 간단 명확하며 일관된 교리를 확립하였습니다. 그뿐만 아니라, 이보다 더 많은 일을 하였다는 것을 우리가 보아서 알고 있습니다. 그런데 우상 숭배자 뒤에서 하나님과 예수님을 외면하고, 성육신을 그렇게 분명하게 주지시켰음에도 불구하고, 인간이 할 수 있는 최대한도에서 형성된 가톨릭교회가 종교 예배 의식에 있어서 오류를 범하였고 비난받고 있다는 사실이 도대체 믿을 수 있는 일입니까?

▪ 12장 5절

가톨릭교 발달에 대한 숭고한 정신은 다른 종교 발달과 비교하여 보면 분명해집니다. 세상 철학이나 종교는 이제 그 수명이 다하였거나, 아직도 어떠한 교리는 명맥을 유지하고 있습니다. 그들은 교리를 대처하거나 또는 차례로 바꾸고 있지만, 유독 가톨릭교만은 그럴 필요가 없습니다. 가톨릭교는 초창기보다 크게 발전하였고, 다른 종교가 할 수 없는 일을 할 수 있습니다. 만일 가톨릭교가 인간이 만들어 놓은 다른 일부 종교와 같이, 잘못되고 부패하였다면. 그들의 종교와 같이 약점 투성이 겠지만, 가톨릭교는 그들이 갖고 있지 못한 용기와 힘을 그들에게 나누어 줄 수 있습니다. 가톨릭교는 올바른 목적을 위하여 이를 사용하도록 할 수 있으며, 그들의 관할지역에서 이를 사용하도록 할 수 있습니다. 우리 가톨릭교는 '악에서 선'으로 변화시키고자 적어도 그들을 해롭게 할 의도는 없습니다. 우리는 예수 제자들이 뱀을 집어 올리며, "뱀을 집어 올리며 무슨 독을 마실지라도 해를 받지 아니하며….(막 16:18)"라는 말씀을 소중히 여기고 있습니다.

▪ 12장 9절

교회가 내부 또는 외부 분쟁으로 휩쓸리다 보면, 교회는 거의 망하는 경우가 있는 것이 사실입니다. 그러나 세상 권력이 교회를 누를 때에도,

교회 신앙 부흥이 일어났다는 것은 가톨릭 교리와 예배 의식에 부정이 없었다는 또 다른 증거입니다. 만일 부정이 처음에는 혼란을 일으키고 안정된 상태를 자꾸 깨뜨릴지라도, 시간이 지날수록 영구적인 부정보다는 다르다고 생각할 수 있습니다. 이제, 신앙 부흥 면에서 말씀드립니다. 힘겨운 종교 투쟁 이후에 그들(가톨릭교 공격자)은 피곤하여 잠들었습니다. 물론 일시적 휴전이지만, 잠자는 사람은 그렇게 해 왔고, 교회 부활을 위하여 노력하는 사람도 많았습니다. 가톨릭교회는 발전을 멈추고 있지만 교회가 다시 일어나서 제 모습을 찾게 되면, 모든 것이 제 위치로 돌아가 모든 것을 이루어 낼 수 있습니다. 이전에 있었던 가톨릭 교리는 그대로 있게 되며, 관습, 전례, 원칙, 정책 등은 변경이 있을 수 있으나, 분쟁이 일어나지 않도록 명백하고 확실한 병합 또는 적절한 변화가 이루어질 것입니다. 정말 이 시기에 가톨릭교회에 대하여 큰 비난을 하고 있지만, 우리 교회는 '요지부동' 입니다. 교리를 바꾸고자 한다면, 결코 그럴 수 없습니다. 우리가 성 아다나시우스나 성 레오의 말을 따르거나 오늘날의 종교 논쟁자와 민심을 소란케 하는 자들의 말이 옳다고 믿는다면 우리는 절대로 바꿀 수 없습니다.

▪ 해설

종교개혁 후 가톨릭교회는 여러 면에서(교리, 예배 의식, 조직, 역사적 잘못) 공격을 받았지만, 뉴만은 이에 대하여 "교회가 분해될 상태에 빠지게 되면, 그러한 현상은 더 많은 발전을 위하여 유익한 결과를 가져온다."라고 변론하였다.

---

* 옥스퍼드 운동Oxford movement: 19세기 영국 성공회 운동으로 옥스퍼드에서 기원하였고, 사라진 기독교 전통과 신앙을 다시 찾자고 주장하였음.

25. 찰스 스펄전Charles Spurgeon : 대중 설교의 큰 별 (1834~1892)

▪ 공헌

설교를 효과적으로 잘하는 목사였기에, 청교도를 따르는 설교자에게 지대한 영향을 끼쳤다. 비록 칼빈주의를 신봉하는 성직자였으나, 침례교 선교회에서 정한 '신앙 선교 원칙'Faith Mission Principles에 따라 기독교 봉사를 위한 기금을 사용하자고 주장하였다.

▪ "두려워 말라"라는 설교에 대한 상황

19세기 중엽 영국은 사회적으로 여러 가지 사회 불만(예: 많은 인구가 도시로 이주, 매장 법령-특수 땅은 성직자 매장에만 사용)을 안고 있었는데, 이는 피지배 계급에 있는 사람에게 심리적 불안감을 조성하였다. 이러할 때 스펄전의 "두려워 말라"라는 설교는 시기에 맞는 것인데, 이는 축복이 때때로 찾아오기 때문이다.

▪ "두려워 말라" 런던에서 1857년에 설교

"지렁이 같은 너 야곱아, 너희 이스라엘 사람들아 두려워 말라, 나 여호와가 말하노니 내가 너를 도울 것이라"(사 41:14)

오늘 아침에 저는 낙심하고 기운 빠지고 기독교 생활에 염증을 느끼는 분들을 위하여 말씀드리겠습니다. 어떤 밤에는 너무나 암담하여 마음이 아프고 처참하여 하나님의 위로 말씀이 필요할 때가 있습니다….

교인들이여, 이 교회 안에서도 두려워하는 분들이 있습니다. 우리 주 예수 그리스도를 위하여 봉사하고 있는 많은 분에게, 성경에 나오는 말씀을 드리겠습니다. 첫째는, 우리가 그리스도를 위하여 큰일을 하기 전에, 우리는 겸손해야 합니다. 둘째는 하나님이 약속한 권세에 대하여 믿음이 있어야 합니다. 셋째는 "두려워 말라, 나 여호와가 너를 도울 것이다"라는 하나님이 약속한 권세의 말씀을 굳게 믿고 두려움을 떨쳐버려야 합니다.

첫 번째로, 하나님을 잘 섬기고 그의 일을 잘하여 승리로 이끄는 길은 겸손의 자세입니다. 하나님의 용사가 깃털이 달린 철모를 쓰고 갑옷을 입고 위용을 떨치면서 전투에 나아갈 때, 그가 "나의 오른팔과 강한 칼로 승리를 얻을 것이다"라고 말하면 패배하지 않게 됩니다. 하나님은 자기 힘만 믿고 전투에 나가는 사람과는 같이 가지 않습니다…. 승리하기 전에 겸손한 마음이 있어야 합니다….

다음에는, 우리가 그리스도를 위하여 헌신하고 주님을 위하여 봉사하기 전에 하나님이 약속하신 권세 "너희 이스라엘 사람들아 내가 너를 도울 것이라"는 말씀을 믿어야 합니다. 인간이 지렁이가 될 수 있지만, 인간은 지렁이가 할 수 없는 일을 하며, 인간은 보잘것없지만 하나님이 도와주시면 어떠한 일도 성취할 수 있습니다….

자, 이제 마지막 요점을 간단히 말하겠습니다. 우리는 최대한 두려움을 없애버려야 합니다. 선지자가 말하기를, "두려워 말라 지렁이 같은 너이지만, 두려워 말라. 하나님이 도울 텐데, 왜 두려워하는가?" 우리가 주님을 섬기고 있는지 확실하지 못할 때는 더욱 두려움을 없애야 합니다. 이성적으로 생각해도 두려워한다는 것은 고통입니다…. 두려워하지 말아야 합니다. 왜냐하면 하나님을 섬기지 못하는 두려움 때문입니다. 끝으로 하나님을 의심하면 안 됩니다. 그렇게 되면 여러분의 품위를 떨어뜨리는 것입니다. 하나님을 더 믿을수록 여러분은 더욱 위대하여지고, 의심을 더 하면 할수록, 하나님을 섬기지 않게 됩니다. "지렁이 같은 너 야곱아, 두려워 말라, 내가 너를 도울 것이라." 자, 여러분 왜 두려워합니까? ….

▪ 해설

스펄전은 우리가 종종 '두려움' 때문에 힘든 상황에 처할 때 효과적인 설교를 하였다. 힘든 상황일수록 (1) 신앙심을 굳건히 하고, (2) 자신이 겸손하고, (3) 그리스도를 믿는데 흔들리지 말아야 한다고 설득하였다. 이에 대한 세 가지 방법은: (1) 겸손한 자세, (2) 하나님이 약속한 권세를 믿음, 그리고 (3) 두려움은 없어야 한다고 강조하였다.

---

* 신앙생활 원칙Faith Mission Principles: 선교 활동에 들어가는 기금은 가난하고 굶주린 사람들을 위해 사용해야 하는 정책을 말한다. 이는 하나님이 이러한 사람을 먼저 도와주어야 한다는 가르침에서 나왔다. 1850~1860년도에 중국에서 선교사업을 하고 있던 영국 선교사, 제임스 허드슨 테일러James Hudson Taylor가 이러한 사업을 모범적으로 보여준 사례를 본받아 '신앙생활 원칙'이 나왔다.

제 5 장

불안한 시대
(1850년경~현재)

제 5장 불안한 시대 (1850년경~현재)

20세기가 지나고 21세기에 접어든 지도 얼마 되지 않았다. 지난 20세기에 사회, 정치, 경제, 군사 및 종교 관련된 사건들이 셀 수 없이 일어난 것을 독자들도 생생하게 기억하리라고 생각된다. 지난 20세기는 다른 시대보다 우리에게 희망을 주는 일보다 불안을 가져다 준 사건들이 더 많았기에, 본서는 '불안한 시대'라고 하였다. 그러면 우선 이 시대의 역사적 배경을 간단히 살펴보고, 이 시대에 널리 알려진 설교인들의 종교 및 철학 사상을 알아보기로 하자.

1. 역사적 배경

20세기를 불안한 시대라고 하였는데, 그 이유는 불안을 조성하는 무섭고 잔악한 여러 사건이 자주 발생하였기 때문이다. '불안'이란 현존하고 있는 정치, 사회, 경제, 종교 및 사상적 현실에 의하여 초래되는 심리적 우려 상태를 말한다. 이러한 불안을 가져다주는 요소는 (1) 전쟁, (2) 경제, (3) 사상, 및 (4) 종교적 측면에서 찾아볼 수 있다.

그렇지만 이 시대는 또한 희망과 불안의 뒤범벅이라고 볼 수 있다. 그 이유는 고무적인 희망과 함께 우리를 낙심시키는 사건들이 섞여 있기 때문이다. 우선 고무적인 일보다 낙심시키는 사건이 더 많기 때문에, 낙심시켰던 사건들을 살펴보자.

첫째로, 20세기에 하나님이 사랑하시는 수백만 생명을 앗아간 사건은 (1) 전쟁, (2) 대량 학살, (3) 테러범의 범행, (4) 반란/혁명 등인데, 이러한 일은 우리의 불안과 공포를 가중시키고 있다. 세기 초부터 '정의, 자국 방위, 또는 국익'이라는 미명 하에 수많은 전쟁을 치렀다.(양차 대전, 1914~1918 및 1939~1945), 한국 전쟁(1950~1953), 베트남 전쟁(1955~1975) 등). 이러한 전쟁 문화에는 서로 불신과 불안을 안겨주고, 미래의 꿈이나 희망이 없다.

대량 학살은 권력자의 정치 목적을 달성하기 위하여 비공개적으로 자행되었는데, 주요 사건은 남경 학살, 히틀러 정권의 유대인 학살, 그리고 우간다 학살 등이 우리에게 큰 불안을 안겨 주었다. 또한 테러범의 범행(항공기 팸 아메리카, 대한항공 납치, 9.11테러 등)도 마찬가지이다.

정신면에서 우리를 불안케 하고 혼동을 가져다주는 것은 정치 사회와 관련된 용어들이다. 20세기에 수많은 사상이 무슨 '주의'라는 이름을 가지고 나타났다. 어떤 것은 사회 욕구에 따라 철저히 사용되었고, 일부는 사상 대립 목적으로 쓰였다가, 사라진 것도 있다. 20세기에는 지적, 사회적, 종교적, 정치적 형태가 사상 대립 때문에 너무나 많은 불안을 겪었다. 사상 대립에 쓰인 용어는 '사회주의, 공산주의, 자본주의, 독재주의, 원리주의, 제국주의, 식민주의, 집단 노동주의, 권위주의, 무솔리니의 파시즘, 히틀러의 나치주의, 개인주의, 물질주의, 민족주의, 테러주의' 등 수 없이 많이 찾아볼 수 있다. 이러한 정치사상 형태를 말하는 용어가 많다는 것은, 그만큼 20세기의 불안하고 혼란한 실상을 반영하고 있다.

마지막으로, 20세기의 신앙과 종교 생활은 불안하고 사상적으로 탄압받았던 정치 사회 현실과 크게 다를 바 없었다. 세기 초부터 인간이 만든 '주의'(공산주의, 파시즘, 나치주의)는 그들의 정치적 목적을 위해 수백만 기독교인을 학살하였다(러시아 정교 기독교인 80만 명, 나치주의 70만 명). 종교를 없애고 기독교인을 학살하여 공포에 떨게 만들었던 사상은 공산주의이다. "종교란 억압을 받는 사람들의 탄식이며, 물질주의 때문에 인정도 없는 세상에 조금 남은 인정이며, 무정한 사회 여건에 조금 남은 영혼의 안식처이다. 종교란 인민을 좀 먹는 아편이다."(카를 마르크스, 1843)라는 마르크스의 주장이 물의를 일으켰지만, 공산주의 지도자들에게는 큰 영향을 끼쳤고, 이러한 사상으로 공산주의는 20세기 초기 및 후기에 유럽, 러시아, 중국 여러 제3 국가에 퍼져서, 우리를 불안 속에 떨게 하였다.

또한 우리를 불안하게 만들었던 일은 사교가 탄생하여 참된 기독교 사상을 먹칠하게 하였으며, The People's Temple(1978, 희생자 908명), 그리고 희생자를 공식적으로 발표하지 않은 The Ku Klux Klan(KKK) (1928년부터 현재까지) 같은 사교가 20세기 대표적 사건이다.

지금까지 우리를 신앙과 종교 면에서 불안하게 하는 사건들을 살펴보았다. 반면 20세기에 일어났던 고무적인 활동을 알아보자. 세기 초에 실존주의Existentialism 철학자의 영향을 받아 신화적 교리보다 인간의 본성과 양심을 강조하는 사상이 대두되었고, 이러한 사상은 세계 2차 대전 후 1950년도에 종교 및 사상적 가치가 깨짐에 따라 실존주의 철학자들이 주장하였다.

세기 초에 '사회복음운동'Social Gospel Movement이 활기를 띠었는데, 이는 기독교 정신을 현 사회가 안고 있는 문제(가난, 범죄, 인종차별, 빈민가, 술중독 등) 해결에 중점을 두라고 강조하였다. 1930년대 및 1950년대에는, '변증법적 신학'Dialectical Theology이 나타나서 종교개혁자의 근본정신으로 돌아가자는 움직임이 일어났다. 절대적인 믿음을 고수하고, 공식 신앙을 말하는 데 있어서 분명히 '네' 와 '아니오'를 가려 쓰면, 여러 잡다한 교리나 논쟁에 휩쓸리지 않게 된다는 신학사상이다.

'새오순절'Neo-Pentecostalism 또는 '은사 운동'Charistmatic Movement은 1960년대 오순절 운동 이후 활발하여 졌으며, 초기 기독교인들이 오순절에 받았던 영적 은혜를 받을 가능성이 있다고 주장하였다.

'해방신학'Liberation Theology은 남미제국에서 가난과 정치 탄압으로 신음하고 있는 사람들에게 기독교 사상이 사회정의 실현에 쓰여야 된다고 주장하였으며, 특히 가난한 사람들을 먼저 도와주어야 하는 것이 교회의 의무라고 강조하였다.

아주 반가운 일은 '제2차 바티칸 회의'(1962~1965)에서 가톨릭교회는 가르침, 교리, 조직 등을 새롭게 하여 모든 기독교인의 단합 목적을 재확인하였다. 또한 회의에서 예배식과 신학을 수정하는 데 있어서, 특정사회에서 사는 주민과 문화를 알아야 하는 것이 전제 조건이라고 강조하였다.

또 하나의 고무적인 운동은 '복음 전도'Evangelicalims로써 예수님을 믿는 것은 구원을 받을 수 있는 필수 조건이라고 강조하였으며, 미국 남부지역에 엄청난 영향을 끼쳤다. 처음에는 1940년대의 해방신학에 대항하기 위하여 복음 전도를 시작하였는데, 1967년부터는 세계 전역에서 활기를 띠었다.

1960~70년대에는 '만인구제설'Restorationism 운동이 눈에 띄었고 초기 교회같이 좀 더 깨끗하고 소박한 형태의 교회가 복구되어야 한다고 주창하였다. 1980년대에 기독교 전통에 도전하였던 '여권신장운동'Feminism에

서 어려웠던 문제는 여성을 신 같은 존재로 부각하는 일이었으나, '남녀 평등사상'은 기독교 일부로써 여러 여성들로부터 호응을 받았다.

20세기 후기에는 '소박한 교회'Simple Church 운동이 일어나서, 예배를 드릴 때 어마어마한 시설을 갖춘 대규모 집회 장소보다는, 소규모 그룹으로 소박한 장소를 택하자는 것이 세계적 추세라고 주장하였다. 이는 큰 교회의 헌금 또는 재정관리가 마치 정당치 못한 기업의 사업과 다를 게 없다는 부끄러운 점을 보여주었기 때문이다.

끝으로 '기독교 세계주의'Christian Ecumenicalism는 1916년 에딘버러 전도회의Edinburgh Missionary Conference에서 시작되었으나, 제2차 바티칸회의 이후에 급속히 발전하였다. 세계주의는 20세기 중기 및 말기에 기독교 통일을 위하여 큰 몫을 하였으며, 기독교에 안에 있는 여러 분파 사이에 통일과 협조 증진을 강조하였다.

우리가 지금까지 살펴본 모든 회의, 운동, 활동들은 오늘과 내일의 꿈과 희망을 품게 하는 데 도움을 준다. 기독교는 19세기 이후부터 제 수명이 다하였다고 주장하는 사람들이 있지만, 이를 단언하기에는 너무 이르다. 비록 유럽에서 기독교 신자의 수가 많이 줄고 있지만, 하나님도 종교도 사라진 것은 아니다. 21세기 초기부터는 종교 발달의 양상이 달라질 수 있지만, 조금도 쇠퇴할 조짐을 보이지 않고 있다. 아프리카, 아시아, 남미에서는 기독교 신도 수가 점차 증가 일로에 있다.

우리가 지금까지 살펴본 바와 같이 20세기에는 불안에 살았지만, 기독교 발전에서는 기대하여 볼 일들이 더 많이 있었다. 기독교는 2000년 이상 우리와 같이하면서 후퇴, 발전, 또는 선행을 하여 왔기에 더욱 믿을 수 있고 튼튼한 종교 단체로 발전하였기 때문이다. 기독교는 절대 퇴색하는 것이 아니라 오히려 번창할 것이며, 사라지는 것이 아니라 오히려 번영할 것이다. 그 이유는 예수님의 사랑으로 다가올 모든 고난과 혼란을 이겨낼 수 있기 때문이다. 우리가 어디에 있든지 절대로 흔들리지 않는 신앙심이 필요하다.

2. 대표 설교인

20세기를 대표하고 기독교 발전에 공헌한 분은 알버트 슈바이처Albert Schweitzer, 해리 에머슨 포스딕Harry Emerson Fosdick, 루돌프 벌트만Rudolf Bultmann, 칼 바르트Karl Barth, 조지아 하크니스Georgia Harkness, 라인홀드 니버Reinhold Niebuhr, 조지 버트릭George Buttrick, 크라이브 스테플스 루이스Clive Staples Lewis, 제임스 스튜어트James S. Stewart, 성 테레사 수녀Mother Teresa, 프랜시스 쉐퍼Francis Schaeffer, 토마스 머튼Thomas Merton, 오랄 로버츠Oral Roberts, 스티븐 올포드Stephen F. Olford, 마틴 루터 킹Martin Luther King Jr., 데스몬드 투투Desmond Mpilo Tutu, 애드리안 로저스Adrian Rogers, 제리 폴웰Jerry Falwell 등이다.

본서에서는 기독교 발전에 공헌한 사람으로 (1) 폴 틸리히Paul Tillich, (2) 칼 라너Karl Rahner, (3) 디트리히 본훼퍼Dietrich Bonhoeffer, (4) 교황 성 요한 바오로 2세Pope John Paul II, 그리고 (5) 존 쉘비 스퐁John Shelby Spong을 선정하였다.

이러한 불안한 시대에, 그들은 우리에게 찰스 스펄전Charles Spurgeon의 설교, "두려워 말라" 같은 위로와 격려의 말을 해 주었다. 좀 더 자세히 살펴보면 다음과 같다.

폴 틸리히는 20세기 같이 불안한 시대에서, 성경이 무엇을 분명하게 우리에게 가르쳐 주고 있는가는 성경, 기독교 역사, 종교와 문화, 역사 서술에 대한 정확한 출처를 알아야 한다고 밝혔다. 보통 사람들이 알 수 있는 성경 내용에 따라, 성경의 가르침이 무엇인가를 이해하여야 한다고 주장하였다. 그는 종교가 꼭 필요한 이유는 우리가 살아가는데 우리가 깊은 불안을 느끼기 때문이다. 그는 "나만을 위한 하나님"이라는 생각을 부정하였고, 종교를 통하여 "나만을 위한 하나님"을 뛰어넘는 고차원적 하나님을 찾아보라고 주장하였다.

칼 라너는 신 스콜라(학문) 및 신 토마스 아퀴나스 철학을 병합하여 가톨릭 교리를 되찾기 위하여 혁신적인 방안을 내놓았다.

디트리히 본훼퍼는 공개적으로 히틀러와 독일 기독교인들에게 도전하였는데, 이는 종교 및 지적 위기의 상황에서, 그들의 도덕/윤리성을 당시 정치 현실과 타협하였기 때문이다.

교황 요한 바오로 2세는 세계 평화 증진에 일생을 바쳤고, 가톨릭교가 다른 종교(유대교, 이슬람교, 동방정교)와의 관계 개선에 기여하였으며 폴란드와 동유럽에서 공산주의를 몰락하는 데 큰 영향을 끼쳤다. 또한 자본주의 국가들이 너무 지나치게 자국을 위한 행동(경제 봉쇄, 전쟁, 다른 국가 전복)을 하는데 대하여 비난하였다.

마지막으로, 존 쉘비 스퐁은 오늘날 기독교 신학을 재검토하여 볼 때가 되었다고 주장하였다. 그는 종래의 신화적 내용보다는, 역사적 사실에 입각한 기독교 신학을 강조하면서 기독교가 개혁하여야 할 12개 조항을 제시하였다.

26. 폴 틸리히 Paul Tillich: 창의적 조직 신학자 (1886~1965)

▪ 공헌

조직 신학자로서 "상관성 찾는 방법* The Method of Correlation"을 주장하였는데, "상관성 찾는 방법"이란, "질문이냐, 대답이냐? 둘의 상관성은 무엇인가?" "형식과 내용의 상관성" 같은 문제에서 서로 관련된 요인들을 철학, 심리학, 문화적 분석으로 찾아보는 것이다. 그는 "기독교는 출처를 중요시하는 조직신학에서부터, 매개(종교기관)를 통하여, 그리고 성경 해석이 보편 타당성을 가진 범위 내에서" 발전되어야 한다고 하였다. 다시 말하면, 성경이 우리에게 무엇을 가르쳐 주고 있는가는 (1) 성경, 교회 역사, 종교 문화 역사와 관련된 출처로부터, (2) 교회가 공통으로 경험한 매개를 통하여, 그리고 (3) 성경 내용 이해에 대한 보편 타당성 내에서 '부터, 통하여, 내에서'에서의 서로 상관성을 가진 점에서 성경의 가르침을 찾아야 한다는 말이다.

▪ 조직신학에서 그의 저서 "상관성 찾는 방법"에 대한 상황

틸리히는 1차 세계대전(1914~1918) 때 독일군 군목으로 근무할 때, 말버르그 대학에서 강의하면서 조직신학을 연구하게 되었다. 1차 대전 후의 독일 사회 정세는 극심한 정치, 종교, 경제 불황으로 인하여, 불신, 불만, 불안, 허무의 시대였다. 이러한 불안한 시대에 성경에서 담고 있는 하나님의 답으로 여러 가지 문제들을 적절하게 풀어낼 수 있는 "상관성 찾는 방법"을 발전시켰다. 이러한 그의 "상관성 찾는 방법"에 대한 연구가 기독교 발전에 대해 공헌을 하였다.

▪ 조직신학에서 "상관성 찾는 방법"(1951)

기독교 교회를 움직이는 신학은 교회가 필요로 하는 것을 충족시켜야 하며, 이에 대하여 신학조직이란 다음 두 가지 요건을 충족시켜야 한다: (1) 기독교 가르침에 대한 진리는 과연 무엇인가? (2) 모든 사람에게 진리를 어떻게 설명할 것인가? 신학은 기독교의 영구한 진리와 그 진리가 받아들여야 할 상황에서 우왕좌왕하고 있을 때가 있다. 많은 신학 조직체는 이 두 가지 요건을 균형 있게 받아들이지 못하고 진리를 희생시키거나 또는 일시적 상황에 대하여 함구할 수 밖에 없다….

"상관성 찾는 방법"은 기독교 신앙이 인간의 영적 존재를 설명하는 데 있어서 세 가지 적절하지 못한 방법을 바르게 되돌려 놓을 수 있다.

첫째는 초자연적 방법이라고 부를 수 있다. 이는 미지의 세계에서 이상한 물체가 떨어진 것 같이, 기독교의 진리가 통째로 인간사에 잘못 떨어졌을 때를 말한다. 이럴 때는 인간과 하나님을 연결하는 중개자는 있을 수 없으며, 진리가 인간사에 맞게 재창조되지 못하면 진리가 진리로 받아들여질 수 없다. 인간이 하나님의 존재에 받아들이려면 인간은 인간 이상의 다른 생물체로 태어났어야 한다…. 이렇게 되면 자신들이 묻지 않은 질문에 대해서는 답을 찾을 수 없거나, 또는 기독교가 답할 수 있는 육체 및 영적 존재에 대하여 질문하게 된다. 이러한 초자연적 방법은 인간의 영적 존재를 설명하는 데 있어서 적절하지 못하다….

적절하지 못한 두 번째는 '인문주의적' 방법인데, 이는 인간의 원초적 자연 상태에서 기독교 메시지를 끄집어내었다. "인간이 왜 존재해야 하는가?"라는 문제를 알지 못하고, 인간 존재의 답을 인문주의적 측면에서 찾아보려 하였는데, 지난 2세기 동안 자유주의 신학은 이러한 면에서 '인문주의적'이었다. 자유주의 신학은 모든 인간이 가지고 있는 자기 소외와 모순 간의 갈등을 무시하고, 인간의 실제 문제만을 찾고자 하였다. 이는 신학적인 면에서는 기독교 역사의 진행 과정에서 찾아볼 수 있는 자기실현이라고 설명하였다. 연관성을 고려해야 할 '질문이나 대답'과 같은 문제는 같은 차원에서 설명되고 이해되었다. 그래서 인간이 한 말은 많지만, 정작 인간을 위한 말은 거의 없다. 그러나 하나님의 계시는 인간에게 내려준 것이지, 인간이 인간에게 내린 것은 아니다.

적절하지 못한 세 번째 방법은 '이원설'이며, 이는 기초 공사가 약한 곳에 거대한 건물을 짓는 것과 같다. 이원설 방법은 인간의 영적 존재를 찾고자 하였다. 비록 인간과 하나님의 존재 사이에 무한한 간격이 있지만, 영적 존재를 찾으려면 인간과 하나님 사이에 서로 긍정적인 관계가 있어야 함을 주장하였다….

▪ 요약

(조직신학에서 "상관성을 찾는 방법"(1951) 내용이 많이 축소되었고, 설명이 어려우므로 독자의 이해를 돕고자 정리하였다).

인간의 영적 존재를 설명하는 데 있어서 적절한 방법은 (1) 초자연적, (2) 인문주의적, (3) 이원적인 세 가지가 있다. 초자연적 방법은 종교적 표상과 표상이 나타내는 의미 사이의 상호 관계를 찾아보듯이, 여러 연속된 자료 간에 상호 일치성이 있는지를 알아본다. 인문주의적 방법은 하나님과 이 세상 간의 의존성 또는 유한과 무한과의 논리적 의존 관계를 찾아본다. 이원적 방법은 전체적인 면에서 본체와 가지 간의 상호 의존성 그리고 하나님과 인간 간의 관계가 종교적 경험을 통하여 중재될 수 있는가를 찾아본다.

▪ 해설

틸리히는 기독교에서 본 인간 존재의 의미에 대한 해답 뿐만 아니라, 인간 존재에 대한 답을 세 가지로 나누어 매우 흥미있게 설명하였다. 세 가지란 '본질Being, 존재Existence, 인생Life'을 말한다. '본질'이란 우리가 에덴동산에서 소외당한 본질성, '존재'는 소외당한 사람이 찾는 곳, 그리고 '인생'이란 '본질과 존재'를 결합하여 놓은 것이라고 하였다. 우리의 '본질'에 대한 질문은 하나님이 하여 주실 것이고, 우리의 '존재'에 대한 질문은 예수님이, '인생'에 대하여는 성령이 답을 하여 주는데, 이는 삼위일체설(아버지, 아들, 성령)과 일치된다.

---

* 상관성을 찾는 방법Method of Correlation: 메시지와 상황을 결합해보는 방법으로, 상황에 따라 하나의 질문과 메시지 속에 담긴 대답과의 관계를 찾는다. '질문과 대답', '상황과 뜻', '인간의 존재와 하나님의 계시' 사이에 있는 상호 관계를 알아보는 방법

27. 칼 라너Karl Rahner : 가톨릭 신학자 (1904~1984)

▪ 공헌

성 이그나티우스St. Ignatius, 토마스 아퀴나스Thomas Aquinas, 칸트Kant, 헤겔Hegel, 하이데거Heidegger 같은 철학자와 신학자로부터 깊은 영향을 받은 칼 라너는 깊고 폭넓은 사상으로 제2차 바티칸회의*1962~1965에 참석하여 현대 시대에 적절한 가톨릭 신학 발전에 크나큰 역할을 하였다. 또한 신 스콜라 신학* 및 신 토마스 신학* 사상을 종합하여 가톨릭 교리를 다시 회복하기 위한 혁신적 방안을 제시하였다.

▪ 그의 저서 《기독교 신앙의 기초》Foundations of Christian Faith(1978)에 실린 글 "기독교 사상 개론An Introduction to the Idea of Christianity"에 대한 상황

칼 라너는 뮤닉대학에서 종교 철학을 강의할 때(1964~1967), 중요한 강의 내용을 모아서 그의 신학관을 피력하고자 《기독교 신앙의 기초》를 출판하였다. 비록 인생의 황혼기에 수필 형식으로 썼지만, 내용과 조직이 훌륭한 작품이다. 그의 글에서 기독교인의 역할, 권리, 의무 등을 비기독교인과 비교하였고, 철학과 신학을 병합하여 연구하는 방법이 필요하다고 주장하였다. 철학은 인간 존재의 목적과 의미에 대한 대답을 줄 수 있고, 신학은 하나님이 주신 성스러운 생을 모든 인간에게 누리고 싶어 하는 문제에 기독교가 답을 줄 수 있기 때문이다. 그러나 현대 철학과 신학 분야는 너무 다양해서 다 알 수 없고, 그 답을 쉽게 찾을 수 있는 공식도 없으니, 다 알기는 불가능하다. 그래서 독단적인 태도를 벗어나 다원적인 문화 및 종교를 알 수 있게 모든 과학 분야와 대화를 나누어야 한다.

▪ "기독교 사상 개론"(기독교인이란 ?)(1978)

기본적으로 기독교인의 생활은 일반 사람과 다른 것이 아니고, 기독교인도 단지 사람일 뿐이다. 다른 점이 있다면 기독교인은 사는 동안 겪는 이상하고 진기한 일, 바보 같은 짓, 이해가 안 가는 일들을 아무런 주저 없이 받아들일 뿐이다. 반면, 비기독교인은 살아가는 방법과 깊이에서는 '이름 없는 기독교인'도 되지 못하는데, 이는 인간이 조건 없이 받아들여야 할 삶의 의미를 찾아서 이해하려고 하지 않기 때문이다. 겉으로 보기에는 기독교인은 비기독교인과 다르게 보인다. 세례도 받고, 성찬식에도 참가하고, 교회에 다녀야 하고, 교회의 규율도 묵묵히 지켜야 한다. 다른 분야에서와 같이 인내를 가지고 어떠한 생활 스타일을 조용히 따라야 하는데, 이러한 일은 기독교인의 생활에 요구되는 궁극적이고 진정한 일이 아니다. 기독교인의 궁극적인 일은 자신을 있는 그대로 받아들이고, 숭배의식 없이 일을 하고, 무엇 하나 빠뜨리는 일 없이, 인간에게 부여되어서 피할 수 없이 일해야 하는 현실 상황에 외면하지 말고….

기독교인은 짧은 일생에서 "궁극적 행복이냐, 또는 영원한 멸망이냐?"라는 문제에, 돌이킬 수 없는 중요한 결정을 자신이 하고 있다는 것을 믿는 사람이다. 만일 그가 이러한 안목으로 현실의 어려움을 감당할 수 있다. 그는 꼭 희망이 있어서, 무한한 사랑으로 우리의 어려운 삶을 이겨내는 살아 계신 하나님의 약속을 뛰어넘게 된다. 그러나 우리가 "하나님이 무엇이며, 우리에게 무엇을 베풀어 주실 것인가"만을 바란다면, 우리의 인생은 위험에 빠지게 된다. 우리가 위험에 빠지지 않는 길은, 예수 그리스도의 복음을 통하여 하나님의 약속을 믿고 붙잡는 것이다….

▪ 요약

진정한 기독교인은 일생 동안 다음과 같은 일을 한다:

(1) 자기 자신을 있는 그대로 받아들인다. 그것은 자신을 받아들임에 있어, 무엇에 대한 숭배의식 없이, 무엇하나 빠뜨림 없이, 피할 수 없는 현실을 외면하지 않는다.

(2) 진정 기독교인이 되는 것은, 그의 신앙심이 거의 신격화 됨을 말한다. 때로는 어둡고, 불투명하고 이해가 안 되는 복잡한 현실을 거부하지 않고 자신을 맡겨야 한다.

▪ 해설

그는 비록 기독교 신조론 교수이면서 신부로 봉사하였지만, 그의 폭넓고 깊은 철학 및 종교 사상은 모든 학문에 있어서 다문화/종교를 중심으로 한 가톨릭 교리를 다시 찾는데 크나큰 일을 하였다.

---

* 제2차 바티칸 회의Vatican Council II(1962~1965): 로마 가톨릭 제21차 전 세계 교회주의가 교황 요한 23세에 의하여 소집되었을 때, 회의에서는 교회 생활을 부활하기 위하여 교리, 훈련, 조직을 갱신하여 모든 기독교인의 단합을 궁극적 목적으로 삼았다.
* 신 스콜라 신학Neo-Scholastic Theology: 19세기 후에 일어난 로마 가톨릭의 지성적인 운동으로써, 중세기 스콜라 신학을 부활시켜 현대 개념에 맞게 하자는 시도
* 신 토마스 신학Neo-Thomistic Theology: 원래 토마스 아퀴나스(1225~1274)가 발전시킨 신학 및 철학 사상을 예수회Jesuits와 교황권의 영향을 받아 19세기에 생겼고, 이의 목적은 그 시대의 지성 및 사회 문제를 논의하여 답을 줄 수 있는 튼튼한 철학 기반을 세우고자 하였다.

28. 디트리히 본훼퍼Dietrich Bonhoeffer : 히틀러와 독일 기독교 비난 (1906~1945)

▪ 공헌

본훼퍼는 개인의 도덕 기준이 사회적 여건에 어떻게 변하는가를 보여주었다. 이는 지성과 종교의 위기가 닥쳐왔을 때 개인과 사회가 얼마나 많은 영향을 받는가를 지적하였다. 그는 히틀러 정권과 독일 기독교가 기독교 윤리에 벗어나 과격한 변화를 하고 있다고 공개적으로 비판하였다. 인권에 대한 기독교 윤리는 성경 말씀의 신앙 중심인데, 이는 전 세계의 비기독교인도 따라야 한다. '값싼 은혜'라는 뜻은 독일 기독교인에게 뿐만 아니라, 인종, 종교, 원래 국적 등을 따지고 차별하였던 미국에서도 해당한다.

▪ 그의 저서 《제자의 값》The Cost of Discipleship을 쓰게 된 상황

본서는 1930년 중반에 독일 교회가 히틀러에게 대항하지 않고 그의 정권을 인정하였던 시기에 출판되었다. 그는 이에 대한 불만으로 '값싼 은혜'와 '값비싼 은혜'의 차이를 써서 기독교 윤리의식을 독자들에게 알려 주고자 하였다. '값비싼 은혜'가 비싼 이유는 우리를 위하여 순교하신 예수 그리스도를 따르기 때문이고, '값싼 은혜'는 행동하지 않고 말로만 예수를 따르는 것을 말한다. 불행히도 독일의 혼란한 정치 상황에서 나치 정권이 힘을 쓰기 시작할 때, 본훼퍼의 종교사상이 발전하였는데, 이로 인하여 그는 죽음을 당하였다(1945). 그의 대표작 《옥중서간》Letters and Papers from Prison(1943~1945)과 《제자의 값》The Cost of Discipleship(1937)에서 인간성이 세속화됨을 염려하였고, 그 당시의 사상적 및 종교적 혼란 시국에서 인간성이 세속화되는 문제를 하나님께 고백하여야 하였다.

▪ 《제자의 값》The Cost of Discipleship(1937)

제1장:

'값싼 은혜'는 우리 교회의 무서운 적이다. 오늘날 우리는 '값비싼 은혜'를 얻기 위해 싸우고 있다.

'값싼 은혜'는 싸구려 상점에서 헐값으로 파는 상품과 같은 은혜이며, 또한 헐값의 성만찬, 헐값의 용서, 헐값으로 종교적 위로를 받는 은혜이다.

'값싼 은혜'란 교회의 무진장한 금고에서 돈 쓰는 목적을 물어보거나 원칙을 정하지 않고 그냥 축복을 듬뿍 던져 주는 것이다. 값도 없는 은혜, 비용도 들지 않는 은혜….

'값싼 은혜'란 교리, 원리, 조직체계를 무엇보다도 중요하다고 여긴다. 이러한 은혜는 죄에 대한 용서를 당연하다고 생각하고, 하나님이 우리를 사랑한다는 것을 기독교에서 가르친 것 같이, 하나님은 당연히 그렇게 하여야 한다는 생각이다.

이러한 약은 생각은 죄를 용서받을 만하다고 여기고 있으며, 그러한 은혜를 받아도 좋다고 생각하는 교회도 그 자체가 '값싼 은혜'의 일부이다. 그러한 교회에서는 세상 사람들의 죄를 감싸줄 수 있는 값싼 덮개가 있어서, 죄의 뉘우침도 필요치 않고, 더 죄를 짓지 않겠다는 각오도 별로 생기지 않는다. 그러므로 '값싼 은혜'는 살아있는 하나님의 말씀을 부정하게 되고, 성육신 예수님의 말씀도 부인하게 된다.

'값싼 은혜'란 죄를 지은 사람이 의롭다고 하는 것이 아니라, 죄를 의롭다고 하는 것이다. 은혜만 있으면 모든 것이 다 해결된다고 생각하기 때문에 모든 것이 바뀌지 않고 옛날 그대로 있는 것이다. "모든 죄는 속죄할 수 없노라." 세상 사람들은 같은 옛날 방식으로 살기 때문에, 루터가 말한 대로, '아주 만족한 인생'을 살더라도, 우리는 아직 죄인이 아닐 수 없다. 그렇다면, 기독교인들도 세상 사람들 같이 하나님의 말씀을 잊고 살게 하고, 모든 면에서 세상 사람들의 가치관 기준에 모범이 되고, 죄를 짓고도 은혜를 바라는 옛날 생활과 다르다고 뻔뻔스럽게 갈망해서는 안 된다.

'값싼 은혜'란 회개가 없더라도 무조건 용서하여 주라는 가르침이며, 교회의 훈련도 없이 베푸는 세례식, 죄의 고백 없이 갖는 영적 친교, 자신의 죄를 고백 없이 받는 사면식을 말한다. '값싼 은혜'란 그리스도의 제자 의식이 있지 않는 은혜, 십자가의 뜻을 모르는 은혜, 그리고 살아 있는 성육신의 예수 그리스도를 알지 못하는 은혜이다.

'값비싼 은혜'란 들에 숨겨진 보물이다. 보물을 기쁘게 찾아서 자기가 받은 모든 은혜를 남에게 주는 것이다. 이것은 마치 상인이 그가 가진 모든 상품을 팔아서 사야 할 만큼 값비싼 진주와 같다. 그리스도의 왕 같은 가르침을 따르기 위하여, 자신의 발부리가 비틀거려 똑바로 보지 못하는 눈을 뽑아내는 것이며, 그리스도의 제자가 되기 위해 고기 잡는 그물을 놓아 주고 그를 따르라는 그리스도의 부르심이다.

'값비싼 은혜'란 끊임없이 찾아야 하는 복음이며, 필요한 은혜이며 우리가 문을 두드려서 찾아야만 한다. 이러한 은혜는 비싼데 이는 예수님을 따르라는 부르심이 있고, 그가 우리를 위하여 피를 흘리셨고, 우리에게 진정한 삶을 갖다 주기 때문이다. 또한 이러한 은혜는 비싼데, 이는 죄를 의롭지 않다고 책망하고, 죄를 진 사람을 의롭다고 하기 때문이다.

'값비싼 은혜'란 하나님의 성역이며, 세상일에 물들지 않아서 싸구려로 취급받는 하찮은 것이 아니다. 그러므로 '값비싼 은혜'란 살아 있는 하나님의 말씀이고, 하나님이 옳다고 생각하는 말씀이다. '값비싼 은혜'란 성령의 은혜를 받지 못하고 죄를 깊이 뉘우치는 사람에게 용서를 베풀라는 은혜이다. 이러한 은혜는 비싼데, 우리에게 예수님의 멍에를 지고 그분을 따르라고 하기 때문이다. 예수님이 말씀하시기를, "이는 내 멍에는 쉽고 내 짐은 가벼움이라,"(마 11:30)라고 하시는 은혜를 말한다….

▪ 해설

본서에 실린《제자의 값》은 내용이 알기 쉽고 분명하여 해설은 생략하였음.

29. 교황 성 요한 바오로 2세Pope John Paul II : 평화의 사도 (1920~2005)

▪ 공헌

그의 공헌은 지대하다. (1) 세계 평화를 위한 헌신으로 그의 조국, 폴란드에서 공산주의가 종말을 고하였고, 동유럽의 공산주의도 같은 길을 걷게 되었다. 반면 그는 너무나 지나친 자본주의 정치(미국의 전쟁)와 경제 체제(달러 본위)를 비난하였다. 그 뿐만 아니라, 교황 재임 중에(1978~2005) 세계 평화를 위하여 129개 국가를 지칠 줄 모르게 순회하였다. (2) 정통 가톨릭 사상(낙태 반대, 결혼 신성시)을 고수하면서 유대교, 이슬람, 동방 정교회, 영국 국교회와의 관계 개선에 힘을 쏟았다.

▪ "교황 취임사"에 대한 상황

요한 바오로 2세의 취임사는 기독교 사상(인간에 대한 사랑, 평등, 존경)을 중심으로 세계 평화를 강조하였다. 그에 대한 교황 임명은 폴란드 출신, 비 이탈리아 출신, 공산주의 국가 출신으로는 처음이며, 이는 독재, 파시즘, 공산주의 치하에서는 교회가 정권에 항의하기가 힘든 일이기 때문에, 그의 교황 임명은 기독교에 크나큰 희망과 용기를 불러일으켰다. 또한 인간 존엄성과 종교의 자유가 거의 없는 독재정권에 새로운 이정표를 열어주었다. 요한 바오로 2세는 세계 가톨릭 및 개신교 뿐만 아니라, 평화를 사랑하는 세계 시민으로부터 사랑과 존경을 받았다.

■ 요한 바오로 2세 《교황 취임사》(1978)

오늘 로마의 새 주교(교황)는 그 직분에 따르는 일과 베드로의 사역을 엄숙히 시작하려 합니다. 실제로 이 로마에서 베드로는 그에 맡겨진 사역을 철저히 완수하였습니다. 주님께서 그에게 말하시기를, "… 젊어서는 네 스스로 띠 띠고 원하는 곳으로 다녔거니와 늙어서는 네 팔을 벌리리니 남이 네게 띠 띠우고 원하지 아니하는 곳으로 데려 가리라"(요 21:18). 그렇습니다. 베드로는 로마에 왔습니다. 로마제국의 수도 이곳에 그가 온 것은 주님이 이끄시는 대로 부름을 받은 순종 이외에 또 무엇이 있었겠습니까? 아마 갈릴리 어부였던 베드로가 이곳에 오지 않았다면, 그 곳 게네사렛Genesareth 호수 기슭에 머물면서 배와 그물을 손질 했겠지요. 그러나 주님께서 인도하셨기에, 부름에 순종하여 여기로 왔습니다….

지난 수 세기 동안 베드로의 계승자(교황)는 그 자리를 물려받을 때 교황의 삼중관Triregnum/Tiara이 그의 머리에 씌워졌습니다. 그러나 1963년 교황 바울 6세가 마지막으로 엄숙한 대관식을 치른 이후에 그는 결코 다시 삼중관을 사용치 않았고, 그 후 교황들에게 이에 대한 결정은 그들에게 맡겼습니다. 아직도 우리의 기억에 생생한 교황 요한 바오로 1세는 삼중관 쓰기를 바라지 않았고, 그의 후계자인 저도 원하지 않습니다. 지금은 교황의 일시적 권력의 상징으로 잘못 사용되는 성대한 의식과 장식품을 생각할 때가 아닙니다. 지금은 그리스도 자신의 신비한 역사에 대하여 우리가 겸손하고 숙고하는 자세로 주님을 놀라움으로 주시하여 볼 때입니다….

형제자매 여러분! 그리스도를 영접하기를 두려워하지 마십시오. 그분의 권능을 받아들이십시오. 저를 도와주시고, 그리스도를 위해 봉사하고 그분의 권능으로 인류 전체를 위해 봉사하려는 모든 사람을 도와 주십시오. 조금도 두려워하지 말고 그리스도를 위해 문을 활짝 여십시오. 그분의 구원 능력으로 나라 간의 국경을 활짝 열어놓고, 경제와 정치 체제, 광대한 분야인 문화와 문명 개발에 이르기까지 문을 열어 나갑시다. 두려워하지 마십시오. 그리스도는 "사람 안에 무엇이 있는지"를 알고 계십니다. 그분 홀로 그것을 알고 계십니다. 그래서 오늘날 사람들은 종종 자신의 마음속 깊은 곳에 무엇이 있는지 모릅니다. 그래서 종종 자신은 이 세상의 삶의 의미에 대해 불확실합니다. 종종 의심으로 상처받고, 의심은 실망으로 이어집니다. 그러므로 우리는 여러분에게 묻습니다. 그리스도와 여러분이 서로 진지한 대화를 나누라고 겸손과 신뢰를 하고 당신에게 부탁합니다. 그분만이 생명의 말씀을 가지고 계십니다. 그렇습니다. 영원한 생명의 말씀입니다. 분명히 오늘은 전체 교회의 축제일 '세계 선교일' 입니다. 그리스도의 생명 말씀이 모든 사람에게 전해져서 우리의 희망, 구원, 완전한 해방을 위하여 교회는 기도하고 계획하고 실천 하겠습니다….

나는 기독교 및 사회단체 형제들에게, 그리고 특별히 이 자리에 참석한 여러분들을 환영합니다. 나는 앞으로 우리의 만남을 기대하고 있지만, 그러나 지금은 이러한 진지한 취임식에 참석을 원했던 여러분에게 진심으로 감사를 드립니다. 그리고 모든 인류(그리스도가 존경하는 '인간')에게 호소합니다. 저를 위해 기도하여 주십시오. 제가 여러분을 위하여 헌신할 수 있도록 도와주십시오! 아멘

▪ 해설

"교황 취임사"는 내용과 조직 면에서 다음과 같이 매우 효과적이다.

(1) 가톨릭교회의 첫 교황 성 베드로는 교회 설립에 기초를 다졌던 분으로, 본 취임사에 교회의 역사적 의미를 말하여 주는 목적으로 소개되었다.

(2) 교회 설립의 목적, "베드로는 그의 부름에 순종하여 여기로 왔습니다."

(3) 새로운 교회의 방향, "겸손하고 숙고하는 자세로 주님을 놀라움으로 주시하여 볼 때입니다."

(4) 새 교황이 도움을 요청하기를, "형제자매 여러분! 그리스도를 위해 봉사하고 그의 권능으로 인류 전체를 위해 봉사하려는 분들을 도와 주십시오."

(5) 그는 다시 도움을 요청한다, "저를 위하여 기도하여 주십시오. 제가 여러분을 위하여 헌신할 수 있도록 도와주십시오."

30. 존 쉘비 스퐁John Shelby Spong: 종교 패러다임 쉬프트 주창자 (1931~)

▪ 공헌

종래의 일부 기독교 교리가 신화적 내용을 담고 있는 것을, 오늘날의 실정에 맞게 역사적 사실로 다시 생각해 보자는 그의 제의는, 우리가 간과하고 있던 다른 측면을 보여 주어서 기독교 발전에 도움이 될 수 있다.

▪ 그의 저서 《영원한 생명: 새로운 방향》Eternal Life: A New Vision, 2009에 실린, "종교 패러다임 쉬프트"The Shift of the Religious Paradigm에 대한 상황

20세기 후반기에 일부 기존 기독교 교리의 신화적 내용을 대치할 수 있는 역사적 사실 내용을 중요시하자는 움직임이 학계에서 일어났다. 특히 하버드 대학 종교학 교수 고든 카프만Gordon Kaufman(1925~2011)의 출판물, 《핵시대의 종교》Theology for a Nuclear Age, 《다문화 세계의 기독교 신학》Christian Theology in a Pluralistic World과 그의 사상에 영향을 받아, 스퐁은 "만일 교회가 개혁하지 않고 그대로 있으면, 기독교 신앙은 사라질 것이다"라고 자주 주장하였다. 본서에 실린 "종교 패러다임 쉬프트"는 너그러운 사상을 가진 사람에게는 그가 개혁자로 여겨질 수 있으나, 그렇지 않은 원리 원칙주의자에게는 이단자라고 비난받을 수 있다.

▪ "종교 패러다임 쉬프트"(2009)

새로운 가능성을 찾아보기 위하여 자신이 생각하는 신에 대한 개념을 바꾸어 본다는 것은 거대한 유람선을 작은 연못에서 띄우는 것과 같이 어려운 일이다. 불가능하지는 않지만 불가능하다고 느껴진다. 많은 사람이 그럴 수 없다고 말하고, 아마도 더 많은 사람이 신에 대한 개념을 바꾸어 보기를 원치 않는다. 그러나 방향 전환(쉬프트)이 가능할 때 우리는 이를 생각해 보아야 한다….

신에 대한 개념 변경에 대한 생각은 너무나 역사가 짧은 것 같이 보인다. 그러나 실제로는 19세기 프리드리히 니체Friedrich Nietzsche(1844~1900)의 저서 《짜라투스트라는 이렇게 말했다》Thus Spake Zarathustra (A book for all and None)에서 신의 죽음을 말하였으나, 사람들로부터 환영을 받지 못하였다. 그 당시 일반적 서양 종교인들의 반응은 예견될 수 있었다. 니체는 정신병자이고 미친놈이라고 욕을 먹고, 그것도 모자라 참을 수 없는 조롱을 당하고 나서 그냥 '귀엽게' 봐 주는 식으로 끝났다. 그 당시 니체를 조롱하기 위한 인용구를 직역하면 다음과 같다:

니체: 신은 죽었다!God is dead!. 신: 니체도 죽었다!Nietzsche is dead!

* 이러한 글자 그대로의 직역은 불행히도 많은 사람에게 알려져서, 니체가 가끔 '미친놈' 또는 '대담한 사람'이라고 생각될 때도 있다. 본서에서는 이에 대한 인용구를 당시 독일 사회와 교회, 그리고 니체가 처한 상황과 실정을 고려하여 다음과 같이 풀이하였다:
니체Nietzsche: 양식 있는 사람이 바라는 교회와 신은 더 존재하지 못하고 사라졌노라!
신God: 네 이놈, 니체야! 너도 죽고 마는 하찮은 인간인데 감히 어떻게 그러한 건방진 말을 할 수 있느냐! 좀 더 기다려 보면 네가 바라는 교회와 신은 찾아오리라!

이러한 인용구("신과 니체가 죽었다")는 책략에 능한 일부 종교계에서 조롱하기 위하여 사용했던 상투어이다. 수 세기 동안 떠돌았던 신의 무용론에 대한 비슷한 말이 놀랍게도 종교학계 내에서 19세기에 일어났으며, 처음으로 성서학자들이 그들의 연구 결과에 의하여 기존 종교의 교리만 가지고는 종교 발전을 하기가 어렵다고 공식적으로 인정하였다. 성서 또는 종교적 권위가 손상되지 않기 위하여 숨겨둔 자료들이 더 이상 사람들에게 비밀로 되지 못하니, 이러한 문제들이 천천히 모순과 결점을 안고 있는 수수께끼로 되어갔다. 이러한 모순을 저서를 통하여 처음으로 일반에게 발표한 사람은 27세인 독일 신약학자 데이빗 프리드리히 스트라우스David Friedrich Strauss였다. 그의 저서, 《예수 그리스도의 일생에 대한 비판적 고찰》The Life of Jesus Christ Critically Examined(1834) 출판 후에 종교 및 일반 사람들로부터의 반응은 재빠르고 예견된 적대 행위였다. 스트라우스는 튀빙겐 대학에서 해고되고 유럽에 있는 어떤 곳에서도 가르칠 수 있는 직장을 배척당하여 가질 수가 없었다. 그는 결코 더 이상 신약은 가르칠 수 없었고 그의 유망한 잠재력은 쓴맛을 삼키면서 묻혀 버리고 말았다….

이제 나는 수천 년간 우리와 같이 있었던 '신'이라는 단어에 대하여 이의 영역, 본질, 정의에 대하여 같이 탐구할 준비가 되어 있으며, 우리의 삶에서, '신'이라는 존재를 어떻게 정의하였는가를 알고 싶다. 나는 과거 종교 체제 및 사상으로는 상상할 수 없었던 새로운 문제를 꺼내어 토론하고 싶다….

나는 생명체와 전체 우주와의 상호 의존성을 알고 싶고, 광활한 우주에 비하면 인간같이 작고 보잘 것 없는 생명체가, 동시에 한정된 생각으로 어떻게 광활한 공간을 받아들이고, 생각해 보고, 어떠한 상호 작용을 하는지 알고 싶다. 이러한 이중현상의 궁극적 가치를 알기에는 인간은 너무 부족한 것인지, 또는 인간이 영원함을 알기 위하여 창조되었다는 사실을 믿는다는 것이 너무나 신비한 것인지 알고 싶다. 우리가 신의 의미를 외형보다는 내적으로 보자는 때가 왔다고 생각한다. 이 말에 겁많은 사람은 질색하겠지만, 신으로부터 도망가자는 말이 아니고, 신의 존재 안으로 들어가자는 말이다. 들어가는 길은 외부가 아니고 내면인데, 이는 다른 곳이 아닌 우리 마음속에서 신을 찾아보아야 하므로 우리가 무서워하거나 거절해서는 안 된다. 나는 종교와 그 이상의 의미를 찾고 싶은 만큼 종교에서 걸어 나옴을 원치 않는다. 종교의 전혀 몰랐던 분야를 탐구하고 싶고, 옛날의 지혜를 버리고 싶지 않으며 또한 그 지혜에 얽매이고 싶지도 않다. 이는 지혜는 변하기 때문이다. 지금의 신에서 더 나아가 그 이상의 신을 생각한다는 것은 너무 급격하여 힘든 일이지만, 열린 길은 이것 밖에 없다. 우리는 이러한 길을 새롭게 들어가고 여기에 큰 기대를 걸어볼 수 있지 않은가!

▪ 해설

스퐁의 핵심 논지는 "기존 및 글자 그대로의 성서 해석은 이제 더 이상 오늘날의 기독교 사회 공동체를 정직하게 유지할 수 없다"라고 하였다. 그는 "학문과 이해력을 가지고 성서를 편견 없이 읽어보면 종래 기독교 전통과 현대 우주관이 일치됨을 알 수 있게 된다."고 주장하였다. 이러한 목적을 위하여 종교개혁이 필요한 12가지 이유를 들어 기독교의 교리를 다시 개혁하자고 제의하였다. 이러한 그의 색다르고 과격한 생각은 보수주의 성직자 및 신학자로부터 강한 비판을 받고 있으며, 이러한 점은 개척자의 비애라고 볼 수 있다.

▪ 종교개혁이 필요한 12가지 이유(2009)

(01) 신을 설명하는 유신론은 죽었다. 오늘날에 신을 설명하는 대부분 말은 아무 의미가 없다. 고로 신에 대하여 말할 수 있는 새로운 방법을 찾아야 한다.

(02) 신은 유신론 입장에서 더 이상 생각할 수 없으므로, 예수님을 성육신으로 생각한다는 것은 터무니없는 것이다. 고로 그리스도론은 파산을 맞았다.

(03) 하나님의 완전한 창조설에도 불구하고, 인간이 죄를 지었다는 성서의 이야기는, 다윈 '진화론' 이전에는 하나의 신화였고, 진화론 이후에는 넌센스에 불과하다.

(04) 처녀 잉태설은, 옛날에는 그리스도의 성육신을 이해시켰지만, 지금의 생물학에서는 설명할 수 없다.

(05) 기적에 대한 신약 이야기는 뉴턴Newton의 만유인력설이 나온 이후에는, 성육신(예수)이 초자연적인 기적을 일으켰다는 말은 더 이상 수용이 안 된다.

(06) 십자가는 인간이 지은 죄에 대한 보상이라는 생각은 신에 대한 원시적 개념에서 나온 미개한 착상이니, 버려야 한다.

(07) 부활이란 신이 하는 행위이다. 예수는 신격화가 되었기 때문에 인류역사에서 볼 수 있는 육체적 부활이라고 볼 수 없다.

(08) 예수님 승천 이야기는 삼층 우주 구조관(하늘, 땅, 지하)으로 만들어졌기 때문에, 코페르니쿠스Copernicus(1473~1543)의 지동설이 나온 이후 지금의 우주시대에서는 설명이 되지 않는다.

(09) 인간의 윤리성이 시대의 영향을 받지 않고 겉으로 영향을 줄 수 있는 성서 내용 또는 돌판에 새겨진(변하지 않는) 객관적 표준은 없다.

(10) 기도는 신에게 인간사에서 일어나는 일들을 특별히 하여 달라고 요청할 수 없다.

(11) 사후 생명 이야기는 보상과 징계를 말하는 행동 심리학에서 완전히 이탈하여야 한다.(보상은 사후 생명을 얻고, 징계는 사후 생명을 얻지 못함). 고로 교회는 행동 유발을 위한 죄의식을 심어 주는 것을 버려야 한다.

(12) 모든 인간은 신의 형상을 닮고 있어서 개개인은 있는 그대로 존중되어야 한다. 고로 외모로 본 인간상(인종, 민족, 성별)으로 그를 부정 또는 차별할 수 없다.

▪ 12가지 이유에 대한 비교

마틴 루터가 1517년 95개 조항으로 가톨릭교회의 부조리를 공격한 것이 시발점이 되어 종교개혁을 가져온 지도 거의 500여 년이 되어간다. 그러나 그는 교회 내의 개혁을 원하였지, 종교개혁이 성공하리라고는 생각하지 못하였다. 종교개혁이 성공한 주요 이유는 정치지도자(왕, 귀족)와 민중이 비대한 가톨릭교회에 반대하여, 종교개혁에 협조하였기 때문이다. 2007년에 출판된 "종교 패러다임 쉬프트"에 대한 스퐁의 제의는 루터와의 경우와는 아주 다르다. 종교 비리와 정치지도자 및 민중의 협조가 지금과 500년 전의 상황과 너무 달라서, 그의 제의를 세상이 받아들일 가능성은 매우 희박하다. 그러나 그의 색다른 제의가 흔들리지 않는 신앙을 가지고 폭넓게 생각해 볼 수 있는 기독교 독자에게는 한 번 읽어볼 만하다. 무지는 독선적 신앙을 가져올 수 있기 때문이다.

맺는 말Epilogue

지금까지 우리는 본서 "세계사를 바꾸어 놓은 기독교 설교"에 대한 내용을 읽어 보았습니다. 불필요한 오해나 혼동을 피하고자 다음과 같이 문제가 될 가능성이 있는 점을 말씀드립니다.

첫째, 본서에서 '기독교'라는 정의는 "예수님의 가르침과 사상을 바탕으로 형성되고 발전하고 있는 종교"를 말합니다. 로마 가톨릭교회Roman Catholic Church, 그리스 정교회Greek Orthodox Church, 개신교Protestant를 믿는 분은 모두 예수님의 가르침을 믿고 따르기 때문에, 그분들은 모두 '기독교인'입니다. 그래서 본서에서 특정한 종파의 교리, 용어(목사 안수/사제 서품, 계시/묵시, 설교/강론), 관례, 사상을 옹호하거나 구별하지 않습니다. 구별하게 되면, "어떤 종교분파는 정통이다, 이단이다, 사교이다"라는 말이 나올 수 있습니다. 이렇게 편협된 사고 판단은 본서의 목적과 크게 위배됩니다. 본서는 기독교 발전에 도움이 된다고 생각하는 여러 종류의 기독교 설교(서간, 일기, 소설, 강의, 수필, 시, 취임사 등)를 발췌하고 번역하여 실었는데, 이는 기독교 교리 및 사상이 사회 및 역사적으로 어떻게 발전하였는가를 보여 주기 위한 것입니다. 그리고 세계사를 바꾸어 놓는데 어떻게 공헌 하였는가를 보여 주기 위한 사실적이고 학문적인 목적입니다. 그러므로 편파성 없는 이해와 판단은 모두 독자의 몫임을 밝혀 드립니다.

둘째, 본서는 독자의 현재 종교와 신앙 또는 사상과 철학을 있는 그대로 존중합니다. 인종과 성차별이 수치스러운 일이라면, 종교 차별도 마찬가지입니다. 그러므로 독자 한 분 한 분의 의견이 저희에게는 귀한 말씀이 됩니다.

셋째, 본서에서 말하는 '설교'Preaching는 종교사상 및 교리를 설득하기 위하여 사용되는 모든 형태의 의사소통Verbal and Nonverbal Communication을 지칭합니다.('서론'에 나오는 '설교'의 정의를 참조하기 바랍니다).

끝으로, 본서에서 부족한 점과 오류도 찾아볼 수 있습니다. 이를 지적하여 주시면 겸허한 마음으로 받아들이겠습니다. 대단히 감사합니다.

Byungki Song, Kyuchul Yang, 조영석 드림

2019년 봄

Christian Preachers Who Changed the World

Byungki Song · Kyuchul Yang

Byungki Song

EDUCATION Doctor of Ministry: McCormick Theological Seminary, Chicago
Master of Divinity: Presbyterian Theological Seminary, Seoul
Bachelor of Theology: Yonsei University, Seoul

EXPERIENCE Sr. Pastor(Since 1983): Moakyang Presbyterian Church, New York City;
Dean, Korean Presbyterian Seminary in New York;
President Pastor: Counsel of Korean Churches of Greater New York;
Education Pastor: Andong Church, Seoul;
Chaplain: Kyungshin Jr. & Sr. High School;
Pastor: Nanji-Do(Sahng Am-Dong) Church, Seoul

Kyuchul Yang

EDUCATION Ph. D. in Rhetoric, Graduate School of Liberal Arts, Temple University, Philadelphia
Adv. D. in Linguistics, University of Pennsylvania
M. S., English/Secondary Ed, Graduate School of Education, Temple University
B. S., English/Secondary Ed, College of Education, Temple University

EXPERIENCE Professor(Since 2008), Lancaster Bible College at the Center for Urban Theological Studies, Philadelphia; Temple University, St. John's University, Pennsylvania State University, The School District of Philadelphia

PUBLICATION Strategies for Test Success(2006); Business Communication(2003); Essay Writing(2003); Comprehensive Reading Skills(2000); "Language Planning and Public Policy in China since 1949"(1992); "Instructors of Communication across Cultures: Laotzu vs. Confucius, Ways of Persuasion"(1989); "Second Language Learner & Socioeconomic Impact"(1988); Forms of Address as Indicators to Changing Social Phenomena(1987); "Confucius and Western Rhetoricians"(1986); "Jessie Jackson: Dialect and the Persuader"(1986); "Argument in the Ancient East and the West"(1985)

Yeongsuk Cho

EDUCATION Ph. D. in Business Administration, Graduate School of Business, Konkuk University, Seoul
M. A., Public Administration, Graduate School of Public Administration, Konkuk University, Seoul
B. S., Business Administration, Pusan National University, Pusan

EXPERIENCE Dean, College of Business Administration, Mokpo National University
Exchange Professor: Joint Project on Business Communication, Delaware State University
Best Teaching Award in 2012, Mokpo National University
Instructor of Research, Writing & Translation for Business Purposes, and Interpersonal & Intercultural Communication Skills, Mokpo National University
Standing Speaker of KBS Radio Station for Personal Financial Plans & Strategies
Chanter of Yangdong 1st Church, Mokpo

PUBLICATION Essence of Financial Technology(2017); Why Do Professors Choose to Develop or Not to Develop e-Learning Courseware?(2010); Current Trends of Financial Education in Korea(2010); A Study on the Relation of Economic Literacy and Financial Experiences(2010); Creating Firm Value based on the Investor Relations(2003)

ACKNOWLEDGEMENTS

We are grateful to many theologians, philosophers and Christian preachers who provided us with in-depth academic insight into religion and the studies of language focused on rhetoric. Quite a few scholars examined interrelated factors between religion and rhetoric. They reached conclusive correlations existing between them (e.g. Lev Vygotsky (1934), Benjamin Lee Whorf (1956)), so did anthropologists and sociologists (Clifford Geertz (1966), Max Weber (1963)) on religion and culture/society. Aristotle, ancient Greek rhetorician, defines that rhetoric is the faculty of discovering the possible means of persuasion in reference to any subject whatever. Jointly, the subject of religion falls under the head of rhetoric since rhetoric is the art of persuasion (Burk, 1961). The premise is that persuasive rhetoric and religion are so closely interrelated that they are inseparable. Religious activities without persuasive rhetoric are inconceivable, so is preaching without rhetorical dexterity. Putting it succinctly, preachers are those who give religious or moral instruction through rhetorical dexterity for persuasive purposes.

Our deepest gratitude should go to the devoted members of the Moak Yang Presbyterian Church in New York City. They provided us with every means of assistance available for this publication so as to help Christian ideas spread to every corner of the world. Without their prayers and support, this publication would have been impossible.

In any case, we are solely responsible for any potential errors or shortcomings that might have been incurred. We hope this publication will serve as an avenue for further studies related to the development of Christian preaching through the sermons, writings, and speeches of quiet a few selected preachers from St. Paul to John Shelly Spong.

Finally, be advised to refer to the Glossary Section whenever you encounter any unfamiliar terms or words so that you may comprehend the printed context clearly. Keep in mind that this publication is written based on the format recommended by APA (American Psychological Association).

Byungki Song, Pastor, Doctor of Ministry
The Moak Yang Presbyterian Church
40-05 Skillman Avenue, Sunnyside New York, 11104

Kyuchul Yang, Ph. D. in Rhetoric
Lancaster Bible College, Philadelphia, PA, 19132

Table of Contents

CHAPTER V

THE AGE OF ANXIETY(1850s~Present)

INTRODUCTION

Preaching as a form of ceremonial, ritual, or inspirational communication has been developed and practiced throughout the ages in a speech community where the members share their common social norms and language. As the community gradually grows, preaching as a divine discourse is delivered in public by community leaders, clergymen or preachers in pulpits using texts from their scriptures for the purpose of disseminating religious indoctrination.

However, this definition of preaching is rather a limited lexical interpretation. Preaching in a broad communication context can be defined as "any means of spoken or written discourse" (Littlejohn, 1983) generated not only for spiritual but also persuasive purposes. Or it is "the art of persuasion" (Burke, 1970) transacted for inspirational purposes (e.g. St. Paul's epistles). This entails that preaching is one of the most communicative and persuasive elements of spreading gospels or indoctrination. It is designed and delivered based on a theory, as human needs change, so does the need of society along with religion. As religion changes and diversifies with a variety of doctrines, so does the nature of preaching." In support of this, preaching has always been a social voice expressing the existing social realities and demands, never independent of the life throbbing about it (Pattison, 1912). Even the forms of address indicate changing social realities (Yang, 1988).

It goes again that church history is not just about the history of religious institutions, but the major events among believers throughout time and space. Changing preaching has to deal with new religious ideas, doctrines, instructions, designs, and delivery skills so as to satisfy the fluctuating needs of the congregation and the community members. Likewise, the selected preachers in this publication reflect certain major events related to the development of Christianity including its ideas, doctrines, and instructions that are powerfully conditioned by social changes.

The conjecture is that the term, "preaching" in this publication refers to any means of oral and written communication such as discourses, epistles, poems, essays, addresses, colloquies, monologues, argumentations, critiques, fictions, etc. for the purpose of indoctrinating, persuading, or spreading specific inspirational tenets or instructions.

Finally, preachers are defined as any theologians, ministers, philosophers, scholars, or writers who contribute to the development of a faith/religion through their public or private means of communication.

The rationales of this publication are five-folds:

(1) To identify major Christian preachers who have powerfully influenced the theological and philosophical foundation of the world through their means of preaching (e.g. addresses, speeches, sermons, writings, epistles, fictions, accounts, argumentations, articles, theses, essays, summons, lectures, etc).

(2) To review a variety of theological issues and problems that developed and disappeared from the early Church to the existing contemporary Christian denominations or academic community.

(3) To reexamine the preacher's major work(s) related to preaching based on rhetorical and literary approaches (e.g. specific purposes, themes, key points, main ideas, supporting details, conclusions).

(4) To rethink about several fundamental questions or issues regarding the development of Christianity and its core teachings:

- (01) The Church of Jesus is a preaching church from the beginning. Why?
- (02) How have Christian preachers spread the words of God for the development of Christianity?
- (03) The development of Christianity is more significant than that of other faiths or religions in terms of the numbers of its followers. Why is it so?
- (04) Who is Jesus and what is His core teaching?

(5) To be able to help you acknowledge or answer several personal questions:

- (01) What is the meaning of life?
- (02) Who am I?
- (03) Where did I come from?
- (04) What happens after death?

In terms of the organization for each selected preacher, the following information is provided for a better understanding of the preacher's social and theological background as follows:

(01) For Biographic Information

Nationality: The country where the preacher was born or naturalized.

Places of birth and death: The place where the preacher was born and died.

Language(s): Native language is first, and second and third, or foreign languages come next.

Education: Environmental/Family nurturing and formal educational institutes where the preacher attends.

Title: Any forms of address addressed to the preacher.

Post: Any official positions the preacher holds.

Major Activities: Major activities performed during the preacher's lifetime.

(02) For In-depth Information

Publication: Preacher's major publications.

Contribution: Preacher's major contributions to the development of Christianity.

Information related to the preacher's speech, writing, sermon, journal, etc.
Any known, concluded, or inferred information regarding the preacher's actual presentation.
Representative Work: It is often excerpted or summarized from the original without altering the main points.
Summarization or Comments: Several comments or summarizations are given to help the reader understand the original text more efficiently and accurately.

Vocabulary: Several specific terms and words are provided. Consult with the Glossary Section for more information.

This publication consists of five chapters. First, Chapter I, The Foundation of Christianity: Orthodoxy versus Heresy during the First Four Centuries (A.D. 27~450s), provides us with a historical overview of establishing Christianity from the beginning of Jesus' preaching to the end of 391 when Christianity was made the Roman official religion and thereafter about 60 years. During the First Four Centuries, quite a few preachers have contributed to the development of Christianity while battling against heresies.

Chapter II, The Medieval Ages (450s~1500s) divided into three: (1) The Early Middle Ages (450s~800s), (2) The High Middle Ages (800s~1300s), and (3) The Late Middle Ages (1300s~1500s), briefly deal with a historical overview during those ages.

Many preachers during this period have contributed to the supremacy of the Papacy.

Chapter III, The Age of the Reformation (1500s~1650s) shows several causes and the developmental aspects of the Reformation, especially those preachers, Martin Luther and John Calvin.

CHAPTER IV: The Age of the Enlightenment (1650s~1850s)
displays several theological movements and impacts (e.g. rationalism, revivalism, denominationalism, counter-Reformation, Industrialization, colonialism) influenced by the Reformation.

CHAPTER V: The Age of Anxiety (1850s~Present) provides us with several reevaluations regarding (1) the change of theological issues demanded by society; (2) the role of the Church during this period of anxiety; and, (3) a variety of social and spiritual achievements, problems, and prospects.

With the Introduction in mind, we will examine a historical overview of Christian development during the first four centuries (A.D.27~450s) provided in Chapter I.

CHAPTER I

THE FOUNDATION OF CHRISTIANITY: ORTHODOXY AND HERESY DURING THE FIRST FOUR CENTURIES (A.D. 27~450s)

CHAPTER I
THE FOUNDATION OF CHRISTIANITY: ORTHODOXY AND HERESY DURING THE FIRST FOUR CENTURIES (A.D. 27~450s)

This Chapter includes two sections: (1) A Historical Overview; and (2) Selected Preachers who dedicated themselves to the development of Christianity. We will examine existing social realities related to the growth of Christianity. Next, we will review those preachers whose contributions to Christianity have been significant.

1. A Historical Overview

History repeats itself. It consists of repeated, incessant, and inseparable happenings from society. The repeated events are neither isolated nor independent, but they are closely interrelated with existing social realities. Since the happenings do not exist in a social vacuum, dividing historical and religious events into specific periods is not only arbitrary but also un-academic, unreliable, and unrealistic.

However, we need certain lines of division that best represent certain eras within the context of the development of the church and its historical perspective, which can be designed for the sake of convenience. What we hope is to classify the periods with the least mistakes in terms of documented, rhetorical, and ideological perspectives.
This period starts from the year when Jesus began preaching "around A.D. 27" (Carrington and et al, 2003), or "30" (Hill, 2006), and ends the year of 391, when the Roman Emperor Theodosius made Christianity the official religion and thereafter.

During the early Roman Empire, the existing social realities between the ruling and the ruled classes were extremely unfair. The ruling class and the senatorial orders were so rich that they lived extravagantly. They spent large sums of money on houses, gardens, running water, and baths. They had much time for leisure and recreation while attending huge banquets at which exotic foods were often served. On the contrary, the ruled class, the plebeians, who constituted the overwhelming majority of the Roman population, lived sparsely. Most of them were unemployed and lived in a crowded multi-story apartment houses made of wood. They were so poor that the government often provided them with free grain as a way of keeping them from creating disturbances. The life in the empire was very difficult for the destitute plebeians and the oppressed slaves. Slaves were among the least fortunate of the empire's population. By the time August Caesar (B.C. 63~A.D.14) took power, there were several million slaves showing a large portion of the entire population. They had to work the mines or large farms and were treated with extreme harshness and brutality. In this sense, this period felt a necessity for a new inspirational call for those poor plebeians and unfortunate slaves.

The early Romans sought to achieve harmony with their gods including their family ancestral spirits. By the time of the Roman Empire, 27 B.C., a state religion along with family spirits, evolved with its own temples and ceremonies for the purpose of promoting patriotism and loyalty to the state. Since the Romans believed that gods and family spirits were everywhere, it was necessary to please them through rituals and sacrifice. Thus, religious ritual became a part of daily and state life.

During this difficult period, a movement gradually emerged in the empire: the practice of a new religion known as Christianity. Most early followers of this new faith were Jews by birth or conversion and revered the Jewish Bible as Scripture. They suffered sporadic persecutions and brutality for their beliefs. However, they demonstrated a wide range of beliefs and practices, many of which were later rejected as heretic.

In a nutshell, the Sermon on the Mount that epitomizes Jesus Christ's ethical teaching as revealed in the Gospels of Matthew and Luke (Matt 5: 6: 7; Luke 6:20-22) laid out a foundation of the core philosophy of Christianity. Following the crucifixion of Jesus, the earliest Christian preachers had to spread the gospel fearlessly so as to defend their right to exist in the hostile Roman Empire. That is, they had to deal with two formidable tasks. First, they had to spread their theological ideas fearlessly in a hostile world so as to claim their right to survive for the practical needs of missionary purposes. For their purposes, they based an apologetic approach directed at non-Christians. Second, they defended Christian ideas against attacks from heretical and philosophical rhetoricians. For their defenses, they based polemic arguments for clarifying some basic options in interpreting canonical scripture.

In essence, the apologetic discourse refers to a reasoned defense that was aimed to lead to persuasion by justifying and defending Christian doctrine. It was often used when dealing with objections, questions, or attacks originating from the people outside the Christian faith. It includes several specific functions and purposes in terms of rhetorical angles. First, it stresses a reasoned justification so as to protect the faith. The apologetic discourse functions so as to defend the faith. Second, apologetics illustrates historical, scriptural, and doctrinal knowledge of faith so as to move the audience to agree with what the speaker says as shown, "Then Peter stood up with the Eleven, raised his voice and addressed the crowd" (Acts 2:14-41: Peter's sermon at Pentecost). Finally, it gives a respectful, gentle and courteous way, not for the victory of argument, but for the persuasive purpose. Peter gives a clear account regarding the method of apologetics, "Always be prepared to give the answer to everyone who asks you to give the reason for the hope that you have. But do this with gentleness and respect" (1 Peter 3:15).

In contrast, the polemic discourse involves a controversial argument, refutation, opinion, discussion, or doctrine. It is employed against heretical teachings or objections originating from a religious group or between believers of the same faith. Religious polemic as a practice of theological controversy is often used to combat opposing interpretations by deploying various infuriated forms of address as revealed in Matthew 23 and elsewhere. These enraged forms of address are deployed to denounce the scribes and Pharisees (e.g. "hypocrites" (Matt 23: 13, 15, 23, 25, 27, 29)). This type of verbal habit is loaded with toxic possibilities that can be released over a long period of time. However, Matthew provides an unconventional level of polemic approach when dealing with the people who differ from us in terms of theological ideas or interpretations. He suggests that we should have obligations to love them as we ourselves would like to be treated: "So in everything, do to others what you would have them to do to you, for this sum up the Law and the Prophets" (Matt 7:12).

Based on these preaching approaches, the Church grew steadily and vigorously during the first four centuries. Thousands upon thousands of Jews began to accept Jesus and Christianity as the gospel was preached in the lands of Jews and Gentiles. As a result, Christianity spread throughout Judea, Asia Minor, Macedonia, and Achaia. During the reign of Constantine the Great (272~337), Christianity was given imperial favor and tolerance because he attributed his victory to the Christian God at the battle of the Milivian Bridge (312).

On the whole, the Church of Christianity started from preaching. For the reasons above, the early Christian preachers had to preach and spread the gospel not only for their survival and missionary purposes, but also for their justifications and melding of Christian ideas against heretic and philosophical attackers. That is, preaching served as a means of dealing with "controversies, addressing crisis, and articulating beliefs," (Leonard, 1992). Although the early Christian preachers paid a very high price for their preaching often with martyrdom, they laid out a solid foundation for Christianity to develop and spread. Equally important is that they achieved their goals through the use of apologetic and polemic methods during the first four centuries.

Several preachers (e.g. Peter, Paul, Justin Martyr, Milito of Sardis, Tertullian) used the apologetic approach directed at non-Christians so as to convert them. Quite a few preachers (e.g. Ignatius of Antioch, Stephen, Polycarp, Irenaeus of Lyons, Origen, Clement of Alexandria, Athanasius of Alexandria, John Chrysostom, Basil the Great) took a polemic approach so as to defend themselves against certain individuals, groups or heretics often within their community. This aspect shows that the early Christian preachers preferred to use the apologetic approach for their missionary purposes, but later as the Church community grows steadily with some arguments and problems, quiet a few preachers based polemic arguments for the outgrowth of the church and its doctrines as exemplified in the Arian Conflict, which eventually brought forth the Nicene Creed (323) by the Council of Nicaea.

2. Preachers

The selected preachers during this period include (01) St. Paul, (02) St. Justin Martyr, (03) St. Vibia Perpetua, (04) Quintus S. F. Tertullian, (05) Origen of Alexandria, (06) St. Athanasius of Alexandria, (07) St. Basil the Great, (08) St. John Chrysostom, and (09) St. Augustine of Hippo. The criteria for the selection are based on each preacher's contribution to the development of Christianity including several key issues related to orthodox or heretic ideologies and propositions.

To be specific, St. Paul (c. A.D. 5~c.67), architecture of Christianity, advocated that theology and faith should be sought based on the "love" of what Christ has done; St. Justin Martyr (c.100~c.165) attempted to explain why Christians worship Jesus Christ; St. Vibia Perpetua (c.181~203) narrated her visions related to the Christian truth; Quintus S. F. Tertullian (c.160 ~c.225), father of Latin theology, coined a variety of new theological terms and claimed that theology and philosophy was different as day and night; Origen of Alexandria (c.185~c.254) developed the first Christian treaties of systematic theology; St. Athanasius of Alexandria (c.296~373), adversary of Arianism, defended the Christological issue that became of major importance during the 4th century; St. Basil the Great (329~379), Cappadocian Father, developed and perfected the Trinitarian theology of St. Athanasius; St. John Chrysostom (c.347~407) demonstrated his eloquent inspirational speeches rooted in a personal relationship with God, which led to the direction of the Christian vision and the preaching skills throughout the Christian world; St. Augustine of Hippo (354~430) contributed to the shapes of medieval theology.

However, selecting certain preachers who represent specific periods is arbitrary and unrealistic. What we hope is that we have selected them with minimum mistakes. We will start from St. Paul.

01. St. Paul (c. A.D. 5~c.67): Architecture of Christianity

Given Name: Saul. Known as Saul to the Jews and as Paul to the Gentiles

Nationality: Ancient Roman by birth. *By birth, a Roman citizen; by ancestry, a Jew; by acculturation, a Hellenist (Tarsus, his native city, is a center of Greek culture).

Places of birth and death: At Tarsus (Hellenic city) in Cilicia (now in south-central Turkey); Martyred in Rome

Language(s): Greek, Hebrew, Aramaic.

Education: Raises in Jerusalem and brings up in the sect of the Pharisees; At the age of 14, sent to Jerusalem to the school of Gamaliel (Acts 22:3), Jewish rabbi (Acts 5:24); Trained in the law of Jewish fathers (Acts 22:3); Becomes a persecutor of Christians (Acts 7:58; 8:3-22)

Title: Apostle; Missionary; Theologian; Writer; Servant of Jesus Christ; Actual Founder of Christianity; the Church's First Great Theologian

Post: Tentmaker (Acts 18:3); Local preacher in the region of Damascus (c.32~35; Galatians 1:15-19, Acts 9:20-25) and preaches the gospel to both Jews and Gentiles in Tarsus for nine years (c. 35~44); Leaves Antioch with Barnabas and begins to travel far and wide to preach the gospel throughout Greco-Roman world (Acts 13:1-3); Paul as a local preacher is over and begins to serve as an itinerant missionary to the world at large.

Major Activities: Witnesses the stoning to death of Stephen in Jerusalem in the early 30s A.D., which probably produces such a strong reaction in Saul of Tarsus whose Jewish name is Saul of Tarsus; Seeks to persecute Christians while acting as a zealous opponent of Christianity; Called and commissioned by Christ through a vision on road to Damascus (Acts 9:1-19), which changes the course of his life; After his conversion, lives and preaches in the region of Damascus for about three years (c.32~35; Acts 9: 20-25); Remains in Tarsus about nine years (c.35~44) while preaching the Gospel to both Jews and Gentiles; Becomes apostle to the Gentiles; Evangelization in Syria and Cilicia; Ministry in Antioch with Barnabas (45~47); An incident happens regarding a dispute over St. Peter's reluctance to share a meal with Gentile Christians in Antioch; Famine relief visit to Jerusalem (57) with a collection of money for the community and warmly received; Warned by St. James and the elders "not to tell the Jews forsake Moses and not to circumcise their children" (Acts 21:21); Takes three missionary journeys throughout Asia Minor and Greece and founds many churches to which he sends epistles: the "Pauline Epistles" of New Testament; Paul's first missionary journey (AD 46~48) (Acts 13:1, 14:27), Second journey (49~52) (Acts 15:36, 18:22), Third journey (53~58) (Acts 18:23, 21:26); Evangelization of Corinth and the province of Achaia (50~52). As a result of his journeys, many Gentiles are converted to the Christian faith with many churches established; Arrested at Jerusalem and imprisoned at Caesarea for two years (Acts 21:27, 28:31); Appeals as a Roman citizen to emperor and transfers to Rome (A.D. 60); On the way to Rome, shipwrecked on Malta (Acts 28); Arrives in Rome in 60 and spends two years under arrest; After further imprisonment, beheaded at Three Fountains Abbey in Rome during the reign of Nero around 60s according to Christian tradition.

Publication: Writer of the 13 epistles (Romans; 1 & 2 Corinthians; Galatians; Ephesians; Philippians; Colossians; 1 & 2 Thessalonians; 1 & 2 Timothy; Titus, and Philemon) that comprise one-fourth of the New Testament (*Hereafter NT); During Paul's imprisonment in Rome (c.59~61), writes the "Prison letters" to Philemon, Colossians, Ephesians, and Philippians; After his imprisonment, writes letters to Titus and I Timothy (61~64), 2 Timothy (c.64~67) through which he speaks of the nature and function of the Church ministry; The epistles serve as most important interpreters of the teachings of Christ including the significance of His life, death, and resurrection; Letter to the Romans and Letter to the Corinthians are written (56~57); Paul's letters are regarded as scripture from early times, and later establish as Canon of Scripture. Paul's letters written between 50 and 62 are to be the earliest books of the New Testament

Paul's Theology: The purpose of his theology as shown in his epistles is to encourage the newly emerging churches of the Greco-Roman world to sustain and develop both theologically and morally steadfast in the discipleship to Christ. The gospel of Christ, according to Paul, is a revelation of the human condition and need for salvation (Romans 1:18-20). The human condition and need refer to the human race who are intended to live in communion with God (Genesis 1-2), which is God's original purpose to associate human beings and the universe in perfect harmony. The human race is in need of salvation because it is in bondage to the powers of sin and death. On the whole, Paul's theology advocates that God is the Creator of the world; therefore, our salvation is embodied in Christ, and that the apostolic message of salvation through Jesus is available to all human beings.

Another point is that the origin of Paul's theology and faith is found in Jesus, the supernatural Jesus of the New Testament. The relation between Paul and Jesus is based on deeply-rooted love. "The love is rooted, not in what Christ said, but in what Christ has done. Jesus loved me and gave Himself for me. There lies the basis of Paul's theology; there lies the basis of all Christianity" (Machen, 1925).

Contribution: Paul, as a great champion for Christian mission, love, and freedom, contributes to us as follows: (1) True religion does not focuses on a matter of rules and regulations; (2) The children of God have come of age as the new humanity created by Christ's death and rise life; (3) The loftiest principles and the noblest causes should exist for the sake of people; and (4) An offense against God includes the discrimination based on race, social class, gender. As a result, his man-centered theology, not centered on rules or regulations, accelerates the separation of the messianic sect of Christianity from Judaism.

Information related to his Epistle: First Letter of St. Paul to the Corinthians

St. Paul establishes a Christian community in Corinth, a seaport in Greece, about the year A.D. 51 on his second missionary journey from Antioch, as recorded in the Acts of the Apostles (15:36-18:22). While Paul is on his third journey (Acts 19:1-20), he learns that the community becomes divided, as members begin identifying themselves with different religious leaders. Thus this letter, written in about 56-57 AD, opens with a plea for Christian unity, and is written in response to various issues raised by the Corinthians. Paul's first letter to the Corinthians provides us with the best insight into the church life of an early Christian community in the middle of the first century. His letters are not written as essays in systematic theology; but address themselves to meet urgent situations in the life of the churches. The letters include a wealth of teaching about the deep implications of the gospel such as (1) The being of God and His purpose, (2) The Person and work of Christ, (3) The basis of Christian ethics, and (4) The destiny of the created universe. Paul writes a Second Letter to the Corinthians, again in response to issues that arise with time.

The First Letter of St. Paul to the Corinthians is one of the most quoted of his Epistles, and, and in fact, one of the most quoted books of the Bible, particularly the passage on "love." The book is rich in content, as it includes key passages on the Eucharist (Chapter 11), the charismatic gifts of the Holy Spirit (Chapter 12), on love (Chapter 13), and on the Resurrection of the Body (Chapter 15). In addition, 1 Corinthians (1:18) speaks of the message of the cross; (2:10) on the relation of God and the Holy Spirit; (3:8) on labor and wages, and (3:11-15) is considered a reference for the existence of Purgatory. In 1 Corinthians (6:19) Paul calls our bodies temples of the Holy Spirit, and in (8:6) he expresses an essential tenet of the Christian faith. One of the more comforting quotes is (10:13), which assures us that God will not let us be tested beyond our strength.

THE FIRST LETTER OF SAINT PAUL to THE CORINTHIANS

The Letter consists of 16 Chapters with each Chapter dealing with several issue(s) raised by the Corinthians as displayed below:

CHAPTER 1: Greeting, Thanksgiving, Appeal for Christian Unity, & Wisdom of the Cross

Greeting: (01) Paul, called to be an apostle of Jesus Christ by the will of God, and our brother Sosthenes our brother (02), (03)…

Thanksgiving: (04) I always thank God for you because of his grace given you in Christ Jesus, (05), (06), (07), (08), (09)…

An Appeal for Christian Unity: (10) I appeal to you, brothers, in the name of our Lord Jesus Christ, that all of you agree with one another so that there may be no divisions among you and that you maybe perfectly united in mind and thought. (11), (12), (13), (14), (15), (16), (17).

The Wisdom of the Cross: (18) For the message of the cross is foolishness to those who are perishing, but to us who are being saved it the power of God. (19), (20), (21), (22), (23), (24), (25), (26), (27), (28), (29), (30), (31).

CHAPTER 2: God's Wisdom

(06) Yet we do speak wisdom among those who are mature; a wisdom, however, not of this age nor of the rulers of this age, who are passing away; (07), (08), (09), (10), (11), (12), (13), (14), (15), (16)…

CHAPTER 3: Role of God's Ministers

(05) What, after all, is Apollos? And what is Paul? Servants, through whom you believe

-- as the Lord has assigned to each task. (06), (07), (08), (09), (10), (11), (12), (13), (14), (15), (16), (17), (18), (19), (20), (21), (22), (23)···

CHAPTER 4: Servants of Christ, Paul's Life as Model for his Disciples

Servants of Christ: (01) So then, men ought to regard us as servants of Christ and as those entrusted with the secret things of God. (02), (03), (04), (05) ···

Paul's Life as Model for his Disciples: (06) Now, brothers, I have figuratively applied these things to myself and Apollos for your benefit, so that in us you may learn from us the meaning of the saying," Do not go beyond what is written. Then you will not take pride in one man over against another. (07), (08), (09), (10), (11), (12), (13), (14), (15), (16), (17), (18), (19), (20), (21)···

CHAPTER 5: Punish and Shun the Sinner

(01) It is actually reported that there is immorality among you, and immorality of such a kind as does not exist even among the Gentiles, that someone has his father's wife. (02), (03), (04), (05), (06), (07), (08), (09), (10), (11), (12), (13)···

CHAPTER 6: Lawsuits before Secular Authority, Sexual Immorality

Lawsuits before Secular Authority: (01) If any of you has a dispute with another, dare he take it before the ungodly for judgment instead of before the saints? (02), (03), (04), (05), (06), (07), (08), (09), (10), (11)···

Sexual Immorality: (12) "Everything is permissible for me" (13), (14), (15), (16), (17), (18), (19), (20)···

CHAPTER 7: Marriage, Lead the Life the Lord has Assigned, Advice to Virgins and Widows

Marriage: (01) Now for the matters you wrote about it: It is good for a man not to marry. (02), (03), (04), (05), (06), (07), (08), (09), (10), (11), (12), (13), (14), (15), (16)···

Lead the Life the Lord has Assigned: (17) Nevertheless, each one should retain the place in life that the Lord assigned to him and to which God has called him. (18), (19), (20), (21), (22), (23), (24)···

Advice to Virgins and Widows: (25) Now about virgins: I have no command from the Lord, but I give a judgment as one who by the Lord's mercy is trustworthy. (26), (27), (28), (29), (30), (31), (32), (33), (34), (35), (36), (37), (38), (39), (40).

CHAPTER 8: Food for Idols

Food for idols: (01) Now about food sacrificed to idols: We know that we all possess knowledge. Knowledge puffs up, but love builds up. (02), (03), (04), (05), (06), (07), (08), (09), (10), (11), (12), (13).

CHAPTER 9: Rights of Paul and Pastors, St. Paul does not have his Rights, The Need for Asceticism

Rights of Paul and Pastors: (01) Am I not free? Am I not an apostle? Have I not seen Jesus our Lord? Are you not the result of my work in the Lord? (02), (03), (04), (05), (06), (07), (08), (09), (10), (11). St. Paul does not use his Rights: (12) If others have this right of support from you, shouldn't we have it all the more? (13), (14), (15), (16), (17), (18), (19), (20), (21), (22), (23).

The Need for Asceticism: (24), (25), (26), (27).

CHAPTER 10: Lesson of Israel's History, Seek the Good of Others

The Lessons of Israel's History: (01) For I do not want you to be ignorant of the fact, brothers, that our forefathers were all under the cloud and that they all passed through the sea. (02), (03), (04), (05), (06), (07), (08), (09), (10), (11), (12), (13), (14), (15), (16), (17), (18), (19), (20), (21), (22), (23).

Seek the Good of Others: (24) Nobody should seek his own good, but the good of others. (25), (26), (27), (28), (29), (30), (31), (32), (33).

CHAPTER 11: Proper Conduct at the Assembly, The Eucharist

Proper Conduct at the Assembly: (04) Every man who prays or prophesies with his head covered dishonors his head. (05), (06), (07), (08), (09), (10), (11), (12), (13), (14), (15), (16), (17), (18), (19), (20), (21), (22).

The Eucharist: (23) For I received from the Lord what I also passed on to you: The Lord Jesus, on the night he was betrayed, took bread, (24), (25), (26), (27), (28), (29), (30), (31), (32), (33), (34).

CHAPTER 12: The Gift of the Spirit, The One Mystical Body of Christ

The Gifts of the Spirit: (07) Now to each one the manifestation of the Spirit is given for the common good. (08), (09), (10), (11).

The One Mystical Body of Christ: (12) The body is a unit, though it is made up of many parts; and though all its parts are many, they form one body. So it is with Christ. (13), (14), (15), (16), (17), (18), (19), (20), (21), (22), (23), (24), (25), (26), (27), (28), (29), (30), (31).

CHAPTER 13: LOVE

(01) If I speak in the tongues of men and of angels, but have not love, I am only a resounding going or a clanging cymbal. (02) If I have the gift of prophecy can fathom all mysteries and all knowledge, and if I have all faith that can move mountains, but have not love, I am nothing. (03) If I give all possess to the poor and if I surrender my body to the flames, but have not love, I gain nothing. (04) Love is patient, love is kind. It does not envy, it does not boast, it is not proud. (05) It is not rude, it is not self-seeking, it is not easily angered, it keeps no record of wrongs. (06) Love does not delight in evil but rejoices with the truth. (07) It always protects, always trusts, always hopes, always perseveres. (08) Love never fails. But where there are prophecies, they will cease; where there are tongues, they will be stilled; where there is knowledge, it will pass away. (09) For we know in part and we prophesy in part, (10) but when perfection comes, the imperfect disappears. (11) When I was a child, I talked like a child. I thought like a child, I reasoned like a child. When I became a man, I put childish ways behind me. (12) Now we see but a poor reflection as in a mirror; then we shall see face to face. Now I know in part; then I shall know fully, even as I am fully known. (13) And now these three remain: faith, hope, and love. But the greatest of these is love.

CHAPTER 14: Prophecy Greater than Tongues, Rules for Liturgical Assembly

Prophecy Greater than Tongues: (01) Follow the way of love and eagerly desire spiritual gifts, especially the gift of prophesy. (02), (03), (04), (05), (06), (07), (08), (09), (10), (11), (12), (13), (14), (15), (16), (17), (18), (19), (20), (21), (22), (23), (24), (25).

Rules for Liturgical Assembly: (26) What then shall we say, brothers? When you come together, everyone has a hymn, or a word of instruction, a revelation, a tongue or an interpretation. (27), (28), (29), (30), (31), (32), (33), (34), (35), (36), (37), (38), (39), (40).

CHAPTER 15: The Resurrection of Christ, Resurrection of the Dead, Manner of the Resurrection of the Dead

The Resurrection of Christ: (03) For what I received I passed on to you as of first important: that Christ died for our sins according to the Scriptures, (04), (05), (06), (07), (08), (09), (10), (11).

The Resurrection of the Dead: (12) But if it is preached that Christ has been raised from the dead, how can some of you say that there is no resurrection of he dead? (13), (14), (15), (16), (17), (18), (19), (20), (21), (22), (23), (24), (25), (26), (27), (28), (29), (30), (31), (32), (33), (34).

The Manner of the Resurrection of the Dead: (35) But someone may ask, "How are the dead raised? And with what kind of body will they come?" (36), (37), (38), (39),

(40), (41), (42), (43), (44), (45), (46), (47), (48), (49), (50), (51), (52), (53), (54), (55), (56).

CHAPTER 16: Collection, Paul's Upcoming Plans, Conclusion

The Collection: (01) Now about the collection for God's people: Do what I told the Galatian churches to do. (02), (03), (04).

Paul's Upcoming Plans: (05) After I go through Macedonia, I will come to you - for I will be going through Macedonia; (06), (07), (08), (09), (10), (11), (12).

Conclusion: (13) Be on your guard; stand firm in the faith, be man of courage; be strong. (14), (15), (16), (17), (18), (19), (20), (21), (22), (23), (24).

Sources:

"1 Corinthians" in The Holy Bible (New International Version) (1987). Seoul: Korean Bible Society

"The First Letter of St. Paul to the Corinthians": http://biblescripture.net/1Corinthians.html

Bailey, Raymond (1991). Paul, The Preacher. Nashville, Tennessee: Broadman Press.

Machen, J. Gresham (1925). The Origin of St. Paul's Religion. Grand Rapids, Michigan: WM.B. Eerdmans Publishing Company

Cronk, George (1990). "The Theology of St. Paul" in The Message of the Bible: An Orthodox Christian Perspective. Crestwood, N.Y.: St. Vladimir's Seminar Press

"Paul the Apostle": http://en.wikipedia.org/wiki/Paul_the_Apostle

"Life and work of Paul" in Catholic Encyclopedia: http://www.newadvent.org/cathen/11567b.htm

"Pauline Christianity" http://en.wikipedia.org/wiki/Pauline_Christianity

"Saint Paul Apostle to the Gentiles" http://www.ewtn.com/library/MARY/PAUL.HTM

Comments: The First Epistle to the Corinthians is written by St. Paul and Sosthenes (Acts 18:17) for the members of the church in Corinth written around A.D. 54~57 (Acts 19:1; 20:31). The major points of The First Epistle as previously shown in the framework of 16 Chapters are (1) to correct a misinterpretation of his directives contained in his previous letter, (2) not to associate with immoral in the church, (3) the church members should not be divisive including taking another to court, inappropriate sexual relations, women's violation of decency in dress, advocating that the Christians should regard their leaders as servants of Christ.

Paul, the founder of the church in Corinth (Acts 18:1-5), stays in Corinth for 18 months. One of his major purposes is to establish the church and then moves on, leaving the church in the hands of others (Acts 3:10). Corinth is a city with major center of commerce in the Roman province of Archaia. In 29 B.C, Corinth serves as the administrative capital of the senatorial province of Archaia. After all, Paul's 13 epistles are written to specific "communities and individuals" as provided below.

Specific Communities:

(01) Romans: The Christian community in Rome

(02) Galatians: Galatia is a large Roman province in Asia Minor

(03) 1 & 2 Corinthians: Corinth is a cosmopolitan city in Greece, notorious for its corruption and immorality.

(04) Ephesians: The Ephesians region in eastern Asia Minor.

(05) Colossians: The community of Colossae located in Western Turkey. The letter is written to oppose Gnosticism that springs up in the church at Colossae.

(06) Philippians: The Christian community at Philippi in Greece.

(07) 1 & 2 Thessalonians: Thessalonica is a city in Greece founded c. 315 B.C. Under the Romans, it becomes the virtual capital city of the province of Macedonia. In A.D. 50-51, Paul visits the city and founds Christian community (Acts 17:1-13).

Specific Individuals:

(01) Philemon: A rich Christian of Colossae in Asia Minor. His slave Oneimus runs away to Rome and Paul appeals to Philemon in his letter to receive Oneimus back as a Christian brother.

(02) I & 2 Timothy: St. Timothy is one of the first century Christian leaders and companion of St. Paul. Two epistles of the Bible are addressed to him.

(03) Titus: St. Titus is one of the first century Christian leaders and a Gentile disciple of St. Paul. An epistle of the Bible is addressed to him.

---

* Apollos: The name of a Jew born at Alexandria who is well versed in the Scriptures and eloquent (Acts 18:24). About A.D. 49, he comes to Ephesus where he speaks boldly in the synagogue (Acts 18:26). He then proceeds to Corinth where he meets Paul (Acts 18:26) and is with Paul when he writes the First Epistle to the Corinthians.

* Aramaic: One of the North Semitic languages comprising several dialects, originally of the ancient Arameans. The Aramaic is claimed to be Jesus Christ's native language.

02. St. Justin Martyr (c.100~c. 165): Early Christian Apologist

Nationality: Ancient Greek

Places of birth and death: Flavia Neapolis (Today Nablus in Palestine/West Bank); Rome, Roman Empire

Languages: Greek, Latin, Hebrew (minimal)

Education: Receives a Greek education; Studies theology and Greek philosophy; Lectures Platonic doctrines; Teaches Christianity at Ephesus and later in Rome

Title: Theologian; Saint; One of the Fathers of the Church; Greek theologian; Apologetic rhetorician and philosopher

Major Activities: Converts Christianity at Ephesus (c.130) influenced by fearless conduct of the Christians facing execution (Apologies 2:12); Arrived in the reign of Antonius Pius (86~161); Opened first Christian school at Rome; He and several other people were denounced for being Christians and beheaded in Rome (165) for having refused to offer token sacrifice to the Roman gods.

Publication: The First Apology of Justin (c.155) addressed to the Emperor Antonius Pius and his adopted sons protesting the persecution of Christians; The Second Apology (c.161) addresses to the Roman Senate; Dialogue with Trypho the Jew (c.160) *(Claims that Christianity is the new law for all men)*; On the Resurrection.

Contribution: Develops historical view of Christianity as fulfillment; Uses his doctrine of the Logos to explain why Christians worship Jesus Christ regarding Him as an incarnation of the Logos, in second place to God; Succeeds in getting away from the dualism of pagan and of Gnostic philosophy.

Situational information related to his writing: In response to the persecution of Christians, Justin Martyr attempted to prove the emperors and philosophers that Christians are the true worshippers of God, the Creator of all things. The teachings of

Jesus Christ led the Christians to perfect morality as shown in their teacher's word and his own lives, and founded on their belief in the resurrection. Most remarkable is his recounting of the charges against the Christians which led to their execution. The charges included atheism, cannibalism, and sexual perversions associated which what Romans had heard about their Eucharistic rituals. To change these misconceptions, he provided an outline of baptism and the Eucharistic liturgy of the Roman Church.

The First Apology of Justin (c.155) excerpted from Early Christian Fathers (vol. I in "The Library of Christian Classics," Philadelphia: Westminster Press, 1953)

Chapter 1: Address

To the Emperor Titus Aelius Hadranus Caesar, and to Verissimus his son, and to Lucius the Philosopher, son of Caesar by nature of Augustus by adoption, and to the Sacred Senate and the whole Roman people – on behalf of men of every nation who are unjustly hated and reviled, I, Justin, son of Priscus and grandson of Bacchius of Flavia Neapolis in Syria Palestine, being myself one of them, have drawn up this plea and petition.

Chapter 2: Justice Demanded

Reason requires that those who are truly pious and philosophers should honor and cherish the truth alone, scorning merely to follow the opinions of the ancients, if they are worthless. Nor does sound reason only require that one should not follow those who do or teach what is unjust; the lover of truth ought to choose in every way, even at the cost of his own life, to speak and do what is right, though death should take him away. So do you, since you are called pious and philosophers and guardians of justice and lovers of culture, at least give us a hearing – and it will appear if you are really such.

Chapter 4: Christians Unjustly Condemned for Their Mere Name

By the mere application of a name, nothing is decided, either good or evil, apart from the actions implied in the name; so far at least as one may judge from the name we are accused of, we are most excellent people. But as we do not think it just to beg to be acquitted on account of the name, if we be convicted as evildoers, so, on the other hand, if we be found to have committed no offence, either in the matter of thus naming ourselves, or of our conduct as citizens, it is your part very earnestly to guard against incurring just punishment, by unjustly punishing those who are not convicted··· We are accused of being Christians, and to hate what is excellent Christian is unjust. Again, if any of the accused deny the name, and say he is not a Christian, you acquit him, as having no evidence against him as a wrong-doer; but if any one acknowledge that he is a Christian, you punish him on account of this acknowledgement. Justice requires that you inquire into the life both of him who confesses and of him who denies, that by his deeds it may be apparent what kind of man each is···

Chapter 8: Christians Confess Their Faith in God.

Certainly we do not honor with many sacrifices and floral garlands the objects that men have fashioned, set up in temples, and called gods. We know that they are lifeless and dead and do not represent the form of God – for we do not think of God as having the kind of form which some claim that they imitate to be honored – but rather exhibit the names and shapes of the evil demons who have manifested themselves to men... We consider it not only irrational but an insult to God, whose glory and form are ineffable, to give his name to corruptible things which themselves need care. You are well aware that craftsmen in these things are impure and given to all kinds of vice; they even corrupt their own slave girls who work along with them···

Chapter 10: How God is To Be Served.

But we have learned that God has no need of material offerings from men, considering that He is the provider of all. We have been taught and firmly believe that He accepts only those who imitate the good things which are His – temperance and righteousness and love of mankind, and whatever else truly belongs to God who is called by no given name. We have also been taught that in the beginning He in His goodness formed all things that are for the sake of men out of unformed matter, and if they show themselves by their actions worthy of His plan, we have learned that they will be counted worthy of dwelling with Him, reigning together and made free from corruption and suffering.

Chapter 11: What Kingdom Christians Look For.

When you hear that we look for a kingdom, you rashly suppose that we mean something merely human. But we speak of a Kingdom with God, as is clear from our confessing Christ when you bring us to trial, though we know that death is the penalty for this confession. For if we looked for a human kingdom we would deny it in order to save our lives, and would try to remain in hiding in order to obtain the things we look for. But since we do not place our hopes on the present order, we are not troubled by being put to death since we will have to die somehow in any case.

Chapter 12: Christians Live As Under God's Eye.

We are in fact of all men your best helpers and allies in securing good order, convinced as we are that no wicked man, no covetous or conspirator, or virtuous man either, can be hidden from God, and that everyone goes to eternal punishment or salvation in accordance with the character of his actions. If all men knew this, nobody would choose vice for a little time, knowing that he was on his way to eternal punishment by fire; every man would follow to self-restrained and orderly path of virtue so as to receive the good things that come from God and avoid his punishments. There are some who merely try to conceal their wrongdoing because of the laws and punishments which you decree, knowing that since you are only men, it is possible for wrong-doers to escape you; if they learned and convinced that our thoughts as well as our actions cannot be hidden from God, they would certainly lead orderly lives···

Chapter 13: Christians Serve God Rationally

We have learned that the only honor worthy of him is, not to consume by fire he has made for our nourishment, but to devote them to our use and those in need, in thankfulness to him sending up solemn prayers and hymns for our creation and all the means of health, for the variety of creatures and the changes of the seasons, and sending up our petitions that we may live again in incorruption through our faith in him. It is Jesus Christ who has taught us these things, having been born for this purpose and crucified under Pontius Pilate who was procurator in Judea in the time of Tiberius Caesar···

Chapter 23: The Argument

I will present the evidence first that the things we say, as disciples of Christ and of the prophets who came before him, are the only truths and older than all the writers who have lived, and we ask to be accepted, not because we say the same things as they do, but because we are speaking the truth. Second, that Jesus Christ alone was really begotten as Son of God, being his Word and First-begotten and Power, and becoming man by his will, he taught us these things for the reconciliation and restoration of the human race···

Chapter 36: Different Modes of Prophecy.

When you hear the words of the prophets spoken as in a particular character, do not think of them as spoken by the inspired men, but by the divine Word that moved them. For sometimes he speaks as predicting the things that are to happen, sometimes he speaks as in the character of God, the Master and Father of all, sometimes in the character of Christ, sometimes in the character of the people answering the Lord or his Father. You can see the same thing in your own writers, where one man is the author of the whole work but introduces different characters in dialogue. Not knowing this, the Jews who are possession of the books of the prophets did not recognize Christ even when he came, and they hate us who declare that he has come and show that he was crucified by them as had been predicted...

Chapter 46. The Word in the World Before Christ

We have been taught that Christ is the First-begotten of God, and previously testified that he is the Reason of which every race of man partakes. Those who lived in accordance with Reason are Christians, even though they were called godless, such as, among the Greeks, Socrates and Heraclitus and others like them; among the barbarians, Abraham, and Elijah, and many others. Those who lived without Reason were ungracious and enemies to Christ, and murders of those who lived by Reason, and those who so live now, are Christians, fearless and unperturbed. For what cause a man was conceived of a virgin by the power of the Word according to the will of God, the Father and Master of all, and was named Jesus,, and after being crucified and dying rose again and ascended into heaven, an intelligent man will be able to comprehend from the words that were spoken in various way.

Chapter 53: Summary of the Prophecies

I could cite many other prophecies too, but thinking that these are sufficient to convince those who have ears to hear and understand, and considering that such people can understand that we do not merely talk without having proofs. For why should we believe a crucified man that he is First-begotten of the Un-begotten God, and that he will pass judgment on the whole human race unless we found testimonies proclaimed about him before he came, and was made man, and see that things have happened? For we have seen the desolation of the land of Jews, and the men of every nation who have been persuaded by the teaching from his apostles, and have turned away from the old customs in which they lived wandering astray – that is ourselves, since we know that the Gentile Christians are more numerous and truer than those from among the Jews and Samaritans.

Sources:

Excerpted from Early Christian Fathers (vol. I in "The Library of Christian Classics," Philadelphia: Westminster Press, 1953)

Justin Martyr: http://en.wikipedia.org/wiki/Justin_Martyr

The First Apology of Justin: http://www.crossroadsinitive.com/library_article/269/first_apo...

First Apology of Justin Martyr: http://en.wikipedia.org/wiki/First_Apology_of_Justin_Martyr

Comments: The First Apology is an early work of Christian apologetics addressed to the Roman Emperor, Antoninus Pius and his son, Verissimus who are renowned as upright and philosophical. It is to prove to the emperor the injustice of the Christians who are the representatives of true philosophy and religion. Christians are the true worshipers of God because their teacher, his only Son, is teaching them. This teaching of his Son leads them to perfect morality as displayed in their teacher's words. The First Apology consists of 68 chapters and the title of each chapter is listed for your reference.

Chapters 3, 5, 7, 9:
3: Claim of Judicial Investigation; 5: Christians Charged with Atheism; 7: Each Christian must be tried by his own life; 9: Folly of Idol, Worship

Chapters 14, 15, 16, 17, 18, 19:
14: The Demons Misrepresent Christian Doctrine; 15: What Christ Himself Taught; 16: Concerning Patience and Swearing; 18: Proof of Immortality and the Resurrection; 19: The Resurrection Possible

Chapters 20, 21, 22, 24, 25, 26, 27, 28, 29:
20: Heathen analogies to Christian Doctrine; 21: Analogies to the History of Christ; 22: Analogies to the Son-ship of Christ; 24: Varieties of Heathen Worship; 25: False Gods Abandoned by Christians; 26: Magicians not Trusted by Christians; 27: Guilt of Exposing Children; 28: God's Care for Men; 29: Continence of Christians

Chapters 30, 31, 32, 33, 34, 35, 37, 38, 39:
30: Was Christ not a Magician? 31: Of the Hebrew Prophets; 32: Christ predicted by Moses; 33: Manner of Christ's Birth Predicted; 34: Place of Christ's Birth Foretold; 35: Other Fulfilled Prophecies; 37: Utterances of The Father; 38: Utterances of The Son; 39: Direct Predictions by The Spirit

Chapters 40, 41, 42, 43 44, 45, 47, 48, 49:
40: Christ's Advent Foretold; 41: The Crucifixion Predicted; 42: Prophecy using the Past Tense; 43: Responsibility Asserted; 44: Not Nullified by Prophecy; 45: Christ's Sessions in Heaven Foretold; 47: Desolation of Judea Foretold; 48: Christ's Work & Death Foretold; 49: His Rejection by the Jews Foretold

Chapters 50, 51, 52, 54, 55, 56, 57, 58, 59:
50: His Humiliation Predicted; 51: The Majesty of Christ; 52: Certain Fulfillment of

Prophecy; 54: Origin of Heathen Mythology; 55: Symbols of the Cross; 56: The Demons still Misled Men; 57: Cause Persecution; 58: Raise up Heretics; 59: Plato's Obligation to Moses

Chapters 60, 61, 62, 63, 64, 65, 66, 67, 68:
60: Plato's Doctrine of the Cross; 61: Christian Baptism; 62: Its Imitation y Demons; 63: How God Appeared to Moses; 64: Further Misrepresentation of the Truth; 65: Administration of the Sacraments; 66: Of the Eucharist; 67: Weekly Worship of the Christians; 68: Conclusion

---

* Logos: It refers to the principle that governs the cosmos, which serves as the source of reasoning about the cosmos. According to the New Testament, it refers to Scripture as proclaimed in gospel preaching. Or it is the creative word of God, which is itself God and incarnate in Jesus as shown "Those who put faith in Jesus, the Logos, will be welcomed into the family of God" (John 1:11-12). In Judaism, the Logos is the creative word of God, which is God's medium of communication with the human race.

* Eucharist: A Christian sacrament in which consecrated bread and wine are consumed to commemorate the sacrificial act of Christ.

* Heraclitus (B.C. c.535~c.475): Pre-Socratic Greek philosopher.

* Elijiah: 9th century, B.C., a Hebrew prophet who was carried skyward in a chariot of fire according to the Bible.

* Abraham: Held as founder of faith by Jews, Christians, Muslims; First Hebrew patriarch migrated from the Ur to Canaan in the early 2nd millennium, B.C.

* Tiberius Caesar (Nero): Full name, Tiberius Claudius Nero Caesar Augustus; Became emperor (14 A.D.); Wise and beneficent at first; later vicious, cruel and tyrannical.

* Samaritan: A native or inhabitant of Samaria which is an ancient city of central Palestine in present-day NW Jordan. Samaria was founded in the 9th century B.C. as the capital of North Kingdom of Israel.

03. St. Vibia Perpetua (c.181~203): Holy Martyr Who Records Her Visions of Truth

Nationality: Carthaginian during the Roman province of Africa

Places of birth and death: Born in Carthage, Roman Province of Africa (now residential suburb of Tunis, Tunisia, N. Africa); Martyred in the Arena of Carthage.

Language(s): Punic (a variety of Phoenician) is the official language of the Carthaginian Empire; Greek and Latin

Education: Well educated from a respected noble family

Title: Catechumen *(One who is being taught the principles of Christianity)*

Major events: Perpetua was about 22 years old, married and apparently recently widowed with a son at her breast; Had two Christian brothers and mother, but her father was a non-Christian. Felicity was a slave woman in advanced pregnancy and they were arrested and placed in a dungeon for being Christians; Perpetua had a few visions (e.g. she saw a golden ladder guarded by a dragon, she saw herself fighting against a gladiator in the arena, and winning); A fierce cow was prepared for Perpetua and she was tossed, but was not dead yet; Therefore, she was led to be slain with the sword and went to the center of the arena; In an instant the hand of the executioner bungled Perpetua's death stroke, she cried out in pain and herself guided his hand to her throat.

Publication: "The Passion of Perpetua, Felicity, and their Companions (203)" the introduction and the conclusion of her account are originally edited by Tertullian of Carthage (c.150~c.212). The manuscript is preserved in both Latin and Greek.

Contribution: The account, "The Passion of Perpetua, Felicity, and their Companions" is the earliest surviving text written by a young Christian woman. Her apocalyptic narrative makes an interesting link between the Revelation of St. John and the early church in its worst time of distress, which is witnessed by one of the first female martyrs with frequent allusions but with a strong testimony to Christian faith.

Information related to her account: As Christianity came into conflict with the imperial Rome, Christians were often imprisoned and executed for refusing to pay allegiance to political authorities and the pagan gods. During a persecution of Christians under the emperor Septimius Severus (193~211), a group of Christians died together in the arena at Carthage. When they were arrested and condemned, they were often thrown to wild beasts or gladiators before a public audience. Perpetua and her slave girl, Felicity with other African catechumens were imprisoned and, after their baptism, condemned to execution in the arena at Carthage. Before they were martyred, Perpetua wrote down a personal account of her visions and reflections.

"The Passion of St. Perpetua, St. Felicity, and Their Companions (203)"
Excerpted from Patricia Wilson-Kastner & et al. (1981): A Lost Tradition: Women Writers of the Early Church

While I was still with the imperial authorities, my father out of love tried to dissuade me from my resolution. "Father," I said, "do you see here, for example, this vase, or pitcher, or whatever it is?"
"I see it," he said. "Can it be named anything else than what it really is?" "No" he said. "So I also cannot be called anything else than what I am, a Christian." Enraged by my words my father came at me as though to tear out my eyes. He only annoyed me, but he left, overpowered by his diabolical arguments.

For a few days my father stayed away. I thanked the Lord and felt relieved because of my father's absence. At this time we were baptized and the Spirit instructed me not to request anything from the baptismal waters except endurance of physical suffering. A few days later, we were imprisoned. I was terrified because never before had I experienced such darkness. Because of crowded conditions and rough treatment by the soldiers, the heat was unbearable. My condition was aggravated by my anxiety for my baby. Then Tertius and Pomponius, those kind deacons who were taking care of our needs, paid for us to be moved for a few hours to a better part of the prison where we might refresh ourselves. Leaving the dungeon we all went about our own business. I nursed my baby, who was already weak from hunger···Then I was granted the privilege of having my son remain with me in prison. Being relieved of my anxiety and concern for the infant, I immediately regained my strength. Suddenly the prison became my palace, and I loved being there rather than any other place.

Then my brother said to me, "Dear sister, you already have such a great reputation that you could ask for a vision indicating whether you will be condemned or freed." Since I knew that I could speak with the Lord, whose great favors I had already experienced, I confidently promised to do so. I said I would tell my brother about it the next day. Then I made my request and this is what I saw.

There was a golden ladder reaching high up to heaven, but it was so narrow that only one person could ascend at a time. Every conceivable kind of iron weapon was attached to the sides of the ladder: swords, lances, hooks, and daggers. Crouching directly beneath the ladder was a monstrous dragon that threatened those climbing up and tried to frighten them from ascent.

Saturus *(a fellow Christian who joined Perpetua's group in prison)* went up first. Because of his concern for us, he had given himself up voluntarily after we had been arrested. When he reached the top of the ladder he returned to me and said, "Perpetua, I'm waiting for you, but be careful not to be bitten by the dragon." I told him that in the name of Jesus Christ the dragon would not harm me. At this the dragon slowly lowered its head as though afraid of me. Using its head as the first step, I began my ascent.

At the summit I saw an immense garden, in the center of which sat a tall, grey-haired man dressed like a shepherd, milking sheep. Standing around him were several thousand white-robed people. As he raised his head he noticed me and said, "Welcome, my child." Then he beckoned me to approach and gave me a small morsel of the cheese he was making. I accepted it with cupped hands and ate it. When all those surrounding us said "Amen," I awoke, still tasting the sweet cheese. I immediately told my brother about the vision, and we both realized that we were to experience the sufferings of martyrdom. From then on we gave up having any hope in this world...

A few days later while all of us were praying, I suddenly called out the name, "Dinocrates." I was astonished since I hadn't thought about him till then. When I recalled what had happened to him I was very disturbed and decided that I had not only the right but the obligation to pray for him. So I began to pray repeatedly to the Lord in his behalf. During that same night I had this vision: I saw him walking away from one of many very dark places. He seemed very hot and thirsty with his grimy and colorless face. He was my blood brother who at the age of seven died from a cancerous disease... I prayed for him everyday until we were transferred to the arena prison where we were to fight wild beasts on the birthday of Geta Caesar *(23rd emperor of the Roman Empire)*··· On the day that we were kept in chains, I had the following vision: I saw the same the same place as before, but Dinocrates was clean, well-dressed, looking refreshed. In place of the wound there was a scar, and the fountain which I had seen previously now had its rim lowered to the boy's waist··· He walked up to it and began to drink; the bowl never emptied. And when he was no longer thirsty, he gladly went to play as children do. Then I awoke, knowing that he had been relieved of his suffering···

The day before the battle in the arena, in a vision I saw the deacon, coming to the prison door and knocking very loudly. I went to open the gate for him. He was dressed in a loosely fitting white robe, wearing richly decorated sandals. He said to me, "Perpetua, come. We are waiting for you!" He took my hand and we began to walk over extremely rocky and winding paths. When we finally arrived short of breath, at the arena, he led me to the center saying, "Don't be frightened! I'll be here to help you." He left me and I stared out over a huge crowd which watched me with apprehension. Because I knew that I had to fight with the beasts, I wondered why they hadn't yet been turned loose in the arena. Coming towards me was some type of Egyptian, horrible to look at, accompanied by fighters who were to help defeat me. Some handsome young men came forward to help and encourage me. I was stripped of my clothing, and suddenly I was a man. My assistants began to rub me with oil as was the custom before a contest, while the Egyptian was on the opposite side rolling in the sand. Then a certain man appeared so tall that he towered above the amphitheater. He wore a loose purple robe with two parallel stripes across the chest; his sandals were decorated with gold and silver. He carried a rod like that of an athletic trainer, and a green branch on which were golden apples. He motioned for silence and said, "If this Egyptian wins, he will kill her with the sword; but if she wins, she will receive this branch." Then he withdrew.

We both stepped forward and began to fight with our fists. My opponent kept trying to grab my feet but I repeatedly kicked his face with my heels. I felt myself being lifted up into the air and began to strike at him as one who was no longer earth-bound. But when I saw that we were wasting time, I put my two hands together, linked my fingers, and put his head between them. As he fell on his face I stepped on his head. Then the people began to shout and my assistants starting singing victory songs. I walked up to the trainer and accepted the branch. He kissed me and said, "Peace be with you, my daughter." And I triumphantly headed towards the Sanavivarian Gate. Then I woke up realizing that I would be contending not with wild animals but with the devil. I knew, however, that I would win. I have recorded the events which occurred up to the day before the final contest. Let anyone who wishes to record the events of the contest itself, do so.

Sources:

Excerpted from Patricia Wilson-Kastner & et al. (1981): A Lost Tradition: Women Writers of the Early Church

Rossi, Mary Ann (1985). "The Passion of Perpetua, Everywoman of Late Antiquity" in Pagan and Christian Anxiety. New York: University Press of America: _

"Perpetua and her companions": http://satucket.com/lectionary/Perpetua.htm

"Perpetua and Felicity": http://en.wikipedia.org/wiki/Perpetua_and_Felicity

"The Suffering of the Holy Martyrs Perpetua and Felicitas (originally edited) by Tertullian Carthage: A.D. 200

Summarization: The account, "The Passion of Sts. Perpetua, Felicity, and Their Companions" consists of six chapters.

Chapter One depicts the arrest of Sts. Perpetua and Felicity who are thrust into a filthy dungeon and baptized with the others. Perpetua successfully resists her father's pleading to free herself from being a Christian. Through her vision granted to her, she understands that her martyrdom will take place shortly.

Chapter Two illustrates that when Perpetua is bothered by her father, she comforts him. She is led to the tribunal with others and she avows herself a Christian. She is condemned with the rest to the wild beasts. She sees her first vision in which there is an immense garden. She prays her younger brother Dinocrates who was dead at the age of seven.

Chapter Three describes her third vision in which she is led away to fight an Egyptian. She fights the devil *(Egyptian)* and receives the green branch *(reward)*.

Chapter Four narrates Saturus' *(a fellow Christian who joined Perpetua's group in prison)* vision that she is being carried by angels to the throne of God where the martyrs are received with kisses.

Chapter Five characterizes the martyrs' faithfulness through the last days. Secundulus *(Revocatus' fellow-servant)* dies in the prison. Felicity brings forth in the eight month infant without suffering because of many prayers.

Chapter Six winds up that Perpetua, Felicity and others are led forth with joy into the arena. They are flogged and thrown to the wild beasts. Saturus is wounded by a leopard while Perpetua and Felicity are thrown down. They are called back to the Sanavivarian Gate. They kiss one another, and are slain with the swords.

*List of the Early Christian Martyrs

Besides St. Perpetua and St. Felicity, there are quiet a few martyrs who choose to suffer death rather than to renounce their religious principles, beliefs, or causes. Christian scholars argue that martyrdom facilitates the rapid growth and spread of Christianity while defending and explaining the core philosophy and doctrine of it. The martyrs' willing sacrifice of their lives leads to the conversion of others. In fact, the martyrs are not tens of people but there are tens of thousand people who admire the few who are martyred. Discourses of martyrdom and persecution forms the symbolic language through which Christians represents, justifies, and denounces the use of violence. As a result, martyrdom is a form of culture making, whereby Christians identity is marked by the collective memory of the religious suffering of others (Meeks, Wayne, 1998). Beyond that, Tertullian (c.150~c.212) expounds that "the more you mow us down, the more we grow. The blood of martyr is the seed of the Church." In contrast, it is pointed out that many early Christians believe that martyrdom bypasses Hades altogether and go straight to heaven (Pavao, Paul, 2009).

The First Century: Apostolic Age

(01) St. Stephen: Stoned at Jerusalem (c.34 A.D.)
(02) James the Great: Beheaded at Jerusalem by the order of Herod Agrippa (44 A.D.)
(03) St. Thomas, the Apostle: Introduced Christianity to India when he arrived in Kerala in 52 A.D.; Preached in Parthia and India; Martyred at Mylapore (53 A.D.)
(04) Philip the Apostle: Bled to death in Asia Minor (54 A.D.)
(05) St. Matthew the Evangelist: Martyred in Ethiopia (60 A.D.)
(06) St. Andrew: Crucified on the cross in Greece (60 A.D.)
(07) James the Just: Beaten to death at Jerusalem (62 A.D.)
(08) St. Peter: Crucified in Rome (64 A.D.)
(09) St. Paul: Beheaded in Rome (65 or 67 A.D.)
(10) St. Mark the Evangelist: Beheaded in Alexandria (68 A.D.)
(11) St. Jude: Clubbed and martyred (84 A.D.) while he was preaching and converting many to Christianity throughout Mesopotamia area, esp. in Iran.
(12) St. Bartholomew: Whipped and crucified (84 A.D.) when he was preaching in Mesopotamia.

Sources:

The Martyrs: http://www.pbs/wgbh/pages/frontine/shows/religion/why/martyr

04. Quintus S. F. Tertullian (c.160~c.225): Father of Latin Theology

Nationality: Ancient Carthaginian during the Roman province of Africa

Places of birth and death: Carthage, Roman province of Africa

Language(s): Latin and Greek

Education: Studies grammar, rhetoric, literature, philosophy, and law in Carthage; Goes to Rome to study law; Interested in the Christian movement while in Rome.

Title: One of the Fathers of the Church; African Church Father; Latin ecclesiastic writer and polemicist; Moralist; One of the theologian immortality along with Origen of Alexandria & Augustine of Hippo

Post: Works as jurist in Rome; Ordained priest in Carthage

Major Activities: Leaves for Rome to study law and works as a jurist; Returns to Carthage and converts to Christianity before 197; Devotes himself to mastery of the Scriptures & the Christian literature (c.190~c.220); Becomes a teacher & leading member of the African church; Withdraws from the orthodox church & works as a head of s small Montanist group in Carthage (c.210); Breaks with Montanists & forms his own sect (c. 220)

Publication: The Prescriptions against the Heretics (c.190); On the Soul (c.191); To the Martyrs (195); On Running away from Persecution (c.195); On Female Fashion (c.196); A Defense of Christianity (197); On Modesty (c.200); On Baptism (c.202); The Lord's Prayer (c.203); Edited "The Passion of Sts. Perpetua, Felicity & Their Companions (203); To the Nations (c.205); Against Marcion (c.208)

Contribution: The first important scholar to write in Latin, which helps create Christian Latin literature; Formulates a positive doctrine of the Trinity; Coins a variety of new theological words & phrases (i.e. The nature of the Trinity, Three Persons but

One Substance), which develops & fixes the ecclesiastic vocabulary and tradition for the next millennium; Appeals for the tolerance of Christianity while attacking pagan superstitions; Claims that Christians are no danger to the State but they are good citizens; Disposes of all heresy in principle as claimed in A Defense of Christianity (197); Defends the identity of God of the Old & New Testaments and that of Jesus with the Messiah of prophecy in Against Marcion (c.208); Claims that the Church alone has the authority to declare what Christian orthodoxy is as in The Prescription against the Heretics; Advocates that theology and philosophy is different as day and night

Information related to his writing: Early Christians express considerable hostility toward the pagan culture of the classical *(Greek)* world. Tertullian claims, "What has Jerusalem *(Christianity)* to do with Athens *(Greek philosophy)*? After Jesus Christ we have no need of speculation, after the Gospel no need of research." His polemic attacks against heretics are crystal clear and simple. He sees everything sharply defined as true or false, claiming that Christianity is God's truth handed down by the apostles; therefore, all later doctrines are false and must be abandoned. For the reasons above, he provides Christians with The Prescriptions against the Heretics (c.190) as a way of dissuading Christians from being tempted by heresies.

The Prescriptions against the Heretics excerpted from Early Latin Theology (vol. 5, in The Library of Christian Classics; Westminster Press; 1956)

Why Heresies Arise

The times we live in provoke me to remark that we ought not to be surprised either at the occurrence of heresies, since they were foretold, or at their occasional subversion of faith, since they occur precisely in order to prove faith by testing it (Matt. 7:15; 24:4, 11, 24; I Cor.11:19). To be scandalized, as many are, by the great power of heresy is groundless and unthinking...

Those who are surprised into admiration are frequently edified by the captives of heresy – edified to their downfall. Why, they ask, have so-and-so and so-and-so gone over to that party, the most faithful and wisest and most experienced members of the Church? Surely such a question carries its own answer. If heresy could pervert them, they cannot be counted wise or faithful or experienced. And it is surprising that a person hitherto of good repute should afterwards fall? Saul, though good beyond all others, was afterwards overthrown by jealousy. David, a good man after the Lord's heart, was afterwards guilty of murder and adultery. Solomon, whom the Lord had endowed with grace and wisdom, was led by women into idolatry. To remain without sin was reserved for the Son of God alone. If then a bishop or deacon, a widow, a virgin or a teacher, or even a martyr, has lapsed from the Creed or Rule of Faith *(the norm by which heresy is to be judged)*, must we conclude that heresy possesses the truth? Do we test the faith by persons or persons by the faith? No one is wise, no one is faithful, no one is worthy of honor unless he is a Christian, and no one is a Christian unless he preserves to the end···

Jerusalem and Athens

These heresies are human and demonic doctrines, endangered for itching ears by the ingenuity of that worldly wisdom which the Lord called foolishness, choosing the foolish things of the world to put philosophy to shame. For worldly wisdom culminates in philosophy with its rash interpretation of God's nature and purpose. It is philosophy that supplies the heresies with their equipment··· A plague on Aristotle, who taught them dialect, the art which destroys as much as it builds, which changes its opinions like a coat, forces its conjectures, is stubborn in argument, works hard at being contentious and is a burden even to itself. For it reconsiders every point to make sure it never finishes a discussion. From philosophy come those fables and endless genealogies and fruitless questionings, those "words that creep like as doth a canker."··· Aristotle had been at Athens where had had to grips with the human wisdom which attacks and pervert truth, being itself divided up into its own swarm of heresies by the variety of its mutually antagonistic sects. What has Jerusalem to do with Athens, the Church with the Academy, and the Christians with heretic? Our principles come from the Porch *(gateway of the Jerusalem temple)* of Solomon (John 10:23; Acts 5:12), who had himself taught that the Lord is to be sought in simplicity of heart. I have no use for a Stoic or a Platonic or dialectic Christianity. After Jesus Christ we have no need of speculation, after the Gospel no need of research. When we come to believe, we have no desire to believe anything else; for we begin by believing that there is nothing else that we have to believe.

The Rule of Faith

My first principle is this. Christ laid down one definite system of truth which the world must believe without qualification, and which we must seek precisely in order to believe it when we find it. Now you cannot search indefinitely for a single definite truth. You must seek until you find, and when you find, you must believe. Then you have simply keep what you have come to believe, since you also believe that there is nothing else to believe, and therefore nothing else to seek, once you have found and believed what he taught who bids you seek nothing beyond what he taught···

The Rule of Faith *(apostolic tradition)* is that by which we believe that there is but one God, who is none other than the Creator of the world, who produced everything from nothing through His Word, sent forth before all things; that this Word is called His Son, and in the Name of God was seen in diverse ways by the patriarchs, was ever heard n the prophets and finally was brought down by the Spirit and the Power of God into the Virgin Mary, was made flesh in her womb, was born of her and lived as Jesus Christ; who thereafter proclaimed a new law and a new promise of the kingdom of heaven, worked miracles, was crucified, on the third day rose again, was a caught up into the heaven and sat down at the right hand of the Father; that he sent in his place the power of the Holy Spirit to guide believers; that he will come the fruition of the life eternal and the heavenly promise and to judge the wicked to everlasting fire, after the resurrection of both good and evil with the restoration of their flesh. This Rule, taught by Christ, allows of no questions among us, except those who which heresies introduce and which make heretics. Provided the essence of the Rule is not disturbed, you may seek and discuss as much as you like. You may give full rein to your itching curiosity where any point seems unsettled and ambiguous or dark and obscure.

Continuity of Christ in the Church

Our Lord, Jesus Christ, declared himself while he lived on earth, what he was, what he had been, how he was fulfilling his Father's will, what he was laying down as man's duty. On his return to his Father after the resurrection, Jesus ordered his disciples to go and teach the nations, baptizing them into the Father and into the Son and into the Holy Spirit···

On this ground, therefore, we rule our prescriptions. If our Lord, Christ Jesus, sent the apostles to preach, none should be received as preachers except in accordance with Christ's institution... Let the heretics invent something of the sort for themselves. Blasphemers already, they will have no scruples... But even if they do invent something, it will be useless to them. If their teaching is compared with the teaching of the apostles, the differences and contradictions between them will cry out that theirs is not the work of any apostle or apostolic man...

Corruption of the Scriptures and of their interpretation is to be expected wherever difference in doctrine is discovered. Those who propose to teach differently are of necessity driven to tamper with the literature of doctrine, for they could not have taught differently had they not possessed different sources of teaching… Now, in our sources, what is there to contradict our teaching? What have we imported of our own making that we should find it contradicted in the Scripture, and remedy the defect by subtraction or addition or alteration? What we are, that the Scriptures have been from their beginning.

Sources:

"The Prescriptions against the Heretics" excerpted from Early Latin Theology (vol. 5, in The Library of Christian Classics; Westminster Press; 1956)

"Tertulian of Carthage": http://www.ntcanon.org/Tertulian.shtml

"Tertulian": http://en.wikipedia.org/wiki/Tertulian

"Tertulian: General Information": http://mb-soft.com/believe/txs/tertuli.htm

"Tertulian (1902 Encyclopedia): http://www.1902encylopedia.com/T/TER/tertullian.htm

---

* Montanism: A second century apocalyptic movement named after its leader Montanus who begins to preach in Phrygia in 156. His followers expect a speedy outpouring of the Holy Spirit on the Church, and it is said that they see the first manifestations of this in their leaders.

05. Origen of Alexandria (c.185~c.254): Pioneer of Systematic Theology

Nationality: Ancient Egyptian during the Roman Empire

Places of birth and death: Alexandria, Egypt in the Roman Empire; Caesarea & buried in Tyre in Lebanon

Language(s): Greek, Latin

Education: His father, teacher of Greek literature, educates his son in both Hellenistic and Biblical studies; Student of Ammonius Saccas, the famed founder of Neo-Platonism; Student & successor of Clement

Title: Theologian and teacher; One of the Greek Fathers of the Church; Spiritual writer and critic

Post: Head of the Catechetical School in Alexandria (c.211~232); Ordained priest in Palestine

Major Activities: His father St. Leonides is martyred in the outbreak of the persecution during the reign of Emperor Septimius Severus (202); Clement's student & successor to leadership of the Catechetical School in Alexandria (203~231); Castrates himself so as to tutor women without suspicion; Risks his life countless times in encouraging martyrs; Goes to Palestine and establishes a school in Caesarea (231); Tortured under Decius at an old age and dies shortly after.

Publication: On First Principles *(As his major work (212~215), a textbook of instruction which covers a wide range of doctrinal topics, especially for those who have questions outside & beyond the apostolic tradition)*; Textual studies on Old Testament; On Prayer (c.233); Exhortation to Martyrdom (c.235); Commentaries on most Books of the Bible and Homilies (c.248); A Defense of Christianity against Celsus (c.248) *(His "True Discourse"(178) is the earliest literary attack on Christianity)*

Contribution: His work, On First Principles, the first Christian treaties of systematic theology, serves as an important link in the development of the medieval system of typology. It is claimed that with his work, Christianity not only emerges into the light of history but also takes the shape. Prepared on almost the entire Bible

Information related to his writing: About 180s, Christian leaders in Alexandria (i.e. St. Pantaenus (d.c.190), Clement (c.150~c.215)) who are trained in the classical literature and philosophy of the past, consider that their ideas related to a systematic exposition can be used in the formation of Christian theology. For this reason, Origen formulates a coherent system of Christian philosophy titled "On First Principles," the first Christian treaties of systematic theology.

On First Principles excerpted from London: S.P.C.K. (1936) trans. G. W. Butterworth

I. Preface 3

The holy apostles, when preaching the faith of Christ, took certain doctrines, those namely which they believed to be necessary ones, and delivered them in the plainest terms to all believers, even to such as appeared to be somewhat dull in the investigation of divine knowledge. The grounds of their statements they left to be investigated by such as should merit the higher gifts of the Spirit and in particular by such as should afterwards receive through the Holy Spirit himself the grace of language, wisdom, and knowledge. There were other doctrines, however, about which the apostle simply said things were so, keeping silence as to how or why; their intention being to supply the fruit of their ability. The men I refer to are those train themselves to become worthy and capable of receiving wisdom.

I. Preface 4

That kind of doctrines which are believed in plain terms through the apostolic teaching are the following: First, that God is one, who created and set in order all things, and who, when nothing existed, caused the universe to be working···

Then again, Jesus Christ who came to earth was begotten of the Father before every created thing. And after he had ministered to the Father in the foundation of all things, for "all things were made through him" (John 1:3), in these last times he emptied himself and was made man, was made flesh, although he was God (Phil. 2:7); and being made man, he still remained what he was, namely God. He took to himself a body like our body, differing in this alone, that it was born of a virgin and of the Holy Spirit. And this Jesus Christ was born and suffered in truth and not merely in appearance, and truly died our common death. Moreover he truly rose from the death, and after the resurrection companied with his disciples and was then taken up into heaven.

Then again, the apostles delivered this doctrine, that the Holy Spirit is united in honor and dignity with the Father and the Son. In regard to him it is not yet clearly known whether he is to be thought of as begotten or un-begotten, or as being himself also a Son of God or not; but these are matters which we must investigate to the best of our power from holy scripture, inquiring with wisdom and diligence.

I. Preface 5

Next after this the apostles taught the soul, having a substance and life of its own, will be rewarded according to its deserts after its departure from this world; for it will either obtain an inheritance of eternal life and blessedness, it its deeds shall warrant this, or it must be given over to eternal fire and torments, if the guilt of its crimes shall so determine. Further, there will be a time for the resurrection of the dead, when this body, which is now "sown in corruption" shall "rise in incorruption" shall "rise in Glory" (1 Corinthians 15:42)...

I. Preface 8

Then there is the doctrine that the scriptures were composed through the Spirit of God and that they have not only that meaning which is obvious, but also another which is hidden from the majority of readers. For the contents of scripture are the outward from of certain mysteries and the images of divine things. On this point the entire Church is unanimous, that while the whole law is spiritual, the inspired meaning is not recognized by all, but only by those who are gifted with the grace of the Holy Spirit in the word of wisdom and knowledge.

Sources: <u>On First Principles</u> excerpted from London: Society for Promoting Christian Knowledge Publishing Company (1936) trans. G. W. Butterworth

"Origen": http://en.wikipedia.org/wiki/Origen

"Origen" from New World Dictionary: http://www.newworldenclyopedia.org/entry/Origen

"Origen on First Principle": http://www.amazon.com/Origen-First-Principles-Intoduction

Summarization: This writing composed between 212 and 215 is designed to be read only by those who are solidly grounded in their faith and in philosophy training. The Work is divided into Four Parts.

Part 1 deals with the concept and relationship between & among the Creator and the Creatures, the logos, the Holy Spirit, Reason, and Angels.

Part 2 explains the relationship among the world and man including the incarnation of the logos, the soul, free will, eschatology, & the infinite mysteries of the eternal godhead.

Part 3 describes thc doctrine of the sin and redemption.

Part 4 focuses on the interpretation of the Holy Scripture based on allegorical approach.

---

* Allegorical interpretation: A reading of a text with a view to finding other than literal meaning.

* Decius (c.201~251): Roman emperor who commanded troops of Emperor Philip on the Danube and conducted first systematic persecution of Christians and is killed in Thrace in battle with Goths.

* Eschatology: The branch of theology dealing with the end of the world or of humanity.

06. St. Athanasius of Alexandria (c.296~373): Adversary of Arianism

Nationality: Ancient Egyptian, Roman Empire

Places of Birth & Death: Alexandria, Roman Egypt; Alexandria, Roman Egypt

Language(s): Greek; Coptic

Education: Born & grows up in a Christian family; Student of theology; As a child, he serves the devout monks who live alone in the Egyptian desert and as an adult, holds a deep respect for them; Receives secular, philosophical, and theological training in Alexandria; Theological School of Alexandria

Title: Greek theologian in Egypt; Saint; Father of Orthodoxy; One of the Four Great Doctors of the Church; Pillar of the Church; Confessor of the Church; Renowned Christian theologian

Post: Deacon (319); Prelate; Alexander's Secretary at the First Council of Nicaea (325); Archbishop and Pope of Alexandria (328~373)

Major Activities: Lifelong opponent of Arianism; Attends Council of Nicaea as deacon (325); Refuses to obey command of emperor to reinstate Arius; Tried by partisan Council of Tyre (335); Exiled five times: (1st exile) by Emperor Constantine I to Trier, Germany (335~337); (2nd exile) by Emperor Constantius II in Rome (339~346); (3rd exile) by Emperor Constantius II in the Egyptian desert (356~362); (4th exile) by Emperor Julian in the Egyptian desert (362~363); (5th exile) by Emperor Valeno to his father's tomb (365~366); Advocates Homoousian doctrine; Finds asylum with Pope Julius I; Vindicated by Western Council at Sardica (343); Restores during his last years (366~373) and lives mostly with Egyptian hermits.

Publication: Against the Heathen (c.319); The Incarnation of the Word of God (c.320); Four Orations against the Arians (362); History of the Arians (346~373); Apology against the Arians (c.357); On the Decrees of the Nicene Synod (366~373);

Defense before Emperor (357); The Life of St. Anthony (356~362)

Contribution: The Christological issue which becomes of major importance during the 4th century is Athanasius' major contribution. As explicated in his works, The Incarnation of the Word of God (c.320) and Apology against the Arians (c.357) powerfully present an historical source of primary value regarding the heretic issues and refutations. That is, he defends the idea of the incarnation: the belief that God assumes human nature in the person of Jesus Christ, which proves to be one of the most important issues in the Arian controversy.

Situational information related to his defense: "Apology against the Arians"
After Athanasius returned from Rome to Alexandria as his second exile (339~346), the Arian party led by Eusebius of Nicomedia (?~342), the leader of the Arian party, renewed the old slanders against him. Athanasius prepared this collection of documents for his own defense around 357.

"Apology against the Arians" (c.357): Excerpted from Schaff, Philip & et al (1892). Nicene and Post-Nicene Fathers, Second Series, Vol. 4. Buffalo, NY: Christian Literature Publishing Co. Translated by M. Atkinson and Rev. Archibald Robertson.

"Apology/Defense against the Arians"

Chapter 1: Introduction

Paragraph 01

I supposed that, after so many proofs of my innocence had been given, my enemies would have shrunk from further enquiry, and would now have condemned themselves for their false accusations of others. But as they are not yet abashed, though they have been so clearly convicted, but, as insensibly to shame, persist in their slanderous reports against me, professing to think that the whole matter ought to be tried over again; I therefore thought it necessary to make my defense unto you, that you may listen to their murmurings no longer, but may denounce their wickedness and base calumnies. And it is only to you, who are men of sincere minds, that I offer a defense: as for the contentious, I appeal confidently to the decisive proofs which I have against them… First of all, it was tried in my own country in an assembly of nearly 100 of its Bishops; a second time at Rome, when, in consequence of letters from Eusebius, both they and we were summoned, and more than 50 Bishops met; and a third time in the great

Council assembled at Sardica by order of the most religious Emperors Constantine II and Constans I, when my enemies were degraded as false accusers, and the sentence that was passed in my favor received the suffrage of more than 300 Bishops, out of the provinces of Egypt, Libya, Arabia, Palestine, Macedonia, Sicily, Sardinia, Spain, Gaul, Britain, the whole of Africa, and many others...

The following are the letters written in my favor by the Bishops in several Councils, and first the letter of the Egyptian Bishops.

Paragraph 03

Dearly beloved brethren, we might have put forth a defense of our brother Athanasius as respects the conspiracy of Eusebius and his fellows against him, and complained of his sufferings at their hands, and have exposed all their false charges either at the beginning of their conspiracy or upon his arrival at Alexandria. But circumstances did not permit it then, as you also know; and lately, after the return of the Bishop Athanasius, we thought that they would be confounded and covered with shame at their manifest in justice; in consequence we prevailed with ourselves to remain silent. However, after all his severe sufferings, after his retirement into Gaul, after his sojourn in a foreign and far distant country in the place of his own, after his narrow escape from death through their calumnies, but thanks to the clemency of the Emperor, -- distress which would have satisfied even the most cruel enemy -- they are still insensible to shame, are again acting insolently against the Church and Athanasius; and from indignation at his deliverance venture on still more atrocious schemes against him, and are ready with an accusation, fearless of words in the Holy Scripture, Proverbs 19: 5-9, 'A false witness will not go unpunished,' we therefore are unable longer to hold our peace, being amazed at their wickedness and at the insatiable love of contention displayed in their intrigues···

Paragraph 06

When Arius, from whom the heresy of the Arian madmen has its name, was cast of the Church from his impiety by Bishop Alexandria, of blessed memory, Eusebius and his fellows, who are the disciples and partners of his impiety, considering themselves also to have been ejected, wrote frequently to Bishop Alexander, beseeching him not to leave the heretic Arius out of the Church. But when Alexander in his piety towards Christ refused to admit that impious man, they directed their resentment against Athanasius, who was then a Deacon, because in their busy enquiries they had heard that he was much in the familiarity of Bishop Alexander, and much honored by him. And their hatred of him was greatly increased after they had experience of his piety towards

Christ, in the Council assembled at Nicaea, wherein he spoke boldly against the impiety of the Arian madmen. But when God raised him to the Episcopate, their long-cherished malice burst forth into a flame, and fearing his orthodoxy and resistance of their impiety, they are engaged in all manner of treacherous designs against him. They prejudiced the Emperor against him; they frequently threatened him with Councils; and at last assembled at Tyre; and to this day they cease not to write against him, and are so implacable that they even find fault with his appointment to the Episcopate, taking every means of showing their enmity and hatred towards him, and spreading false reports for the sole purpose of thereby vilifying his character···

Chapter 2: Letter of Julius (Bishop of Rome) to the Eusebians at Antioch

Paragraph 23

The Arians who were excommunicated for their impiety by Alexander, the late Bishop of Alexandria, of blessed memory, were not only proscribed by the brethren in the several cities, but were also anathematized by the whole body assembled together in the great Council of Nicaea. For theirs was no ordinary offence, neither had they sinned against man, but against our lord Jesus Christ Himself, the Son of the living God. And yet these persons who were proscribed by the whole world, and branded in every Church, are said now to have been admitted to communion again; which I think even you ought to hear with indignation. Who then are the parties who dishonor a council? Are not they who have set at naught the votes of the Three hundred, and have preferred impiety to godliness? The heresy of the Arian madmen was condemned and proscribed by the whole body of Bishops everywhere; but the Bishops Athanasius and Marcellus have many supporters who speak and write in their behalf. We have received testimony in favor of Marcellus. That he resisted the advocates of the Arian doctrines in the Council of Nicaea; and in favor of Athanasius, that at Tyre nothing was brought home to him, and that in the Mareotis, where the Reports against him are said to have been drawn up, he was not present. Now you know, dearly beloved, that ex-parte *(only one-sided)* proceedings are of no weight, but bear a suspicious appearance. Nevertheless, these things being so, we, in order to be accurate, and neither showing any prepossession in favor of yourselves, nor of those who wrote in behalf of the other party, invited those who had written to us to come hither; that, since there were many who wrote in their behalf, all things might be enquired into in a council, and neither the guiltless might be condemned, nor the person on his trial be accounted innocent. We then are not the parties who dishonor a council, but they who at once and recklessly have received the Arians whom all had condemned, and contrary to the decision of the judges. The greater part of those judges have now departed, and are with Christ; but some of them are still in this life of trial, and are indignant at learning that certain persons have set aside their judgment.

Sources:

Apology against the Arians (c.357): Excerpted from Schaff, Philip & et al (1892). Nicene and Post-Nicene Fathers, Second Series, Vol. 4. Buffalo, NY: Christian Literature Publishing Co.

"Athanasius: Selected Works and Letters": http://www.ccel.org/ccel/shaff/npnf204.toc.html

"Defense before Constantius": http://www.elpenor.org/athanasius/defense-constantius.asp

"Athanasius of Alexandria": http://n.wikipedia.org/wiki/Athanasius_of_Alxandria

"St. Athanasius the Great Defense before Constantius":
http://www.newadvent.org/fathers/28081.htm

Comments: This defense contains the proceedings and decisions of previous synods and important letters of high ranking clergies and persons dealing with Athanasius including the history of the Arian controversy. To prove his own innocence, Athanasius gives a series of documents from his departure of Rome to his return to Alexandria. For the reasons above, he prepared this lengthy defense consisting of 90 chapters. To be specific, Chapters 3-19 provide the Encyclical Letter of the Council of Egypt in which the Egyptian prelates give an account of the election of Athanasius, the slanders against him, the testimony available for his defense and call upon the all bishops who can be the supporters against such injustice. Chapters 20-35 deal with the letter that Pope Julius wrote to the bishops of the Eusebian party at Antioch, defending Athanasius and reproaching them for their disrespect to the Council of Nicaea and the See of Rome. Chapters 36-50 deal with the 3 letters from the Council of Serdica that request (1) the rehabilitation of Athanasius, and (2) the deposition and excommunication of the Arian leaders. Chapters 51-58 narrate the letters of the Emperor Constantius, Pope Julius, and of the bishops of Palestine, and of others, all of which follow to the Council of Serdica. Chapters 59-63 include his quotes related to the letters of Constantine from the Synod of Tyre (333). Chapters 71-83 display the proceedings of this synod, and chapters 84-88 present the related documents. In the two final chapters (89~90) he indicates the sufferings of the bishops of Italy, Gaul and Spain, esp. Pope Liberius and the great bishop Ossius as proof that they believed in his innocence. It is because they endured exile rather than desert Athanasius' cause.

* The First Council of Nicaea (325): The First Council was convened by Emperor Constantine upon the recommendations of a synod which had been charged with investigation of the trouble initiated by the Arian controversy in the Greek-speaking east. Most bishops thought that the teachings of Arius (250~336) were considered as heretic and dangerous to the salvation of souls. In the summer of 325, the bishops of all provinces were summoned to Nicaea (a village in northern Asia Minor, now part of Iznik, Turkey) so as to resolve disagreements arising from within the Church of Alexandria regarding the nature of the Son in relationship to the Father. Specifically, the issue was whether Jesus was the literal son of God or he was just a figurative son. St. Athanasius claimed the first position; whereas, the presbyter Arius and his followers took the second. The Council decided against the Arians overwhelmingly: 250 out of 318 attendants. On July 4, 325, three hundred overseers including 2,000 elders and deacons arrived in Nicaea. Constantine proclaimed himself an overseer and apostle directed the council. Perhaps Constantine was not interested in whether Jesus was God or not, but he wanted a unity of his Empire. To restore unity, he invited all overseers to Nicaea. At the Council, besides the Christological issue of Jesus and his relationship to God the Father, several topics discussed are Arianism, Celebration of Easter (Passover), Ordination of eunuchs, Prohibition of kneeling on Sundays and from Easter to Pentecost, and Validity of baptism by heretics. Regarding the Christological issue of Jesus, Theodoret of Cyrus (c.393~c.457) records the following transaction in his work, The History of Christianity (c.420) in Chapter 12, Book 1

* Theodoret of Cyrus (c.393~c.457), Christian bishop of Cyrus, Syria, recorded part of matters transacted at the Council of Nicaea for those bishops who were not present.

* Homoousian: A doctrine supporting the Council of Nicaea's Trinitarian definition of Jesus as consubstantial with God the Father, which is believed to have been designed to exclude Arianism.

* See of Rome: "See" refers to cathedra, office of a bishop

* Constantius I, the Great (c.250~305): Roman emperor (305~306)

* Constantius II (c.321~361): Roman emperor (337~361). Upon the death of his father, Constantius the Great, the empire was divided with his brother, Constans I.

* Constans I (c.323~350): Roman emperor (337~350)

07. St. Basil the Great (329~379): Cappadocian Father Who Influenced The Development of Christian Monasticism

Nationality: Ancient Cappadocian during the Roman province of Cappadocia

Paces of birth and death: Caesarea (not the one in Palestine) in Cappadocia, Asia Minor (Modern day Kayseri, Turkey); Died at Caesarea, Cappadocia

Language(s): Greek, Latin

Education: From a wealthy and devout Christian family; Takes his early education from his lawyer father; A number of his family members (i.e. grandmother, parents, brother, sister (St. Macrina the Younger, c.327~379) are honored as saints; Attends schools of rhetoric Caesarea of Cappadocia and Constantinople; Enrolls at the University of Athens, the greatest school of the day (335)

Title: The Cappadocian Fathers along with his younger brother, Gregory of Nyssa (c.330~c.395) and his friend Gregory of Nazianzu (330~389); Early Christian Father; Ordained monk (364); Earned the title, "Great" not only for his teachings, but also for his action and life

Post: Chair of rhetoric at the University of Caesarea (c.356); Administrator, advisor, professor, and preacher; Founded monastic community (c.358); Bishop of Caesarea(370); Bishop of Metropolitan Cappadocian (370); Exarch of the civil diocese of Pontus;

Major Activities: Influenced by his sister's advice and his younger brother's sudden death, baptized and decides to renounce ideas of high office in favor of ascetic life; Travels widely to meet various hermits and holy men of the desert in Egypt, Syria, Palestine, and Mesopotamia and vows to follow their example of devotion to Christ; Meets Gregory of Nazianzu while at Athens and becomes life-long friends; With his brother and friend, sells and distributes most of his property to the poor and the sick; Retreats to a remote place in northeastern Asia Minor to found a small monastic commune where they can pray and meditate without distractions (c.358), which serves as a basic monastic role-model for all Eastern monasticism; Organizes his monastic community in Caesarea for practical social work while setting up a hospital and a school, helping the poor; There is more loving obedience with less harsh disciplines in his monastery (Moderate communal asceticism); Valens, Arian Roman Emperor of the East (364~378), severely persecutes Christians, for which Basil defends orthodoxy.

Publication: On the Holy Spirit(c. 375); The Six Days of Creation (387); Treaties on the Holy Spirit (375); Liturgy of St. Basil (c.375~78); Books against Eunomius (c.233); An Anthology of St. Origen (357~358) ; Rules of Ethical Manuel (c.372~c.375); Refutation of the Apology of the Impious Eunomius (c.363~364)

Contribution: Develops and perfects the Trinitarian theology of St. Athanasius. Their collected theological endeavor establishes the foundations of Orthodox Christian Trinitarian theology. The indirect termination of the Arian controversy after the Council of Constantinople (381) is a contribution to his success. In addition, his work, On the Holy Spirit, serves as theological foundations for the Eastern Orthodox and the Nicene-Constantinopolitan Creed of 381. As defender of the Trinity and chief organizer of ascetic community life in the East, he has been one of the most influential figures in the development of Christian monasticism.

Information related to his writing: In a nutshell, On the Holy Spirit is dedicated to St. Ampilochius, bishop of Iconium (c.340~395) who is a cousin of Gregory Nazianzus and defender of Nicene Orthodoxy. However, the situational event for his defense is the accusation from his opponents (e.g. Aetius, Euromius) that Basil uses the inappropriate doxology in public worship. That is, Basil's use of doxology, "glory to the Father *with the Son together with the Holy Spirit*" is inappropriate in terms of expressing distinctive levels of glory appropriate three persons of the Holy Spirit. They claim that a traditional formula, "glory to the Father *through the Son in the Holy Spirit*" is superior and more precise in distinctive contextual meanings. That is, the preposition "from" is best used concerning the Father "from" whom the cause of all things is related with or originated; "through" the Son of God "through" whom every soul is to be judged or saved as an instrumental role; and "in" indicates the time and place for such action mysteriously operated by the Holy Spirit. In opposition to their claims, Basil affirms that the Church did know and use both formulas based on its own context and meaning. On the Holy Spirit, he demonstrates the analysis of both formulas and their respective usages including the theological meanings of each.

On the Holy Spirit (c. 375)

Chapter 01: Prefatory Remarks on the Need of Exact Investigation of the most minute Portions of Theology

Paragraph 1: You desire for information, my right well-beloved and most deeply respected brother Amphilochius, I highly commend, and not less your industrious energy. I have been exceedingly delighted at the care and watchfulness shown in the expression of your opinion that of all the terms concerning God in every mode of speech, not one ought to be left without exact investigation. You have turned to good account your reading of the exhortation of the Lord, "Every one that asked received, and he that sought found," and by your diligence in asking might, I think, stir even the most reluctant to give you a share of what they possess. And this in you yet further moves my admiration, that you do not, according to the manners of the most part of the men of our time, propose your questions by way of mere test, but with the honest desire to arrive at the actual truth. There is no lack in these days of captious listeners and questioners; but to find a character desirous of information, and seeking the truth as a remedy for ignorance, is very difficult. Just as in the hunter's snare, or in the soldier's ambush, the trick is generally ingeniously concealed, so it is with the inquiries of the majority of the questioners who advance arguments, not so much with the view of getting any good out of them, as in order that, in the event of their failing to elicit answers which chime in with their own desires, they may seem to have fair ground for controversy.

Chapter 02: The Origin of the Heretics' Close Observation of Syllables.

Paragraph 1: The petty exactitude of these men about syllables and words is not, as might be supposed, simple and straightforward; nor is the mischief to which it tends a small one. There is involved a deep and covert design against true religion. Their pertinacious contention is to show that the mention of Father, Son, and Holy Ghost is unlike, as though they will thence find it easy to demonstrate that there is a variation in nature. They have an old sophism, invented by Aetius, the champion of this heresy, in one of whose Letters, there is a passage to the effect that things naturally unlike are expressed in unlike terms. In proof of this statement he drags in the words of the Apostle, "One God and Father of whom are all things, and one Lord Jesus Christ by whom are all things." "Whatever, then, "he goes on, " is the relation of these terms to one another, such will be the relation of the natures indicated by them; and as the term of whom' is unlike the term by whom,' so is the Father unlike the Son." On this heresy depends the idle subtlety of these men about the phrases in question. They accordingly assign to God the Father, as though it were His distinctive portion and lot, the phrase "of Whom;" to God the Son they confine the phrase "by Whom;" to Holy Spirit that of "in Whom," and say that this use of the syllables is never interchanged, in order that, as I have already said, the variation of language may indicate the variation of nature. In truth, it is sufficiently obvious that in their quibbling about the words they are endeavoring to maintain the force of their impious argument. By the term "of whom" they wish to indicate the Creator; by the term "through whom," the subordinate agent or instrument; by the term 'in whom," or "in which," they mean to show the time or place. The object of all this is that the Creator of the universe may be regarded as of no higher dignity than an instrument, and that the Holy Spirit may appear to be adding to existing things, nothing more than the contribution derived from place or time.

Chapter 22: Establishment of the Natural Communion of the Spirit from His being, equally with the Father and the Son, unapproachable in Thought

Paragraph 53: Moreover the surpassing excellence of the nature of the Spirit is to be learned not only from His having the same title as the Father and the Son and sharing in their operations, but also from His being like the Father and the Son, unapproachable in thought. For what our Lord says of Father as being above and beyond human conception, and what He says of the Son, this same language He uses also of the Spiri t··· And He said the same concerning the Spirit. "The Spirit of truth," He says, "whom the world cannot receive, because it does not see Him, neither knows Him; but you know Him, for He dwells with you." For the carnal man who has never trained his mind to contemplation, but rather keeps it buried deep in lust of the flesh as in mind, is powerless to look up to the spiritual light of the truth. And so the world whose life is enslaved by the affections of the flesh, can no more receive the grace of the Spirit than a weak eye the light of a sunbeam. But the Lord who by His teaching bore witness to purity of life, gives to His disciples the power of both beholding and contemplating the Spirit. He says "You are clean through the world which I have spoken to you," whereof "the world cannot receive Him, because it sees Him not; for He dwells with you."

Sources:
"St. Basil the Great": http://www.cin.org/saints/basilgre.html
"St. Basil and the Development of Pneumatology in the Fourth Century":
http://catholiccanada.wordpress.com/2010/04/st-basil-and-the
"St. Basil the Great": http://www.catholicculture.org/culture/library/view.cfm?recnum
"Basil the Great-On the Holy Spirit": http://www.myriobiblos.gr/texts/english/basil_spiritu.html

Schaff & Wace (1894). Post-Nicene Fathers of the Christian Church, Series II, v.8, London
Fitzgerald, Brian Ephrem (2003). "Saint Basil the Great, On the Holy Spirit." Presented at St. Philip's Antioch Orthodox Church. Souderton, PA

Comments: On the Holy Spirit consists of 30 chapters. The selected titles of the chapters closely related to his defense addressing Trinitarian theology are listed for your reference. For other titles that are not listed, refer to the source provided below.

Chapter 03: The systematic discussion of syllables is derived from heathen philosophy
Chapter 05: That "through whom" is said also in the case of the Father, and "of whom" in the case of the Son and of the Spirit
Chapter 09: Definitive conceptions about the Spirit which conform to the teaching of the Scriptures.
Chapter 19: Against those who assert that the Spirit ought not to be glorified.
Chapter 20: Against those who maintain that the Spirit is in the rank neither of a servant nor of a master, but in that of the free.
Chapter 21: Proof from Scripture that the Spirit is called Lord.
Chapter 22: Establishment of the natural communion of the Spirit from his being, equally with the Father and the Son, unapproachable in thought.
Chapter 24: Proof of the absurdity of the refusal to glorify the Spirit from the comparison of things glorified in creation.
Chapter 25: That Scripture uses the words "in" or "by," in place of "with." Wherein also it is proved that the word "and" has the same force with "with."
Chapter 26: That the word "in," in as many senses as it bears, is understood of the Spirit.
Chapter 27: Of the origin of the word "with," and what force it has. Also concerning the unwritten laws of the church.
Chapter 28: That our opponents refuse to concede in the case of the Spirit the terms which Scripture uses in the case of men, as reigning together with Christ.

Source:
http://www.myriobiblos.gr/tet/english/basil_spiritu.htmal

* Euromius (d.394): A student of Aetius and Arian bishop of Cyzicus

* Aetius (d.366): Arian sophist, dialectician at Alexandria, and was made a bishop by the Arians

* St.Amphilochius (c.340~395): Bishop of Iconium from 373. A cousin of Gregory Nazianzus and was a president of the Council of Side (390) which excommunicated the Messalinas.

* Messalinas or Euchites: A pietistic mendicant sect originated in Mesopotamia in the 4th century, which was condemned at the Council of Ephesus in 431, but survived until the 7th century. They claimed that in consequence of Adam's sin, everyone had a demon united with their soul. This demon, which was not expelled by Baptism, should be liberated only by concentrated and ceaseless prayer so as to eliminate all passion and desire.

* Niceno-Constantinople Creed (381): This Creed often means the longer formula than that of the Nicaea Creed (325) drawn up to defend the orthodox faith against Arianism.

* Exarch: Bishop in the Eastern Orthodox Church.

* The Council of Rimini (359): Emperor Constantius summoned the bishops of the East and West respectively to deal with the Arian dispute. Although the majority at Rimini were orthodox, under imperial pressure they subscribed to an Arian Creed. Therefore, Christians with Trinitarian doctrine claimed that the Council of Rimini was invalid because the Pope Liberius was neither consulted about nor presented at the Council.

* Doxology: An expression of praise to God, esp. a short hymn sung as part of a Christian worship service as exemplified in Rom 16:27 ("be glory forever through Jesus Christ"); Exodus 15:18; Psalm 146:10; 1 Pet 5:11

08. St. John Chrysostom (c.347~407): Supreme Preacher called "The Golden-Mouthed"

Nationality: Ancient Eastern Roman during the 4th century

Places of birth and death: Born and raised in Antioch, Syria; Comana in Pontus, Province south of the Black Sea in Asia Minor

Language(s): Greek; Latin

Education: His mother, Anthusa, devoted herself to his spiritual nurture and general education; Studied rhetoric under the world-famous teacher, Libanius, at Antioch (365)

Title: Ordained deacon (381);Ordained priest (386); Bishop of Constantinople (398); Lawyer; Preacher; Teacher; Effective public speaker (e.g. "Preaching improves me. When I begin to speak, weariness disappears; when I begin to teach, fatigue too disappears" (http://www.christianitytoday. com/ch/131christians/pastorsandprea)

Post: Patriarch of Constantinople (398); Preacher at Antioch (386~397)

Major Activities: After the death of his mother, flees from the seductions of city life to the monastic solitude of the mountains; Life of a monk and hermit in mountains for six years (370s); Preaches in main church of Antioch (386~397); Supports the orthodox faith of Nicaea against Arianism; Opposes the allegorical exegesis of Scripture while stressing the importance of the literal sense; Delivers a powerfully persuasive speech, "On the Statues" (387); Condemned and deposed (403) at the Synod of the Oak packed by the Theophilus but soon recalled; His preaching against Empress Eudoxia antagonizes her and exiled to Armenia (404); Banishes to remote Black Sea (407); Dies on route at Comana in Pontus, Asia Minor; Remains returned for burial in Constantinople (438)

Publication: Apologist (362); On marriage and family life (347); Comparison between a king and a monk (c.367); Baptismal Instructions (c.368); The Priesthood (368); On Virginity (369); On the Incomprehensible Nature of God (369); Discourse against Judaizing Christians (c.386~387); On Repentance and Almsgiving (387); Homilies on

Genesis (390); On Living Simple (392); More than 600 sermons and homilies stressed on the instruction of Christian populace about their daily concerns: (75 on Genesis, 140 on the Psalms, 77 on the Prophets; 44 on the Acts; 244 on the Epistles)

Contribution: His inspirational speeches rooted in a personal relationship with God contribute not only to the direction of the Christian vision but also to the preaching skills throughout the Christian world.

Situational information related to his preaching: When Eutropius, minister of state of Eastern Roman Empire, loses favor from Emperor Theodosius I (347~395), is deposed from his office. He flees to the altar of St. Sophia for sanctuary where Chrysostom serves as the bishop. In an hour of rage against extra taxes, people of Antioch tear down and drags the street statues of the Emperor Theodosius and his deceased wife. Then they wait the imperial punishment in agony, Chrysostom succeeds in calming them and saves Eutropius from the mob with his memorable series of sermon, "On the Statues." While Chrysostom holds his vast audience by one of his most dramatic sermons, Eutropius escapes the church on a premise that his life can be spared. But he is deprived of his property and honors and banishes to Cyprus. General Gainas insists on the necessity of his death, brings him back to Chalcedon, tries on a charge of using imperial ornaments, and beheaded (399).

"On the Statues" (387): One of his memorable series of sermon

"Vanity of vanities, all is vanity," – it is always seasonable to utter this, but more especially at the present time. Where are now the brilliant surroundings of your consulship? Where are the gleaming torches? Where is the dancing, and the noise of dancers' feet, and the banquets and the festivals, where are the garlands and the curtains of the theater, where is the applause that greeted
(05) you in the city, where are the acclamation in the hippodrome and the flatteries of spectators? They are gone – all gone: a wind has blown upon the tree, shattering down all its leaves, and showing it to us quite bare, and shaken to its very root; for so great has been the violence of the blast that it has given a shock to all these fibers of the tree and threatens to tear it up from the roots…

Was I not continually telling you that wealth was a runaway? But you would not heed me. Did I not tell you that it was an unthankful servant? But you would not be persuaded. Behold, actual experience has now proved that it is not only a runaway and ungrateful servant, but also a murderous one, for it is this which caused you now to fear and tremble. Did I not say to you when you continually rebuked me for speaking the truth, "I love you better than they do who flatter you?" "I who reprove you care more for you than they who pay you court?" Did I not add to these words by saying that the wounds of friends were more to be relied upon than the voluntary kisses of enemies? If you had submitted to my wounds, their kisses would not have wrought you this destruction: for my wounds work health, but their kisses have produced an incurable disease…

Now I say these things not by way of reproaching him, or insulting his misfortune, but from a desire to soften your minds toward him, and to induce you to compassion, and to persuade you to be contented with the punishment that has already been inflicted. For since there are many inhuman persons amongst us who are inclined, perhaps, to find fault with me for having admitted him to the sanctuary, I parade his sufferings from a desire to soften their hardheartedness by my narrative…

Since, then, your hard rock has turned into deep and fertile soil, let us hasten to produce some fruit of mercy and display a luxuriant crop of pity by falling down before the Emperor, or rather by imploring the merciful God so to soften the rage of the Emperor, and make his heart tender, that he may grant the whole of the favor we ask. For indeed already since that day when this man fled here for refuge no slight change has taken place; for as soon as the Emperor knew that he had hurried to this asylum, although the army was present, and incensed on account of his misdeeds, and demanded him to be given up for execution, the Emperor made a long speech endeavoring to allay the rage of the soldiers, maintaining that not only his offenses, but any good deed he might have done, ought to be taken into account, declaring that he felt gratitude for the latter, and was prepared to forgive him as a fellow creature for deeds that were otherwise. And when they again urged him to avenge the insult done to the imperial majesty, shouting, leaping, and brandishing their spears, he shed streams of tears from his gentle eyes, and having reminded them of the Holy Table to which the man had fled for refuge, he succeeded at last in appeasing their wrath.

Moreover, let me add some arguments that concern us. For what pardon could you deserve, if the Emperor bears no resentment when he has been insulted, but you who have experienced nothing of this kind display so much wrath? And how after this assembly has been dissolved will you handle the holy mysteries, and repeat the prayer by which we are commanded to say "forgive us as we also forgive our debtors," when you are demanding vengeance upon your debtor? Has he inflicted great wrongs and insults on you? I will not deny it. Yet this is the season not for judgment, but for mercy; not for requiring an account, but for showing loving-kindness; not for investigating claims, but for conceding them; not for verdicts and vengeance, but for mercy and favor. Let no one, then, be irritated or vexed, but let us rather beseech the merciful God to grant him a respite from death, and to rescue him from his impending destruction, so that he may put off his transgression, and let us unite to approach the merciful Emperor, beseeching him for the sake of the Church, for the sake of the altar, to concede the life of one man as an offering to the Holy Table. If we do this, then the Emperor will accept us, and even before his praise we shall have the approval of God, who will bestow a large recompense upon us for our mercy. For as He rejects and hates the cruel and inhuman, so does He welcome and love the merciful and humane man; and if such a man be righteous, all the more glorious is the crown that is wreathed for him; and if he be a sinner, He passes over his sins, granting this as the reward of compassion shown to his fellow servant. "For," He said, "I will have mercy and not sacrifice," and throughout the Scriptures you will find Him always inquiring after this, and declaring it to be the means of release from sin. Thus, then, we shall dispose Him to be propitious to us, thus we shall release ourselves from our sins, thus we shall adorn the Church, thus also our merciful Emperor, as I have already said, will commend us, and all the people will applaud us, and the ends of the earth will admire the humanity and gentleness of our city, and all who hear of these deeds throughout the world will extol us. That we then may enjoy these good things, let us fall down in prayer and supplication, let us rescue the captive, the fugitive, the suppliant, from danger that we ourselves may obtain the future blessings by the favor and mercy of our Lord Jesus Christ, to whom be glory and power, now and forever, world without end. Amen.

Sources:

Excerpted from A Select Library of the Nicene and Post-Nicene Fathers (1890), Edited by Philip Schaff. Translated by W.R.W. Stephens.

Comments: Because of John Chrysostom's effective eloquence, he is nicknamed, "The Golden-Mouthed." His effective speech derives from the comprehensive knowledge of rhetoric and philosophy with an inexhaustible verbal repertoire utilized based on appropriate rhetorical devices (e.g. repetition, dialectic discourse, antithesis, metaphor, simile, cause and effect) and his ability to vary and illustrate ideas and images that fit into the most familiar topic. Let's investigate a variety of rhetorical devices presented in his speech, "On the Statues."

(01) Repetition: A popular rhetorical device in which the same or similar sound or set of word is placed in the beginning or at the end of successive clauses or sentences. It unifies a sequence of ideas by stating the main idea more than once, and helps create a strong emotional effect.

e.g. Now is the time to make real the problem of democracy.
Now is the time to rise from the dark and desolate valley…
Now is the time to lift our nation from the quicksand of racial injustice. (Martin L. King, 1963)

"On the Statues" the Lines 02-05 show a sequence of ideas and a creation of emotional appeal. "Where are now the brilliant surroundings of your consulship? Where are the gleaming torches?... Where are the acclamation in the hippodrome and the flatteries of spectators?" As we have noted, there are *five repetitions* that unify a sequence of ideas while creating a strong emotional appeal.

(02) Dialectic Discourse: This practice is used for arriving at the truth by using dialogue involving question(s) and answer(s). This approach weighs contradictory facts or ideas with a view to the interlocutors' reason or judgment.

Lines 09-15 illustrate this type of discourse.

"Was I not continually telling you that wealth was a runaway? But you would not heed me.

Was I not continually telling you that wealth was a runaway? *(Factual question inviting an answer)*

But you would not heed me. *(Factual answer leading to the interlocutors' judgment)*

Did I not tell you that it was an unthankful servant? But you would not be persuaded…"
Lines 09-15 include *four sentence structures* related to Dialectic Discourse.

(03) Antithesis: Usually in a parallel structure, it contributes to memorable speech by highlighting contrasting ideas in balanced sentences. Antithesis provides a neatly tuned rhythm with an extra impact to the idea.

e.g. *(Jesus' famous six antitheses)*: "You have heard that it was said··· But I tell you that ···" (Matt. 5:21-45). The structure, "But I tell you···" is more emphasized in meaning than the first one.

"Ask not what your country can do for you; ask what you can do for your country." (John F. Kennedy, 1961)

Lines 18-20 and 42-44 display nine excellent examples of antithesis.

"Now I say these things not by way of reproaching him··· but from a desire to soften··· to induce ··· to persuade you···" (Lines 18-20)

"Yet this is the season not for judgment, but for mercy; not for requiring an account, but for showing loving-kindness; not for investigating claims, but for conceding them; not for verdicts and vengeance, but for mercy and favor." "Let no one be irritated···, but let us rather beseech the merciful God to grant him a respite from death ··· let us unite to approach ··· (Lines 42-58)

(04) Cause and Effect: A text structure that shows how or why one thing leads to another. That is, the cause is the reason that an action takes place and the effect is the result of the cause. Therefore, the result is more emphasized with a potentially clear answer. The structure often starts with "if" and ends with "then or thus."

Lines 49-62 show a variety of structures related to Cause and Effect.

"If we do this, then the Emperor will accept ··· we shall have the approval of God···; if such a man be righteous, all the more glorious ··· if he be a sinner··· Thus, then···, thus we shall release ···, thus we shall adorn the Church, thus also our merciful Emperor··· That we then may···

We can identify 8 structures related to Cause and Effect.

(05) Metaphor: A figure of speech that makes a comparison between two unlike things in which one thing becomes another without the use of word, "like, as, as if." Speakers often use metaphors to make their ideas more memorable.

e.g. "Snow blanked the entire field last night." "Look at the beautiful balloon of the full moon there."

Several metaphors included in "On the Statues" are:

"Voluntary kisses of enemies" (line 15); "their kisses have produced an incurable disease" (17); "your hard rock has turned into deep and fruitful soil" (24); "produce some fruit of mercy" (25); "shed stream of tears" (35).

(06) Simile: A figure of speech that makes explicit comparisons between two things by using the term, "like, as, as if." Speakers often use similes to make their ideas more colorful.

e.g. "The comb felt as if it was raking my skin off" (Malcom X). "He is as busy as a bee."

Several similes are: "Forgive us as we also forgive debtors" (Lines 40-41); "For as He rejects and hates the cruel and in human···" (50)

(07) Appeal to Inspirational Support: This is a rhetorical device for persuading the target audience by appealing to the support of supernatural power. This appeal is often used when persuading or confronting with people who show hostility or negative attitude towards the speaker.

Several appeals related to Appeal to Inspirational Support are as follows:

"···by imploring the merciful God (Line 26)"; "reminded them of the Holy Table (35)"; "beseech the merciful God to grant him a respite" (45); "beseech him for the sake of the Church" (47); "we shall have the approval of God" (49); For as He rejects···, so does He welcomes" (50-51); He passes over his sins···He said··· through the Scripture s··· dispose Him to be propitious··· we shall adorn the Church" (52-56); "by the favor and mercy of our Lord Jesus Christ, to whom be glory and power" (61-62).

(08) Appeal to an Action: An earnest or urgent request, entreaty, or supplication that appeals to the audience for an immediate and desirable action. Also, this appeal is often used as an effective conclusion.

e.g. "Let us never negotiate out of fear. But let us never fear to negotiate." (John F. Kennedy, 1961)

Several appeals related to Appeal to an Action are as follows:

"let us fall down in prayer and supplication (Line 59)"; "let us rescue the captive, the fugitive, the suppliant from danger that we ourselves may obtain the future blessings by the favor of our Lord Jesus Christ···" (59-62).

As we have seen, John Chrysostom, the Golden-Mouthed, employs a variety of effective rhetorical devices so as to be called "Supreme Orator."

* Libanius (314~393): Greek Sophist and rhetorician who established a famous school at Antioch (354)

* Eudoxia (~d.404): Empress of the Eastern Roman Empire; Married emperor Arcadius (395) whom she completely controlled; Jealous of Chrysostom's influence over Arcadius; Being upset for Chrysostom's uncompromising severity against sin and vice and his preaching against her wickedness, she sent John Chrysostom into exile (404); Mother of Emperor Theodosius II.

* Emperor Theodosius I (347~395): Roman general and emperor (379~395); Established the Creed of Council of Nicaea as the orthodox religion; Accepted Maximus as colleague in the West but overthrew him (383~388)

* Chamberlain Eutropius (d.399): Minister of Eastern Roman Empire portrayed as an immoral and greedy eunuch; Overthrown by General Gainas; Exiled to Cyprus, and beheaded (399)

* Constantinople: Built by Constantine the Great in 330 and assumed as the Eastern capital of the Roman Empire and served as the first position among the Episcopal bishops of the East. The city became the center of court theology, court intrigues, and theological controversies.

* Theophilus (d.412): Greek prelate; Bishop of Alexandria (385~412); Falsely accused John Chrysostom of treason; Plotted John to be exiled by Synod of the Oak (403)

* Synod of Oak (403): A synod held in a suburb of Chalcedon called The Oak, which condemned John Chrysostom on a number o f fabricated charges.

09. St. Augustine of Hippo (354~430): Philosopher and Theologian of The Early Church

Nationality: Ancient Roman.
("Hippo" is the name of a town, modern-day Annaba, Algeria, North Africa)

Places of birth and death: In Thagaste, Numidia (now Algeria) in Roman Africa; Hippo Regius, Numidia, Algeria.

Language(s): Latin; Greek

Education: Reared by his ardent Christian mother, St. Monica; Reads Cicero's Dialogue at home (369~370); Goes to Carthage to continue his education in rhetoric and conducts a school of rhetoric for 9 years (371~380); Teaches grammar at Thagaste (373~374); Moves to Rome to establish a school (383); While in Milan, influenced by the popular bishop Ambrose to return to his mother's religion (Christianity); Familiar with Latin literature and pagan beliefs

Title: Bishop; Confessor; Consecrated as Bishop of Hippo Regius (395); Doctor of the Church (1298) by Pope Boniface VIII

Post: Professor of rhetoric in Milan (384); Gives up his teaching position in Milan, returns to N. Africa, and becomes bishop of Hippo from 396 until his death in 430;

Major Activities: Makes his first visit to Carthage (371); Attaches to Manichaeanism for nine years; Crosses the sea to Rome with his son and mistress (383); Leaves Rome for Milan for the more secure position in public speaking (384); Converts to Christianity (386); Baptized in Milan (387); Returns to North Africa (388); Ordained as a priest (391); Begins writing The City of God (413); Dies during the Vandal's siege of Hippo Regius (430)

Publication: On the Good of Marriage (374); Against the Academics (c.384); Against the Skeptics & Soliloquies (386); On Free Choice of the Will (387); Faith & the Creed (393); Confessions (397); On Christian Doctrine (c.397); Literal interpretation of

Genesis (408); The City of God (413~27); On the Trinity (c.419); Retractions (c.426); On the Work of Monks (401); On Care to be had for the Dead (420); On Patience (426); On Nature and Grace (426); On Grace and Free Will (426~427);
"The world is a book, and those who do not travel read only a page." (Augustine)

Contribution: His ideas on free will, grace, and predestination contribute to the shape of medieval theology. In fact, he is the last major thinker of the ancient world and the first philosopher and theologian of the Medieval Ages, which later impacts on the reformers of the Protestant Reformation of the 16th century. His writing, The City of God, deeply shapes Western civilization, culture, and theology.

Information related to his writing: The City of God is a response to an argument claimed by some pagan philosophers (e.g. Platonists and neo-Platonists) that the fall of Rome is due to the state's recognition of Christianity and the abandonment of its traditional gods. Augustine contends that Rome's problems begin before the time of Christ while theorizing on the ideal relationships between two types of existing society: The City of God and City of Man. Those who forget earthly pleasure to dedicate themselves to the eternal truths of God would be loyal to the former; whereas those who immersed themselves in the care and pleasures of the present world with their fallen nature to the latter.

Christianity and the fall of Rome in The City of God

Book I. Preface: Rationale why I am defending the City of God

My dear Marcellinus: This work which I have begun makes good my promise to you. In it I am undertaking nothing less than the task of defending the glorious City of God against those who prefer their own gods to its Founder. I shall consider it both in its temporal stage here below (where it journeys as a pilgrim among sinners and lives by faith) and as solidly established in its eternal abode---that blessed goal for which we patiently hope "until judgment will again be founded on righteousness" (Psalms 94:15), but which, one day, is to be the reward of excellence in a final victory and a perfect peace. The task, I realize, is a high and hard one, but God will help me.

Book II. Chapter 02: Concerning the calamities that came before the time of Christ

When I began in the previous Book to speak of the City of God-- which moved me to undertake, with God's help, this entire work-- my first plan was to challenge the view of those who hold that the Christian religion is responsible for all the wars desolating this miserable world and, in particular, for the recent barbarian sack of the City of Rome. It is true that the Christian religion forbids pagans to honor demons with unspeakable sacrifices; but, as I pointed out, they should thank Christ for the boon that, out of regard for His Name and in disregard of the traditional usages of war, the barbarians gave them immunity in spacious Christian buildings. What is more, they treated both the genuine followers of Christ and many who through fear pretended to be such with great concern. They refused to take measures against them which the laws of war permitted. Thence arose the question: Why did God, on the one hand, bestow His good things upon the impious and the thankless, while, on the other, the enemy's hard blows fell with equal weight upon the good and the wicked alike? In order to answer this all-embracing question as fully as the scope of my work demanded, I lingered on it for various reasons. First, because many are disturbed in mind when they observe how, in the daily round of life, God's gifts and man's brutalities oftentimes fall indifferently and indiscriminately to the lot of both the good and the bad; but, above all, because I wanted to offer to those pure and holy women whose modesty had been outraged by the barbarian soldiers, but whose purity of soul had stood adamant, the consoling assurance that they have no reason to bewail their lives, since there is no personal guilt for them to bewail. Now, I propose to speak of the calamities that befell the city from the beginning of its history, both at home and in its provinces - all of which our calumniators would have attributed to the Christian religion, if at that time the Gospel teaching had been freely bearing witness against their false and deceiving gods.

Book XI. Chapter 01: Concerning the origin and end of two cities

The City of God is the same to which testimony is born by that Scripture, which excels all the writings of all nations by its divine authority, and has brought under its influence all kinds of minds… For there it is written, "Glorious things are spoken of thee, O city of God."… We have learned that there is a city of God, and its Founder has inspired us with a love which makes us covet its citizenship. To this Founder of the holy city, the citizens of the earthly city prefer their own gods, not knowing that He is the God of gods, not false of impious and proud gods, who, being deprived of His unchangeable and freely communicated light, and so reduced to a kind of poverty-stricken power, eagerly grasp at their own private privileges, and seek divine honors from their deluded subjects; but of the pious and holy gods, who are better pleased to submit themselves to one than to submit many to themselves, and who would rather worship God than be worshipped as God. But to the enemies of this city, we have replied in the ten preceding books, according to our ability and the help afforded by our Lord and King.

Now, I will endeavor to treat of the origin, and progress, and deserved destinies of the two cities, which, as we have said, are in this present world commingled, and as it were entangled together. And, first, I will explain how the foundations of these two cities were originally laid, in the differences that arose among the angels.

Sources:

Excerpted from "The City of God," in Writings of Saint Augustine: The Fathers of he Church Series (1950); Washington, D.C.: Catholic University Press. trans. Demetrius B. Zema, et al.

City of God: http://en.wikipedia.org/wiki/City_of_God (Book)

"The Fall of Rome and the City of God by St. Augustine": http://voices.yahoo.com/the-fall-rome-city-god-st-augustine-518

Comments: The City of God consists of 22 Books. The books deal with a variety of issues related to God, martyrdom, Jews, and other aspects of Christian philosophy. For your reference, a very brief introduction of each book is provided as follows:

Book 01: Condemns the pagans who created the calamities of the world.
Book 02: Reviews those calamities that came before the time of Christ.
Book 03: Explains moral and spiritual calamities before the advent of Christ.
Book 04: Explicates how the power of the earthly kingdom is founded and maintained.
Book 05: Clarifies what the true happiness of Christian emperors is to be accounted.
Book 06: Criticizes the doctrine that the gods are worshipped for temporal advantages.
Book 07: Eternal life cannot be obtained by the pagan gods (e.g. Apollo, Juno, Jupiter, etc.).
Book 08: Argues that the Platonic system is "facile princeps" *(lack of depth).*
Book 09: The worship of demons should be renounced.
Book 10: The good angels with God alone.
Book 11: Traces of the origin, history, and destinies of the two cities: the heavenly and the earthly.
Book 12: Two inquiries regarding angels; there is good in some, and there is evil in others.
Book 13: Comments that death is a penalty originated from Adam's sin.
Book 14: Teaches that sin is caused by the carnal life and vicious affections.
Book 15: Illustrates the origins of the two cities including their growth.
Book 16: Elucidates the progress of the two cities.
Book 17: The history of the City of God is traced during the period from Samuel to David.

Book 18: Traces the parallel courses of the two cities from Abraham to the end of the world.

Book 19: Discusses the end of the two cities.

Book 20: Prophesies the last judgment and the declarations based on the Old & New Testaments.

Book 21: Regarding the city of the devil where the eternal punishment will be unavoidable.

Book 22: Treats of the end of the City of God and of the eternal happiness of the saints.

Sources:

Schaff, Philip (1887). ed. Nicene and Post-Nicene Fathers. First Series, Vol. 2.
Buffalo, N.Y.: Christian Literature Publishing Co.

"Augustine of Hippo": http://en.wikipedia.org/wiki/Augustine_of_Hippo

"Augustine Reinterprets Rome": http://www.fsmitha.com/h1/ch25.htm

---

* Manichaeism: The dualistic religious philosophy taught by the Persian prophet, Manes, who combines interrelated elements of Zoroastic, Christian, and Gnostic thought. The doctrine divides the world between good and evil principles or regarding matter as intrinsically evil, and mind as intrinsically good.

* St. Monica (c.331~87): Mother of St. Augustine of Hippo. Widowed at the age of 40 and prays earnestly for his conversion. She pursues him from. N. Africa to Rome and to Milan where she is influenced by St. Ambrose.

* St. Ambrose (c.339~97): Bishop of Milan and one of the four Doctors of the Church. As bishop he is famous as an effective preacher and an upholder of orthodoxy against Arianism.

* Flavius Marcellinus (d. 413): Imperial commissioner and diplomat at the court of Emperor Honorius. Augustine's friend who advises him to put his thoughts focused on The City of Man and The City of God into writing.

CHAPTER II

THE MEDIEVAL AGES (450s~1500s)

CHAPTER II:
THE MEDIEVAL AGES (450s~1500s)

The second period, The Middle Ages (450s~1500s), spans the years from the dethroning of the last Roman Emperor in 476 to the Protestant Reformation in the 16th century, which marks the end of the Western Roman Empire and leads to the beginning of the Early Modern period in the 16th century. Since the Medieval Ages includes a variety of existing social realities for more than a millennium years, the period is divided into three intervals for convenience's sake: (A) The Early Middle Ages (450s~800s) that starts from the fall of the Roman Empire to Charlemagne's crowning as Holy Roman Emperor enthroned by Pope Leo III in 800; (B) The High Middle Ages (800s~1300s) from the coronation of Charlemagne to the Crusaders in the 11th, 12th, and 13th centuries; and, (C) The Late Middle Ages (1300s~1450s) from emerging powers of European monarchs (e.g. The Hundred Years' War (1337~1453)) to the Great Schism that lasted until 1453.

A. The Early Middle Ages (450s~800s)

1. A Historical Overview

After the last Roman emperor, Romulus Augustus, 13 year-old boy, was ousted by the Germanic chief Odoacer in 476, no emperor ruled Rome along with its western provinces. Roman power in the western half of the empire disappeared. Even though Rome's political power to the west ended, its ideas, cultural and religious influence derived largely not only from the turbulent events of the early Middle Ages (450s~800s) but also from the rebirth of culture and religion in the later years.

On the other hand, the eastern half of the realm called the Byzantine Empire not only survived but also flourished. The Eastern Empire remained intact for another millennium years while preserving the great heritage of Greek and Roman culture, ruling from Constantinople, and regarding itself as an heir of Augustus Caesar. The empire endured until 1453 when it fell to the Ottoman Turks.

To be specific, this period spans from the fall of the Roman Empire in 467 to Charlemagne's crowning as Holy Roman Emperor by Pope Leo III on Christmas Day in 800. This was a melding between an earthly power and a spiritual leader, which combined several features from the Roman, Christian, and Germanic elements. The fact that a Germanic king had been crowned emperor of the Romans by the spiritual leader of Western Christendom, Leo III, signified a confusion and a new civilization. Charlemagne united West German tribes under one rule and realized that the Catholic Church could provide invaluable assistance in governing his kingdom. So he strengthened Christianity by creating new administrative positions such as bishoprics and archbishoprics so that the clergy could accept orders from their superiors. Unfortunately, this served as one of the initial stages during this period where the earthly and the celestial powers worked together for their specific purposes. In essence, the marriage between these two powers opened a door leading to "The Dark Age" during which the church grew and reinvigorated Europe through a system of a centralized, controlled, and hierarchical institution of the Roman Catholic Church.

During the Early Middle Ages, communes had been already built on the system of guilds, which perpetuated the medieval spirit of economic life that stressed the collective entity while disapproving unregulated competition and minimizing the profit motive. However, the Church during this period grew to be a universal and unifying institution taken by determined popes (e.g. Leo the Great (c.400~461), Gregory VII (c.540~604)). They strove to establish supremacy of the Papacy within the church by taking strong measures against the corruption of the church. Gregory VII undertook his reform on civil administration and military defense of Italy. He set out directions for the pastoral life for a bishop as a way of preventing corruption, but established the idea that the Papacy was the supreme authority in the Church.

Several well-known preachers during this period are St. Patrick (387~493), St. Leo the Great (c.400~461), St. Caesarius of Arles (c.470~542), St. Gregory the Great (c.540~604), St. Columba (c.521~597), St. Augustine of Canterbury (c.566~c.604), and St. Bede (c.673~735) who all have significantly contributed to the rise of both political and ecclesiastical power of the Catholic Church.

2. Preachers

The selected preachers during this period include St. Leo the Great and St. Gregory the Great. They are chosen for their significant roles which reflect the existing social and ecclesiastical realities during the Early Middle Ages (450s~800s). Specifically, the former as the head of the Christian Church worldwide laid the foundation for medieval popes who claimed a direct and centralized control over all Christians. The latter undertook a variety of essential Church reforms while sending missionaries all over pagan lands during this period: 450s~800s.

10. Pope St. Leo I the Great (c.400~ 461): Advocator of the Petrine Doctrine

Nationality: Italian during the Western Roman Empire

Places of birth and death: Tuscany, W. Roman Empire; Rome, W. Roman Empire

Language(s): Latin

Education: Unknown

Title: Pope (440~461); Saint; Doctor of the Church declared by Pope Benedict XIV (Pope 1740~1758)

Post: Deacon in the Church of Rome (422~432); Consecrated Bishop of Rome (440~461)

Major Activities: Sent on a mission to Gaul by Emperor Valentinian III (440); Writes *Tome* against Eutyches' doctrines (449); Convenes Council of Chalcedon (451); Persuades Attila *(King of the Huns)* to withdraw beyond the Danube (452); Secures concessions when the Vandals take Rome (455); Strengthens the primacy of papacy in church jurisdiction by claiming that papal power has been passed on from St. Peter; Seeks to drive out all heresy while serving as an active disciplinary reformer for the church communities.

Publication: Leo's Tome (449); Leonine Sacramental (c.366~384); 143 letters and 97 sermons survive.

Contribution: His contribution related to the two natures of Christ and the primacy of the Bishop of Rome as the head of the Christian Church worldwide lays the foundation for medieval popes who claim a direct and centralized control over all Christians.

Information related to his letter called Leo's Tome: In 449, Eutyches sends a letter to Leo protesting against the excommunication issued to him by Flavian and asks to be reinstated. His appeal is supported by Emperor Theodosius II. A council is summoned at Ephesus by Theodosius to inquire into the matter. It is packed with supporters of Eutyches and presided over by Dioscorus, bishop of Alexandria, strong supporter of Eutyches. The council which Leo brands as a Robber Council acquits Eutyches and condemns Flavian. Leo's legates are not allowed to read the Leo's Tome. But two years later (451), under a new East Roman Emperor Marcian (450-457, son of Theodosius II), a council attended by 600 bishops is held at Chalcedon, a city in Asia Minor. Flavian is dead, but his memory is still alive and vindicated. Dioscorus is convicted for having suppressed Leo's letters at Robber's Council. Leo's Tome of 449 sent to Flavian is read by Leo's delegates at the Council of Chalcedon. In the letter, Leo concisely defines the Catholic doctrine of the Incarnation and the two natures of Christ. When the Leo's Tome is read, "That is the faith of the fathers, the faith of the apostles. We all believe thus, the orthodox believe so! Peter has thus spoken through Leo!" (Ferguson, Everett (1988). "Leo the Great") The Council approves a new definition of faith based on Leo's Tome, declaring that Christ is in "two natures without confusion, without change, without division or separation ··· One Person and one Hypostasis."

"Letter of Pope Leo (Leo's Tome) to Flavian, Bishop of Constantinople, 449" and "Adopted by the Ecumenical Council of Chalcedon, 451"

Eutyches had no idea how he ought to think about the incarnation of the Word of God; and he had no desire to acquire the light of understanding by working through the length and breadth of the Holy Scripture. So at least he should have listened carefully and accepted the common and undivided creed by which the whole body of the faithful confess that they believed in God the Father Almighty and in Jesus Christ his only Son, our Lord, who was born of the Holy Spirit and the Virgin Mary.

These three statements wreck the tricks of nearly every heretic. When God is believed to be both Almighty and Father, the Son is clearly proved to be co-eternal with him, in no way different from the Father, since he was born God from God, Almighty from the Almighty, co-eternal from the Eternal, not later in time, not lower in power, not unlike in glory, not distinct in being. The same eternal, only-begotten of the eternal begetter was born of the Holy Spirit and the Virgin Mary. His birth in time in no way subtracts from or adds to that divine and eternal birth of his: but its whole purpose is to restore humanity, who had been deceived, so that it might defeat death and, by its power, destroy the devil who held the power of death...

But if it was beyond Eutyches to derive sound understanding from this, the purest source of the Christian faith, because the brightness of manifest truth had been darkened by his own peculiar blindness, then he should have subjected himself to the teaching of the gospels. When Matthew says, "The book of the generation of Jesus Christ, son of David, son of Abraham," Eutyches should have looked up the further development in the apostolic preaching. When he read in the letter to the Romans, "Paul, the servant of Christ Jesus, called to be an apostle, set apart for God's gospel, which he had formerly promised through his prophets in the holy writings which refer to his Son, who was made for him of David's seed according to the flesh," he should have paid deep and devout attention to the prophetic texts···

There is nothing unreal about this oneness, since both the lowliness of the man and the grandeur of the divinity exist in mutual relation. As God is not changed by showing mercy, neither is humanity devoured by the dignity received. The activity of each form is what is proper to it in communion with the other; that is, the Word performs what belongs to the Word, and the flesh accomplishes what belongs to the flesh. One of these performs brilliant miracles; the other sustains acts of violence. As the Word does not lose its glory which is equal to that of the Father, so neither does the flesh leave the nature of its kind behind. We must say this again and again; one and the same as one single unit is truly Son of God and truly son of man. God, by the fact that "in the beginning was the Word," and the Word was with God, and the Word was God"; man, by the fact that "all things were made through him, and nothing was made without him," man, by the fact that "he was made of a woman, made under the law." The birth of flesh reveals human nature; birth from a virgin is a proof of divine power. A lowly cradle manifests the infancy of the child; angel's voices announce the greatness of the most High. Herod evilly strives to kill one who was like a human being at the earliest stage the Magi rejoice to adore on bended knee one who is the Lord of all. And when he came to be baptized by his precursor John, the Father's voice spoke thunder from heaven, to ensure that he did not go unnoticed because the divinity was concealed by the veil of flesh: "This is my beloved Son, in whom I am well pleased." Accordingly, the same one whom the devil craftily tempts as a man, the angels dutifully wait on as God. Hunger, thirst, weariness, sleep are patently human. But to satisfy five thousand people with five loaves; to dispense living water to the Samaritan woman, a drink of which will stop her being thirsty ever again; to walk on the surface of the sea with feet that do not sink; to rebuke the storm and level the mounting waves; there can be no doubt these are divine···

Let Eutyches heed what the blessed apostle Peter preaches, that "sanctification by the Spirit is effected by the sprinkling of Christ's blood,"; and let him not skip over the same apostle's words, "knowing that you have been redeemed from the empty way of life you inherited from your fathers, not with corruptible gold and silver but by the precious blood of Jesus Christ, as of a lamb without stain or spot. Nor should he withstand the testimony of blessed John the apostle, and the blood of Jesus, the Son of God, purifies us from every sin"; and again, "This is the victory which conquers the world with our faith. Who is there who conquers the world save one who believes that Jesus is the Son of God? It is he, Jesus Christ, who has come through water and blood, not in water only, but in water and blood. And because the Spirit is truth, it is the Spirit who testifies. There are three who give testimony--Spirit and water and blood. And the three are one. In other words, there are the Spirit of sanctification, the blood of redemption and the water of baptism. These three are one and remain indivisible. None of them is separable from its link with the others. The reason is that it is by this faith that the Catholic Church lives and grows by believing that neither the humanity is true without divinity nor the divinity is true without humanity.

Sources:

"Letter of Pope Leo (Leo's Tome) to Flavian, Bishop of Constantinople, 449" and "Adopted by the Ecumenical Council of Chalcedon, 451": http://www.ewtn.com/faith/teachings/incac1.htm

"Pope Leo the Great": http://en.wikipedia.org/wiki/Pope_Leo_I

"St. Leo the Great: Pope, Doctor of the Church": http://www.marys-touch.com/Saints/leo. htm

Comments: Leo's Tome defines the Catholic doctrine of the Incarnation and the two natures of Christ. In it, Leo clearly and precisely expounds the issues by showing how it accords with the teachings of the Prophets, the Gospels, and the apostolic writings. Accordingly, the Council of Chalcedon (451) adopts it as a standard of Christological orthodoxy.

---

* St. Flavian (d.449): Patriarch of Constantinople from 446. In 448, at a synod in Constantinople, he excommunicated Eutyches for heretical teaching about the Person of Christ. Deposed and excommunicated at Robber Synod (449). He was beaten to death by his opponents, and vindicated at the Council of Chalcedon, which regarded him as a martyr.

* The First Council of Nicaea (325): Defines the consubstantiality of the Son with the Father.

* The First Council of Constantinople (381): Defines the divinity of the Holy Spirit.

* The Council of Ephesus (431): Proclaims the Divine Maternity of Mary.

* The Council of Chalcedon (451): Defines the doctrine of the two natures in the one person of Christ.

* The First Council of Nicaea (325): Defines the consubstantiality of the Son with the Father.

* The Second Council of Constantinople (553): Condemns Nestorianism.

* The Third Council of Constantinople (680~681): Formulates the doctrine of the Two Wills of Christ.

* The Second Council of Nicaea (787): Formulates the orthodox doctrine on iconoclasm.

* The Fourth Council of Constantinople (869~870): Puts an end to the Photian Schism, but it persists in the Greek Church.

* Photian Schism: A controversy lasting from 863 to 867 between Eastern (Byzantine Orthodox) and Western (Roman Catholic) Christianity. The reason was related to the appointment by Byzantine Emperor, which Catholic Pope was against. The Schism ends in 870.

* Petrine doctrine: As claimed by Pope Leo, it asserts that the Church and the pope derive their authority directly from St. Peter, who was appointed by Jesus to be his successor. The doctrine is based on Matthew 16: 18-19, "And I *(Jesus)* tell you that you are Peter··· I will give you the keys of the kingdom of heaven···"

* Eutyches (c.378~454): East orthodox archimandrite who founded Eutychianism, which believes in a single divine nature in Christ. His opposition to Nestorius in 448 led him to his being accused of the opposite heresy for confounding the two natures in Christ. Deposed by Flavian, bishop of Constantinople, and exiled at the Council of Chalcedon.

* Nestorius (384~451): Syria-born patriarch of Constantinople who claims that in Jesus Christ a divine and a human person are joined in perfect harmony, but not in the unity of a single individual.

* Incarnation: The doctrine which affirms that Jesus was born as the eternal Son of God and took flesh from His human mother. Therefore, Jesus is fully God and fully man.

* Hypostasis: The essential person of Jesus in which his human and divine natures are united.

11. Pope St. Gregory the Great (c.540~604): The Pope of the Popes

Nationality: Ancient Roman

Places of birth & death: Rome, Kingdom of Ostrogoths; Rome, Byzantine Empire

Language(s): Latin (Classical Latin used as a common official language)

Education: Born to a pious and aristocratic family; Reared in a setting for religious commitment and scholarship; Well educated in grammar, dialectic, rhetoric, natural science, history, mathematics, music, and esp. imperial law. Excellent in Latin, but unable to read and write Greek

Title: The Father of Christian Worship; Gregory the Great; St. Gregory the Dialogist; Doctor of the Church; One of the Latin Fathers

Post: Prefect of Rome (573~584) in which he is involved in presiding over the Roman Senate, administrating the charity activities, and defending the city; Pope (590~604)

Major Activities: Establishes several monasteries while devoting his wealth to the relief of the poor and monastic foundations (579~584); Leaves Constantinople for Rome (585); Enters one of the monasteries which he founds; As pope, restores monastic discipline, enforces celibacy of clergy, zealous in fostering Christianity; Sends Augustine *(later St. Augustine of Canterbury)* to England (597); Undertakes various initiatives in matters related to the civil administration and military defense of Italy; Seeks peace with the Lombards (592~593); Stresses on the idea that the Papacy is the supreme authority in the Church; Transforms patriarchate of Rome into the papal system that endures throughout the Middle Ages.

Existing Social Realities: Socially, a plague ravages Rome and Italy from 542, which creates severe famine, and panic with a significant destruction of population and severe spiritual and emotional effects on the people.
Politically, after Constantine (273~337) continues to divide into western and eastern parts,

the division as two independent states starts in 395. After the division, the west is occupied by a series of invading barbarian forces (e.g. The Visigoths' sack of Rome (455). Finally, in 476, the last west Roman emperor, Romulus Augustus (475~476) deposes, and a series of Germanic kingdoms replace the Roman Empire in the west. There is no Roman Empire any more, for which St. Gregory the Great bemoans in one of his sermons:

"What Rome herself, once herself the Mistress of the World, has now become, we see – wasted away with afflictions grievous and many, with the loss of citizens, the assaults of enemies, the frequent fall of ruined buildings … Where is the Senate? Where are the people? The bones are all dissolved, the flesh is consumed, all the dignities of this world are gone" (Painter & et al, (1983).

East Roman Empire continues with its center at Constantinople.

Religiously, the relational powers between the Church and the palace develop towards a new phase.

"Exalt not yourself, but if you would reign longer, be subject to God. It is written, God's to God and Caesar's to Caesar. The palace belongs to the Emperor, and so does the Churches to the Bishop" (Petry, R.C. (1962). The statements above can be interpreted: (1) The Church and the palace can coexist; or, (2) The Church power can be superior to that of the palace. These assertions can be due to the existing social realities and Gregory's various works related to administrative and military defense of Rome and Italy.

Publication: The Four Books of Dialogues on the Life of Miracles of the Saints and on the Immortality of Souls (594); An Exposition of Job (c.580~585); The Book of the Pastoral Rule (c.590) or A Guide for bishops or Pastoral Rule; 40 sermons and 854 letters survive

Contribution: During a time of great turmoil (e.g. the western imperial government at Rome and its civilization broke down), Gregory undertakes various important Church reforms while sending missionaries all over pagan lands. He helps to guide in the "Age of Faith" in Europe.

Situational information related to his writing, The Book of the Pastoral Rule:

The Book of the Pastoral Rule is addressed to John, Bishop of Ravenna, Italy. Soon after Gregory becomes pope, he responds to inquiries from John regarding the duties and obligations of the clergy. Subsequently, the Book that gives detailed advice on how a priest should take care for his flock, serves as a standard manual for practical theology during the Middle Ages.

The Book of Pastoral Rule (c.590)

The conduct of a prelate ought so far to be superior of the people as the life of a shepherd is accustomed to exalt him above the flock. For one whose position is such that the people are called his flock ought anxiously to consider how great a necessity is laid upon him to maintain uprightness. It is necessary, then, that in thought he should be pure, in action firm; discreet in keeping silence; profitable in speech; a near neighbor to everyone in sympathy; exalted above all in contemplation; a familiar friend of good livers through humility; unbending against the vice of evil-doers through zeal for righteousness; not relaxing in his care for what is inward by reason of being occupied in outward things, nor neglecting to provide for outward things in his anxiety for what is inward.

The pastor should always be pure in thought, inasmuch as no impurity ought to pollute him who has undertaken the office of wiping away the stains of pollution in the hearts of others also; for the hand that would cleanse from dirt must needs be clean, lest, being itself sordid with clinging mire, it soil all the more whatever it touches.

The pastor should always be a leader in action, that by his living he may point out the way of life to those who are put under him, and that the flock, which follows the voice and manners of the shepherd, may learn how to walk rather through example than through words. For he who is required by the necessity of his position to speak the highest things is compelled by the same necessity to do the highest things. For that voice more readily penetrates the hearer's heart, which the speaker's life commends, since what he commands by speaking he helps the doing by showing.

The pastor should be discreet in keeping silence, profitable in speech; lest he either utter what ought to be suppressed or suppress what he ought to utter. For, as incautious speaking leads into error, so indiscreet silence leaves in error those who might have been instructed. The pastor ought also to understand how commonly vices pass themselves off as virtues. For often niggardliness excuses itself under the name of frugality, and on the other hand extravagance conceals itself under the name of liberality…

Since, then, we have shown what manner of man the pastor ought to be, let us now set forth after what manner he should teach. For, as long before us Gregory Nazianzen, of reverend memory, has taught, one and the same exhortation does not suit all, inasmuch as all are not bound together by similarity of character. For the things that profit some often hurt others; seeing that also, for the most part, herbs which nourish some animals are fatal to others; and the gentle hissing that quiets horses incites whelps; and the medicine which abates one disease aggravates another; and the food which invigorates the life of the strong kills little children···

Differently to be admonished are these relations that follow:
Men and women; the poor and the rich; the joyful and the sad; prelates and subordinates;
servants and masters; the wise of this world and the dull; the impudent and the bashful; the forward and the faint-hearted; the impatient and the patient; the kindly disposed and the envious; the simple and the insincere; the whole and the sick; those who fear scourges, and therefore live innocently; those who have grown so hard in iniquity as not to be corrected even by scourges; the too silent, and those who spend time in much speaking; the slothful and the hasty; the meek and the passionate; the humble and the haughty; the obstinate and the fickle; the gluttonous and the abstinent; those who mercifully give of their own, and those who would fain seize what belongs to others; those who neither seize the things of others nor are bountiful with their own; those who both give away the things they have, and yet cease not to seize the things of others; those who are at variance, and those who are at peace; lovers of strife and peacemakers; those who understand not aright the words of sacred law; and those who understand them indeed aright, but speak them without humility; those who, though able to preach worthily, are afraid through excessive humility; those whom imperfection or age debarment from preaching, and yet rashness impels to it....

Differently to be admonished are the wise of this world and the dull. For the wise are to be admonished that they leave off knowing what they know; the dull also are to be admonished that they seek to know what they know not. In the former this thing first, that they think themselves wise, is to be overcome; in the latter, whatsoever is already known of heavenly wisdom is to be built up; since, being in no wise proud, they have, as it were, prepared their hearts for supporting a building. With those we should labor that they become more wisely foolish, leave foolish wisdom, and learn the wise foolishness of God; to these we should preach that from what is accounted foolishness they should pass, as from a nearer neighborhood, to true wisdom···

Sources:

Ogg, Frederick Austin (1972). ed. Excerpted from A Source Book of Mediaeval History:

Documents Illustrative of European Life and Institutions from the German Invasions to the Renaissance. N.Y.: Reprinted by Cooper Square Publishers, N.Y. (1972): http://www.fordham.edu/halsall/source/590greg1-pastoralrule2.asp
"Pope Gregory I": http://en.wikipedia.org/wiki/Pope_Gregory_I

Comments: The Book of Pastoral Rule includes four parts. As we have seen, Part 1 deals with the selection or qualification for the clergy working for the Church; Part 2 does with the type of life the clergy should live on; Part 3 focuses on the desirable and acceptable ways of interacting with various types of people on a daily basis; and, Part 4 provides the clergy with a comprehensive guideline in terms of dealing with the relations between the poor and the rich, men and women, servants and master, prelate (clergy) and subordinates (believers) including egotism, greed, social behaviors, ambition.

St. Gregory wrote this guideline about 1400 years ago.

B. The High Middle Ages (800s~1300s)

The High Middle Ages refers to the period from 800s to 1300s. We will briefly review a historical overview first, and then examine several selected preachers whose contributions to the development of Christianity are significant.

1. A Historical Overview

This period starts from the coronation of Charlemagne (800s) to the Crusaders in the 11th, 12th, and 13th centuries. The Church during this period grew to be prosperous and powerful, which was caused by strong popes (e.g. Gregory VII (c.1020~85), Innocent III (1106~1216). Gregory VII (c.1020~85) extended his work for the reform and moral revival of the Church by issuing decrees against the simony, clerical marriage, and incontinence of the clergy in 1074, which served as symbols of the church's deterioration. Also, he is noted for the part he played in the "Investiture Controversy (the dispute regarding the act of conferring the authority of a king/high officer)," which helped the Papal authority dominate over the state. Based on the Gregorian Reforms that included and extended the right to oversee secular authorities and to depose rulers, he issued decree against lay investitures, which angered German King Henry IV (1050~1106). Gregory excommunicated Henry (1076), received him in penance at Canossa (1077), and granted him absolution. From the Gregorian Reforms prepared by the circle Gregory formed in the papal curia in 1075, we can infer the power and the undeviating authority of the Pope related to the existing social and ecclesiastical realities of this time. For example, "The Dictates of the Pope" that consist of 27 assertions demonstrate the powerful authority of the pope. Some of them are listed as below:

The Dictates of the Pope

(01) That the Roman church was founded by God alone.
(02) That the Pope may depose the absent.
(08) That the Pope alone may use the Imperial insignia.
(09) That of the Pope alone all princes shall kiss the feet.
(10) That the Pope's name alone shall be spoken in the churches.
(12) That it may be permitted to the Pope to depose emperors.
(17) That no chapter and no book shall be considered canonical without the Pope's authority.

(19) That the Pope himself may be judged by no man.
(20) That the Roman church has never erred; nor will it err to all eternity, the Scripture bearing witness. (Spielvogel, 2000).

During this period, an event that split Christianity, the East-West Schism, occurred in 1054. The church was divided into the Eastern/Greek branch and Western/Latin church. The reasons for this split were due to a long history of theological disputes, and both ecclesiastical and political differences. Another social and political event shook the firmly established Christendom in Europe. That is, militant religious zeal was demonstrated in the Crusades (1092~1291), which stemmed from the collective entity of economic life and the hierarchically controlled system of the Church.

However, from the Crusades that had last for almost two hundred years and other causes, the Christendom and Europe came into contact with Arab culture, which had preserved works of Greek preachers whose writings had not survived in Europe. In fact, academic disciplines such as philosophy, science, and mathematics from the Classical and Hellenic periods were assimilated into the tenets of the Christian faith and the prevailing philosophy of Scholasticism.

2. Preachers

Those preachers selected as representatives during this period are (1) St. Anselm of Canterbury; (2) Pope Urban II; (3) St. Bernard of Clairvaux; (4) St. Francis of Assisi; and, (5) St. Thomas Aquinas. Putting it succinctly, St. Anselm of Canterbury is credited for his attempt to establish the being of God not by employing biblical and patristic authority, but through rational and intellectual grounds; Pope Urban II as an effective advocator of the Crusades laid the foundations for the papal monarchy; St. Bernard of Clairvaux provided more than 163 monasteries in different parts of Europe with new life of monastic tradition; St. Francis of Assisi helped the poor and the needy while loving every creature created by God; and, St. Thomas Aquinas combined theology and rationalism so as to conform to Christian doctrine.

12. St. Anselm of Canterbury (c.1033~1109): Ontological Argument For the Existence of God

Nationality: Italian
("Canterbury" is a historic English cathedral city)

Places of birth and death: Aosta, Kingdom of Burgundy (Currently in northern Italy); Canterbury, Kent, England.

Language(s): Latin (Italian), English

Education: Arrived in Normandy in 1059; Captured by the Abbey at Bec the famous school directed by Lanfranc (1010~89), leading scholar and abbey prior; Entered the Benedictine Order at the Abbey of Bec in 1060

Title(s): Benedictine monk, Philosopher; Prelate; Canonized (1494); Doctor of the Church declared by Pope Clement XI (1720).

Position: Abbey of Bec in Normandy(1060); Elected abbot of Caen (1063); Abbot of Bec (1078); Archbishop of Canterbury (1093);

Major Activities: Leaves home, crosses the Alps and wanders through Burgandy and France (1056); Arrives at Bec in Normandy (1959); Monastic life at Bec (1060); Writing & Corresponding (1070); Suffers exiles & reconciles with King Henry through compromises; Comes to England (1092); Goes into exile to Rome to defend his vision of the Universal Church (1097); King Henry I invites him to return and grants him authority over all the Church in England; Suffers exiles again & reconciles with King Henry through compromises; Comes to England (1092); Archbishop of Canterbury (1093).

Publication: Soliloquy/Monologium (1077); Colloquy/Proslogion (1078); Expert in Grammar (1059~1060); On the truth; On Freedom of Choice (1080~1085); On the Fall of Devil (1080~1086); Why God became Man? (1094~1098); On the Incarnation of the Word (1094); On the Virgin Conception and an Original Sin (1098~1100); On the

Proceeding of the Holy Spirit (1093~1095); On the Harmony of the Foreknowledge: the Predestination and the Grace of God with Free Choice (1095~1098).

Contribution: As a founder of Scholasticism, he paves an avenue for the elaboration of a rational system of Christian faith.

Information related to Discourse on the Existence of God: Requested from the monks of Bec in Normandy, Anselm seeks to defend the truth related to the being of God by formulating and establishing a logical hypothesis based on the more systemic argument called Discourse on the Existence of God (Proslogion). We are to read his argument for defending his rhetorical and logical developments as a way of persuading and proving his claim: The Existence of God.

"Discourse on the Existence of God" in A Scholastic Miscellany: Anselm to Ockham. (1956).

I acknowledge, O Lord, with thanksgiving, that remembering you, I may think of you, may love you. But this image is so effaced and worn away by my faults, it is so obscured by the smoke of my sins, that it cannot do what it was made to do, unless thou renew and reform it. I am not trying, O Lord, to penetrate your loftiness, for I cannot begin to match my understanding with it, but I desire in some measure to understand your truth, which my heart believes and loves. For I do not seek to understand in order to believe, but I believe in order to understand. For this too I believe, that "unless I believe, I shall not understand" (Isaiah. 7:9)

And so, O Lord, since thou give understanding to faith, give me to understand- as far as thou know it to be good for me- that thou dost exist, as we believe, and that thou art a being than which none greater can be thought. Or can it be that there is no such being, since "the fool hath said in his heart, 'There is no God" (Psalms 14:1). But when this same fool hears what I am saying- "a being than which none greater can be thought" – he understands what he hears, and what he understands is in his understanding, even if he does not understand that it exists. For it is one thing for an object to be in the understanding, and another thing to understand that it exists. When a painter considers beforehand what he is going to paint, he has it in his understanding, but he does not suppose that what he has not yet painted already exists. But when he has painted it, he both has it in his understanding and understands that what he has now produced exists.

Even the fool, then, must be convinced that a being than which none greater can be thought exists at least in his understanding, since when he hears this he understands it, and whatever is understood is in the understanding. But clearly that than which a greater cannot be thought cannot exist in the understanding alone. For if it is actually in the understanding alone, it can be thought of as existing also in reality; and this is greater. Therefore, if that than which a greater cannot be thought is in the understanding alone, this same thing than which a greater cannot be thought is that than which a greater can be thought. But obviously this is impossible. Without doubt; therefore, there exists, both in the understanding and in reality, something than which a greater cannot be thought.

And certainly it exists so truly that it cannot be thought of as nonexistent. Something can be thought of as existing, which can be thought of as not existing. Thus, if that than which a greater cannot be thought can be thought of as not existing, this very thing than which a greater cannot be thought of as not that than which a greater cannot be thought. But this is contradictory. So, than, there truly is a being than which a greater cannot be thought- so truly that it cannot even be thought of as not existing.

And thou art this being, O Lord our God. Thou so truly art, then, O Lord, my God, that thou cannot even be thought of as not existing. And this is right. For if some mind could think of something better than thou, the creature would rise above the Creator and judge its Creator; but this is altogether absurd. And indeed, whatever is, except yourself alone, can be thought of as not existing. Thou alone, therefore, of all beings, has being in the truest and highest sense, since no other being so truly exists, and thus every other being has less being. Why, then, has "the fool said in his heart, 'There is no God,' "when it is so obvious to the rational mind that, of all beings, thou dost exist supremely? Why indeed, unless it is that he is a stupid fool?

But how did he manage to say in his heart what he could not think? Or how is it that he was unable to think what he said in his heart? After all, to say in one's heart and to think are the same thing. Now if it is true- or, rather, since it is true- that he thought it, because he said it in his heart, but did not say it in his heart, since he could not think it, it is clear that something can be said in one's heart or thought in more than one way. For we think of a thing, in one sense, when we think of the word that signifies it, and in another sense, when we understand the very thing itself. Thus, in the first sense God can be thought of as nonexistent, but in the second sense this is quite impossible. For no one who understands what God is can think that God does not exist, even though he says these words in his heart- perhaps with some quite extraneous meaning. For God is that than which a greater cannot be thought, and whoever understands this rightly must understand that he cannot be nonexistent even in thought. He, therefore, who understands that God thus exists, cannot think of him as nonexistent.

Sources:

"Proslogion: Fides Quaerens Intellectum" trans. Eugene R. Fairweather, in A Scholastic Miscellany: Anslem to Ockham (vol. X in "The Library of Christian Classics"; Philadelphia: Westminster Press, 1956)

"Saint Anselm": http://plato.stanford.edu/entrs/anselm

"Saint Anselm": http://www.newadvent.org/catchen/01546a.htm

"Anselm of Canterbury": http://en.wikipediaoorg/wiki/Anslem_of_Canterbury

Comments: St. Anselm attempts to defend the truth by intellectual reasoning instead of employing biblical and patristic authorities. The object of his Monologium (Soliloquy) is to establish the being of God solely on rational ground from which he seeks to secure his basic premise of God as perfect being. In the Proslogium (Colloquy/Discourse), this reasoning is given the more systematic form of "The Ontological Argument." The argument of the Proslogium can be summarized as follows: ("Ontology" refers to the branch of metaphysics that deal with the nature of being).

That than which nothing greater can be thought can be thought.
If that than which nothing greater can be thought can be thought, it exists in reality.
Therefore, that than which nothing greater can be thought exists in reality.

Simple version:
God is being of which nothing greater cannot be conceived.
I can conceive of such a being; it is greater to exist in reality than merely in imagination.
Therefore, the being of which I conceive must exist in reality.

Simpler version:
I conceive that God is the greatest being.
God exists in reality rather than in imagination.
Therefore, God exists in reality.

In short, Anselm holds that faith precedes all reflections and discussion concerning religious matters. He argues that the unbelievers strive to understand religious things based on their unbelief systems; whereas, we, the believers, understand religious things based on our belief systems. The unbelievers and the believers have the same objects in view; but inasmuch as they do not believe, they cannot arrive at their goal. As a result, the unbelievers will not understand the religious things of this world.

For this, Anselm exemplifies his five analytical elements of language that supports his claim for the existence of God called Anselm's philosophy of language: Five elements at play for analysis. Interpretations for the matrix sentence, "Snow is white" are as follows:

01. Snow is white: *This statement as existing reality can be understood by both believers & nonbelievers.*
02. "Snow is white" should signify that snow is white: *The believers accept this statement significant; whereas, the nonbelievers insignificant.*
03. "Snow is white" (successfully) signifies that snow is white: *The believers firmly believe in this fact; whereas, the nonbelievers doubt this.*
04. "Snow is white" should signify the world the way it is: *The fact that snow is white in this world is significant to the believers; whereas, to the nonbelievers it is not.*
05. "Snow is white" (successfully) signifies the world the way it is: *Believers successfully affirm the truth of this world; whereas, the nonbelievers don't.*

13. Pope Urban II (c.1035~1099): Advocator of the Crusades

Nationality: French

Places of birth and death: Lagery, County of Champagne, France; Rome, Papal States, Holy Roman Empire

Language(s): French, Latin

Education: Studies at a school in Soisson; At the Reims cathedral school in France; Gains experience in ecclesiastical policy and administration at Cluny

Title: Prior superior at Cluny in France; Cardinal; Pope;

Post: Monk from Cluny; Archdeacon of Reims (1055~1067); Cardinal (1079); Papal legate to Germany (1084~1085); Pope (1088~1099);

Major Activities: Enters monastery of Cluny; Works in Germany as a papal legate to support Pope Gregory VII in the struggle with the Holy Roman Empire Henry IV; Called to Rome by Gregory VII; Elected pope (1088); Takes up the policies of Pope Gregory VII (Pope 1073~1085) while opposing Emperor Henry IV; Sets up the modern-day Roman curia; Concerns with the reforms of the Church; Oppose antipope Clement III (1088~1097); Holds a Council at Melfi in Italy, which proclaims canons against simony, lay investiture, and clerical marriage (1089); Tries to heal the East schism; Makes a speech for the First Crusade at Clermont in French (1095); Excommunicates Henry IV and Philip of France (1095); Dies in 1099, 14 days after the fall of Jerusalem to the Crusaders

Publication: Speech at Clermont (1095); Exchanges much correspondence with St. Anselm of Canterbury

Contribution: He lays the foundations for the papal monarchy. His speech advocating a military expedition for the First Crusade initiates the first major step towards reopening international trade between the west and the east since after the fall of the Western Roman Empire.

Situational information related to his preaching: In 1095, Byzantine emperor Alexias I Comnenos (1081~1118) sends envoys to Pope Urban II asking for help against the Turks. The emperor is concerned about the advances of the Turks who reach as far west of Nicaea, not far from Constantinople, the capital of Byzantine. As a result, Urban II announces an open-air meeting on November 27, 1095 to call on Western Christendom to come to rescue of Eastern Christendom.

Pope Urban II Calls for the First Crusade at the Council of Clermont in 1095

You recollect, my dearest brethren, many things that have been decreed for you at this time; some matters in our council have been commanded, others inhabited. A rude and confused chaos of crimes required the deliberation of many days; an inveterate malady demanded a sharp remedy. While we give unbounded scope to our clemency, our papal office finds numberless matters to proscribe, none to spare...

They *(the Turks)* inhabit Asia, the third portion of the world, as their native soil, which was justly esteemed by our ancestors equal, by the extent of its tracts and greatness of its provinces, to the remaining parts. There, formerly, sprang up the first germs of our faith; there, all the Apostles, except two, glorified God by their deaths; there, at the present day, the Christians, if any survive, sustain life by a wretched kind of agriculture, and pay these miscreant tributes. Even with stifled sighs, they long for participation in your liberty, since they have lost their own. They hold Africa also, another portion of the world, already possessed by their arms for more than two hundred years; which I declare to be derogatory to Christian honor, because that country was anciently the nurse of celebrated geniuses, who by their divine writings will mock the rust of an antiquity as long as there shall be a person who can relish Roman literature: the learned know of the truth of which I say. Europe, the third portion of the world, remains; of which how small a part do we Christians inhabit, for who can call all those barbarians who dwell in remote islands of the frozen ocean Christians, since they live after a savage manner? Even this small portion of the world belonging to us is oppressed by the Turks and Saracens...

You will be extolled throughout all ages if you rescue your brethren from danger. To those present, in God's name, I commend this; to the absent I enjoin it. Let such as are going to fight for Christianity put the form of cross upon the garments, that they may outwardly demonstrate the love arising from their inward faith. Let them enjoy, by the gift of God and the privilege of St. Peter, absolution from all their crimes. Let this in the meantime soothe the labor of their journey; satisfied that they shall obtain, after death, the advantage of a blessed martyrdom. Put an end, then, to your crimes, that Christians may at least live peaceably in these countries. Go, and employ in noble warfare that valor and that sagacity which you used to waste in civil broils. Go, soldiers, everywhere renowned in fame, go, and subdue these dastardly missions. Let the noted valor of the French advance, which, accompanied by its adjoining nations, shall affright the whole world by the single terror of its name.

But why do I delay you longer by detracting from the courage of the Gentiles? Rather bring to your recollection the saying of God: "Narrow is the way that leads to life." Be it so then; the track to be followed is narrow, replete with death, and terrible with dangers; still this path will lead to your lost country. No doubt you must "by much tribulation enter into the kingdom of God." Place, then, before your imagination, if you shall be made captive, torments and chains; nay, every possible suffering that can be inflicted. Expect, for the firmness of your faith, even horrible punishment; that so, if it be necessary, you may redeem your souls at the expense of your bodies. Do you fear death, you men of exemplary courage and intrepidity? Surely human weakness can devise nothing against you worthy to be put in competition with heavenly glory; for "the sufferings of the present time are not worthy to be compared to the glory which shall be revealed in us." Know you not "that for men to live is wretchedness, and to die is happiness"? This doctrine, if you remember, you imbibed with your mother's milk, through the preaching of the clergy; and this doctrine of your ancestors, and of the martyrs, held out by example. Death sets free from its earthly prison of the human soul, which then takes flight for the missions fitted to its virtues. Death brings near their country to the good; death cuts short the wickedness of the ungodly. By means of death, then, the soul, made free, is either soothed with joyful hope or is punished without further apprehension of worse...

Rid God's sanctuary of the wicked; expel the robbers; bring in the pious. Let no love of relations detain you; for man's uppermost love is toward God. Let no attachment to your native soil be an impediment; because all the world is exile to the Christians, but from another point of view, all the world is his country. Thus exile is his country, and his country exile···

These things I publish, these I command: and for their execution I fix the end of the

ensuing spring. God will be gracious to those who undertake this expedition, that they may have a favorable year, both in abundance of produce and in serenity of season. Those who may die will enter the mansions of heaven; while the living shall behold the sepulcher of the Lord. And what can be greater happiness than for a man, in his lifetime, so see those places where the Lord of heaven lived as a man? Blessed are they who, called to these occupations, shall inherit such a recompense; fortunate are those who are led to such a conflict, that they may partake of such rewards.
(Before the Pope finishes, the crowd cry out again and again, "God wills it! God wills it!" And thousands take the cross at once).

Sources:

Excerpted from A Treasury of the World's Great Speeches (1954). ed. by Houston Peterson. New York: Simon and Schuster, Inc.

"Pope Urban": http://www.crusades-encyclopedeia.com/urbanII.html

"Pope Urban II": http://en.wikipedia.org/wiki/Pope_Urban_II

"Urban II, New World Encyclopedia": http://www.newworldencyclopedia.org/entry/Urban_II

"First Crusade": http://en.wikipedia.org/wiki/First_Crusade

---

* Crusades: Military expeditions undertaken by European Christians from the 11th to the 13th centuries to recover the Holy Land from the Muslims. The history can be divided into three periods.

- Period I (1095~1204): The First Crusade: Proclaimed by Urban II in 1095 to relieve the pressure of the Turks on the East Empire and to free the Holy Land from Muslim control. Capture Antioch (1099), Jerusalem (1099), and establish a series of Latin states along the east coast of the Mediterranean.
  The Second Crusade (1147): Provoked by the fall of Edessa (1144) and preached by St. Bernard of Clairvaux. But the expedition does not ease the situation. Saladin (1137~93), Muslim sultan and hero, captures Jerusalem (1187).
  The Third Crusade (1189~92): Christian emperors (i.e. Frederick, Richard I of England, Philip II of France) take part in the expedition, but fail to recover Jerusalem.
  The Fourth Crusade (1202): Sets out, but it is diverted to Constantinople where a Latin Empire is established from 1204 to 1261.

- Period II (1204~91): Attempts to defend the remaining West possessions in Syria continues. The two largest Crusades are directed against, but fail.
- Period III (after 1291): The recovery of Jerusalem is unlikely, but the expansion of Ottoman power into east Europe in the 14th century provokes a series of attempts to organize expedition against it. Historians claim that the Crusading ideas help to shape the Portuguese and Spanish oceanic expansion in the early 16th century.

* Curia: A group of advisors is assembled for the election of Pope drawn from the highest ranks of clergy functioning as a high court of law.

* Simony: The sale of church offices.

* Lay investiture: A convention played by the lay lords *(high governmental officers)* who take part in the selection of new prelates including the act/ceremony of conferring the authority and symbols of a high office practiced during the Middle Ages.

* Clerical marriage: The practice of allowing clergy to marry

14. St. Bernard of Clairvaux (1090~1153): Apotheosis of the Monastic Tradition

Nationality: French

Places of birth and death: Burgundy, France; Commune called Clairvaux, France

Language(s): French; German

Education: An education commensurable with his noble lineage and lively intellect; At nine, sent to school at Chatillon-sur-Seine; Studies literature, poetry, and the Bible.

Title: Abbot; Confessor; Builder of reforming Cistercian order, Doctor of the Church.

Post: Abbot of Clairvaux (1115~1153)

Major Activities: After the death of his mother, enters Cistercian monastery of Citeaux along with a band of his relatives and friends (1112); Establishes monastery at Clairvaux (1155) where he serves as abbot for the rest of his life (1115~1153); Assists at the Council of Troyes (1128); Works for the purification of the monastic movement; Defends the rights of the Church against the oversteps of kings and princes; In the disputed Papal election, secures the victory of Innocent II (1130), Pope (1130~1143); Denounces Abelard (1079~1142), the pope and cardinals of the Curia; Opponent of Scholasticism, esp. Abelard who is condemned by Council at Sens (1140) at the urging of Bernard; At urging of Pope Eugenius III and King Louise VII, preaches the Second Crusade (1147~1149), but is denounced later for the failure of the Crusade; Leads to the foundation of 163 monasteries in different parts of Europe

Publication: Homilies on the Gospel (1120); On Loving God (c.1121); On the conversion of clerics (1122); Grace and Free Will (1123); On Psalm 90 (1125); Book of Praise of the New Chivalry (1128); Book of Precepts and Dispensation (1131); On Consideration (c.1145); On the Song of Songs (1135~53, unfinished at his death); A great deal of epistles, sermons, treaties on Mariology and 530 letters survive

Contribution: Quiet a few: (1) Gives new life to monasticism; (2) Promotes the reform of the secular clergy; (3) Suppresses heresy; (4) Sets on foot the Second Crusade; (5) Develops the cult of Virgin Mary; (6) Depicts the human suffering of Jesus with irresistible vividness; (7) Leaves the series of 86 on the Song of Songs delivered to his brothers at Clairvaux starting in 1135.

Information related to his preaching: "On the Song of Songs" (1135~1153)
Following the religious confrontations between Bernard and his opponents, Peter Abelard (1079~1142) and Arnold of Brescia (1100~1055), he composes the Song of Songs as a way of expressing his fathomless and deep-felt personal devotion to Jesus Christ. Bernard is a conservative theologian; whereas, they are reformists. He allegorically interprets the groom as Christ, and the bride sometimes as the Church, the soul/man, or himself. Thereby he describes the Song of Songs based on the allegorical figures of the three kisses related to expiating, illuminative, and synthesized stages of the contemplative life. He works on the Song of Songs for 18 years (1135~1053) and leaves them unfinished at his death.

Sermons "On the Song of Songs"

Sermon 3: The Kiss of the Lord's Feet, Hands and Mouth (The Three Kisses)

…"Let him kiss me with the kiss of his mouth." Those to whom it is given to utter these words sincerely are comparatively few, but any one who has received this mystical kiss from the mouth of Christ at least once, seeks again that intimate experience, and eagerly looks for its frequent renewal...

Once you have had this twofold experience of God's benevolence in these two kisses, you need no longer feel abashed in aspiring to a holier intimacy. Growth in grace brings expansion of confidence You will love with greater ardor, and knock on the door with greater assurance, in order to gain what you perceive to be still wanting to you. "The one who knocks will always have the door opened to him." It is my belief that to a person so disposed, God will not refuse that most intimate kiss of all, a mystery of supreme generosity and ineffable sweetness. You have seen the way that we must follow, the order of procedure: first, we cast ourselves at his feet, we weep before the Lord who made us, deploring the evil we have done. Then we reach out for the hand that will lift us up, that will steady our trembling knees. And finally, when we shall have obtained these favors through many prayers and tears, we humbly dare to raise our eyes to his mouth, so divinely beautiful, not merely to gaze upon it, but I say it with fear and trembling - to receive its kiss. "Christ the Lord is a Spirit before our face," and he who is joined to him in a holy kiss becomes through his good pleasure, one spirit with him...

To you, Lord Jesus, how truly my heart has said: "My face looks to you. Lord, I do seek your face." In the dawn you brought me proof of your love, in my first approach to kiss your revered feet you forgave my evil ways as I lay in the dust. With the advancement of the day you gave your servant reason to rejoice when, in the kiss of the hand, you imparted the grace to live rightly. And now what remains, O good Jesus, except that suffused as I am with the fullness of your light, and while my spirit is fervent, you would graciously bestow on me the kiss of your mouth, and give me unbounded joy in your presence...

Sermon 4: "The Kiss of the Lord's Feet, Hands and Mouth" (The Three Kisses)

Yesterday our talk dealt with three stages of the soul's progress under the figure of the three kisses. You still remember this, I hope, for today I intend to continue that same discussion, according as God in his goodness may provide for one so needy. We said, as you remember, that these kisses were given to the feet, the hand and the mouth, in that order. The first is the sign of a genuine conversion of life, the second is accorded to those making progress, the third is the experience of only a few of the more perfect...

We have here three stages of the soul's growth in love, three stages of its advance toward perfection that are sufficiently known and intelligible to those who have experienced them. There is first the forgiveness of sins, then the grace that follows on good deeds, and finally that contemplative gift by which a kind and beneficent Lord shows himself to the soul with as much clarity as bodily frailty can endure... If therefore, as Scripture suggests, the seeking of one's own glory is like kissing one's own hand, then he who gives glory to God is quiet properly said to be kissing God's hand. We see this to be the case among men. Slaves beg pardon of their offended master by kissing their feet, and the poor kiss their benefactor's hand when they receive alms...

But God has a mouth by which "he teaches men knowledge," he has a hand with which "he provides for all living creatures, and he has feet for which the earth is a footstool." When the sinners of the earth are converted from their ways, it is in abasement before these feet that they make satisfaction. I allow of course that God does not have these members by his nature; they represent certain modes of our encounter with him. The heartfelt desire to admit one's guilt brings a man down in lowliness before God, as it were to his feet; the heartfelt devotion of a worshiper finds in God renewal and refreshment, the touch, as it were, of his hand, and the delights of contemplation lead on to that ecstatic repose that is the fruit of the kiss of his mouth. Because his providence rules over all, he is all things to all, yet, to speak with accuracy, he is in no way what these things are. If we consider him in himself, his home is in inaccessible light, his peace is so much greater than we can understand, his wisdom has no bounds. No one can measure his greatness, no man can see him and live. Yet he who by his very nature is the principle through whom all creatures spring into being, cannot be far from any of us, since without him all are nothing. More wonderful still, though no one can be more intimately present to us than he, no one is more incomprehensible. For what is more intimate to anything than its own being? And yet, what is more incomprehensible to any of us than the being of all things? Of course when I say that God is the being of all things, I do not wish it to be understood in the sense that he and they are identical, but rather in the sense of the words of Scripture: "All that exists comes from him, all is by him and in him." He is the creator, the efficient cause, not the material, of every creature. Such is the way the God whose majesty is so great has decided to be present to his creatures: as the being of all things that are, as the life of all things that live; a light to all those who think, virtue to all who think rightly and glory to those who prevail in life's battle...

I have spoken extensively on this point in order to make it plainer for you, but now pressure of time demands that I come to an end, so we must postpone further discussion till tomorrow.

Sources:

Excerpted from The Kiss of the Lord's Feet, Hands and Mouth. Sermon 3 on The Song of Songs. http://www.pathsoflove.com/bernard/songofsongs/sermon03.html

"Bernard of Clairvaux": http://en.wikipedia.org/wiki/Bernard_of_Clairvaux

"The Song of Songs in the Bible and in St. Bernard's Sermons on the Song of Songs": http://cla.calpoly.edu/-dschwart/engl203/lyric&sos.html

Comments: Song of Songs consists of 86 sermons, which Bernard begins to work on them in 1135 and leaves them unfinished at his death in 1153. Basically, Song of Songs (or called Song of Solomon) is an anthology of love poems ascribed to Solomon, King of Israel, and his beloved, Shulamite, and their friends, which is regarded as an allegory of God's dealing with Israel. In contrast, Christians consider the Song of Songs as an allegorical account of God's relations with the Church or with the individual soul. Bernard describes them in relation to the love between God and us. That is, since God deeply loves us, he asks our love in return as expressed in the analogy of bride and groom. The three kisses as revealed in Sermon 4, can refer to the ones on the "feet, hand, and mouth," which are followed by the three steps: (1) "Forgiveness of sin"; (2) "the grace that follows on good deeds"; and (3) "the contemplative gift that Lord shows himself to the soul."

---

* Allegory: A narrative account in which characters and settings stand for moral qualities or abstract ideas. It is an extended metaphor that seeks something other than its literal meaning.

* Cistercian Order: The Order is founded at Citeaux in 1098 by St. Robert of Molesme and others who want a form of Benediction stricter and more primitive than any the existing. The Cistercian life is one of secluded communal intercession and adoration. Houses are erected only in remote situations, churches are simple, and manual work given it primitive prominence. The constitution develops in the 12th century and its basic documents take shape gradually in the process.

15. St. Francis of Assisi (1182~1226): Catholic & Apostolic Friar

Nationality: Italian. *("Assisi" is a town and commune in Italy)*

Places of birth and death: Papal States; Assisi, Papal States (*Papal States are the territories in central Italy that belong to the jurisdiction of Pope)

Language(s): Italian from his father and society; French from his mother

Education: Attends to Cathedral school in Assisi

Title: Catholic friar; Preacher; Saint (1228)

Post: Italian friar (1182~1226); Preacher (1208)

Major Activities: Enlists in the army (1202); Taken prisoner in a border skirmish and held captive for a year (1202); Sets off for war but directed by a vision to return home, Assisi (1204); On a pilgrimage to Rome, exchanges clothes with a beggar at St. Peter's, and spends the day begging (1205); Consecrates himself to poverty and religion (1205); Gathers a group of disciples and draws up for them a rule of life approved by Pope Innocent III (1209); Founder of the Franciscan Order (1209) and of Women's Order of St. Clare (1211); Leader of movements to reform the Church; Preaching tour to Eastern Europe, the Holy Land, and Egypt (1219); Rewrites Franciscan rules approved (1223); Becomes one of the most popular saints due to his simple faith,, passionate devotion, deep humility, and love of nature; Retires to mountain retreat of Alvernia in Italy, where he receives the stigmata (1224)

Publication: A Prayer before the Crucifix (1206); The Form of Living given to St. Clare (1212~1213); An Exhortation to Praise God (1213~1223); A Letter to Clerics (1215); The Rule given for Those in Hermitages (1217~1218); A Letter to the Rulers of all Nations (1220); The Letter sent to the Whole Order (1220~1223); A Letter to the Faithful (1221); First Rule (1221); The Canticle of Brother Sun (1224~1225); On the Rule of the Friars Minor (1223); The Blessing given to Friar Leo (1224); The Letter to

St. Anthony (1224~1225); The Admonitions (1231); St. Francis' Last Will for St. Clare (Oct. 3, 1226)

*** St. Francis' Last Will for St. Clare (Oct. 3, 1226)**

"I, Friar Francis, want to follow the life and poverty of Our Most High Lord Jesus Christ and of His Most Holy Mother and to persevere in it until the end. I beg you, my ladies, and I give you counsel, that you live in this most holy life and poverty always. And guard yourselves very much lest by the doctrine or counsel of anyone you retreat from this in any manner forever."
St. Clare testifies that St. Francis writes this Last Will shortly before his own death on Oct. 3, 1223.

Sources:

The Writings of St. Francis of Assisi. translated from the Critical Latin Edition of Fr. Kajetan Esser, O.F.M. 1976. http://www.saintsworks.net/book/st%20Francis

Contribution: Consecrates himself to poverty and religion (1205); He loves nature (e.g. animals, flowers, sun, moon, herbs, death, water, fire, wind, air, clouds, etc.); Helps the poor and needy; Founds the Franciscan Monastic Order; Travels to Eastern Europe, the Holy Land, and Egypt for preaching (1219)

Information related to his poem, "The Canticle of Brother Sun" (1224~1225):

The Canticle of Brother Sun is believed to have been composed by Francis in late 1224 when he is recovering from an illness at San Damiano where a small cottage is built for him by St. Clare and other women of her Order. In this situation, his death does not seem to be far away. In Canticle, Francis invites all creatures to praise their Creator: Sun, wind, fire, earth, even death in this lyric psalm as all creatures of the Lord. This magnificent hymn expresses the mystic vision of Francis', which provides us with many insights into great depth of his life of faith.

The Canticle of Brother Sun (or Praise of the Creatures)

Most high, all powerful, all good Lord!
All praise is yours, all glory, all honor, and all blessing.

To you, alone, Most High, do they belong.
No mortal lips are worthy to pronounce your name.

Be praised, my Lord, through all your creatures,
Especially through my lord Brother Sun,
Who brings the day; and you give light through him.

And he is beautiful and radiant in all his splendor!
Of you, Most High, he bears the likeness.

Be praised, my Lord, through Sister Moon and the stars;
In the heavens you have made them bright, precious and beautiful.

Be praised, my Lord, through Brothers, Wind and Air,
And clouds and storms, and all the weather,
Through which you give your creatures sustenance.

Be praised, My Lord, through Sister Water;
She is very useful, and humble, and precious, and pure.

Be praised, my Lord, through Brother Fire,
Through whom you brighten the night.
He is beautiful and cheerful, and powerful and strong.

Be praised, my Lord, through our sister Mother Earth,
Who feeds us and rules us, and produces various fruits with colored flowers and herbs.

Be praised, my Lord, through those who forgive for love of you;
Through those who endure sickness and trial.

Happy those who endure in peace,
For by you, Most High, they will be crowned.

Be praised, my Lord, through our Sister Bodily Death,
From whose embrace no living person can escape.

Woe to those who die in mortal sin!
Happy those she finds doing your most holy will.
The second death can do no harm to them.

Praise and bless my Lord, and give thanks,
And serve him with great humility.

Sources:

"The Canticle of Brother Sun": http://en.wikipedia.org/wiki/Canticle_of_the_Sun

"St. Francis of Assisi: Why He's the Patron of Ecology":
http://www.americancatholic.org/Messenger/Oct2007/Feature11.asp

"Francis of Assisi": http://en.wikipedia.org/wiki/Francis_of_Assisi

Comments: As we have seen in the Canticle, Francis respects all creatures and addresses them as equals instead of building wall between the natural world and the supernatural. That is, in our brotherhood society, there is no distinction between clergy and laity. To Francis, the world of God and that of nature are one, from which he seeks obedience to God through a sense of spiritual immediacy. In this sense, he uses 15 metaphors (i.e. Brother Sun, Sister Moon, stars, flowers, herbs, wind, air, clouds, storms, water, fire, earth, creatures, even death) in this simple hymn as metaphoric impersonation that can provide us with clearly interdependent and subtle relationships between the Creator and the Creatures.

---

* Canticle: A Christian hymn based on a psalm.

* Franciscan Order: The Order of Friars Minor founded by St. Francis of Assisi in 1209 when he gave his followers their first rule. This rule was recast in 1221 and brought into its final form in 1223 known as "Regula Bullata" which is translated as "On the Rule of the Friar Minor." The rule stresses the insistence on complete poverty not only for individual friars but also corporately for the Order.

* Friar: A member of mendicant Roman Catholic Orders such as Franciscan, Augustinians, Dominicans, and Carmelities.

* Stigmata: Marks or sores corresponding to the wounds of Jesus.

16. St. Thomas Aquinas (c. 1225~1274): Architect of Scholasticism

Nationality: Italian

Places of birth and death: At Roccasecca, Naples, Italy;
At Monastery of Fossonova, Sonnino, Italy

Language(s): Italian; French

Education: Receives elementary education at the monastery of Monte Cassino (c.1236~1238) ; Studies at the Benedictine house in Naples (c.1239~1240); Begins attending the University of Naples (1239); Studies Aristotle's works for several years in Naples; Studies under Albertus Magnus and leaves for the Cologne with him (1248~1251); Studies and lectures at Cologne, Paris, Rome, Bologna, Pisa, and Naples (1249~1252); Sent to the Dominican school in Cologne where Albertus lectures on theology and philosophy; Bachelor of theology (1248) and Doctor of theology from University of Paris (1257);

Title: Doctor of Angelicus; Dominican priest; Professor; Saint; Theologian; Scholastic philosopher; Father of Thomism;

Post: Lecturer at Cologne (1248~1252); Theological adviser and lecturer to Papa Curia (1259~1268); Professor at University of Paris (1259~1268 & 1272~1273), and at University of Naples (1273~1275); Director of Dominican Studies at University of Naples (1273~1275)

Major Activities: As a child, dedicates himself to the monastic life at Monte Cassino; Enters Dominican Order (1243) and becomes a favorite pupil of Albertus Magnus; Begins his literary activities and public life (1248); Teaches as bachelor in Paris (1252~1255); Teaches at various papal centers in Italy (1259~1263); Teaches theology in Paris and Rome (1257); Teaches in various Dominican houses in Italy (1259~1268); Embroiled in various philosophical and theological controversies in Paris (1269: Consulted by the King, Louis VII on affairs of state (1271); Involved in preaching, writing homilies, disputing, lecturing, and finding time to work at The Summa on a daily basis until his death, 1274.

Publication: The Trinity (1250); On Being and Essence (1254~1255); On the Principles of Nature (c.1255); Disputed Questions on Truth (1256~1259); Summa contra Gentiles (1259~1264); Literal Commentary on Job (1260); On Kingship to the King of Cyprus (1267); Summa Theologica (1266~1274); Disputed Questions on the power of God (1265~1267); Commentary of Aristotle's Memory and Recollection (1268); Commentary of the Eight Books of Physics (1268~1271); Disputed Questions on Evil (1269~1272); Disputed Questions on the Virtue (1269~1272); On the Unity of the Intellect (1270); Commentary on Aristotle's Politics (1271~1272); Numerous on hymns and liturgical works; The Trinity and Summa Theologica are his major works.

Contribution: The early Christian leaders formulate their doctrine based on Plato's ideas, stressing the "real" world is somewhere in heaven with God. A different version develops and expands from St. Thomas who studies the newly discovered Aristotle, and transforms his teachings of "rationalism and scientific spirit" so as to conform to Christian Doctrine. Based on a premise that theology and rationalism do not contradict, but they are complementing, Thomas affirms that the idea focused on natural world is made up by God, and as such, is justifiable. Consequently, there is God in everything and everywhere. Historians acknowledge that this new direction for the material world and scientific inquiries contribute to Europe into the age of discovery that is to come during the period of Renaissance.

Information related to his writing: <u>The Summa Theologica (The Sum of Theology)</u> (1266~1274)

The earlier version of this work, The Summa contra Gentiles (1259~1264) is designed as a summary of Catholic instruction for members out of the Church; whereas, The Summa Theologica (1256~1274, unfinished at his death) is as a textbook for those inside of the Church. These works explore the unlimited scope related to reasoning and faith for almost all aspects of Christian theology.

Article 3: Whether God Exists?

Objection 1: It seems that God does not exist; because if one of two contraries be infinite, the other would be altogether destroyed. But the word "God" means that He is infinite goodness. If, therefore, God existed, there would be no evil discoverable; but there is evil in the world. Therefore God does not exist.

Objection 2: Further, it is superfluous to suppose that what can be accounted for by a few principles has been produced by many. But it seems that everything we see in the world can be accounted for by other principles, supposing God did not exist. For all natural things can be reduced to one principle which is nature; and all voluntary things can be reduced to one principle which is human reason, or will. Therefore there is no need to suppose God's existence.

On the contrary, it is said in the person of God: "I AM WHO I AM." (Exodus 3:14)

I answer that the existence of God can be proved in five ways.

The first and more manifest way is the argument from motion. It is certain, and evident to our senses, that in the world some things are in motion. Now whatever is in motion is put in motion by another, for nothing can be in motion except it is in potentiality to that towards which it is in motion; whereas a thing moves inasmuch as it is in act. Motion is nothing else than the reduction of something from potentiality to actuality. But nothing can be reduced from potentiality to actuality except by something in a state of actuality. Thus that which is actually hot, as fire, makes wood, which is potentially hot, to be actually hot, and thereby moves and changes it. Now it is not possible that the same thing should be at once in actuality and potentiality in the same respect, but only in different respects. For what is actually hot cannot simultaneously be potentially hot; but it is simultaneously potentially cold. It is therefore impossible that in the same respect and in the same way a thing should be both mover and moved, (i.e. that it should move itself). Therefore, whatever is in motion must be put in motion by another. If that by which it is put in motion be itself put in motion, then this also must need be put in motion by another, and that by another again. But this cannot go on to infinity, because then there would be no first mover, and, consequently, no other mover; seeing that subsequent movers move only inasmuch as they are put in motion by the first mover; as the staff moves only because it is put in motion by the hand. Therefore it is necessary to arrive at a first mover, put in motion by no other; and this everyone understands to be God.

The second way is from the nature of the efficient cause. In the world of sense we find there is an order of efficient causes. There is no case known (neither is it, indeed, possible) in which a thing is found to be the efficient cause of itself; for so it would be prior to itself, which is impossible. Now in efficient causes it is not possible to go on to infinity, because in all efficient causes following in order, the first is the cause of the intermediate cause, and the intermediate is the cause of the ultimate cause, whether the intermediate cause be several, or only one. Now to take away the cause is to take away the effect. Therefore, if there be no first cause among efficient causes, there will be no ultimate, nor any intermediate cause. But if in efficient causes it is possible to go on to infinity, there will be no first efficient cause, neither will there be an ultimate effect, nor any intermediate efficient causes; all of which is plainly false. Therefore it is necessary to admit a first efficient cause, to which everyone gives the name of God.

The third way is taken from possibility and necessity, and runs thus. We find in nature things that are possible to be and not to be, since they are found to be generated, and to corrupt, and consequently, they are possible to be and not to be. But it is impossible for these always to exist, for that which is possible not to be at some time is not. Therefore, if everything is possible not to be, then at one time there could have been nothing in existence. Now if this were true, even now there would be nothing in existence, because that which does not exist only begins to exist by something already existing. Therefore, if at one time nothing was in existence, it would have been impossible for anything to have begun to exist; and thus even now nothing would be in existence — which is absurd. Therefore, not all beings are merely possible, but there must exist something the existence of which is necessary. But every necessary thing either has its necessity caused by another, or not. Now it is impossible to go on to infinity in necessary things which have their necessity caused by another, as has been already proved in regard to efficient causes. Therefore we cannot but postulate the existence of some being having of itself its own necessity, and not receiving it from another, but rather causing in others their necessity. This all men speak of as God.

The fourth way is taken from the gradation to be found in things. Among beings there are some more and some less good, true, noble and the like. But "more" and "less" are predicated of different things, according as they resemble in their different ways something which is the maximum, as a thing is said to be hotter according as it more nearly resembles that which is hottest; so that there is something which is truest, something best, something noblest and, consequently, something which is uttermost being; for those things that are greatest in truth are greatest in being. Now the maximum in any genus is the cause of all in that genus; as fire, which is the maximum heat, is the cause of all hot things... Therefore there must also be something which is to all beings the cause of their being, goodness, and every other perfection; and this we call God.

The fifth way is taken from the governance of the world. We see that things which lack intelligence, such as natural bodies, act for an end, and this is evident from their acting always, or nearly always, in the same way, so as to obtain the best result. Hence it is plain that not fortuitously, but designedly, do they achieve their end. Now whatever lacks intelligence cannot move towards an end, unless it be directed by some being endowed with knowledge and intelligence; as the arrow is shot to its mark by the archer. Therefore some intelligent being exists by whom all natural things are directed to their end; and this being we call God.

Reply to Objection 1: As Augustine says, "Since God is the highest good, He would not allow any evil to exist in His works, unless His omnipotence and goodness were such as to bring good even out of evil." This is part of the infinite goodness of God, that He should allow evil to exist, and out of it produce good.

Reply to Objection 2: Since nature works for a determinate end under the direction of a higher agent, whatever is done by nature must be traced back to God, as to its first cause. So also whatever is done voluntarily must also be traced back to some higher cause other than human reason or will, since these can change or fail; for all things that are changeable and capable of defect must be traced back to an immovable and self-necessary first principle, as was shown in the body of the Article.

Sources:

The Sum of Theology (1947), English Dominican trans. New York: Benziger Broters.
"Article 3 Whether God Exists? in Question 2. The Existence of God":
http://www.newadvent.org/summa/1002.htm

Comments: The Sum of Theology expounds Thomas' philosophy and theology with an approach of Scholasticism. In Article 3, he attempts to define the existence of God based on the five proofs known as "The Five Ways." These Ways deal with the arguments (1) from Motion; (2) from Efficient Cause; (3) related to Necessary Being; (4) from Gradation; and (5) from Design or Governance of the world. To be specific, (1) the argument from motion refers to the premises and the conclusion that "Since everything that moves is moved by another, there must exist an Unmoved Mover: Creator." (2) The argument from Efficient Cause indicates that the sequence of Causes made up this universe must have a First Cause; (3) The one related to Necessary Being mentions that "Since all existing things depend on others things, there must exist at least one thing that is not dependent and so is a Necessary Being; (4) The one from Gradation refers to that "Since all existing things can be compared to such qualities as degrees of goodness, there must exist something that is an Absolutely

Good Being." Finally, in (5), the one from Design points to the intricate design and order of existing things and natural processes that can justify that a Great Designer exists. In essence, his postulated definitions have brought forth significant enlightenments for rational Christian scholars and followers while generating hot arguments for fundamentalists, especially in interpreting one of his proofs.

The Sum of Theology consists of three major PARTS, each of which deals with a subsection of Christian theology. The overall structure of the Summa is as follows:

PART I deals with a variety of issues (e.g. God's existence and nature, the creation of the world, the nature of man) based on 119 Questions.

PART II discusses Humanity and Morals with the divisions of two Parts:

01. The First Part of PART II including 114 Questions with such issues as General Principles of Morality, a Theory of Law.
02. The Second Part of Part II including 189 Questions with such issues as Morality, Individual virtues and vices.

PART III deals with the person and work of Christ including 90 Questions with such issues as "To God through Jesus, The sacraments, the End of the world."

Sources:
"Summa Theological Index": http://www.sacred-texts.cpm/chr/aquinas/summa/index.htm
"Thomas Aquinas, "The Five Ways": http://philosophy.lander.edu/intro/aquinas.shtml
"The Sum of Theology: Proofs for the Existence of God":
http://www.sparknotes.com/philosophy/aquinas/section2.rhtml
"St Thomas Aquinas: Biography":
http://www.biography.com/people/st-thomas-aquinas-9187231
"St Thomas's Contribution to Christianity:
http://voices.yahoo.com/a-thomist-life-view-saint thomas-contribution

Tips for Reading the Summa

Each Question is dealt with in Articles made up of five sections.

01. The issue of the Article is given in the form of a question.
    e.g.: "Whether God Exists?"
02. A few plausible responses listed in a series of Objections to the conclusion are given.
    e.g.: "Objections 1, 2"
03. A contrary response cited from some authority begins with the phrase,
    e.g.: "On the contrary" is given.

04. Arguments are given for the author's response, which is a clarification of the issue.
    e.g.: "I answer that"
05. Brief replies to the preceding Objections are given.
    e.g.: Reply to Objection 1, 2

Sources:
Davies, Brian (1992) ed.: The Thought of Thomas Aquinas. Oxford: Clarendon Press
"Citing the Sum of Theology of St Thomas Aquinas":
http://dougbeaumont.org/citing-thomas-quinas
"Thomas Aquinas": http://en.wikipedia.org/wiki/Thomas_Aquinas

---

* Albertus Magnus or Albert the Great (1206~1280): German philosopher, theologian, teacher of St. Thomas who is called "The teacher of everything there is to know," and "the Universal Doctor" during the Middle Ages.

* Aristotle (384~322 B.C.): Principle thinker of Western rationalism and scientific spirit.

* Rationalism: The theory that claims that reliance on reason is the best guide for belief or action. Or the theory that reason provides the prime source of knowledge and of spiritual truth.

* Plato (428~348 B.C.): With Socrates and Aristotle, Plato lays philosophical foundations of Western culture; Plato is a student of Socrates and a teacher of Aristotle. Plato's main discussions of theology are revealed in the Timaeus which describes how the divine Demiurge brings the world into being, how He makes it as an image of an eternal archetype, and how He enables it to share in His perfection by putting into it in mind and soul.

* Timaeus: The idea of dichotomy between good and evil written in dialogues.

* Demiurge: The benevolent Creator of laws who creates air, water, natural objects, and arranges all elements according to the theory of Creation.

* Plato's ideas on theology: Like those of the early Christians, he stresses on a metaphysical approach: a priori speculation upon questions that are not answerable to scientific explanation, control, and prediction. Simply put, the "real" world the believers are to seek is somewhere in heaven with God.

* Thomism: The theological and philosophical system of St. Thomas Aquinas, a system that dominates Scholasticism.

* Dominican Order: Founded in 1266 by Spanish-born priest, St. Dominic (1170~1221), the doctrine of which expounds that Jesus is the Lord and Sunday as the Lord's Day.

C. The Late Middle Ages (1300s~1500s)

We will briefly review a historical overview first, and then the two of the selected preachers whose contributions to the development of Christianity are significant. William Ockham separated the dogmas of the church and provided the essentials of the faith from rational manipulation. John Wycliffe replied to his Summons by the Pope to come to Rome in 1384, one of the first replies to challenge the Pope's dogmatic authority, which eventually paved the way leading to the Reformation.

1. A HISTORICAL OVERVIEW

This period (1300s~1500s) includes several monumental events such as (1) The Western Schism (Split from 1378 to 1416), through which the unity of the Catholic Church was shattered; (2) The Hundred Years War between England and France (from 1337 to 1453); (3) The Fall of Constantinople (1453) by Byzantine Empire under the command of Ottoman Sultan Mehmed II; and, (4) A series of natural disasters (e.g. the Great Famine (1315~1317), and the Black Death (1347~51)) reduced the population to 25-35 % of the whole population as the plague spread throughout Europe).

Despite these crises, this period shows a time of progress related to (1) philosophy and theology; (2) invention; (3) discovery; and, (4) the decline of the Catholic power.
To be specific, in terms of philosophy and theology, the predominant school of theology was the Thomistic reconciliation of the teachings of Aristotle based on Christian theology. For this, Ockham suggested an alternative insisting that the world of reason and that of faith should be kept apart, not combined. For the invention, several invented devices (e.g. gunpowder, movable printing press, & compass) influenced on political and social development, especially in the dissemination of information and of the gospels by the Johann Gutenberg's invention (1448). The discovery of the Americas by Columbus (1492), and that of Vasco da Gama's circumnavigation of India and Africa (1498) paved the way for several European countries (e.g. Portugal, Spain, the Netherlands, England, France, Germany, Belgium) to strengthen their economy and power. Finally, in terms of the decline of the Catholic power, the Church had long fought against heretic sects; however, the demand for reform from within the community (e.g. John Wycliffe) often brought forth repeatedly, which eventually led the way to the Reformation.

2. PREACHERS

During this period, there are quiet a few well-known preachers who contributed to the development of Christianity. They are William of Ockham (c.1300s~c.1349); John Wycliffe (c.1330~1384); Catherine of Siena (c.1347~1380); John Huss (c.1372~1415); Jerome of Prague (c.1375~1416); Julian of Norwich (c.1342~1426); and, (5) Thomas a Kempis (c.1380~1471). Out of them, William of Ockham and John Wycliffe are to be reviewed as representatives of this period, The Late Middle Ages (1300s~1500s).

To be specific, William of Ockham, one of the major scholastic theologians, contributed to the development of formal logic through the use of the principle of economy called Ockham's Razor. That is, the Divine omnipotence can be proven "only through the faith that gives an access to theological truth," instead of the existence of "universals." His claims paved the way for the Reformation yet to come. Indeed, he served as a pioneer of modern theology.

Another theologian who challenged the Pope's dogmatic authority was John Wycliffe called "Morning Star of the Reformation." He rejected one of the Catholic doctrines called "transubstantiation" through which the Eucharistic bread and wine became the body and blood of Jesus. He claimed that "the Bible is a timeless, unchanging, and archetypal truth of the universe, not from the present world in which materialism and excessive papal power are manifested." Furthermore, he advocated that the Bible as a direct outflow from God himself, not from the pope. Therefore, the pope should not interfere in world affairs, but should be an example of holiness. Since the Bible translation played a key role in terms of disseminating and controlling doctrines, beliefs and gospels, he translated from the Vulgate into vernacular English known as "Wycliffe's Bible" as a way of curtailing the pope's control and power. As such, both of them paved the way leading to the Reformation.

17. William of Ockham (c.1300~c.1349): Pioneer of Modern Theology

Nationality: British

Places of birth and death: In Ockham (village), Surrey, England; Munich, Holy Roman Empire

Language(s): English, Latin, German, French

Education: Studies basic Latin at a village school in Ockham; At an early age enters the Franciscan Order (called "Greyfriars") in London; Gets most of his "grade school" education at Greyfriars; Gets a "high school" education in basic logic, science, natural philosophy around at the age of 14; Takes the traditional course of theological studies at Oxford (1309~21), but oppositions from faculty members prevent him getting his master degree. Never becomes a fully qualified "master" of theology at Oxford; Studies theology at Oxford (1318~19)

Title: Scholastic philosopher; Theologian; Polemicist; Unconquerable Teacher; Worthy Beginner

Post: Sub-deacon at Friars Minor (1306); Lecturer on the Bible (c.1315~1317) and on the Sentences (c.1317~1319) at Oxford; Polemic and energetic writer against Pope John XXII and in favor of the Imperial policy including political and modern theories of independence of civil rule (1330~1347).

Major Activities:
(01) In England (c.1287~1324): Joins Franciscan Order, "Greyfriars" in London; Studies theology at Oxford (1319~1319); Returns to London Greyfriars and remains there. Called before the Franciscan province's chapter meeting to defend his views on theological issues in Bristol (1323); Charged with teaching heresy and summoned to Avignon in France to answer the charges (1324). Never returns to England.
(02) In Avignon (1324~1328): A commission censures William's 51 propositions from his writings and denounced for teaching heretic doctrines, but no formal condemnation

follows (1324); Minister General of the Franciscans who opposes to Pope John XXII on the interpretation of Franciscan Poverty and the temporal power of the Church instructs William to examine the Papal constitutions focused on the dispute related to the Poverty so as to defend against the Pope; Concludes that Pope takes heretic position; Waits there for a judge until 1328. When it appears that Pope is to condemn William's position, he flees to the protection of Holy Roman Emperor Louis IV (1282~1347) who supports in his struggle with the Pope; Excommunicated by the Pope and flees to Italy (1328) and later to Munich (1332).
(03) In Munich (1332~47): Writes polemic works against the Pope and in favor of the Imperial policy including a great number of works; Joins side of Emperor Louis IV in contesting temporal power of the Pope; Lays foundation in Dialogues of modern theory of independence of civil rule; Spends rest of his life in Munich.

Publication: Commentary on the Sentences of Peter Lombard (1317~1318); Seven Quodlibets (1324~1325); Expositions of Porphyry's Isagoge and of Aristotle's Categories (1321~1324); On Interpretations (1321~1324); Sophist Reputations (1321~1324); Sum of Logics (c.1323~1325); Treaties of Predestination and God's Foreknowledge with Respect to Future Contingents (1321~1324); Exposition of Aristotle's Physics (1322~1324); Questions on Aristotle's Books of the Physics (c.1323); The Explanation of the Gold on the old art of Aristotle (1323); The Total Number of Logic (1323); Eight Questions in the Physics (1327); Eight Questions on the Power of the Pope (1340~1341); The Work of Ninety Days (1332~1334); Letter to the Friars Minor (1334); Short Discourse (1341~1342); Dialogue (c.1334~1346)

Contribution: As one of the major figures of scholastic thinker, William's interest in logic, linguistic theory, semiotics, theology, physics, political science, philosophy, and science places him in the forefront of those medieval thinkers, which contributes to modern science and intellectual culture. His contribution to the development of formal logic through the use of the principle of economy called Ockham's Razor is significant, which paves the way for the Reformation yet to come. Finally, his philosophical and theological influence pervades the academic communities from The Late Middle Ages (1300s~1450s).

Information related to his writing: "Universals and Particulars" (c.1323)

Michael of Cesena, Franciscan Minister General, and Pope John XXII had a serious dispute over the idea of Apostolic Poverty in 1328. William was asked to interpret the dispute between them and joined the side of Michael who claimed that the clergy should live their lives without ownership of lands or accumulation of wealth, following the precepts given to the 70 disciples in the Gospel of Luke (10:1-24). William became excommunicated by the Pope and fled to Munich where the Holy Roman Emperor Louis IV protected him in favor of the Imperial Policy. In Munich, William wrote a great number of polemic works against the Pope as a way of curtailing the excessive power of the Church. This article, "Universals and Particulars" in The Total Number of Logic is one of them against the power and dogmatic authority of the Pope.

"Universals and Particulars" (c.1323) from The Total Number of Logic (Summa Totius Logicae)

That a universal is not a substance existing outside the mind can in the first place be evidently proved as follows: No universal is a substance that is single and numerically one. For if that were supposed, it would follow that Socrates is a universal, since there is no stronger reason for one singular substance to be a universal than for another; therefore no singular substance is a universal, but every substance is numerically one and singular. For everything is either one thing and not many, or it is many things. If it is one and not many, it is numerically one. If, however, a substance is many things, it is either many singular things or many universal things. On the first supposition it follows that a substance would be several singular substances; for the same reason, then, some substance would be several men; and thus, although a universal would be distinguished from one particular thing, it would yet not be distinguished from particular things. If, however, a substance were several universal things, let us take one of these universal things and ask "Is this one thing and many, or is it many thing?" And thus either this will go on *ad infinitum (infinitely, without end or limit)*, or we must take the stand that no substance is universal in such a way that it is not singular. Hence, the only remaining alternative is that no substance is universal.

Furthermore, if a universal were one substance existing in singular things and distinct from them, it would follow that it could exist apart from them; for every thing naturally prior to another thing can exist apart from it by the power of God. But this consequence is absurd.

Furthermore, if that opinion were true, no individual could be created, but something of the individual would pre-exist; for it would not get its entire being from nothing, if the universal in it has existed before in another individual. For the same reason it would follow that God could not annihilate one individual of a substance, if He did not destroy the other individuals. For if He annihilated one individual, He would destroy the whole of the essence of the individual, and consequently He would destroy that universal which is in it and in others; consequently, the other individuals do not remain without a part of themselves, such as the universal is held to be.

Furthermore, we could not assume such a universal to be something entirely extrinsic to the essence of an individual; therefore, it would be of the essence of the individual, and consequently the individual would be composed of universals; and thus the individual would not be more singular than universal.

Furthermore, it follows that something of the essence of Christ would be miserable and damned; since that common nature which really exists in Christ, really exists in Judas also and is damned. Therefore, something is both in Christ and in one who is damned, namely in Judas. That, however, is absurd.

Sources:

"Summa Totius Logicae," ed. and trans. Philotheus Boehner, in Ockham: Philosophical Writings (1957). London: Thomas Nelson & Sons
"William of Ockham": http://www.iep.utm.edu/ockham/
"William of Ockham": http://www.crvp.org/book/Series01/I-9/chapter_vii.htm
"William of Ockham": http://en.wikipedia.org/wiki/William_of_Ockham
"Occam's Razor": http://en.wikipedia.org/wiki/Occam's_razor

Comments: William's The Total Number of Logic is a textbook on logic that encompasses three books. Book I deals with "On Terms," Book II "On Propositions," and Book III "On Syllogisms." These books resemble the other ones of medieval logic in terms of systematic organization. The author attacks the dogmatic doctrine and excessive power of the Church arguing that "No substance is universal" on the grounds that (1) "Everything cannot exist apart from it by the power of God," (2) "God cannot destroy one individual of a substance," (3) The individual is more singular than universal; and (4) The essence of existence in both "good (Christ)" and "bad (Judas)" is absurd.

* Apostolic/Franciscan Poverty: A claim that Jesus and his apostles did not own their personal property, and survived by begging and accepting the gifts from others.

* Nominalism: A school of thought in medieval Europe that holds that only individual objects are real and the universals are names created by human beings.

* Ockham or Occam's Razor: Refers to an adoption of the simplest assumption or hypothesis when formulating a theory so as to offer the simplest explanation of the effect. In other words, the Razor claims that simpler explanations are, other beings equal, better than more complex ones. According to William's principle of economy, "It is futile to do more things that can be done with fewer."

* Principle of Parsimony: Like the Ockham's Razor, it refers to the principle that simpler explanations or procedures are more effective and better than more complicated or complex ones.

* 51 Propositions: The propositions extracted from William's writings that are open to censure, esp. on the issue of Apostolic/Franciscan Poverty.

* Particular: A separate case or an individual thing that can be distinguished from a larger category or class: not general or universal. In theology, the Particularistic tradition refers to the belief that a person can gain salvation only by God's free choice.

* Universal: The condition of being universal, which is applicable or common to all purposes, conditions, or situations. Universalism, then generally accepted, is a doctrine of universal salvation.

18. John Wycliffe (c.1330~1384): Morning Star of the Reformation

Nationality: British

Places of birth & death: Hipswell in the North Riding of Yorkshire; Lutterworth, England

Language(s): English, Latin, Greek

Education: Receives early education close to his home; Studies at Merton College, Oxford (c.1347); Owes much to William of Ockham's work and thought; Shows interest in natural science and mathematics, but dedicates himself to studying theology, ecclesiastical law, dialect, and philosophy; Receives a bachelor's degree in theology (1363) and Doctor of Divinity (1372~1384).

Title: Religious reformer; Translator; scholastic theologian and philosopher; Professor; Lay preacher (Ordained in 1351)

Post: Master of Balliol College, Oxford (1360~1361); Warden of Canterbury Hall at Oxford (1365~67); Rector of Filingham (1361~1368) and Ludgershall (1368~1384); Also Rector of Lutterworth (1374~1384)

Major Activities: Teaches and writes at Oxford until 1381: Develops systematic attacks upon the hierarchical system of the Church; Wins favor of Prince John of Gaunt, son of Edward III by justifying limitation of the Church's lordship over temporal affairs; Presents arguments in Latin fliers for national refusal of certain tribute demanded by the Church in Rome; Criticizes doctrines of "dominion as founded in grace" by which all authority both ecclesiastic and secular is derived from God; therefore, is surrendered when its possessor falls into mortal sin; Attacks friars, worldliness of the medieval Church; Condemned by Oxford University for teaching Eucharistic teaching (1381); Abhors the accumulated wealth and power of the Church including the practice of transubstantiation including the compulsory confession, the selling of indulgences and simony, and the concubinage;

Accused of heresy by Pope Gregory XI (1382) and summoned by Pope to come to Rome to answer the charge; Retires to Lutterworth, but after his death his doctrines are condemned again in 1388, 1397, and at the Council of Constance in 1415.

Publication: On Logic (c.1360); Continuation of the Treaties on Logic (c.1360); On Universal Being (c.1365); On the Act of Soul (c.1365); Amending Errors about Universals (1366~1368); On Categorical Being (1369); Treaties on Universals (1368~1369); On the Intellection of God (c.1370); On the Volition of God (c.1370); On Matter and Form (1370~1372); Sum of Beings (1374~1375); On Civil Dominion (1377); On the Church (1378~1379); Of the Truth of the Holy Scripture (1378); On the Power of the Pope (c.1379); On Apostasy (1380); On the Eucharist (1380); Treaties on Time (1382); Dialogue (c.1382); Trialogus (1382~1383); On the Office of the King (1384); The Gospel ("Opus evangelicus," left unfinished at his death, 1384); "Reply of John Wycliffe to his Summons by the Pope to come to Rome, 1384"

Contribution: Wycliffe's rejection of "transubstantiation" displays his contribution derived from his basic ideas. That is, he regards the Bible as a direct outflow from God himself, not from the pope. The Bible is a timeless, unchanging, and archetypal truth of the universe, not from the present world in which materialism and excessive papal power are manifested. The true meanings of the Bible are from (1) knowledge of the nature and ontological status of universals; (2) that of the past and future states of affairs; and, (3) that of the external existence of creatures in God. Therefore, the pope should not interfere in world affairs, but should be an example of holiness. In terms of power and language, the Bible translation is crucially important in the sense that a specific translated language plays a key role in controlling and disseminating beliefs and information. He translates from the Vulgate into vernacular English (1382) known as Wycliffe's Bible as a way of curtailing the pope's control. The Bible is not the words from the Church or the pope; it is from God himself. On the whole, he deserves to be called "Morning Star of the Reformation."

Situational information related to Pope's writings, "Bull of Pope Gregory XI against John Wycliffe" and "The Condemned Conclusions of John Wycliffe" (1382): Wycliffe's repeated attacks on the traditional authority and power of the Church bring forth his summons and concluded condemnations from Pope Gregory XI. However, he can survive without death penalty because of a great number of his followers called the Lollards.

"Bull of Pope Gregory XI against John Wycliffe" (1382)

We are compelled to wonder and grieve that you, who, in consideration of the favors and privileges conceded to your University of Oxford by the apostolic see, and on account of your familiarity with the Scriptures, in whose sea you navigate, by the gift of God, with auspicious oar, you, who ought to be, as it were, warriors and champions of the orthodox faith, without which there is no salvation of souls, ---that you through a certain sloth and neglect allow tares to spring up amidst the pure wheat in the fields of your glorious University aforesaid; and what is still more pernicious, even continue to grow to maturity. And you are quite careless, as has been lately reported to us, as to the extirpation of these tares; with no little clouding of a bright name, danger to your souls, contempt of the Roman Church, and injury to the faith above mentioned...

Wherefore, since we are not willing, nay, indeed, ought not to be willing, that so deadly a pestilence should continue to exist with our connivance, a pestilence which, if it is not opposed in its beginnings, and torn out by the roots in its entirety, will be reached too late by medicines when it has infected very many with its contagion; we command your University with strict admonition, by the apostolic authority, in virtue of your sacred obedience, and under penalty of the deprivation of all the favors, indulgences, and privileges granted to you and your University by the said see, for the future not to permit to be asserted or proposed to any extent whatever, the opinions, conclusions, and propositions which are in variance with good morals and faith, even when those proposing strive to defend them under a certain fanciful wresting of words or of terms. Moreover, you are on our authority to arrest the said John, or cause him to be arrested and to send him under a trustworthy guard to our venerable brother, the Archbishop of Canterbury, and the Bishop of London, or to one of them...

Given at Rome, at Santa Maria Maggiore, on the 31st of May, the sixth year of our pontificate.

"The Condemned Conclusions of John Wycliffe" (1382)

01. That the material substance of bread and of wine remains, after the consecration, in the sacrament of the altar.
05. That if a man has been truly repentant, all external confession is superfluous to him or useless.
10. To assert that it is against sacred scripture that men of the Church should have temporal possessions.

15. To assert that it is allowed to any one, whether a deacon or a priest, to preach the word of God, without the authority of the apostolic see, or of a Catholic bishop, or of some other which is sufficiently acknowledged.
18. That tithes are purely charity, and that parishioners may, on account of the sins of their curates, detain these and confer them on others at their will.
20. That the very fact that any one enters upon any private religion whatever, renders him more unfitted and more incapable of observing the commandments of God.
22. That religious persons living in private religions are not of the Christian religion.
24. That a person giving alms to friars, or to a preaching friar, is excommunicated; also the one receiving.

"Reply of John Wycliffe to his Summons by the Pope to come to Rome" (1384)

I have joyfully to tell to all true men that believe what I hold, and legates to the pope; for I suppose that if my faith be rightful and given of God, the pope will gladly confirm it; and if my faith be error, the Pope will wisely amend it.

I suppose over this that the gospel of Christ be [the] heart of the corpus of God's law; for I believe that Jesus Christ, that gave in His own person this gospel, is very God and very man, and by this heart passes all other laws.

I suppose over this that the pope be most obliged to the keeping of the gospel among all men that live here; for the pope is highest vicar that Christ has here in earth. For moreness *(the state of being more)* of Christ's vicar is not measured by worldly moreness, but by this, that this vicar sues more Christ by virtuous living; for thus teaches the gospel, that this is the sentence of Christ.

And of this gospel I take as believe, that Christ for [the] time that He walked here, was [the] most poor man of all, both in spirit and in having; for Christ says that He had naught for to rest His head on. And Paul says that He was made needy for our love. And more poor might no man be, neither bodily nor in spirit. And thus Christ put from Him all manner of worldly lordship. For the gospel of John tells that when they would have made Christ king, He fled and hid Him from them, for He would none such worldly highness.

And over this I take it as believe, that no man should sue the pope, nor no saint that now is in heaven, but in as much as he sues Christ. For John and James erred when they coveted worldly highness; and Peter and Paul sinned also when they denied and blasphemed in Christ; but men should not sue them in this, for then they went from Jesus Christ. And this I take as wholesome counsel, that the pope leave his worldly lordship to worldly lords, as Christ gave them,---and move speedily all his clerks to do so. For thus did Christ, and taught thus his disciples, till the fiend had blinded this world. And it seems to some men that clerks that dwell lastingly in this error against God's law, and flee to sue Christ in this, been open heretics, and their fautors *(patrons who give support)* been partners.

And if I err in this sentence, I will meekly be amended, yea, by the death, if it be skilful, for that I hope were good to me. And if I might travel in mine own person, I would with good will go to the pope. But God has needed me to the contrary, and taught me more obedience to God than to men.

And I suppose of our pope that he will not be Antichrist, and reverse Christ in this working, to the contrary of Christ's will; for if he summon against reason, by him or by any of his, and pursue this unskillful summoning, he is an open Antichrist. And merciful intent excused not Peter, that Christ should name him Satan; so blind intent and wicked counsel excuses not the pope here; but if he ask of true priests that they travel more than they may, he is not excused by reason of God, that he should not be Antichrist. For our belief teaches us that our blessed God suffers us not to be tempted more than we may; how should a man ask such service? And therefore pray we to God for our Pope Urban the Sixth, that his old holy intent be not quenched by his enemies. And Christ, that may not lie, says that the enemies of a man been especially his home family; and this is sooth of men and fiends.

Sources:

Excerpted from "Pope Gregory XI: The Condemnation of Wycliffe 1382 and Wycliffe's Reply, 1384": http://www.fordham.edu/halsall/source/1382wycliffe.asp

"John Wycliffe": http://en.wikipedia.org/wiki/John_Wycliffe

"John Wycliffe & the English Bible": http://kevinhughes.suite101/john-wycliffe-and-the-english-bible

---

* Lollards: Members of a sect of religious reformers in England who are followers of John Wycliffe in the 14th and 15th centuries. These followers are somewhat rebellious while preaching anticlerical and biblically-centered reforms serving as precursors to the Protestant Reformation.

* Concubinage: Cohabitation without legal marriage

* Transubstantiation: The doctrine that the Eucharistic bread and wine become the body and blood of Jesus.

* Bull: An official document issued by the pope and sealed with a bulla (a round seal affixed to a papal bull).

* Council of Constance (1415~18): The Council is convoked by John XXXIII with the purpose of ending The Great Schism, the Reformation, and combating heresy. The Council condemns over 200 propositions of John Wycliffe and John Huss.

***Major Bible Translations:**

The Bible has been translated into many languages from the biblical languages of Hebrew, Aramaic, and Greek. Now the full Bible has been translated into over 450 languages, and translated sections of the Bible are more than 2,000 languages.

(01) Septuagint (c.280~100 B.C.): The most influential of the Greek versions of the Old Testament translated by more than 70 Jewish and Greek scholars working different places over a long period of time: translation from Hebrew into Greek. In the early Church, Septuagint is regarded as the standard form of the Old Testament, which is believed to be completed by 132.

(02) Vulgate (A.D. 383~405): The Latin version of the Bible translated from the Hebrew and Greek manuscripts into Latin by Jerome (c.345~420), the premier linguist in the Church of his era. Vulgate serves the Bible for the Western Church over 1,000 years.

(03) King James Version (1611): At the Hampton Court Conference (1604), John Reynolds (1549~1607, Puritan scholar) suggests that here should be a new translation of the Bible, for which Kin James I orders the work. The 54 translation members, the best biblical scholars and linguists, are instructed to take the Bishops' Bible as their basis to retain ecclesiastic terms and to exclude marginal notes needed to explain Hebrew or Greek words. The result of their work published in 1611 is a version of great happiness which becomes the only familiar form of the Bible for English-reading-people the position of which holds more than 400 years.

King James Version (KJV hereafter) has undergone numerous modifications so that the currently circulating Bible differs from that of 1611 in over 7,500 places. KJV has been revised in 1881, and is completed in 1885.

(04) New International Version (1978): The New International Version (NIV hereafter) is published in 1978 by the International Bible Society from a cooperative projects in which more than 110 scholars representing a broad range of evangelical denominations and 34 religious groups participated. The work is directed by the New York Bible Society. Abandoning any effort to revise the King James Version's line of the Bible, the NIV is a new translation aiming at accuracy, clarity, and dignity.

Sources:

Livingstone, E.A. (1977): ed. Oxford Concise Dictionary of the Christian Church. N.Y.: Oxford University Press

Bible Translations: http://en.wikipedia.org/wiki/Bible_translations

***Bible Translations into Korean:**

(01) Before 1877: The small number of Christians in Korea used Chinese Bibles.
(02) After 1877: The Ross New Testament. Translated and completed by John Ross (Scottish missionary) et al. at Dongguan Church in Mukden, Manchuria.
(03) 1900: New Testament by Appenzeller's team (Horace G. Underwood, William B. Scarnton, James Scarth Gale). Methodist Episcopal
(04) 1910: Korean Bible. Completed by William Reynolds, Seungdoo Lee, Jeongsam Kim.
(05) 1923: Fenwick New Testament: Completed by Malcolm C. Fenwick
(06) 1925: The Gale's Bible: James Scarth Gale's private translation.
(07) 1938: Old Korean Revised Version: Korean Bible Society (KBS, hereafter)
(08) 1961: Korean Revised Version: The standard version in use in Korea, & revised (1983). KBS
(09) 1977: Common Translation Bible: KBS revised Ecumenical Version (1997). KBS
(10) 1985: Korean Living Bible: International Bible Society
(11) 1991: Today's Korean Version: KBS
(12) 1993: New Korean Standard Bible: KBS revised in 2001, 2004_
(13) 1994: Korean King James Version: Word of God Preservation Society

(14) 1994: Agape Easy Bible: Agape Publishers
(15) 1998: New Revised Korean Version: KBS
(16) 2005: Holy Bible: The Catholic Bishops' Conference of Korea
(17) 2008: Pyongyang Bible: Pyongyang, North Korea

Source:
Bible translations into Korean:
http://en.wikipedia.org/wiki/Bible_translatios_into_Korean

CHAPTER III

THE AGE OF THE REFORMATION (1500s~1650s)

CHAPTER III: THE AGE OF THE REFORMATION (1500s~1650s)

The Reformation is the greatest event in the history of Christianity. It marks the end of the Medieval Ages and the beginning of modern times. In fact, it gives a tremendous boost to every forward movement, and makes Protestantism "the chief propelling force in the history of modern civilization" (Schaff, 1882). The Reformation is the term that is used to define a series of changes in West Christendom between the 14th and 17th centuries, but the term in this publication is restricted to the Age of the Reformation: 1500s~1650s. We will briefly review a historical overview first, and the selected preachers of this age.

1. A Historical Overview

The Reformation was a reform movement in which members attempted to reform practices of the Catholic Church. They began to protest against several issues such as purgatory, the authority of the Pope, the auricular confession, pilgrimages, the worship of saints, the ritual of sacraments, the devotion to Mary (Mariolatry), the celibacy requirements of the clergy, the sale of indulgences, the fundamental doctrines, the association of Church and State, and the transubstantiation.

In 1517 Martin Luther took a public stand with his 95 theses against the actions of a Dominican friar and papal commissioner, Johann Tetzel, who was sent to Germany by Pope Leo X (1475~1521). Tetzel was raising money by selling indulgences so as to rebuild St. Paul's Cathedral in Rome. Luther denied that the pope had the right to forgive sins. Following Luther's public stand, quiet a few preachers during this period strongly supported the Reformation. As a result, the Reformation has brought forth three braches of Protestantism: (1) Lutheranism (e.g. Lutheran Church, Evangelical Lutheran Church); (2) Calvinism (Presbyterianism, Reformed Church & Baptist, Church of England); and (3) Anglicanism (Episcopal Church, Baptist, Methodist, Pentecostal). Protestantism spread throughout Europe in the 16th century, and later, to the world. Now there are more than

465 major denominations world wide (The Cambridge FACTFINDER, 1997).

Several outcomes that resulted from the Reformation were significant in terms of the family relationships; the educational curricula that were more focused on humanistic subjects in Protestant secondary schools and colleges; traditional religious rituals and practices began to be replaced; and, the reformation of the Catholic Church. To be specific, positive family relationships that valued the family as the center of human life and mutual love between man and woman developed. In education, more courses that valued humanistic instruction were offered. In religious rituals and practices, a variety of traditional rituals and practices (pilgrims, processions, imageries, prayers) began to be substituted by individual or private prayer, family worship, collective prayer and worship at the same time as parts of socio-cultural rituals (Spielvogel, 1999). Finally, the Catholic Church began to reform by (1) adjusting herself so as to meet new social demands (e.g. Council of Trent (1542) where the Roman Catholic Church passed a clear body of doctrine for a unified church); and, (2) by sending numerous missionaries (e.g. Jesuits, Francis Xavier) abroad.

Several discrepancies between the Protestant Reformation and the Catholic Church were that (1) the Church Services and the Bible (Vulgate) should be in Latin as they had been for 1000 years; whereas, the Protestant Reformation claimed that they should be in the language of the people so that the ordinary people could understand; (2) Priests served as the links between God and His people and the Pope was ordained by God; whereas, Protestants believed that people could find God without priests or a pope; and, (3) Priests and the Pope could forgive sins; whereas, Protestants argued that only God could forgive sins.

2. Preachers

Major preachers who advocated the Reformation during this period are Desiderius Erasmus (1446~1536); Martin Luther (1483~1546); Katharina Von Bora (1499~1552); Philip Melanchthon (1497~1560); Ulrich Zwingli (1484~1531); Martin Bucer (1491~1551); John Calvin (1509~1564); Theodore Beza (1519~1605); Thomas Cranmer (1489~1556); John Owen (1616~1683); William Tyndale (c.1494~1536); and John Knox (c.1513~1572). The two representative preachers of the Reformation, Martin Luther and John Calvin, are selected. It is because Martin Luther is one of the first theologians against beliefs and practices of the Catholic Church, and John Calvin is credited for the birth of Presbyterian, Reformed Church & Baptist, and the Church of England founded based on Calvinism.

* Jesuits: This refers to the Society of Jesus founded by St. Ignatius Loyola (c.1491~1556), approved by Pope Paul III in 1540.

* St. Francis Xavier (1506~1552): He is Apostle of the Indies and of Japan, an original member of the Jesuits.

* Vulgate: The Latin version of the Bible widely used in the West, which is the work of St. Jerome (c.345~420). In 1546, the Council of Trent pronounced it the only authentic Latin text of the Scriptures.

19. Martin Luther (1483~1546): Initiator of the Reformation

Nationality: German

Places of birth and death: Eisleben, Saxony, Holy Roman Empire; Eisleben, Saxony (Southern part of Germany), Holy Roman Empire.

Language(s): German; Greek

Education: Enters University of Erfurt, Germany (1501) for the studies of law; Enters Augustine Monastery at Erfurt (1505); Doctor of Theology, University of Wittenberg (1512)

Title: Pastor; Scholar; Theologian

Post: Augustine friar (1506); Ordained priest (1507); Lecturer at Wittenberg on dialects, physics, & the Scripture (1508); Professor of biblical exegesis at Wittenberg (1512~1546)

Major Activities: Believes that people are unable to respond to God without Divine grace, and that they can be justified only through faith rather than through religious observances or works (1512~1519); Denounces the indiscriminate sale of indulgence; Nails his 95 theses on the church door of Wittenberg questioning the validity of indulgences while condemning the means used in selling them (1517); Publicly defends his position in appearances before a chapter of his own Augustine order (1518); Excommunicated as a heretic by Pope Leo X (1521); Publicly burns the bull; Appears before the Diet of Worms, which passed the Edict of Worms putting Luther under the ban of the empire (1521); Luther's friend, Frederick of Saxony, conceals him for safety in a castle of Wartburg (1521~1522); There writes scriptural and reformatory pamphlets prepared an edition of sermons on the Paul Epistles and Gospels at mass; Translates the New Testament from Greek into German (1521~1522); Returns to Wittenberg and devotes himself to organization of the church inaugurated by him (1522); Discards his habit in 1524 and marries Katharina von Bora (a former nun) in 1525; Translates the Old Testament and writes many commentaries, catechisms, sermons, and hymns.

Publication: The 95 Theses (1517); Luther's Large Catechism (1529); Luther's Small

Catechism (1529); On the Freedom of a Christian (1520); German Pentateuch (1523); German New Testament (1529)

Contribution: Luther's activities and protest against the sale of indulgence contributes to the development of Protestantism, the 16th-century protests in Europe against beliefs and practices of the Catholic Church. Three distinct branches of Protestantism are (1) Lutheranism based on the teachings of Martin Luther in Germany; (2) Calvinism from those of John Calvin in Switzerland; and, (3) Anglicanism established by King Henry VIII in England. The Reformation has brought forth three branches of Protestantism: (1) Lutheranism (Lutheran Church, Evangelical Lutheran Church); (2) Anglicanism (The Church of England, Episcopal Church, Baptist, Methodist, Pentecostal); and, (3) Calvinism (Presbyterian, Reformed Church & Baptist). Protestantism spreads throughout Europe in the 16th century, and later, to the world. Now, there are more than 465 major Protestant denominations worldwide.

Situational information related to "Luther's Speech at the Diet of Worms"

Influenced by several reformers (e.g. John Wycliffe, John Huss of Bohemia) who advocate Church reform in the late 1300s and early 1400s, Luther speaks for the Reformation. The reformers deny that the Pope has the right to worldly power and claims that the Bible has more authority than Church leaders. Luther asserts that (1) People can win salvation only by faith instead of "good works" claimed by Church; and, (2) All Church teachings should be based on the words of the Bible instead of the pope and Church traditions. After all, from the day he earns his doctoral degree until his death, he teaches scripture at the University of Wittenberg in the German state of Saxony. All he wants is to be a good Christian, not to lead a religious revolution. However, in 1517 Luther takes a public stand against the actions of a friar named Johann Tetzel who is raising money by selling indulgences to rebuild St. Paul's Cathedral in Rome. In April, 1521, Luther is ordered to appear before the Diet of Worms, an assembly of nobles presided by young Charles V, newly elected Emperor of the Holy Roman Empire and already King of Spain to stand trial. Luther is told to recant, or take back his statements, which he refuses.

Luther defends himself at the Diet of Worms: April 18, 1521

Most Serene Emperor, Illustrious Princes, Gracious Lords;

In obedience to your commands given me yesterday, I stand here, beseeching you, as God is merciful, so to deign mercifully to listen to this cause, which is, as I believe, the cause of justice and of truth.

And if through inexperience I should fail to apply to any his proper title, or offend in any way against the manners of courts, I entreat you to pardon me as one not conversant with courts, but rather with the cells of monks, and claiming no other merit than that of having spoken and written with than simplicity of mind with regards nothing but the glory of God and the pure instruction of the people of Christ.

Two questions have been proposed to me: whether I acknowledge the books which are published in my name, and whether I am determined to defend or disposed to recall them. To the first of these I have given a direct answer, in which I shall ever persist that those books are mine and published by me, except so far as they may have been altered or interpolated by the craft or officiousness of rivals.
To the other I am now about to reply, and I must first entreat your Majesty and your Highnesses to deign to consider that my books are not all of the same description. There are some in which I have treated the piety of faith and morals with simplicity so evangelical that my very adversaries confess them to be profitable and harmless and deserving the perusal of a Christian. Even the Pope's bull, fierce and cruel as it is, admits some of my books to be innocent, though even these, with a monstrous perversity of judgment, it includes in the same sentence. If, then, I should think of retracting these, should I not stand alone in my condemnation of that truth which is acknowledged by the unanimous confession of all, whether friends or foes?

The second species of my publications is that in which I have inveighed against the papacy and the doctrine of the papists, as of men who by their iniquitous tenets and examples have desolated the Christian world, both with spiritual and temporal calamities. No man can deny or dissemble this. The sufferings and complaints of all mankind are my witnesses, that, through the laws of the Pope and the doctrines of men, the consciences of the faithful have been ensnared, tortured, and in pieces, while at the same time, their property and substance have been devoured without end and by degrading means, and that too, most of all, in this noble nation of Germany. Yet it is with them a perpetual state, that the laws and doctrines of the Pope be held erroneous and reprobate when they are contrary to the Gospel and the opinions of the Fathers.

If then, I shall retract these books, I shall do no other than add strength to tyranny and throw open doors to this great impiety, which will then stride forth more widely and licentiously than it has dared hitherto; so that the reign of iniquity will proceed with entire impunity, and notwithstanding its intolerable oppression upon the suffering vulgar, be still further fortified and established; especially when it shall be proclaimed that I have been driven to this act by the authority of your serene Majesty and the whole Roman Empire. What a cloak, blessed Lord, should I then become for wickedness and despotism!

In a third description of my writings are those which I have published against individuals, against the defenders of the Roman tyranny and the destructions of the piety taught by men. Against these I do freely confess that I have written with more bitterness than was becoming either my religion or my profession; for, indeed, I lay no claim to any especial sanctity, and argue not respecting my own life, but respecting the doctrine of Christ. Yet even these writings it is impossible for me to retract, seeing that through such retraction despotism and impiety would reign under my patronage, and rage with more than their former ferocity against the people of God.

Yet since I am but man and not God, it would not become me to go further in defense of my tracts than my Lord Jesus went in defense of His doctrine; who, when He was interrogated before Annas and received a blow from one of the officers, answered: "If I have spoken evil, bear witness of the evil; but if well, why smite thou me?" If then the Lord himself, who knew his own infallibility, did not disdain to require arguments against his doctrine even from a person of low condition, how much rather ought I, who am the dregs of the earth and the very slave of error, to inquire and search if there be any to bear witness against my doctrine! Wherefore, I entreat you, by the mercies of God, that if there be any one of any condition who has that ability, let him overpower me by the sacred writings, prophetical and evangelical. And for my own part, as soon as I shall be better instructed I will retract my errors and be the first to cast my books into the flames.

It must now, I think, be manifest that I have sufficiently examined and weighed, not only the dangers, but the parties and dissensions excited in the world by means of my doctrine, of which I was yesterday so gravely admonished. But I must avow that to me it is of all others the most delightful spectacle to see parties and dissensions growing up on account of the word of God, for such is the progress of God's word, such its ends and object. "Think not I am come to send peace on earth; I came not to send peace, but as a sword. For I am come to set a man at variance against his father, and the daughter against her mother, and the daughter-in-law against her mother-in-law; and a man's foes shall be those of his own household."

Moreover we should reflect that our God is wonderful and terrible in His counsels; so that His work, which is now the object of so much solicitude, if we should found it in the condemnation of the word of God, may be turned by His providence into a deluge of intolerable calamity; and the reign of this young and excellent prince (in whom is our hope after God) not only should begin, but should continue and close under the most glowing auspices.

I could show more abundantly by reference to scriptural examples – to those of Pharaoh, the King of Babylon, the kings of Israel – that they have brought about their own destruction by those very counsels of worldly wisdom which seemed to promise them peace and stability. It is He who takes the wise in their craftiness and removes the mountains, and they do not know, and overturns them in His anger. So that it is the work of God to fear God. Yet I say not these things as in the great personages here present stood at all in need of my admonitions, but only because it was a service which I owed to my native Germany, and it was my duty to discharge it. And thus I commend myself to your serene Majesty and all the princes, humbly beseeching you not to allow the malice of my enemies to render me odious to you without a cause. I have done.

When Luther had finished this speech, he was required to answer the simple question: Would he recant or not? He continued as follows:

Since your most serene Majesty and the princes require a simple answer, I will give it thus: Unless I shall be convinced by proofs from Scripture or by evident reason – for I believe neither in Popes nor councils, since they have frequently both erred and contradicted themselves – I cannot choose but adhere to the word of God, which has possession of my conscience; nor can I possibly, nor will I ever make any recantation, since it is neither safe nor honest to act contrary to conscience! Here I stand; I cannot do otherwise; so help me God! Amen.

A month after Luther made this speech at the Diet, Charles issued an imperial order called the Edict of Worms, which declared Luther an outlaw and a heretic. The edict declares that no one in the empire is to give him shelter or food, and all his books are to be burned.

Source:

Peterson, Houston (1954) eds. "Luther Defends Himself at the Diet of Worms" (April 18, 1521) in A Treasury of the World's Great Speeches. New York: Simon and Schuster

Selections from the Ninety-Five Theses

(Originally called the "Disputation on the Power and Efficacy of Indulgences" by Dr. Martin Luther, 1517)

05. The Pope has neither the will nor the power to remit any penalties beyond those he has imposed either at his own discretion or canon law.
10. Ignorant and wicked are the doings of those priests who, in the case of the dying, reserve canonical penances for purgatory.
21. Hence those preachers of Indulgence are wrong when they say that a man is absolved and saved from every penalty by the Pope's Indulgency.
27. It is mere human talk to preach that the soul flies out (of purgatory) immediately the money clinks in the collection-box.
28. It is certainly possible that when the money clinks in the collection-box, greed and avarice can increase; but the intercession of the Church depends on the will of God alone.
43. Christians are to be taught that he who gives to the poor or lends to the needy does a better work than buying pardons.
50. Christians should be taught that, if the Pope knew the exaction of the preachers of indulgences, he would rather have the basilica of St. Peter reduced to ashes that built with the skin, flesh and bones of his sheep.
81. The wanton preaching of pardons makes it difficult even for learned men to redeem respect due to the Pope from the slanders or at least the shrewd questionings of the laity.
90. To suppress these most conscientious questionings of the laity by authority only, instead of refuting them by reason, is to expose the Church and the Pope to the ridicule of their enemies, and to make Christian people unhappy.
93. Blessed be all those prophets who say to the people of Christ, "Cross, cross," and there is no cross.
94. Christians should be exhorted to seek earnestly to follow Christ, their Head, through penalties, deaths, and hells.
95. And let them thus be more confident of entering heaven through many tribulations rather than through a false assurance of peace.

Sources:

"Martin Luther's 95 Theses": http://www.conradaskland.com/blog/2008/11/martin-luthers-95-theses-in-latin-and-english

Protestant Reformation: http://en.wikipedia.org/wiki/Protesntant_Reformation

History of the Church: The Reformation (1500~1650): http://www.becomingcloser.org/History/the _reformation.html

* Annas (c. A.D. 6 or 7): According to John 18:13, the Jewish officials arrested Jesus and brought him first to Annas, Jewish High Priest, before being sent on to Caiaphas.

20. John Calvin (1509~1564): First Systematic Theologian of the Protestant Movement

Nationality: French

Places of birth and death: Noyon, Picardy region, France; Geneva, Switzerland

Language(s): French, Latin, Greek, Hebrew

Education: Enters University of Paris (1521); Earns B.A. & M. S. in Arts (1521~1526) from University of Paris ; Transfers to the College de Montaigu to study scholastic philosophy and dialectics (1525); Transfers to the University of Montaigu to study law (1526); Master Degree in Law (1527); Transfers from Paris to Orleans University to study law (1528), and get s law license (1531); Transfers to the University of Bourges and converts to Protestantism(1529~30); Studies Greek so as to able to read the New Testament (1492~1529); Doctoral Degree in Law (1532)

Title: Pastor, Theologian, Author, Principal figure of Christian theology called Calvinism

Post: Clerk at the cathedral of Noyon (1521); Minister of a church for French refugees in Geneva (1536); Secretary to Princess Renee of France (1536); Pastor in Geneva (1537)

Major Activities: Experiences a sudden conversion (1533), which helps him break from the Roman Catholic Church; Adopts Protestantism and leaves Paris (1534); Exiled from France and settles in Basel, Switzerland (1535); Persuaded by Guillaume Farel to stay in Geneva and help organize the works for Reformation (1536); With Farel, draw up articles regulating the organization of the Church and worship (1537); Forms alliance with Zwinglian Protestantism of Zurich (1549); Driven out by popular revolt (1538) from Geneva and retires to Strasbourg as professor and pastor of its French church (1538); Returns to Geneva and succeeds in establishing organized Reformed church and a theocratic government (1541); Challenges controversies with various sects including Michael Servetus (1511~1553) who is burnt at stake (1553); Establishes at

Geneva theological academy that becomes University of Geneva (1559); Calvin's Geneva government serves as focal point for defense of Protestantism throughout Europe while his zeal and writings bring into one body of doctrine from the unsystematic and scattered reformed opinions of the era (1536~1564); Encourages Protestant churches elsewhere while supplying them with pastors, and organizational support.

Publication: Seneca's Clemency (1532); The Institutes of the Christian Religion (1536); Articles on the Organization of the Church and its worship (1539); Commentary on Romans (1540); Commentaries on most books of the Bible (1540~55); Tracts relating to the Reformation (c.1541); Ecclesiastic Ordinances (1541); Treatise of the Immortality of the Soul (1542); The Form of Prayers and the Church Hymns (1542); Catechism of the Church of Geneva (1542); Response to Questions and Objections of a Certain Jew (c. 1554); A Defense of the Sober and Orthodox Doctrine of the Sacrament (1555)

Contribution: Protestantism developed from the Luther's 95 theses as a manifesto for the Reformation in 1517 provides Calvin with a significant influence. Forty years after the 95 theses (1557), Calvin is unimpeded in his promotion of the Reformation with great contribution. First, in terms of the development of Protestantism, he is credited for the birth of Presbyterian, Reformed Church & Baptist, and the Church of England formulated based on Calvinism. Second, it is Calvin whose model permeates into the existing social norms related to (1) Family, (2) Education, and (3) Popular culture. In family, positive family relationship that values the family at the center of human life and mutual love between man and woman develop. In education, humanistic teachings in Protestant secondary and universities implement; and, (3) In popular culture, a variety of religious rituals and practices (e.g. indulgence, pilgrims, processions, imageries, prayer) begin to be replaced with individual private prayer, family worship and collective prayer and worship at the same time as parts of socio-cultural rituals. Third, the Catholic Church begins to reform by (1) adjusting herself to meet new social demands (e.g. Council of Trent (1542) in which the Roman Catholic Church passes a clear body of doctrine for a unified church. The Calvin Puritans produce the Westminster Confession, which becomes the confession standard for Presbyterians (1648); and, (2) by sending numerous missionaries (e.g. Jesuits, Francis Xavier). Finally, in terms of spreading his doctrine, many countries (e.g. France, parts of Germany, Scotland, northern Switzerland, the Netherlands, Hungary, and Poland) embrace Calvinism as a spiritual standard for Presbyterians. The movement continues to spread to other parts of the world including North America, Asia, and South Africa along with his teachings called "Five Points of Calvinism" T.U.L.I.P.

Information related to his writing, "Necessity for Reformation" (Written in c. 1541, Published in 1844)

Calvin along with other Reformers seeks constructive dialogues with the Roman Catholic Church for the unity of Christianity. However, the Church refuses the truths of Christ and his apostles as revealed in the Bible. In fact, the Church suppresses the truths by cruelty and violence. This kind of injustice serves as a base for the Reformers to deliver a series of attacks for the Church before and during the Age of Reformation

"Necessity for Reformation" from Tracts Relating to the Reformation (1844)

When Luther at first appeared, he merely touched, with a gentle hand, a few abuse of the grossest description, now grown intolerable. And he did it with a modesty which intimated that he had more desire to see them corrected, than determination to correct them himself. The opposite party forthwith sounded to arms; and when the contention was more and more inflamed, our enemies deemed it the best and shortest method to suppress the truth by cruelty and violence. Accordingly, when our people challenged them to friendly discussion, and desired to settle disputes by calm arguments, they were cruelly persecuted with sanguinary edicts, until matters have been brought to the present miserable pass…

The last and principal charge which they bring against us is, that we have made a schism in the Church. And here they boldly maintain against us, that in no case is it lawful to break the unity of the Church. How far they do us injustice, the books of our authors bear witness. Now, however, let them take this brief reply-- that we neither dissent from the Church, nor are aliens from her communion…

Let our opponents, then, in the first instance, draw near to Christ, and then let them convict us of schism, in daring to dissent from them in doctrine. But, since I have made it plain, that Christ is banished from their society, and the doctrine of his gospel exterminated, their charge against us simply amounts to this, so that we adhere to Christ in preference to them. For what man, pray, will believe that those who refuse to be led away from Christ and his truth, in order to deliver themselves into the power of men, are thereby schismatic, and deserters from the communion of the Church...

In regard to ourselves, whatever be the event, we will always be supported, in the sight of God, by the consciousness that we have desired both to promote his glory and do good to his Church; that we have labored faithfully for that end; that, in short, we have done what we could. Our conscience tells us, that in all our wishes, and all our endeavors, we have had no other aim. And we have essayed, by clear proof, to testify the fact. And, certainly, while we feel assured, that we both care for and do the work of the Lord, we are also confident, that he will by no means be wanting, either to himself or to it···

But be the issue what it may, we will never repent of having begun, and of having proceeded thus far. The Holy Spirit is a faithful and unerring witness to our doctrine. We know, I say, that it is the eternal truth of God that we preach. We are, indeed, desirous, ad we ought to be, that our ministry may prove salutary to the world; but to give it this effect belongs to God, not to us. If, to punish, partly the ingratitude, and partly the stubbornness of those to whom we desire to do good, success must prove desperate, and all things go to worse, I will say what it befits a Christian man to say, and what all who are true to this holy profession will subscribe: -- We will die, but in death even be conquerors, not only because through it we shall have a sure passage to a better life, but because we know that our blood will be as seed to propagate the Divine truth which men now despise.

Sources:

"The Necessity of Reforming the Church," trans. Henry Beveridge in Tracts Relating to the Reformation (Edinburg: Calvin Translation Society, 1844)

"John Calvin": http://en.wikipedia.org/wiki/John_Calvin

"Biography John Calvin": http://www.tlogical.net/biocalvin.htm

"John Calvin & English Bible History": http://www.greatsite.com/timeline-english-bible-history/john-calvin

* Calvinism: Doctrine of John Calvin which emphasizes salvation by an integration of grace, faith, God's glory, Christ, and Scripture. The speculation that most people are irresistibly dammed called "predestination" is distorted (Packer, James, 1988). Instead, Calvin integrates several elements such as (1) Bible-centered in teaching, (2) God-centered in living, and (3) Christ-centered in faith. That is, Calvinism refers to "by faith alone," "by Scripture alone," "by grace alone," "by Christ alone," and "for God's glory alone."

* Jesuit: A member of the Society of Jesus founded by St. Ignatius of Loyola in 1534 with an aim to labor for the dissemination of faith and the promotion of Christian piety through the Spiritual Exercises. Members of the Society are required to travel for ministry wherever the Pope may order.

* Zwingli, Ulrich (1484~1531): Swiss Reformer

* St. Xavier, Francis (1506~1552): Spaniard. An original member of the Jesuits, who sailed from Lisbon (1541) to India, Malacca, Sri Lanka, and landed in Japan (1549) where he founded a Church that endured through great persecution. He died on his way to China.

* T.U.L.I.P: A common acronym used to remember Calvin's major teachings.

"T" refers to Total Depravity of Man. That is, man's nature is basically bad, not good. Therefore, apart from the direct influence of God, man will never truly seek God or His will.

"U" refers Unconditional Election. God elects His children from before the foundation of time.

"L" means Limited Atonement. The death and resurrection of Christ is a substitution payment for the sins of only those who are God's elected children, not the entire world.

"I" stands for Irresistible Grace. When God calls a person, His call cannot be ignored.

"P" means Perseverance of the Saints. That is, it is not possible for one to lose his salvation.

CHAPTER IV

THE AGE OF THE ENLIGHTENMENT (1650s~ 1850s)

CHAPTER IV: THE AGE OF THE ENLIGHTENMENT (1650s~ 1850s)

Following the Reformation, the Age of the Post-Reformation and Enlightenment began to emerge with a wide variety of movements. The Enlightenment Movement or the Age of Reason refers to a time when people began to use their reason to discover the world, throwing aside the superstition and spiritual fear of the medieval world. They believed that truth could be obtained through reason, observation, and experiment while attempting to discover the natural laws that governed the universe naturally led to scientific, political and socioeconomic progresses. Enlightenment preachers and thinkers investigated the rational basis of all beliefs, and in the due process rejected the authority of the Catholic Church and state.

We will briefly review (1) A Historical Overview; and, (2) Preachers who have contributed to the development of Christian philosophies and ideologies during this period.

1. A Historical Overview

For these social and theological modifications, a variety of movements served as powerful tools. For example, the existing society demanded "modern contemporary theology" that held the Bible is the revealed Word of God given by inspiration of God, not by the authority of the Church, which is called "Neo-Orthodoxy." Besides that, several movements such as The Second Great Awakening (1820s-1830s); Liberalism; The Liberation Theology; Feminism; Methodism; Quakers; and, Unitarianism, all emerged and flourished during this period.

Specifically, the Great Awakening is a period of heightened religious activities in American history from 1730s to 1970s. The Second Awakening period exhibited a great religious revival consisting of renewed personal salvation experienced in revival meetings. The Third Awakening (1850s~1900s) influenced pietistic Protestant denominations and had a strong sense of social activities known as the Social Gospel. Liberalism sought freedom from bigotry and readiness to welcome new ideas or proposals for reform with various shades of meaning in a theological context developed in this period. The Liberation Theology valued the preferential option for the poor and the needy, since the Church's primary duty in a situation of oppression should support them. Feminism demanded equality of the genders in the social, political, and economic areas. Methodism asked for the change of religious faith and practice based on Presbyterianism. Quakers, members of the Society of Friends, founded by George Fox (1624~1691), preached the superiority of God-given inspiration over scriptural authority or creed of the Catholic Church. Finally, Modern Unitarianism developed during this period claimed that a law is useful only if it leads to "the greatest happiness of the greatest number of people." Followers of Unitarianism denied the Trinity and insisted that God is simply a single entity. In summation, we have seen a variety of issues and movements that can reflect the existing social and theological realities of The Age of the Enlightenment Movement.

2. Preachers

Quiet a few preachers who have contributed to the development of Christianity during this period are John Owen (1616~1683); Blaise Pascal (1623~1662); George Fox (1624~1691); Jonathan Edwards (1703~1758); George Whitefield (1714~1770); John Woolman (1720~1772); Immanuel Kant (1724~1804); William Carey (1761~1834); Horace Bushnell (1802~1876); George Muller (1805~1898); David Friedrich Strauss (1808~1874); David Livingston (1813~1873); Soren Kierkegaard (1813~1855); Albert Ritschl (1822~1889); and David Lyman Moody (1837~1899).

Several preachers who are selected in this publication include (1) John Bunyan (1628~1688); (2) John Wesley (1703~1791); (3) Friedrich Daniel Ernst Schleiermacher (1768~1834); (4) John Henry Newman (1801~1890); and (5) Charles Spurgeon (1834~1892).

To be specific, John Bunyan, Puritan writer and preacher, allegorically described accounts of Christian experience based on a combination of biblical theology and imagery as shown in The Pilgrim's Progress (1678, 1684) as a way of rethinking and spreading Christian philosophy and ideology. Clearly, his allegorical accounts provided general Christians with more accessible material to read. John Wesley along with his brother, Charles, traveled widely to evangelize and care for the people who needed social welfare (e.g. establishment of hospitals, schools, orphanages) and public morals (against slave trade, use of alcohol, gambling). He founded the Methodist Church based on the idea of Revivalism while stressing social welfare and public morals. Indeed, his evangelical preaching called for a new direction leading to social concerns. Friedrich Daniel Ernst Schleiermacher's account related to religious validity rooted not only in the dynamic awareness of God, but also his insight into ecumenism and pluralism contributed to the development of systematic theology. Consequently, university theology curricula were revised to meet the demanding academic and social requirements at the turn of the 20th century. His ideological account helped Christian thinkers interpret the Christian faith in relation to the 'modern' world view. That's why he is called the Founder of Modern Protest Theology. John Henry Newman postulated that science and theology are the "Two Great Circles" of genuine knowledge. Since they are not separate entities, they should be woven together for 'true' religious and intellectual ideas. Finally, Charles Spurgeon, being an effective Calvinist preacher, served as a role model for many contemporary and future evangelical preachers through his preaching techniques and fervors. He advocated that the funds for Christian work should be sought through the 'faith mission principles' proposed by the Baptist Missionary Society (1863).

Let's review several preachers in the following sections. They are John Bunyan, John Wesley, Friedrich Daniel Ernest Schleiermacher, John Henry, and Charles Spurgeon who significantly contributed to the development of Christianity.

---

* The Great Awakening: Refer to the descriptions in Glossary.

* Revivalism: A religious worship and practice centering on evangelical revivals, or outburst of mass religious fervor stimulated by intensive preaching and prayer meeting.

21. John Bunyan (1628~1688): Puritan Preacher Best Known for The Pilgrim's Progress

Nationality: British

Places of birth and death: In the parish of Elstow, Bedfordshire, England; Bunhill Fields in London

Language(s): English

Education: Learns basic spelling and reading with other poor village children at his father's house; Probably attends Bedford Grammar School; His sound education begins in 1644 when he enlists in Parliamentary army where listing to preaching is common; Feels called to the lay ministry and when his first book, The Incarnation against the New Quaker Group is produced in 1656.

Title: Preacher (1657); Allegorical Writer; Nonconformist

Post: Soldier at Newport Pagnell garrison (1644~47); Minister at St. John's church (1656); Pastor of the Bedford Nonconformist Church (1672); Chaplain to Sir John Shorter, the Lord Mayor of London

Major Activities: Enlists in Parliamentary army (1644~47); Imprisoned for preaching without license (1660~72); Becomes member of Bedford congregation (1653); Joins nonconformist church in Bedford (1655); Begins to preach and publish his first writings against Quakers (1655~57); Released from prison by Charles II' Declaration of Indulgence (1672); Imprisoned again for six months (1677) during which his Pilgrim's Progress is published (1678); Becomes popular by his preaching in Bedfordshire and several surrounding counties as far as London

Publication: The Incarnation against the New Quaker Group (1656); Some Gospel Truths Opened (1656); A Few Sighs from Hell (1658); The Doctrine of the Law and Grace Unfolded (1659); Praying with the Spirit and with Understanding too (1663); The End of the World: The Resurrection of the Dead and Eternal Judgment (1665); Grace abounds to the Chief of Sinner(1666); The Holy City(1666); Probation Asserted (1674); Saved by Grace (1675); The Strait Gate, Great Difficulty of Going to Heaven (1676); Pilgrim's Progress(1678); Come and Welcome to Jesus Christ (1678); The Pilgrim's Progress from This World to That Which is to Come (1678); The Fear of God - What it is, and what it is not (1679); The Life and Death of Mr. Badman(1680); The Holy War(1682); Pilgrim's Progress, Second Part(1684); A Discourse upon the Pharisee and the Publican (1685); The Work of Jesus Christ as an Advocate (1688); Christ a Complete Savior (1692); The Saint's Knowledge of Christ's Love (1692); Of Antichrist and His Ruin (1692); The Heavenly Footman (1698)

Contribution: Bunyan as a representative figure of Nonconformist allegorical writer describes accounts of Christian experience based on a mixture of biblical theology and imagery, which is more accessible not only to general Christians but also to general readers as displayed in The Pilgrim's Progress. Therefore, the work has been extensively translated into many languages so that Christianity may spread widely.

Information related to his writing: The Pilgrim's Progress

The Pilgrim's Progress is Bunyan's most representative and widely known work that consists of Two Parts. The first part is published in London in 1678, and the second in 1684. He begins to work in his first period of imprisonment (1660~1672) and finishes it during his second (1677). It is believed that he writes the work to support his second wife, Elizabeth, and his children.

The Pilgrim's Progress (1678): Plot Overview

The narrator defends the story he is about to tell, which is framed as a dream. He explains that he fell asleep in the wilderness and dreamed of a man named Christian, who was tormented by spiritual anguish. A spiritual guide named Evangelist visits Christian and urges him to leave the City of Destruction. Evangelist claims that salvation can only be found in the Celestial City, known as Mount Zion.

Christian begs his family to accompany him, unsuccessfully. On his way, Christian falls into a bog called the Slough of Despond, but he is saved. He meets Worldly Wiseman, who urges him to lead a practical and happy existence without religion. Refusing, Christian is sheltered in Goodwill's house. Goodwill tells Christian to stop by the Interpreter's home, where Christian learns many lessons about faith.

Walking along the Wall of Salvation, Christian sees Christ's tomb and cross. At this vision, his burden falls to the ground. One of the three Shining Ones, celestial creatures, hands him a rolled certificate for entry to the Celestial City. Christian falls asleep and loses his certificate. Since the certificate is his ticket into the Celestial City, Christian reproaches himself for losing it. After retracing his tracks, he eventually finds the certificate. Walking on, Christian meets the four mistresses of the Palace Beautiful, who provide him shelter. They also feed him and arm him. After descending the Valley of Humiliation, Christian meets the monster Apollyon, who tries to kill him. Christian is armed, and he strikes Apollyon with a sword and then proceeds through the desert-like Valley of the Shadow of Death toward the Celestial City.

Christian meets Faithful, a traveler from his hometown. Faithful and Christian are joined by a third pilgrim, Talkative, whom Christian spurns. Evangelist arrives and warns Faithful and Christian about the wicked town of Vanity, which they will soon enter. Evangelist foretells that either Christian or Faithful will die in Vanity.

The two enter Vanity and visit its famous fair. They resist temptation and are mocked by the townspeople. Eventually the citizens of Vanity imprison Christian and Faithful for mocking their local religion. Faithful defends himself at his trial and is executed, rising to heaven after death. Christian is remanded to prison but later escapes and continues his journey.

Another fellow pilgrim named Hopeful befriends Christian on his way. On their journey, a pilgrim who uses religion as a means to get ahead in the world, named By-ends, crosses their path. Christian rejects his company. The two enter the plain of Ease, where a smooth talker named Demas tempts them with silver. Christian and Hopeful pass him by.

Taking shelter for the night on the grounds of Doubting Castle, they awake to the threats of the castle's owner, the Giant Despair, who, with the encouragement of his wife, imprisons and tortures them. Christian and Hopeful escape when they remember they possess the key of Promise, which unlocks any door in Despair's domain.

Proceeding onward, Christian and Hopeful approach the Delectable Mountains near the

Celestial City. They encounter wise shepherds who warn them of the treacherous mountains Error and Caution, where previous pilgrims have died. The shepherds point out travelers who wander among tombs nearby, having been blinded by the Giant Despair. They warn the travelers to beware of shortcuts, which may be paths to hell.

The two pilgrims meet Ignorance, a sprightly teenager who believes that living a good life is sufficient to prove one's religious faith. Christian refutes him, and Ignorance decides to avoid their company. The travelers also meet Flatterer, who snares them in a net, and Atheist, who denies that the Celestial City exists. Crossing the sleep-inducing Enchanted Ground, they try to stay awake by discussing hopeful's sinful past and religious doctrine.

Christian and Hopeful gleefully approach the land of Beulah, where the Celestial City is located. The landscape·teems with flowers and fruit, and the travelers are refreshed. To reach the gate into the city, they must first cross a river without a bridge. Christian nearly drowns, but Hopeful reminds him of Christ's love, and Christian emerges safely from the water. The residents of the Celestial City joyously welcome the two pilgrims. In his conclusion to Part I, the narrator expresses hope that his dream be interpreted properly.

Sources:

"Character List": http://www.sparknotes.com/lit/pilgrims/character.html
"Analysis of Major Character": http://www.sparknotes.com/lit/pilgrims/canalysis.html
"John Bunyan": http://en.wikipedia.org/wiki/John_Bunyan
"Character List": http://www.sparknotes.com/lit/pilgrims/characters.html

Comments: Allegorical Interpretation refers to a reading of a text with a view to finding other than literal meanings. The narrative account presented above is based on allegorical interpretation which consists of 10 paragraphs. The paragraphs are all allegorically interpreted.

Paragraph 01 (Lines 01-05): They serve as an introduction for the narrative account.
Paragraph 02 (Lines 06-10): Implies a practical and happy atheistic life.
Paragraph 03 (Lines 11-19): Indicates the way leading to Salvation or toward the Celestial City.
Paragraph 04 (Lines 20-23): Suggests a warning against temptation to vanity.

Paragraph 05 (Lines 24-27): Signifies a warning against false prophecy, heresy, or cult.

Paragraph 06 (Lines 28-31): Implies a warning against those who use religion for their power.

Paragraph 07 (Lines 32-35): Signifies a warning against those who use religion for personal gains by using threat and violence.

Paragraph 08 (Lines 36-40): Suggests a warning against those who want to nurture their faiths without trials but hastily.

Paragraph 09 (Lines 41-45): Mentions that the non-believers or beginners of the faiths need apologetic counseling.

Paragraph 10 (Lines 46-51): Signifies that finally they can reach the Celestial City where Christ's love is waiting for them.

---

* Declaration of Indulgence (1672): The Declaration is to grant broad religious freedom in England by allowing persons to worship in their homes or chapels as they fit while terminating the requirement of affirming religious oaths before being employed in government office. King Charles II of England issues the Declaration on March 15, 1672.

* Nonconformist: A member of a Protestant church who does not observe the doctrines, usage, or polity of a national or established church, especially the Church of England.

* Puritans: The more extreme English Protestants who, dissatisfied with the religious settlement of Elizabeth I (1533~1603), seek a further purification of the Church from corrupt forms.

22. John Wesley (1703~1791): Methodist Leader

Nationality: British

Places of birth and death: Epworth, Lincolnshire, England; London

Language(s): English, Greek, Latin, Hebrew

Education: Taught to read early by his parents; Sent to the Charterhouse School in London (1714); Enters Christ Church College, Oxford (1720); Master of Arts from Christ Church College (1727)

Title: Founder of the Methodist Movement with his brother Charles; Preacher; Theologian; Ordained deacon

Post: Ordained deacon (1725); Elected fellow of Lincoln College (1726); Ordained priest (1728)

Major Activities: Returns to Oxford to fulfill his function as Fellow, which marks the beginning of the rise of Methodism(1729). In the same year, serves as a leader of his brother Charles' Methodist Society called the Holy Club formed by his brother meets weekly so as to be branded as "Methodists" by students at Oxford (1729~1734); Influenced by the Moravian doctrines, undergoes a conversion experience (1738) and determines to devote his life to evangelic work; Preaches to crowds in open air (1739); Purchases deserted gun foundry near London for preaching (1739); Develops his own organization with the help of lay preachers and extends his activities to cover the whole of the British Isles (1751); Travels extensively for missionary works: (1) To Savannah, Georgia, in the American colony (1729~1736); (2) To the Moravian headquarters in Germany (1737), but breaks with the Moravians (1739); Field-preaching in Wales; (3) Through England on horseback to organize societies (1742); (4) To Ireland, 42 trips from 1747, to Scotland, 22 trips from 1751; (5) Preaches to 30,000 people in Glasgow and Perth (1774); (6) Visits Holland and Scotland (1781~1784)

Publication: Collection of Psalms and Hymns (1737); More than 140 sermons including "Character of a Methodist" (1739) & "Freedom of Grace" (1739); Sermons and Notes in Journals (1740~1889); Works, 32 vols. (1771~1874); Rules (1743); An Earnest Appeal to Men of Reason and Religion (1743); Notes on the New Testament (1755); The Doctrine of Original Sin (1757); Thoughts Upon Slavery (1774); The Arminian Magazine (1778); Methodist Magazine (1784); Biblical Commentaries

Contribution: (01) Based on the idea of Revivalism, founds the Methodist Church which stresses on social justice, welfare, and morals. That is, appoints itinerants and lay preachers travel widely to evangelize and care for the people who need social welfare (e.g. establishment of hospitals, schools, orphanages) and public morals (e.g. against slave trade, the use of alcohol, gambling), and as an abolitionist, speaks out and writes (e.g. Thoughts Upon Slavery, 1774) against the slave trade; (02) Proposes a system of opposing theological stance.

Information related to his preaching "Character of a Methodist" (1739):
John Wesley needs a clarification related to the doctrines of Methodism when he travels extensively for his missionary purposes during 1730s and 40s. His sermon, "Character of a Methodist" effectively displays several distinguished features of Methodism.

"Character of a Methodist" (1739)

The distinguishing marks of a Methodist are not his opinion of any sort. His assenting to this or that scheme of religion, his embracing any particular set of notions, his espousing the judgment of one man or of another, are all quite wide of the point. Whosoever, therefore, imagines that a Methodist is a man of such or such an opinion, is grossly ignorant of the whole affair; he mistakes the truth totally. We believe, indeed, that "all Scripture is given by the inspiration of God;" and herein we are distinguished from Jews, Turks, and Infidels. We believe the written word of God to be the only and sufficient rule both of Christian faith and practice; and herein we are fundamentally distinguished from those of the Romish Church. We believe Christ to be the eternal, supreme God; and herein we are distinguished from the Socinians and Arians. But as to all opinions which do not strike at the root of Christianity, we think and let think. So that whatsoever they are, whether right or wrong, they are no distinguishing marks of a Methodist.

Neither are words or phrases of any sort. We do not place our religion, or any part of it, in being attached to any part of it, in being attached to any peculiar mode of speaking, any quaint or uncommon set of expressions. The most obvious, easy, common words, wherein our meaning can be conveyed, we prefer before other, both on ordinary occasions, and when we speak of the things of God. We never, therefore, willingly or designedly, deviate from the most usual way of speaking; unless when we express scripture truths in scripture words, which, we presume, no Christian will condemn. Neither do we affect to use any particular expressions of Scripture more frequently than others, unless they are such as are more frequently used by the inspired writers themselves. So that it is as gross an error, to place the marks of a Methodist in his words, as in opinions of any sort.

Nor do we desire to be distinguished by actions, customs, or usages, of an indifferent nature. Our religion does not lie in doing what God has not enjoined, or abstaining from what he hath not forbidden. It does not lie in the form of our apparel, in the posture of our body, or the covering of our heads; not yet in abstaining from marriage, or from meats and drinks, which are all good if received with thanksgiving. Therefore, neither will any man, who knows whereof he affirms, fix the mark of a Methodist here-in any actions or customs purely indifferent, undetermined by the word of God···

"What then is the mark? Who is a Methodist, according to your own account?" I answer: A Methodist is one who has "the love of God shed abroad in his heart by the Holy Ghost given unto him;" one who "loves the Lord his God with all his heart, and with all his soul, and with all his mind, and with all his strength." God is the joy of his heart, and the desire of his soul; which is constantly crying out, "Whom have I in heaven but you? And there is My God and my all!"

If any man says, "Why, these are only the common fundamental principles of Christianity!" thou hast said; so I mean; this is the very truth; I known they are no other; and I would to God both thou and all men knew, that I, and all who follow my judgment, do vehemently refuse to be distinguished from other men, by any but the common principles of Christianity-- the plain, old Christianity that I teach, renouncing and detesting all other marks of distinction. And whosoever is what I preach, he is a Christian, not in name only, but in heart and in life. He is inwardly and outwardly conformed to the will of God, as revealed in the written word. He thinks, speaks, and lives, according to the method laid down in the revelation of Jesus Christ···

By these marks, by these fruits of a living faith, do we labor to distinguish ourselves from the unbelieving world, from all those whose minds or lives are not according to the Gospel of Christ, but from real Christians, of whatsoever denomination they may be. We earnestly desire not to be distinguished at all, not from any who sincerely follow after what they know they have not yet attained··· Dost thou love and serve God? It is enough. I give thee the right hand of fellowship.

Sources:
Excerpted from The Works of John Wesley (1958): Grand Rapids: Zondervan Pub.
"John Wesley": http://en.wikipedia.org/wiki/John_Wesley
"A Short History of Methodism": http://gbgm-umc.org/umw/wesley/shorthistory.stm
"Methodism": http://en.wikipedia.org/wiki/Methodism

---

* Methodism: A Protestant Christianity represented by a variety of denominations and organizations in the 18th century England, develops from John and Charles Wesley's practices of theological tradition drawn from the teachings of the Church fathers as a source of authority. It affirms the traditional Christian belief of the Trinity along with orthodox understanding of the consubstantial humanity and divinity of Jesus. Most importantly, it stresses that personal salvation always results from Christian mission and service to the world. Love of God is linked with love of neighbors and a passion of justice and renewal in the life of the world. Methodism is concerned with social welfare (e.g. establishment of hospitals, orphanages, schools and universities) and public morals (e.g. visitation to the sick, the poor and prisoners, against slavery, the use of alcohol, and gambling). Currently, the followers of Methodism are estimated over 40 million worldwide.

* Arminianism: The belief related to the theology of Jacobus Arminus (1560~1609) and his followers believing that predestination is conditioned by God's grace and human free choices. They oppose of John Calvin's predestination, but later they are expelled from Dutch Reformed Church and persecuted.

* Consubstantial: The doctrine that substance of the body and blood of Jesus coexists with the substance of the Eucharistic bread and wine.

* Infidel: An unbeliever with respect to a particular religion especially Christianity or Islam.

* Moravian: A member of a Protestant church founded by Jan Hus, Czech reformer, (1369~1415) and his followers called Hussites who are from Moravia in Czech Republic. In 1722, the Moravian Church is founded based on a belief that they have a peculiar calling to Christ among people who do not know Him. They stress fellowship and service rather than creedal statements and begin to send Moravian missionaries to the West Indies, Greenland, Tanzania, and South Africa since 1732.

* Revivalism: A type of religious worship and practice centered on evangelical revivals, or stimulated by intensive preaching and prayer meeting.

* Romish Church: Of or relating to the Roman Catholic Church

* Socinian: An adherent of a 16th-century Italian sect that holds Unitarian view including denial of the Divinity of Jesus and the doctrines of the Trinity.

* Unitarianism: The denial of the Trinity, insisting that God is simply a single person. Modern Unitarianism develops during the Enlightenment period: the 18th century.

23. Friedrich Daniel Ernst Schleiermacher (1768~1834): Founder of Modern Protestant Theology

Nationality: Prussian (Germany)

Places of birth and death: Wroclaw, Silesia Province, Prussia; Berlin, Prussia

Language(s): German, English, Greek, Hebrew, Latin

Education: Enters Moravian school at Niesky in Upper Lusatia for his formal education (1778); Attends Moravian schools where h e is influenced by the pietism of the Moravians; Studies at the Moravian seminary at Barby for his formal theological education (1783); Enters the University of Halle in Halle and Wittenberg to study philosophy where he begins to read Plato, Aristotle, Kant and Spinoza (1787)

Title: Founder of modern Protestant theology; Initiator of modern theology; Progenitor of Practical theology; Scholar-Pastor; Father of Modern Hermeneutics; Systematic Theologian, First Practical Theologian; Reformed Preacher, Nationalist; Charismatic Speaker

Post: Assistant pastor at Landsberg (1794~1796); Chaplain at the Clarity Hospital in Berlin (1796); Professor of theology at Halle (1804~1807) and the University of Berlin (1810~1834); Preacher at Holy Trinity Church in Berlin (1809); Secretary to the Prussian Academy of Science (1810); Chair in theology at the University of Berlin (1811); Preacher (1817); Official n the State Department of Education (1808~1814); Editor of The Prussian Correspondent (1808~1815); Pastor in Stolp (1802~1804); Professor on Ethics and Pastoral Care at the University of Wurzburg (1804); Professor & founder of a new state university in Berlin to fill the vacuum created by the close of Halle (1810); Professor of theology at University of Berlin (1810)

Major Activities: Early member of the Romanticism movement (1800s);Translates the works of Plato into German (1796); Joins in the newly found salon society where a circle of Berlin poets, literary writers, romantics, and high society gather so as to enjoy discussing new ideas and appreciating art and culture (1796s); Becomes a nationalist when the city of Helle falls to Bonaparte Napoleon's army (1806); Preaches at Holy Trinity Church in Berlin (1809); Major works are On Religion (1799) and The Christian Faith (1820~1821); As a systematic theologian, divides theology into three divisions: Philosophical, Historical, and Practical (A Brief Outline of the Study of Theology(1811); Loses his only son (1829); Awarded the Order of the Red Eagle by the king of Prussia (1831)

Publication: On Religion: Speeches to its Cultural Despisers (1799); On Religion: Addresses in Response to its Cultured Critics (1799); Soliloquies (1800); Outlines of a Critique of the Doctrine of Morality to Date (1803); A Brief Outline of the Study of Theology (1811); A Critical Essay on the Gospel of Luke (1817); The Christian Faith (1821~1822); The Christian Faith presented Systematically according to the Principles of Evangelical Church (1821~1822); Christmas Eve: A Dialogue on the Incarnation (1806); Hermeneutics and Criticism and Other Writings (ed. 1838)

Contribution: His powerful account of religious validity rooted in the dynamic awareness of God as well as his insights into ecumenism and religious pluralism has contributed to the development of systematic theology and many subsequent theologians (e.g. Soren Kierkegaard, Karl Barth, Paul Tillich, Dietrich Bonhoeffer). As a result, many university theology curricula have revised so as to meet the demanding academic and social requirements at the turn of the 20th century. In fact, the product of Schleiermacher's work marks a turning point in the history of Christian theology. It represents the first creative effort on the part of a Christian thinker to interpret the Christian faith in relation to the 'modern' world view.

Information related to his writing: "The Nature of Religion" (1799)

In his Second Speech: "The Nature of Religion," Schleiermacher wants to strip away these mistaken assumptions and replace these false images with a definition that cuts closer to the essence of religion. That is, the purpose of this publication is "to recapture the position that religion lost in the intellectual world where it is now threatened with total oblivion." Without religion, the intellectual life of mankind would deprive of its noblest ingredient. Simply put, this writing is to win the educated classes back to religion to further the development of modern age.

Second Speech: "The Nature of Religion" in On Religion: Speeches to Its Cultured Despisers (1799). Translated by John Oman (1894)

··· It is true that religion is essentially contemplative. You would never call anyone pious who went about in impervious stupidity, whose sense is not open for the life of the world··· The contemplation of the pious is the immediate consciousness of the universal existence of all finite things in and through the Eternal. Religion is to seek this and find it in all that lives and moves, in all growth and change, in all the Infinite and Eternal. Where this is found, religion is satisfied; where it hides itself, there is for her unrest and anguish, extremity and death. Whereof it is a life in the infinite nature of the Whole, in the One and in the All, in God, that have and possesses all things in God, and God in all. Yet religion is not knowledge and science, either of the world or of God. Without being knowledge, it recognizes knowledge and science. In itself it is an affection, a revelation of the Infinite in the finite, God being seen in it and it in God···.

The sum total of religion is to feel that, in its highest unity, all that moves us in feeling is one; to feel that aught single and particular is only possible by means of this unity; to feel, that is to say, that our being and living is a being and living in and through God. But it is not necessary that the Deity should be presented as also one distinct object. To many this view is necessary, and to all it is welcome, yet it is always hazardous and fruitful in difficulties. It is not easy to avoid the appearance of making Him susceptible of suffering like other objects. It is only one way of characterizing God, and from the difficulties of it, common speech will probably never rid itself. But to treat this objective conception of God just as if it were a perception, as if apart from His operation upon us through the world, were either by or in religion exhibited as science is, so far as religion is concerned, vain mythology. What is only a help for presentation is treated as a reality. It is a misunderstanding very easily made, but it is quite outside the peculiar territory of religion.

The whole religious life consists of two elements, that man surrenders himself to the Universe and allow himself to be influenced by the side of it that it turned towards him is one part, and that he transplants his contact which is one of definite feelings, within, and take it up into the inner unity of his life and being is the other. The religious life is nothing else than the constant renewal of this proceeding. When, therefore, anyone is stirred, in a definite way, by the World, is it his piety that straightway sets him to such working and acting as bear the traces of commotion and disturb the pure connection of the moral life? Impossible! On the contrary, his piety invites him to enjoy what he has won, to absorb it, to combine it, to strip it of what is temporal and individual, that it may no more dwell in him as commotion but be quiet, pure and eternal. From this inner unity, action springs of it sown accord, as a natural branch of a life. As we agreed, activity is a reaction of feeling, but the sum of activity should only be a reaction of the sum of feeling, and single actions should depend on something quite different from momentary feeling. Only when each action is in its own connection and in its proper place, and not when, dependently and slavishly, it corresponds to one emotion, does it exhibits, in a free and characteristic way, the whole inner unity of spirit…

What is a miracle? What we call miracle is everywhere else called sign, indication. Our name, which means wonder, refers purely to the mental condition of the observer. It is only in so far appropriate that a sign, especially when it is nothing besides, must be fitted to call attention to itself and the power in it that gives it significance… Miracle is simply the religious name for event. Every event, even the most natural and usual, becomes a miracle, as soon as the religious view of it can be dominant. To me, all is miracle. The more religious you are, the more miracle would you see everywhere…

What is revelation? Every original and new communication of the Universe to man is a revelation, as, for example, every such moment of conscious insight as I have just referred to. Every intuition and every original feeling proceeds from revelation. As revelation lies beyond consciousness, demonstration is not possible, yet we are not merely to assume it generally, but each one knows best himself what is repeated and learned elsewhere, and what is original and new. If nothing original has yet been generated in you, when it does come it will be a revelation for you also, and I counsel you to weigh it well…

Association in Religion:

If there is religion at all, it must be social, for that is the nature of man, and it is quite peculiarly for the nature of religion. You must confess that when an individual has produced and wrought out something in his own mind, it is morbid and in the highest degree unnatural to wish to reserve it to himself. He should express it in the indispensable fellowship and mutual dependence for action. ..

The Religious:

The whole of religion is nothing but the sum of all relations of man to God, apprehended in all the possible ways in which any man can be immediately conscious in his life. In this sense there is but one religion, for it would be but a poverty stricken and halting life, if all these relations did not exist wherever religion ought to be. Yet all men will not by any means apprehend them in the same way, but quite differently. Now this difference alone is felt and alone can be exhibited while the reduction of all difference is only thought···

Sources:

Excerpted from Schleiermacher, Friedrich (1958): On Religion: Speeches to its Cultured Despisers N.Y.: Harper & Brothers. pp. 26-101.

"On Religion: Speeches to Its Cultural Despisers (1799)," Manschrek C. ed. (1981) in A History of Christianity. Grand Rapids: Baker: http://pages.uoregon.edu/sshoemak/323/rexts/schleiermacher.htm

"Boston Collaborative Encyclopedia of Western Theology: Friedrich Schleiermacher" http://www.theopedia.com/Friedrich_Scheleiremacher

"Friedrich Schleiermacher": http://en.wikipedia.org/wiki/Friedrich_Scheleiremacher

"Friedrich Schleiermacher": http://www.theopedia.com/Friedrich_Scheleiremacher

Comments:

On Religion: Speeches to its Cultured Despisers (1799) and The Christian Faith (1820~1821) are his major works. The former is a series of five essays: First Speech – Defense; Second Speech – The Nature of Religion; Third Speech – The Cultivation of Religion; Fourth Speech – Association in Religion or Church and Priesthood; Fifth Speech – The Religions. The latter is a book dealing with systematic theology in which he seeks to represent the Christian faith so as to retain the living standard of the past and to move ahead for tomorrow.

The main points in "The Nature of Religion" can be summarized as follows:

(01) Religion is not knowledge and science, but rather it is affection and revelation of the Infinite in the finite as explained in Paragraph 1.

(02) The totality of religion is to feel our being and living through God (Paragraph 2).

(03) Two elements of religious life are (1) Surrendering himself to the Universe and be influenced by it; and, (2) Transplanting his contact based on his definite feeling (Paragraph 3).

(04) The Miracle? All related to every sign, indication, name, event the most natural and unnatural, place, time, mental condition are miracles. Therefore, all is miracle. Next, what is the Revelation? Every communication of the Universe to man is revelation. What is Association in Religion? It should be social. Finally, the Religious is only the sum of all relations of man to God.

On top of that, religion is defined as "a sense and taste for the Infinite" consisting in "feeling," arguing that it is impossible to know God through reason, but "feeling" through which we can experience God. Putting it succinctly, religion is not a philosophy, nor abstract metaphysical thought, nor natural science, nor adherence to dogmatic formulae. He claims that (01) Religion does not derive from quantity of knowledge; (02) Only when there is unity among knowledge, action, and piety, human potentiality can be achieved; (03) He acknowledges the plurality of religions in the world, since each is a distinct expression of one religion.

---

* Ecumenism: A movement promoting unity among Christian churches or denominations through cooperation and understanding.

* Romanticism: A theological movement between 1780s~1830s against the rational theology of the Enlightenment. Such a reaction against the Enlightenment is first found in Germany among such as Goethe and Schleiermacher.

* Enlightenment: A philosophical movement of the 18th century that stresses the use of reason to examine accepted doctrines and traditions that bring about many humanitarian reforms.

* Pietism: A response to the Protestant revivalism for a deeper personal devotion to God.

* The Order of the Red Eagle: It is awarded to both military personnel and civilians to recognize valor in combat, excellence in military leadership, long and faithful service, and other achievements to the kingdom of Prussia.

24. John Henry Newman (1801~1890): Leader of Anglo-Catholicism

Nationality: British

Places of birth and death: London, England; Edgbaston, Birmingham, England

Language(s): English, Greek, Latin

Education: Enters the private school at Ealing (1808); Enrolls in Trinity College, Oxford (1816) to study classics and mathematics, and graduates with B.A. degree (1821); Moves to Oriel College (1832); Leaves for Rome to study theology for Catholic priesthood (1833); Awarded Doctor of Divinity by Pope Pius IX in Rome (1847)

Title: Theologian; Tractarian leader; Cardinal-Deacon; Rector; Ordained priest; Honorary Fellow

Post: Anglican deacon in Christ Church Cathedral, Oxford (1824); Priest at Christ Church (1825)

Major Activities: Experiences a conversion under the influence of definite creed at the age of 15 (1816); Becomes an evangelic Calvinist (1824) and holds the typical belief that the Pope is Antichrist (1824~1827); Tutor at Oriel College (1826~1832); Public examiner in classics in the university's B.A. degree program (1827~1828); Dismisses from the Church Missionary Society because of his opinions on Nonconformists and church control society (1830); Returns to Oxford in time to hear John Keble deliver his National Apostasy sermon, which marks the onset of the Oxford Movement (1833); With John Keble and Edward Pusey, Oxford leaders, begins to publish a series of Tracts to explain the history of the Anglican church with special reference to the apostolic period of development (1833~1844); Proposes a Catholic reading of the "Ninety-Nine Articles," but denounced by church and university (1844~1845); After years of intellectual and spiritual struggle, decides to become a Catholic; Withdraws all his anti-Catholic statements (1845); Writes his work, Essay on the Development of Christian Doctrine (1845) in defense of his change of allegiance; Leaves the Church of

England and is received into the Roman Catholic Church (1845); Ordains into the priesthood and awarded the D.D. degree by Pope Piux IX in Rome (1847); Rector of Dublin Catholic University (1854); Opposes to the recording of a document of papal infallibility at the time of the Vatican Council (1869~1870); Becomes first honorary fellow of Trinity College, Oxford (1878); Pope Leo XIII appoints Newman Cardinal-Deacon (1879)

Publication: The Arians of the Fourth Century (1832); Tracts for the Times (1833~1844); British Critic (1836~1842); On the Prophetical Office of the Church (1837); Parochial and Plain Sermons: Volumes 1-8 (1834~1843); Lives of the English Saints (1843~1844); Oxford University Sermons (1843);An Essay on the Development of Christian Doctrine (1845); Retraction of Anti-Catholic Statements (1845); Lectures on the present Position of Catholics in England (1951); The Present Position of Catholics in England (1851); The Idea of a University (1852~1853); Apologia Pro Vita Sua *(autobiography)* (1864); Apologia (1865); The Dream of Gerontius *(poem)* (1865); Letter to Dr. Pusey (1865); An Essay in Aid of a Grammar of Assent (1870); Letter to the Duke of Norfolk (1875); Select Treaties of St. Athanasius (1881); On the Inspiration of Scripture (1884); Development of Religious Error (1885)

Contribution: Newman is not only remembered for his leading role in the Oxford movement, but also for his intelligent and spiritual contribution related to the "Intelligent Design Theory" as advocated in his work, The Idea of a University, *his collection of lectures* (1852~1853). He claims that science and theology are the "Two Great Circles" of genuine knowledge. They are not separate disciplines; they should be woven together for "true" of religious and intellectual ideas. Scientists contemplate the facts before Him; whereas theologians give the reasons of these facts. Scientist treat of efficient causes; whereas theologians of final. The former tells us of laws, but the latter explains the author, maintainer, and controller of the laws including their scope, suspension, and beginning and end. He concludes that Christianity is not an adherent to life or knowledge, but the true organizing principle of existence, informing every endeavor with value and every person with purpose and direction. Several questions (e.g. (1) Who am I; (2) Why am I here; (3) Where did I come from; (4) Where am I going; and, (5) What is the purpose of life) are not easy to be dealt with by scientific investigation.

Information related to his writing: "Application of the Seventh Note of a True Development" (1845)

Newman, as an evangelic preacher and leader of the Oxford movement, criticizes certain elements in Catholic teaching as corruptions while regarding that the Pope is anti-Christ (1824~1842). At the same time, he attempts to reform the Church of England in the direction of early Catholicism – the Church as it exists in its first five centuries. Failing in this effort, and after a period of intellectual and spiritual struggle, he joins the Roman Catholic Church (1845). In defense of his change of allegiance, he writes "Application of the Seventh Note of a True Development" in Essay on the Development of Christian Doctrine. After that, he withdraws all his anti-Catholic statements (1843), leaves the Church of England, ordains into the priesthood and is awarded the Doctor of Divinity in Rome (1847). Although this publication serves as a turning point for Newman's career, he has been in a position where scientific investigation and Christianity should go together.

Chapter 12: "Application of the Seventh Note of a True Development": "Development of Catholic Doctrine"

(Note: "Development of Catholic Doctrine" is not Newman's term, but it serves as a feasible topic for the following passage in terms of Newman's defense of Catholicism)

Paragraph 2

When we consider the succession of ages during which the Catholic system has endured, the severity of the trials it has undergone, the sudden and wonderful changes without and within which have befallen it, the incessant mental activity and the intellectual gifts of its maintainers, the enthusiasm which it has kindled, the fury of the controversies which have been carried on among its professors, the impetuosity of the assaults made upon it, the ever-increasing responsibilities to which it has been committed by the continuous development of its dogmas, it is quite inconceivable that it should not have been broken up and lost, were it a corruption of Christianity. Yet it is still living, if there be a living religion or philosophy in the world; vigorous, energetic, persuasive, progressive; "it accumulates strength to itself"; it grows and is not overgrown; it spreads out, yet is not enfeebled; it is ever germinating, yet ever consistent with itself. Corruptions indeed are to be found which sleep and are suspended; and these, as I have said, are usually called "decays:" such is not the case with Catholicity; it does not sleep, it is not stationary even now; and that its long series of developments should be corruptions would be an instance of sustained error, so novel, so unaccountable, so preternatural, as to be little short of a miracle, and to rival those manifestations, and to rival those manifestations of Divine Power which constitute the evidence of Christianity…

Paragraph 4

That in the long course of centuries, and in spite of the failure, in points of detail, of the most gifted fathers and Saints, the Church thus wrought out the one and only consistent theory which can be taken on the great doctrine in dispute, proves how clear, simple, and exact her vision of that doctrine was. But it proves more than this. Is it not utterly incredible, that with this thorough comprehension of so great a mystery, as far as the human mind can know it, she should be at that very time in the commission of the grossest errors in religious worship, and should be hiding the God and Mediator, whose Incarnation she contemplated with so clear an intellect, behind a crowd of idols?

Paragraph 5

The integrity of the Catholic developments is still more evident when they are viewed in contrast with the history of other doctrinal systems. Philosophies and religions of the world have each its day, and are parts of a succession. They supplant and are in turn supplanted. But the Catholic religion alone has had no limits; it alone has ever been greater than the emergence, and can do what others cannot do. If it were a falsehood, or a corruption, like the system of men, it would be weak as they are; whereas it is able even to impart to them a strength which they have not, and it uses them for its own purposes, and locates them in its own territory. The Church can extract "good from evil," or at least gets no harm from it. She inherits the promise made to the disciples so that they should take up serpents, and, if they drank any deadly thing it should not hurt them (Mark 16:18)...

Paragraph 8

When a system really is corrupt, powerful agents, when applied to it, do but develop that corruption, and bring it the more speedily to an end. They stimulate it preternaturally; it puts forth its strength, and died in some memorable act. Very different has been the history of Catholicism, when it has committed itself to such formidable influences. It has borne, and can bear, principles or doctrines, which in other systems of religion quickly degenerate into fanaticism or infidelity. This might be shown at great length in the history of the Aristotelian philosophy within and without the Church; or in the history of Monachism, or of Mysticism; not that there has not been at first a conflict between these powerful and unruly elements and the Divine System into which they were entering, but that it ended in the victory of Catholicism...

Paragraph 9

It is true, there have been seasons when, from the operation of external or internal causes, the Church has been thrown into what was almost a state of dissolution; but her wonderful revival, while the world was triumphing over her, is a further evidence of the absence of corruption in the system of doctrine and worship into which she has developed. If corruption be an incipient disorganization, surely an abrupt and absolute recurrence to the former state of vigor, after an interval, is even less conceivable than a corruption that is permanent. Now this is the case with the revivals I speak of. After violent exertion men are exhausted and fall asleep; the temporary cessation of their activity; and such has been the slumber and such the restoration of the Church. She pauses in her course, and almost suspends her functions; she rises again, and she is herself once more; all things are in their place and ready for action. Doctrine is where it was, and usage, and precedence, and principle, and policy; there may be changes, but they are consolidations or adaptations; all is unequivocal and determinate, with an identity which there is no disputing. Indeed it is one of the most popular charges against the Catholic Church at this very time, that she is "incorrigible;"—change she cannot, if we listen to St. Athanasius or St. Leo; change she never will, if we believe the controversialist or alarmist of the present day.

Sources:

Excerpted from An Essay on the Development of Christian Doctrine, ed. Charles F. Harrold (1945). New York: Longmans, Green & Co.

"Chapter 12 Application of the Seventh Note of a True Development - Chronic Vigor": http://newmanreader.org/works/development/chapter12.html

"Biography of John Henry Newman": http://www.ccel.org/newman

"A Different Voice from the Eve of the Origin: Reconsidering John Henry Newman on Christianity, Science, and Intelligent Design": http://www.asa3.org/ASA/PSCF/2001/PSCF3-01Kalthoff.html

"John Henry Newman": http://en.wikipedia.org/wiki/John_Henry_Newman

"Oxford Movement": http://en.wikipedia.org/Oxford_Movement

Comments: After the Reformation, the Catholic Church has been criticized for a variety of reasons: (1) Beliefs (e.g. Paganized Christianity, Scripture and Tradition, Opposition to Teaching on Modern Ethical Grounds); (2) Prayer and Worship (e.g. Sacrifice of the Mass, Saints, Mariology, Use of Latin); (3) Organization (e.g. Head of the Church or the Concepts of Papal Primacy, Clerical Celibacy, Women's Rights, Ordination of Women); and, (4) Actions in History (e.g. Persecution of Heresy, Crusades, Inquisitions, Indulgences, Anti-Semitism during the medieval Europe). However, Newman effectively defends the Roman Catholic Church attacked by some Anglicans and other Protestants based on an elaborate and logical development. He argues that "although the Catholic

Church has been known into a state of dissolution, she rises again and follows her course." It is because "Catholicity does not sleep, it is not stationary even now,"··· "The Catholic religion alone has had no limits; it alone has ever been greater than the emergence, and can do what others cannot do." He concludes that if the Church is thrown into a state of dissolution, then such a statement is the natural and beneficial consequences of reason for a more comprehensive development.

---

* Anglo-Catholicism: A section or group within the Anglican Communion which stems from the Oxford movement of the 1830s. Anglo-Catholicism holds a high doctrine of the Church and Sacraments while attaching importance to the apostolic succession.

* Oxford movement: A 19th-century Anglican movement originated in Oxford, England for restoration of High Church ideals. It is a movement of High Church Anglicans (1833-45) that eventually develops into Anglo-Catholicism. The members associated with the University of Oxford, argue for the reinstatement of lost Christian traditions of faith and their inclusion into the Anglican liturgy and theology.

* High Church: The term is coined in the 17th century to decide that the Church can emphasize her historical continuity as a branch of the Catholic Church while upholding 'high' conceptions of the rights of the monarchy and episcopacy of the nature of the sacraments. Later, it refers to a group in the Anglican Church that maintains traditional definitions of authority, the episcopacy, and the sacraments. During the early and mid-19th century, High Church is known as the Tractarian movement after its series of publications published between 1833 and 1841. The group of the movement is called Newmanites (pre~1845) and Puseyites (post-1845) after two prominent figures: John Henry Newman and Edward Bouverie Pusey.

* Intelligent Design Theory/Movement: It is a controversy related to Creation versus Evolution for which most Christians uphold some forms of creation doctrine (e.g. God's creation, intelligent design) as an alternative. Recently, the Intelligent Design Movement (hereafter I.D.M) has taken an anti-evolution position which avoids any direct appeal to religion. Whereas, some scientists claim that "the I. D. Theory" is not science, but is grounded in theology arguing that the theory does not represent any research program within the scientific community.

* Thirty-Nine Articles: The set of doctrinal formulas finally accepted by the Church of England in 1865, which are short summaries of dogmatic tenets each dealing with some points raised in contemporary controversies. Before 1865s, the clergy are required to accept each and every one of them, but then a more general assent is substituted, and since 1975 the Articles have to be accepted as one the historic formularies of the Church of England.

25. Charles Haddon Spurgeon (1834~ 1892): The People's Preacher

Nationality: British

Places of birth and death: Kelvedon, Essex, England; Menton, Alpes-Maritimes, France

Language(s): English, French, Latin

Title: Baptist Pastor; Reverend

Post: Pastor of New Park Street Church, London (1834); Waterbeach Baptist Church, Cambridge (1851); New Park Street Baptist Church, London (1854); Baptist President of Pastors' College (1857); Metropolitan Tabernacle, London (1861); Founder of the Stockwell Orphanage for Boys (1867) and for Girls (1879); Oversee for evangelistic and charitable enterprises (?);

Education: Born to family of ministers; No formal education beyond Newmarket Academy (1849-1850); Self-taught; A few university degrees are offered, but he always refuses them.

Major Activities: Joins the Independent church in Newmarket, Suffolk; At the age of 15, converts to the ministry of Methodist ministry in Colchester; Accepts a call to its pulpit before the age of twenty; Experiences a conversion (1850); Preaches at services in Exter Hall (1855); Begins preaching at services in Surrey Gardens Music Hall where more than 10,000 people pack the building (1856); In London, builds the Metropolitan Tabernacle seating 6,000 for him, which provides a pulpit until his death (1859~1861); Preaches to crowds in thousands at the Royal Surrey Garden Music Hall (1856~1859) & the Metropolitan Tabernacle (1861~1892); As a decided Calvinist, distrusts modern biblical criticism and rejects baptismal regeneration; Criticizes evangelic clergymen in Church of England (1864); Establishes orphanage (1869); Leaves Baptist Union during Down-Grade controversy (1887)

Publication:
Publishes sermons weekly collected into 50 volumes with his sermons sold 25,000 copies weekly; The New Park Street Pulpit - 6 volumes (Sermons) (1855~1860); The Saint and his Savior (1857); The Metropolitan Tabernacle Pulpit – 57 vol., set (1861~1917); Commenting & Commentaries (1876); John Ploughman's Talks (1869); The Metropolitan Tabernacle: Its History & Work (1876); The Treasury of David –7 vol., (1870~1885); The Mourner's Comfort (1878); John Ploughman's Pictures (1880); The Metropolitan Tabernacle Pulpit – 57 vol., set (1861~1917); Farm Sermons (1882); Lectures to my students (1890); All of Grace (1886); According to Promise (1887); The Interpreter (1987); The Sword and Trowel *(magazines)* (1887); The Clue of the Maze (1892)

Contribution: (1) Being an effective preacher, he remains an enduring influence on preaching for preachers who follow the Orthodox practice. (2) Although he is a follower of Calvinism throughout his life, he advocates that the funds for Christian work should be sought through the "faith mission principles" proposed by the Baptist Missionary Society (1863).

Information related to his sermon: "Fear Not" (1857)
During the mid-19th century, England faces with a variety of social unrest (e.g. the massive movement of the population into the cities, the Burial Act (1857), *(Certain land is to be used for the burial of the clergy)*, which creates psychological anxiety for those who are depressed. It is proper -- as Spurgeon suggests -- that they "fear not" in such instances, as often times the blessing is just around the corner.

"Fear Not" (1857): Delivered on Sabbath Morning, 10/04/1857, at the Music Hall, Royal Surrey Gardens, London

"Do not be afraid, O worm Jacob, O little Israel, for I myself will help you," declares the Lord, your Redeemer, the Holy One of Israel." Isaiah 41:14.

I shall speak this morning to those that are discouraged, depressed in spirit, and sore troubled in the Christian life. There are certain nights of exceeding great darkness, through which the spirit has to grope in much pain and misery, and during which much of the comfort of the Word is particularly needed. Those seasons occur in this manner. Frequently they occur at the outset of a religious life. A young man, deeply impressed under the ministry, has been led to feel the weight of sin; he trusts also he has been led to look for salvation to the Christ who is preached in the gospel. In the young ardor of his spirit he devotes himself wholly to Christ; with the most solemn vows he dedicates body, soul, time, talents, all that he has to the great work of serving God; he thinks it easy to fulfill his vow; he does not count the cost; he reckons it will be easy to forsake gay companions, to renounce old established habits, and to become a Christian.

Alas! Before many days he finds out his mistakes, if he did not reckon without his host, he certainly reckoned without his heart, for his evil heart of unbelief had deceived him, he knew not how hard would be the struggle, and how desperate the wrestling between his old evil nature and the new-born principle of grace within him. He finds it to be like the rending off of right arms to give up old and cherished habits; he discovers it would be to pluck out his right eye…

The same feeling often overcomes the most valiant Christian veteran. He who has been long experienced in the things of the divine life will sometimes be overtaken with a dark night and a stormy tempest; so dark will be the night that he will not know his right hand from his left, and so horrible the tempest that he can not hear the sweet words of his Master, saying, "Fear not, I am with you."…

Christian brethrens, there are some in this congregation, I hope many who have solemnly devoted themselves to the cause and service of the Lord Jesus Christ: let them hear the preparation necessary for this service set forth in the word of our text. *First*, before we can do any great things for Christ, there must be a sense of weakness: "Worm Jacob." *Secondly*, there must be trust in promised strength; and *thirdly*, there must be fear removed by that promise: "Fear not, for I will help you."

In the first place, the first qualification for serving God with any amount of success, and for doing God's work well and triumphantly, is a sense of weakness. When God's warrior marches forth to battle with plumed helmet, and with mail about his loins, strong in his own majesty – when he says, "I know that I shall conquer, my own right arm and mighty sword, shall get unto me the victory," defeat is not far distant. God will not go forth with man who goes forth in his own strength… There must be a conscience of weakness before there can be any victory… He who is wise, understands, and knows that he is a worm, knows it in this way… If you would know your own weakness, try some great labor for Christ. .. I can not imagine Martin Luther standing before the Diet at Worms, being proud because he had to do such a deed as that. I can not conceive John Calvin, in his incessant labors for Christ, leading on the reformation, and teaching the truth of God with power, saying to himself, "Lo! this great Babylon that I have built." I can suppose the man that has nothing to do and that is doing nothing, sitting down in devout complacency with his own adorable self; but I can not conceive if you serve yourselves to great labors, but what you will have to say, "Lord, what a worm am I that thou should call me to such work as this!" Turn to the history of all men who have done great deeds for God, and you will find them saying, "I marvel that God should use me thus!"··· If you would understand what is meant by being a worm, go and do what the 15th verse says, you should do, go and thrash the mountains, and beat them small; make the hills as chaff fanned by the wind, scatter them, and rejoice in God...

Now is the next point. Before devoting ourselves to Christ, or doing any great labor for the Savior, it is necessary that there should be trust in the promised strength. "I will help you, says the Lord, and your Redeemer, the Holy One of Israel." It is a certain fact, that though men be worms, they do what worms never could do; although men be nothing they do accomplish deeds which need even the power of the Infinite to rival them. How shall we account for this? Certainly it is not the worms; it must be some secret energy which gives them might. The mystery is unraveled in the text. "I will help you, says the Lord."··· There is no saying what man can do when God is with him. Give God to a man, and he can do all things··· There is no fear of a man who has got God with him; he is all- sufficient; there is nothing beyond his power. And my brethren, what an opportune help God's is! God's help always comes in at the right time...

And now comes the last point upon which I shall be brief. We must, then, labor to get rid, as much as possible, of fear. The prophet says, "Fear not;" thou are a worm, but do not fear; God will help you; why should you fear? Let us labor to get rid of fear, when we are not certain we are serving our Master. And let these be our reasons. Get rid of fear because fear is painful... Fear, too, is weakening··· We must not fear; for fear dishonors God··· And lastly, doubt not the Lord, O Christian; for in so doing thou do lower yourself. The more you believe, the greater you are; but the more you doubt, the less you become··· You do not honor God. "Fear not, thou worm Jacob; I will help you, says the Lord." Then why should you fear? ...

Worms, you are nothing, but you have eaten princes; worms you are nothing, but you have devoured the roots of cedars and laid them the level with the earth; worms, you are nothing, but you have piled rocks in the deep, deep sea, and wrecked mighty naives; worms, you have eaten through the keel of the proudest ship that ever sailed the ocean.

If you have done these yourselves, what can not we do? Your strength lies in your mouths; our strength lies in ours too. We will use our mouths in prayer, and in constant adoration, we shall conquer, for God is with us, and victory is sure.

Sources:

Excerpted from "Fear Not"" in Sermons of Rev. C. H. Spurgeon of London (1883). New York: Robert Carter & Brothers.

"Charles Haddon Spurgeon": http://en.wikipedia.org/wiki/Charles_Spurgeon

"Charles Haddon Spurgeon, Biography": http://www.spurgeon.org/misc/biopref.htm

"Charles Haddon Spurgeon, Chapter 15. Book Talk": http://www.spurgeon.org/misc/bio15.htm

"Charles Spurgeon": http://en.wikipedia.org/wiki/Charled_Spurgeon

Comments: Spurgeon effectively illustrates a lot of our dark situations during which we are often faced with "being feared." For these instances, he persuades us "fear not" so as to overcome the periods of the darkness. It is because the darkness is provided for us to (1) purify our faith, (2) make us weak or humble in ourselves, and (3) make us strong in Christ. How can we "fear not" based on the three purposes mentioned above? Spurgeon provides us with three answers: first, we must have a sense of being weak *(humble)*; second, we must trust in the promised strength; and, finally, we must get rid of fear as much as possible.

---

* Down-Grade Controversy: It starts in 1887 with Spurgeon's series of articles denouncing liberal theology in The Sword and the Trowel (1887). The articles criticize that the liberal theology puts the Church on the "Down Grade" (e.g. liberal theology "downgrades" the Bible and the principle of "by Scripture alone"). Consequently, the controversy weakens the Baptist Union and the standoff splits Spurgeon's students while accusing each side, which is an unnecessary issue.

* Faith Mission Principles: A policy that the funds related to missionary activities should be used only for the poor and the needy based on the faith that God would provide for his needs, which is exemplified by James Hudson Taylor, British missionary, in China during 1850s and 60s.

CHAPTER V

THE AGE OF ANXIETY
(1850s~Present)

CHAPTER V:
THE AGE OF ANXIETY (1850s~Present)

In this chapter, first, we will examine a historical overview related to this period. Next, several preachers who have contributed to the development of Christianity are to be investigated.

1. A Historical Overview

This period is defined as The Age of Anxiety. It is because we have witnessed a variety of dreadful and atrocious incidents and events that lead to anxiety during this period. Anxiety refers to a state of uneasiness and apprehension caused by the existing social, economic, political, spiritual, and ideological realities. We will review several factors leading to anxiety in terms of the impact of (1) War; (2) Economy; (3) Ideology; and, (3) Religion.

At the same time, this age also can be defined as a mixed bag. It is because this age includes several encouraging phenomena and discouraging ones. We will examine discouraging factors first, since there are more discouraging ones than those of the encouraging.

As civilization advances more with a variety of inventions that contribute to our satisfaction and efficiency, we live with less anxiety. Countless inventions in the field of science and technology have been produced during this period (e.g. air conditioner (1902); airplane (03); Ford's Model T (08); zipper (13); motion picture (15); insulin (22); penicillin (28); jet engine (30); nylon (35); radar (35); helicopter (39); color TV (40); computer (41); microchip (59); artificial heart (69); Internet (69); cell phone (79); Fax machine (88); World Wide Web (90); self cleaning windows (2001); camera phone (03)). However, these wonderful inventions have not helped us reduce our anxiety. Several major reasons for this type of anxiety influenced by the existing social realities are to be listed.

First, several actions that kill or terminate millions of lives of God's people are: (1) War;

(2) Genocide; (3) Terrorist attacks; and, (4) Revolt/Revolution, which maximizes our feeling of anxiety and fear. From the beginning of this period, numerous wars have been conducted under the name of "justice, self-defense, or national interest." (Russo-Japanese (1904~1905); World War I (1914~1918); Chinese Civil War (27~50); Spanish Civil War (36~39); Russian Civil War (36~39); WW II (39~45); Korean War (50~53); Vietnam War (55~75); Six-Day War (67); Cambodian Civil War (67~77); Soviet War in Afghanistan (79~89); Iran-Iraq War (80~88); Gulf War (91); US led Wars in Afghanistan (01~present) and in Iraq (03~present)). These horrible wars have provided us with a feeling of fear, distrust, and anxiety. Under this war tradition and culture, there can be no bright future that can provide us with hope or dreams.

Next, genocides present us with distress, resentment, and frustration. They are often unofficially or secretly executed for the political and economic purposes of the leaders. Major global genocides (Armenian (15~17); Nanking, China (37~38); Holocaust (39~45); Tibet (49~50); Uganda (69~79); Burundi, Central Africa (72); East Timor and New Guinea (75~95); Turkish Kurdistan and Northern Iraq (80~89); Bosnia (93); Rwanda (94); and Darfur, Sudan (2004)), have created a great deal of anxiety.

Furthermore, the terrorist attacks make us feel extremely frustrated and concerned. During this period, a variety of violent terrorist activities have assaulted our normal daily life as shown in the following incidents (Los Angeles Times Bombing (10); Wall Street Bombing (21); Continental Airlines 11 (62); Japan Airlines 351; Bloody Friday in UK (71); Three Explosions in Moscow (77); Pan Am 830 (82); KAL 007 (83); TWA 847 (85); KAL 858 (87); 9/11 (2001)).

Beyond that, Revolutions/Revolts that are often achieved through military coup d'etats (Russian (05); Mexican (10~20); Spanish (36); Hungarian (56); South Korea (61, 81), Tiananmen Square (89); Kurdish against Saddam Hussein (91); Shiite Uprising against the US-led occupation of Iraq (2004~present)) have cost the lives of countless innocent people so that their leaders can satisfy their political and economic gains. This type of illegal upheaval through coup d'etats makes us feel upset, uneasy, and frustrated.

In addition, assassination provides us with a feeling of crisis, isolation, and disheartening, in which God's love does not seem to be found. Numerous cases related to assassination (Franz Ferdinand (14); Nicholas II and Family (18); Mohandas K. Gandhi (48); John F. Kennedy (63); Che Guevara (67); Martin Luther King, Jr. (68); Robert F. Kennedy (68); John Lennnon (80); Anwar Sadat (81); Benigno Aquino (83); Rajavi Gandhi (91); Benazir Bhutto (2007)), which all lead to serious level of anxiety.

Indeed, this period is an age of anxiety as we have seen in terms of War, Genocide, Terrorism, Revolt/Revolution, and Assassination.

Second, in terms of global economic situations during this period, it does not seem to be optimistic. While there have been several stock and economic booms during the years of 28~29; 80~88; and 90~92 (John Naisbitt & Patricia Aburdene (90)), more economic recessions have plagued us. Numerous global recessions (during the years of 13~14; 18~19; 23~24; 26~27; 60~70; 73~75; 80s; 87~89; 90~91; 08~09), and The Great Depression (29~33) made thousands of individual investors ruin themselves, drive most consumers with loss of savings, poverty and panic, decreased spending and demand, increased unemployment, and decreased wages which led to a world wide depression. In 1987, we experienced a serious financial crisis, Black Monday (Oct. 19, 1987), on which stock markets around the world crashed. The crash began in Hong Kong and spread west to Europe, hitting the Wall Street after other stock markets had already declined by a significant margin. This crash is considered as the official beginning to the American recession, which also provides us with a feeling of anxiety.

Another factor that makes us feel uncomfortable and confused is the use of a variety of terms related to ideology. During this period, so many terms related to ideologies which end with "ism" have emerged, used, and faded away based on the existing and changing social realties, and the prevailing ideological conflicts (Edelstein, 1958; Yang, 1988). That is, this period reflects an age in which intellectual, social, inspirational, and, political life becomes more complex and intensified. Some of the terms that have been often used for ideological purposes are "socialism; communism; capitalism; totalitarianism; fundamentalism; imperialism; colonialism; collectivism; authoritarianism; Fascism; Nazism; nationalism; terrorism; collectivism; Christian socialism; anti-capitalism," which has provided us with a feeling of anxiety.

Since language is created by the members of a speech community, these terms as an index of the changing social phenomena reflect the existing realities of this period (Yang, 1988). For example, the terms such as "capitalism, imperialism, colonialism, proletarianism, and collectivism" remind us of the early period of the 20th century when the Russian Revolution and Civil War (05; 17; Civil War, 21) took place and the Communists renamed the land The Union of Soviet Socialist Republic (21). Not only the Russian communists but also the global socialists and communists have used numerous ideology related terms so as to achieve their specific goals.

Likewise, the terms such as "Fascism, Nazism, individualism, materialism, idealism, communism, and nationalism" were frequently used before and during WWII (39~45), The Cold War (45~89) and the mid-20th century. The terms, "Fundamentalism, terrorism, anti-capitalism and imperialism," have been frequently used following the late 1970s. In contemporary American society the term, "fundamentalism," is familiar with us since it was given by the media after militant Islamic followers captured the US Embassy in Teheran and seized more than 60 American hostages in 1970. In a nutshell, ideology related terms have confused and concerned us, since they are often employed as a way of manipulating political purposes.

Simply put, as specific terms reflect specific social realities, so do specific statements specific events or occasions. There are correlations between the use of terms and the social events. Some of the statements that clearly reflect specific social realities are provided for your review. Choose the right person who states such a specific statement based on a specific social occasion. All of these statements have been stated during this age of anxiety.

(01) "Ask not what your country can do for you; ask what you can do for your country."
(1) John Kennedy (61); (2) Ronald Reagan (88); (3) Winston Church (40); (4) Joseph McCarthy (50)

(02) "I have nothing to offer but blood, toil, tears, and sweat."
(1) Joseph Stalin (39); (2) Franklin D. Roosevelt (33); (3) Winston Church (40); (4) Charles de Gaulle (40)

(03) "My patience is now at an end."
(1) Martin Luther King, Jr. (63); (2) Adolf Hitler (38); (3) Nelson Mandela (94); (4) Mother Teresa (79)

(04) "It is essential that the war continue as long as possible."
(1) Mohandas Gandhi (16); (2) Joseph Stalin (39); (3) Douglas McArthur (51); (4) Emperor Hirohito (45)

(05) "I have just left your fighting sons in Korea." "Old soldiers never die; they just fade away."
(1) Lyndon Johnson (69); (2) Joseph Stalin (39); (3) Douglas McArthur (51); (4) Ronald Reagan (88)

(06) “The enemy has begun to deploy new and cruel bombs.”

(1) Mohandas Gandhi (16); (2) Joseph Stalin (39); (3) Adolf Hitler (38); (4) Emperor Hirohito (45)

(07) “The State Department is infested with communists. I have here in my hand a list of 205 – a list of names that were made known to the Secretary of State as being members of the Communist Party.”

(1) John Kennedy (61); (2) Ronald Reagan (88); (3) Winston Church (40); (4) Joseph McCarthy (50)

*(*Here is an example that the terms, communists and the Communist Part" are employed as a weapon against his political opponents or foes)*

(08) “Non-violation is the first article of my faith.”

(1) Mohandas Gandhi (22); (2) Joseph Stalin (39); (3) Jawaharlal Nehru (48); (4) Winston Churchill (45)

(09) “Love begins at home.”

(1) Mohandas Gandhi (16); (2) Mother Teresa (79); (3) Nikita Khruschev (62); (4) Winston Churchill (45)

(10) “Mr. Gorbachev, tear down this wall.”

(1) Franklin D. Roosevelt (33, 41); (2) Pope John Paul II (83); (3) Ronald Reagan (88); (4) Winston Churchill (45)

(11) “Our Polish freedom costs too much.”

(1) Pope John Paul II (83); (2) Mother Teresa (79); (3) Nelson Mandela (94); (4) Charles de Gaulle (40)

(12) “Freedom of choice is a universal principle to which there should be no exceptions.”

(1) Franklin D. Roosevelt (33, 41); (2) Pope John Paul II (83); (3) Ronald Reagan (88); (4) Mikhail Gorbachev (88)

(13) “The rest of mankind is the carving knife and the serving dish, while we *(the Chinese)* are the fish and meat.”

(1) Deng, Xiaping (89); (2) Mao, Zedong (69); (3) Chiang, Kaishek (44); (4) Sun, Yat-sen (24)

(14) “The flame of French resistance must not and shall not die.”
(1) Jean Moulin (38); (2) Jean-Paul Sarte (30); (3) Charles de Gaulle (40); (4) Pope John Paul II (83)

(15) “Yesterday, December 7, 1941 – is a date which will live in infamy.”
(1) Benito Mussolini (41); (2) Franklin Roosevelt (41); (3) Charles de Gaulle (40); (4) Golda Meir (70)

(16) “To the enemy must not be left a single engine, a single railway car, not a single pound of grain or a gallon of fuel.”
(1) Joseph Stalin (41); (2) Douglas Mac Arthur (43); (3) Charles de Gaulle (40); (4) Yamamoto, Isoruku (41)

(17) “Stop the killing.” *(To the terrorists)*
(1) Winston Churchill (40); (2) Billy Graham (41); (3) Dwight Eisenhower (45); (4) Golda Meir (70)

(18) “For the light *(Gandhi)* that shone in this country was no ordinary light.”
(1) Mohandas Gandhi (16); (2) Jawaharlal Nehru (48); (3) Mother Teresa (79); (4) Mohammad Ali Jinnah (48)

(19) “I’ve seen the promised land.”
(1) Oral Roberts (47); (2) John Hagee (99); (3) Martin Luther King, Jr. (68); (4) Jerry Falwell (88)

(20) “Comrades, the Revolution is on. Power to the Soviets.”
(1) Joseph Stalin (47); (2) Vladimir I. Lenin (17); (3) Vaycheslav M. Molotov (41); (4) Mikhail Gorbachev (85)

(21) “Segregation today, segregation tomorrow, segregation forever.”
(1) Jessie Jackson (84); (2) Barry M. Goldwater (64); (3) George Wallace (63); (4) Adlai Stevenson (58)

(22) “Power comes from the barrel of a gun.”
(1) Zhou, Enlai (64); (2) Ho, Chi Minh (44); (3) Deng, Xiao Ping (83); (4) Mao, Zedong (35)

(23) "The time for negotiation has arrived. The Government has taken a firm decision to release Mr. Mandela unconditionally."
(1) Desmond Tutu (89); (2) Nelson Mandela (90); (3) Fredrik William de Klerk (90); (4) Jacob Zuma (2009)

(24) "I'm not different from you. I'm just a common man."
(1) Syngman Rhee (49); (2) Park, Chung Hee (64); (3) Chun, Doo Hwan (82); (4) Noh, TaeWoo (87)

Model Answers:
(01)-- 1; (02) -- 3; (03) -- 2; (04) -- 2; (05) -- 3; (06) -- 4; (07) -- 4; (08) -- 1;
(09)-- 2; (10) -- 3; (11) -- 1; (12) --4; (13) -- 4; (14) -- 3; (15) -- 2; (16) -- 1;
(17)-- 4; (18) -- 2; (19) -- 3; (20) – 2; (21) – 3; (22) -- 4; (23) -- 3; (24) -- 4

Finally, in terms of our religions and faiths, this age of anxiety is not an exception. Christianity has suffered tremendously from the existing sociopolitical realities from the beginning of this age. That is, man-made "isms" (communism, socialism, Fascism, totalitarianism, Nazism) that have seriously threatened our lives and faiths during this age are still tormenting us as shown (as in China, N. Korea, Tibet, several states of the former Soviet Union, and most Islamic countries in Asia and Africa). Several major events that persecuted and killed Christians are: (1) Armenians in Turkey (14~15; Victims 2 millions); (2) Russian Orthodox Christians (20s~30s; Victims 0.8 millions); (3) Spain (36~39, 36~79; Victims 48,000); (4) Nazi regime (39~45; Victims 700,000); (5) Jehovah Witness (30s~40s; Victims. 7,000).

Communism has been with us in this age of anxiety as the most dreadful destroyer of Christianity. Religion is defined as "the sigh of the oppressed culture, the heart of a heartless world, and the soul of soulless conditions. It is the opium of the people (Karl Marx, 1843, In Contribution to Critique of Hegel's Philosophy of Right")." Karl Mark's controversial and notorious remark, "Religion is the opium of the people" imprinted many communist leaders while spreading Europe, Russia, China, and quiet a few developing countries in the early 20th century and late 1990s. Indeed, these are the disheartening events that make us feel frustrated and uneasy.

Other phenomena that make us feel resentful and disappointed are growing number of activities related to cults. A cult refers to a religious sect considered to be extremist or false with its followers often living communally under authoritarian, dogmatic, and charismatic leader(s), which often includes violence, hatred, extortion, or committing suicide. Since 1928, numerous cults have emerged and disappeared while seriously damaging and destroying the foundation of true Christianity. A list of "Top Seven Cults" is provided as a precaution.

(01) The People's Temple: Leader Jim Jones. 1978. Victims: 908
(02) Branch Davidians: David Koresh. 1994. Victims: 76
(03) The Solar Temple: Luc Joret. 1994. Victims: 55, Collection of 93 million dollars.
(04) Heaven's Gates: Marshall Applewhite & Bonnie Nettles. 1997. Victims: 38
(05) The Manson Family: Charles Mansion. Late1960s. Victims: Gruesome murders of the rich.
(06) The Ku Klux Klan (KKK): 4 million members since 1928. Victims: Undocumented
(07) Children of God: David Berg 1994. Victims: Numerous children but undocumented*

* **Sources**:
"List of events named Massacres": en. wikipedia.org/wiki/List_of_events, named_massacres.
"Christian Massacres: A Result of U.S. Foreign Policy": www.dailypaul .com>Forums>Peace>War
"Top 10 Dangerous Cults" (2007) based on the 167 responses to "Top Ten Cults": http://.toprenz.net/top-10-cults.php

So far, we have reviewed several discouraging events, which create anxiety in terms of religion and faith.

On the other hand, numerous movements, conferences, and activities that help us have inspirational dreams and hope have emerged during this period. To be specific, in the early 20th century, "Existentialism" that stresses the universal elements of human conscience rather than the traditional Christian mythology influenced by philosophers (Kierkegaard, Nietzche, Husserl) came into view. This evolution reemerged in the 50s due to the shattering of religious and cultural values after WWII advocated by existentialists (Franz Kafka, Rudolf Bultmann, Jean-Paul Sartre, Albert Camus).

In the early 20th century, "Social Gospel Movement" became visible and appealing because it advocated that Christian problems should be applied to existing social problems (poverty, crime, racial tension, slums, alcoholism), which was led by several activists (Washington Gladen, Josiah Strong).

During the 30s and 50s, "Dialectical Theology" that seeks to return to the basic principles of the Reformers (Calvin) came on the scene. The major rationale of it (developed by Karl Barth, Eduard Brunner, Rudolf Bultmann) is to preserve the Absolute of faith from every formulation in "cut-and-dried ("Yes" & "No") expressions, which can help us from being confused from a variety of confusing doctrines and issues.

"Neo-Pentecostalism" or "Charismatic Movement" that stresses the possibility of recovering the same experience and spiritual gifts as did the first Christians on the day of Pentecost, has come to be widely represented within the main Christian denominations since the Pentecostal Movement in the early 60s. Several well-known advocators for this movement include: Oral Roberts, William Branham, Jack Coe, and Karthryn Kuhlman.

"Liberation Theology" that explores relationship between Christian ideology and social justice arose around 60s in Latin America in response to prevalent conditions of poverty and political oppression in Latin American countries. This theology focused on a preferential option for the poor, which is the Church's primary duty (Gustavo Gutierrez, Hugo Assmarm, Leonardo Boff).

Another encouraging push is "The Second Vatican Council" (62~65) that reaffirms to renew the life of the Church and to bring up to date its teaching, discipline, and organization with the unity of all Christians as the ultimate goal. In addition, the Council stresses the need to understand people and their cultures as a precondition for adapting liturgy and theology.

One of the most encouraging movements is "Evangelicalism" that stresses on faith on Jesus as necessary and sufficient for salvation, which created a monumental impact in the South of the United States. Initially, it started to oppose liberalism in the 40s, but it spread as a worldwide movement since 67 (Billy Graham, Jerry Falwell, Oral Roberts).

During the 60s and 70s, "Restorationism" came to light and it advocated that a purer form of Christianity must be restored as did the early church (Arthur Wallis, David Lillie, Cecil Cousen).

In the 80s, the movement that posed a serious challenge within the Christian tradition is "Feminism." One of the central issues is the uneasiness about associating the female or feminine with the godlike. It was advocated by several leaders (Betty Friedan, Gloria Steinem,

Juliet Mitchell, Susan Brownmiller, Anita Hill) for the equal concept of gender, which is part of Christian philosophy.

In the late 2000s, "Simple Church or House Church Movement" that values a worldwide shift of Christian expression in small groups rather than in formal and mammoth congressional facilities, surfaced in response to several church activities related to financial contributions or other monetary matters that worked as business enterprise (Lesslie Newbigin, Andrew Jones, Larry Kreider).

"Emerging Church Movement" became known as a move that seeks to reshape Christian epistemology, doctrines, and practices to fit into a postmodern world. The move came to the scene in the late 20th and early 21st centuries (Rob Bell, John Burke, Mark Driscoll, Tony Jones).

Finally, "Christian Ecumenicalism" developed in 1916 at the Edinburgh Missionary Conference and accelerated after the Second Vatican Council (62~65). Ecumenicalism played a key role for the unity of Christians during the mid and late 2000s. This move emphasizes the promotion of unity or cooperation between distinct religious groups or dominations of the Christian religion (Richard Hamm, Donald McCoid, Harold Lewis). All of these movements, conferences, and activities aforementioned help us have and nest our inspirational dreams and hope for today and tomorrow.

There is a prediction that religion has had its day, heard ever louder since the 19th century, has proved premature. Even if the focus is on Europe alone, where numbers of believers have undeniably dropped, God is neither dead nor is religion. Religion at the start of the 21st century may be changing, but it shows no sign of fading away. Around the globe in Africa, Asia and Latin America, the numbers of those who claim a formal religious allegiance are steadily increasing.

Indeed, this is an age of anxiety as we have seen, but there are more blessings accountable for the sound development of Christianity. Christianity has been with us for more than two thousand years with its setbacks, trials, or merits so as to serve and live with us based on a more comprehensive and reliable belief system. Consequently, Christianity will never fade away; it will flourish. Christianity will never perish; it will thrive. It is because with the Love of Jesus we can overcome all the forthcoming difficulties and turbulence. In this sense, we need unshakable faiths in Christianity wherever we are. This Chapter will conclude with a remark from Cardinal John Henry Newman.

"The integrity of the Catholic development is still more evident when they are viewed in contrast with the history of other doctrinal system. Philosophies and religions of the world have each its day ... They supplant and are in turn supplanted. But the Catholic religion alone has had no limits; it alone has ever been greater than the emergence, and can do what others cannot do (John Henry Newman, 1845).

2. Preachers

Since there are so many well-known preachers in this period that it is not easy to select a few of them who can represent this period. However, several well-known preachers identified as representatives for their significant contribution of this period are Albert Schweitzer (1875~1965); Harry Emerson Fosdick (1878~1969); Rudolf Bultmann (1884~1976); Karl Barth (1886~1968); Georgia Harkness (1891~1974);

Reinhold Niebuhr (1892~1971); George Buttrick (1892~1980); Clive Staples Lewis (1893~1963); James S. Stewart (1896~1990); Mother Teresa (1910~1997); Francis Schaeffer (1912~1984); Thomas Merton (1915~1968); Oral Roberts (1918~2009); Stephen F. Olford (1918~2004); Billy Graham (1918~); Martin Luther King Jr. (1929~1968); Desmond Mpilo Tutu (1931~); Adrian Rogers (1931~2005); and, Jerry Falwell (1933~2007).

The selected preachers with creative ideologies for the development of Christianity include (1) Paul Tillich (1886~1965); (2) Karl Rahner (1904~1984); (3) Dietrich Bonhoeffer (1906~1945); (4) Pope John Paul II (1920~2005); and, (5) John Shelby Spong (1931~). In this time of uncertainty and fear, they have provided us with several encouraging suggestions to lead our faiths.

Specifically, Paul Tillich advocates that, in the age of doubt, a clear description of what the Bible teaches should be interpreted based on the sources related to the Bible, the Christian history, and the history of religion and culture, and under the norm of the Bible message. He argues that religion is a necessity because of our deep rooted anxiety, which is part of the human condition. He rejects the notion of a personal God and claims that a God above the personal God should be sought out through religion.

Karl Rahner provides an innovative framework for reclaiming Catholic doctrine in conjunction with the Neo-Scholastic and the Neo-Thomistic philosophies.

Dietrich Bonhoeffer publicly challenges not only Hitler but also the German Christians whose moral and ethical foundation are conditioned by the existing political and social realities in a time of religious and intellectual crisis.

Pope John Paul II fully dedicates himself to the peace of the world by attempting to improving the Catholic Church's relations with other faiths (Judaism, Islam, the Eastern Orthodox Church), by causing the end of communism in Poland and Eastern Europe, and by denouncing the excesses of capitalism.

Finally, John Shelby Spong argues that the time has come for us to rethink today's Christian theology based on natural and historical contexts instead of created mythology while proposing the Twelve Points for Reform.

These well-known preachers with their creative ideologies and new directions not only for Christians but also for the citizens of the world have contributed to the development of Christianity in this age of anxiety and uncertainty.

26. Paul Tillich (1886~1965): Creative Systematic Theologian

Nationality: German, German-American

Places of birth and death: Starzeddel, Germany; New Harmony, Indiana, the United States

Language(s): German, English

Education: Attends elementary school (1890); Sent to Konigsberg to begin gymnasium (college preparatory school); Transfers to the University of Berlin (1904), University of Tubingen (1905), and University of Halle (1905~1907); Ph. D. from the University of Breslan (1911); Licentiate of Theology Degree from the University of Halle (1912)

Title: Protestant Theologian, Minister, Philosopher, Professor

Post: Ordained in Lutheran church in the province of Brandenburg (1912); Chaplain in German army during World War I (1914~1918); Instructor of theology at the University of Berlin (1919~1924); Professor of theology at the University of Marburg where he develops his Systematic Theology (1924~1925); Professor of theology at the University of Dresden & the University of Leipzig (1925~1929), and at University of Frankfurt-am-Main (1929~1933); Professor at Union Theological Seminary, New York (1933~1935), Harvard (1955~1962), and University of Chicago (1962~1965)

Major Activities: While teaching as a professor of theology at the University of Frankfurt-am-Main, gives public lectures and speeches throughout Germany, which brings him into conflict with the Nazi government (1930s); Dismissed from the University of Frankfurt when Hitler becomes German Chancellor (1933); Urged by one of his friends, Richard Niebuhr (1894~1962), to join the faculty at New York Union Theological Seminary, leaves Germany for the United States (1933) and naturalized (1940); Founds "Self-Help" for Emigrants from Central Europe (1936); Teaches religion at Union Theological Seminary (1933~1935), philosophy at Columbia University (1933~1934), Harvard (1955~1962), and University of Chicago (1962~1965); Continues refugee work through the 1950s; Attempts to bridge the gap between Christian faith and modern culture by discussing the "Method of Correlation" in Systematic Theory (1951); Becomes the first theologian to be honored in Kegley and Bretail's Library pf Living Theology (1964)

Publication: The Religious Situation (1925); The Socialist Decision (1933); The Interpretation of History (1936); On the Boundary (1936); The Protestant Era *(Sermon collection)* (1948); The Shaking of the Foundations (1948); The Shaking of the Foundations: Sermon (1948); The Courage To Be (1952); The New Being (1955); Dynamics of Faith (1957); Systematic Theology: 3 Volumes, Vol. 1 (1951), Vol. 2 (1957), Vol. 3 (1963); Love, Power, and Justice: Ontological Analysis and Ethical Applications (1954); Biblical Religion and the Search for Ultimate Reality (1955); Theology of Culture (1959); Christianity and the Encounter of the World Religions (1963); Morality and Beyond (1963); The Eternal Now (1963)

Contribution: Tillich as a systematic theologian exhibits the Method of Correlation similar to the correlation between "questing and answering" or "form and content," the issues of which are raised by existential, psychological, and cultural analyses. He claims that "Christianity be based on and taken by systematic theology *from* the sources, *through* the medium, and *under* the norm." That is, a clear description of what the Bible teaches is based on (1) *from* the sources related to the Bible, the Church history, and the History of religion and culture; (2) *through* the medium of collective experience of the church; and (3) *under* the norm: the one under the content of the Bible message. These clear exhibitions of the Method of Correlation serve as his significant contribution to the Christian faith.

Information related to his writing: "The Method of Correlation" in Systematic Theology (1951)

Tillich serves as chaplain in German army during World War I (1914~1918) and starts to develop his ideas for Systematic Theology while teaching at the University of Marburg (1924~1925). The period of post-war Germany (1918~1933) is the age of doubt, discontent, anxiety, struggle, and meaninglessness caused by a variety of unfavorable existing sociopolitical, religious, and economic situations. During this age of doubt, it is possible for Tillich to develop his ideas that can fit into a working model of "correlation" as a way of interpreting human questions arising from situations where people find themselves in with divine answers provided by the symbolism of Christian revelation.

"The Method of Correlation" in Systematic Theology (1951)

Theology, as a function of the Christian church, must serve the needs of the church. A theological system is supposed to satisfy two basic needs: the statement of the truth of the Christian message and the interpretation of this truth for every new generation. Theology moves back and forth between two poles, the eternal truth of its foundation and the temporal situation in which the eternal truth must be received. Not many theological systems have been able to balance these two demands perfectly. Most of them either sacrifice elements of the truth or are not able to speak to the situation...

"Kerygmatic" theology is related to fundamentalism and orthodoxy in so far as it emphasizes the unchangeable truth of the message over against the changing demands of the situation. It tries to avoid the shortcomings of fundamentalism by subjecting every theology, including orthodoxy, to the criterion of the Christian message. This message is contained in the Bible, but it is not identical with the Bible. It is expressed in the classical tradition of Christian theology, but it is not identical with any special form of that tradition···

Apologetic theology is "answering theology." It answers the questions implied in the "situation" in the power of the eternal message and with the means provided by the situation whose questions it answers. The term "apologetic," which had such a high standing in the early church, has fallen into disrepute because of the methods employed in the abortive attempts to defend Christianity against attacks from modern humanism, naturalism, and historicism. An especially weak and disgusting form of apologetics used the appeal to ignorance; that is, it tried to discover gaps in our scientific and historical knowledge in order to find a place for God and his actions within an otherwise completely calculable and "immanent" world. Whenever our knowledge advanced, another defense position had to be given up; but eager apologists were not dissuaded by this continuous retreat from finding in the most recent developments of physics and historiography new occasions to establish God's activity in new gaps of scientific knowledge. This undignified procedure has discredited everything which is called "apologetics."···

The principle of methodological rationality implies that, like all scientific approaches to reality, systematic theology follows a method. A method is a tool, literally a way around, which must be adequate to its subject matter. Whether or not a method is adequate cannot be decided a priori; it is continually being decided in the cognitive process itself. Method and system determine each other.

Therefore, no method can claim to be adequate for every subject. Methodological imperialism is as dangerous as political imperialism; like the latter, it breaks down when the independent elements of reality revolt against it⋯

The Christian message provides the answers to the questions implied in human existence. These answers are contained in the revelatory events on which Christianity is based and are taken by systematic theology *from* the sources, *through* the medium, *under* the norm. Their content cannot be derived from the questions, that is, from an analysis of human existence. They are "spoken" *to* human existence from beyond it. Otherwise they would not be answers, for the question is human existence itself. But the relation is more involved than this, since it is correlation. There is a mutual dependence between questions an answer. In respect to content the Christian answers are dependent on the revelatory events in which they appear; in respect to form they are dependent on the structure of the questions which they answer. God is the answer to the question implied in human finitude. This answer cannot be derived from the analysis of existence...

The method of correlation replaces three inadequate methods of relating the contents of the Christian faith to man's spiritual existence.

The first method can be called supra-naturalistic, in that it takes the Christian message to be a sum of revealed truths which have fallen into the human situation like strange bodies from a strange world. No mediation to the human situation is possible. These truths themselves create a new situation before they can be received. Man must become something else than human in order to receive divinity. In terms of the classical heresies one could say that the supra-naturalistic method has docetic-monophysitic traits, especially in is valuation of the Bible as a book of supra-natural "oracles" in which human receptivity is completely overlooked. But man cannot receive answers to questions he never has asked. Furthermore, man has asked and is asking in his very existence and in every one of his spiritual creations questions which Christianity answers.

The second method to be rejected can be called "naturalistic" or "humanistic." It derives the Christian message from man's natural state. It develops its answer out of human existence, unaware that human existence itself *is* the question. Much of liberal theology in the last two centuries was "humanistic" in this sense. It identified man's existential with his essential state, overlooking the break between them which is reflected in the universal human condition of self-estrangement and self-contradiction. Theologically, this meant that the contents of the Christian faith were explained as creations of man's religious self-realization in the progressive process of religious history. Questions and answers were put on the same level of human creativity. Everything was said by man, nothing to man. But revelation is "spoken" to man, not by man to himself.

The third method to be rejected can be called "dualistic," inasmuch as it builds a supra-natural structure on the natural substructure. This method, more than others, is aware of the problem which the method of correlation tries to meet. It realizes that, in spite of the infinite gap between man's spirit and God's spirit, there must be a positive relation between them. It tries to express this relation by positing a body of theological truth which man can reach through his own efforts or, terms of a self-contradictory expression, through "natural revelation." The so-called arguments for "the existence of God," which itself another self-contradictory term, are the most important section of natural theology. These arguments are true in so far as they analyze human finitude and the question involved in it. They are false in so far as they derive an answer from the form of the question. This mixture of truth and falsehood in natural theology explains why there always have been great philosophers and theologians who have attacked natural theology, especially the arguments for the existence of God, and why others equally great have defended it. The method of correlation solves this historical and systematic riddle by resolving natural theology into the analysis of existence and by resolving supra-natural theology into the answers given to the questions implied in existence.

Sources:

Systematic Theology (1951), Vol. I. Chicago: The University of Chicago Press.
"Introduction D. 12: The Method of Correlation: Summary":
http://people.bu.edu/wwildman/tillich/stguide/stguide0.htm
"Paul Tillich": http://en.wikipedia.org/wiki/Paul_Tillich
"Paul Tillich: A Brief Biography": http://www,utsnyc.edu/Page.aspx?pid=725
"Systematic Theology": http://theopedia.com/Systematic_theology
"Paul Tillich's Theological Method of Correlation":
http://www.oppapers.com/essays/Paul-Tillich-s-Theological-Meth

Summarization: Theology is to serve the needs of the church, for which two basic needs are required for a theological system. One need is "Kerygmatic," and the other

"Apologetic." The former is contained in the Bible expressed in the classical tradition of Christian theology; whereas, the latter attempts to answer the questions implied in the "situations" in the power of the eternal message.

The Christian message provides the answers to the questions implied in human existence based on *from* the source, *through* the medium, and *under* the norm, for which God is the answer to the question implied in human infinite.

The method of correlation has three approaches: (1) Supra-naturalistic; (2) Naturalistic or Humanistic; and, (3) Dualistic, for the contents of the adequate Christian faith. The first approach seeks the correspondence of different series of data as between religious symbols and that which is symbolized by them. The second approach attempts to find out logical correlations or interdependencies as between God and the world, or between the finite and the infinite. The last one is to investigate real interdependence of entities and events in structural whole as in the way that the divine-human relationship is meditated through religious experience.

Comments: Besides the Christian answers to the questions implied in human existence (i.e. *from* the sources, *through* the medium, and *under* norm) aforementioned, Tillich classifies the questions implied in human existence under three headings: Being, Existence, and Life. "Being" means a person's essential nature from which we are estranged from Eden. "Existence" is the situation that estranged people to find them in. And "Life" is the combination of "Being" and "Existence." God is the answer to questions about Being; Christ is the answer to questions about Existence, and the Spirit is the answer to questions about Life, which corresponds to the Trinity: Father, Son, and Holy Spirit.

* Kerygmatic theology: The proclamation of religious truth as taught in the Gospels, which emphasizes the unchangeable truth of the message over against the changing demands of the situation. In this respect, it is like "fundamentalism and orthodoxy."

* Apologetic theology: It answers the questions implied in the "situation" in the power of the eternal message and with the means provided by the situation whose questions it answers.

* Situation: It refers to the situation including the creative interpretation of existence which is carried on in every period of history under all kinds of psychological and social conditions. In short, the situation is the totality of man's creative self-interpretation in a specific period.

* Method of Correlation: A way of uniting message and situation, which attempts to correlate the questions implied in the situation with the answers implied in the message. It correlates questions and answers, situation and meaning, human existence and divine manifestation.

* Supra-naturalistic method: It takes the Christian message to be a sum of revealed truths which have fallen into the human situation like strange bodies from a strange world.

* Naturalistic or Humanistic method: It derives the Christian message from man's natural state while developing its answer out of human existence, not knowing that human existence itself is the question.

* Dualistic method: It builds a supra-naturalistic structure based on a natural substructure.

* Existentialism: A philosophy that emphasizes the uniqueness and isolation of the individual in a hostile or different universe, regards existence as unexplainable, and stresses of the choice and responsibility for one's action.

* Being: It refers to the whole of human reality, the structure, the meaning, and the aim of existence, not the existence of time and space.

* Docetic-monophysitic: An adherent of the doctrine that claims that Jesus' humanity is an illusion without only one divine

27. Karl Rahner (1904~1984): Leading Roman Catholic Theologian

Nationality: German

Places of birth and death: Freiburg, Germany; Innsbruck, Austria

Language(s): German, Latin, Dutch, English

Education: Attends primary and secondary school in Freiburg (c.1911~1919); Begins his novitiate in the North German Province of Jesuits (1920~1924). During the period of his novitiate (1924~1927), studies an introduction of the Catholic scholastic philosophy and modern German philosophers (e.g. Immanuel Kant, Martin Heidegger); Joins the Jesuit Order in Ignatius spirituality & philosophy in Austria (1922~1925), and in Germany (1925~1927); Theological studies in Holland (1929~1933); Completes his pastoral training at St. Andra, Austria (1933); His philosophy dissertation, Spirit in the World, is an interpretation of the relation between Aquina's notion of dynamic mind and Heidegger's analysis of "Being-in-the world," which is rejected by his Catholic advisor, Martin Honecker, on the ground that his dissertation does not sufficiently express the Catholic Neo-Scholastic tradition (1939); Moves to the Jesuit University in Innsbruck where he completes his dissertation; After 30 years later, Honorary Ph. D. degree for his failed dissertation, Spirit in the World from the University of Innsbruck is given (1969).

Title: Catholic Theologian, Jesuit, Professor, Ordained Priest

Post: Becomes a Jesuit (1922); Lecturer at the University of Innsbruck (1937); Chair of Christianity and the philosophy of religion at the University of Munich (1964); Professor of dogmatic theology and philosophy of religion at colleges in the University of Munich, Munster, and Innsbruck (1964~1981).

Major Activities: Joins the Jesuit Order (1922); Teaches Latin to the novices at Feldkirch (1927~1929); Studies theology at the Jesuit theological seminary in Valkenburg, Holland (1929); Ordained (1932); Completes pastoral training at St. Andra,

Austria (1933); Returns home Freiburg to study for the doctoral in philosophy and attends seminars by Martin Heidegger (1934); Returns to the theology faculty at Innsbruck and teaches on a wide variety of subjects and topics to become the essays published in Theological Investigations (1937); Teaches dogmatic theology at the University of Innsbruck until the Jesuits are expelled by the Nazis (1939); During the war (1939~1949), he leaves Germany for Vienna where he teaches theology while working as a pastor; Pastoral work in the Barbarian village, Mariakirchen, Germany (1944~1945); Teaches theology at Pullach, Bavaria, Germany (1945~1948); Teaches theology at Innsbruck (1948~1964); Pope John XXIII appoints Rahner expert advisor to the Second Vatican Council (1962); Theological expert at the Second Vatican Council (1962~1965); Chair for Christianity and the Philosophy of religion at the University of Munich (1964~1967); Professor of Dogmatic Theology at Munster until his retirement (1967~1971); International Theological Commission (1969~1974); Continues to be an active lecturer, pastor, and writer in Munich and Innsbruck for 13 years while finally completing the long-promised systematic work, Foundations for Christian Faith (1976); Emeritus at Munich (1971~1981); Emeritus at Innsbruck (1981~1984).

Publication: Series of lectures to the Salzburg Summer School on "Foundations of a philosophy of religion" (1937); Spirit the Word (1939); Hearer of the Word (1941); Theological Investigations, 23 vols. (1948~1949); Theological Dictionary (1965); Foundations of Christian Faith (1978); Prayer for a Lifetime (1984); Karl Rahner in Dialogue: Conversations and Interviews (1965~1982); I Remember (1985); Faith in a Wintry Season (1991); Publishes 1651 works during his lifetime.

Contribution: Rahner's diverse theological and philosophical sources (e.g. St. Ignatius, Thomas Aquinas, Kant, Hegel, Heidegger) have influenced not only the Second Vatican Council (1962~1965), but also serve a ground-breaking for the development of modern Catholicism. That is, he provides an innovative framework for reclaiming Catholic doctrine in conjunction with the Neo-Scholastic and the Neo-Thomistic philosophies.

Information related to his writing: "An Introduction to the Idea of Christianity" in Foundations of Christian Faith (1978)

Rahner taught Philosophy of Religion at the University of Munich (1964~1967) and produced his important series of lectures to be published in his Foundations of Christian Faith (1978) so as to express his own theological views. Although it was written in the end of his life and published in the essay form, it is considered one of the most developed and systematic works. He neatly summarizes several roles, rights, and obligations of Christians while comparing them with those of non-Christians. Finally, he argues that a method that integrates philosophy and theology is necessary. Philosophy presents the human being as a question related to the goal and meaning of existence; whereas, theology reflects on Christianity as an answer to that human question, which is the answer God wants to share the divine life, and offers it to all humanity. However, since there are so many subjects in contemporary theology and philosophy, we are not able to master them all. Besides, there is no all-encompassing framework for understanding. Therefore, we must be in dialogue with all human sciences for pluralism rather than dogmatism.

"An Introduction to the Idea of Christianity" (What is a Christian?)

The basic and ultimate thrust of Christian life consists of not so much in the fact that a Christian is a special instance of mankind in general, but rather in the fact that a Christian is simply man as he is. But he is a person who accepts without reservations the whole of concrete human life with all of its adventures, its absurdities, and its incomprehensibilities. A real non-Christian, on the other hand, a person who could not even be called an "anonymous Christian" in the *ultimate* depths of the way he lives out human existence, is characterized precisely by the fact that he does not muster this unconditional acceptance of human existence. In the concrete a Christian is a person who is distinguished in a great variety of ways from a non-Christian: he is baptized, he receives sacraments, he belongs to a very definite organization, he receives norms from this organization, he has to acquiesce calmly in a certain life-style with the same kind of patience with which he confronts the uncontrollable given in other areas of his life, and so on. But these are not the ultimate and real thing about a Christian and his life. The really ultimate thing is that he accepts himself just as he is, and does this without making anything an idol, without leaving anything out, and without closing himself to the totality of what in the ultimate depths of reality is inescapably imposed upon man as his task···

A Christian is a person who believes that in the very brief course of his existence he really makes an ultimate and radical and irreversible decision in a matter which really concerns his ultimate and radical happiness, or his permanent and eternal loss. If he ventures to have this vision, if he maintains and wants to maintain this view of the radical risk involved in reality, he will to be sure have hope, and he will leap beyond himself to the promise of the living God that *He* will triumph over the risks of human existence with His powerful love. But one has to see and recognize that life is threatened radically in order to grasp what God is and wants to be for us. It is only then that one can believe and hope and grasp God's promises in the good news of Jesus Christ…

A person is tempted time and time again to construct the whole of his existence on a definite, inner-worldly value which he can experience and perhaps which he can even create, and to want to integrate everything else into it. The point is not whether this value is truth, or God's power, or love, or art or something else. Because the point of absolute unity in a Christian's existence lies beyond the realm of his immediately tangible reality, and because it is precisely in this way that it becomes the innermost part of his existence, a Christian has the right and the obligation to give himself in trust and without reservations to the pluralism of his existence. He experience both love and death, both success and disappointment. And through and in everything he can find in trust the very God who willed this incalculable pluralism in his world. He willed this so that precisely by going through this pluralism man would have intimation that all of this is encompassed by the eternal mystery. A Christian, then, is distinguished from someone who really is not a Christian either reflexively or anonymously by the fact that he does not turn his existence into a system, but rather allows himself without hesitation to be led through the multiplicity of reality, a reality which is also dark and obscure and incomprehensible.

Source:

Excerpted from "An Introduction to the Idea of Christianity" in Foundations of Christian Faith (1978): New York: Seabury Press.

"Boston Collaborative Encyclopedia of Western Theology: Karl Rahner (1904~1984)": http://people.bu.edu/wwildman/bce/rahner.htm

"Karl Rahner": http://en.wikidepia.org/wiki/Karl_Rahner

"Karl Rahner Society": http://www.krs.stjohnsem.edu/KarlRahner.htm

"Foundations of Christian Faith, Karl Rahner": http://www.pastoralcouncils.com/oldsite/Rahner010.htm

"Karl Rahner: Biography": http://www.answers.com/topic/karl-rahner

Summarization: A Christian accepts the whole of concrete human life; whereas, a non-Christian lives out human existence and does not muster the unconditional acceptance of human existence. A real Christian does the following things during his existence. (1) First, he accepts himself as he is. That is, he does *(accepts himself)* without making anything an idol; without leaving anything out; and, without closing himself to the totality of what in the ultimate depth of reality is imposed man as his task. (2) Second, the real, total, and comprehensive task for a Christian is to be a human being whose depths are divine. Simply put, a Christian is distinguished from a non-Christian either reflexively or anonymously by the fact that he does not turn his existence into a system, but rather allows himself without hesitation to be led through the multiplicity of reality, a reality which is dark and obscure and incomprehensible.

The point of absolute unity in a Christian existence lies beyond the realm of his tangible reality. A Christian has the right and the obligation to give himself in trust and without reservations to the pluralism of his existence. He experiences both love and death, both success and disappointment. But 'through' and 'in', everything he can find in trust the very God who willed this incalculable pluralism in his world.

Comments: Although Rahner is professor of Dogmatic Theology, well-trained Catholic priest, and official theological consultant to the Second Vatican Council, his diverse theological and philosophical backgrounds may help him work as a leading theologian for reclaiming Catholic doctrine based on pluralism in all human sciences.

---

* Dogmatic theology: A part of theology dealing with the theoretical truths of faith concerning God and His works, especially the official theology recognized by an organized Church body such as the Roman Catholic Church and Dutch Reformed Church. Dogmatic theology emphasizes the importance of propositional truth over experiential and sensory perception.

* Eschatology: A belief or doctrine concerning the last things such as death, the destiny of humanity, the Second Coming, the Last Judgment. It is the branch of theology dealing with the end of the world or of humanity.

* Heidegger's "Being-in-the world" or "Daesin" (Co-term for "being-in-the world"): It refers to the terms such as subject, object, consciousness, unconsciousness, and world. That is, split of things into subject or object must be overthrown because all consciousness is consciousness of something. Therefore, there is no consciousness without the attunement of a mood or state of mind.

* Neo-Scholastic theology: A Roman Catholic intellectual movement that arises in the late 19th century, which seeks to revive medieval Scholasticism by infusing it with modern concepts. The reaffirmation of a theological idea advocating that faith and reason are not separable; they should go together.

* Neo-Thomistic theology: It refers to a modern revival of the theological and philosophical system originally developed by St. Thomas Aquinas (c.1225~74), which begins in the 19th century under the influence of the Jesuits and the papacy who seek a sound philosophical foundation on which to develop responses to contemporary intellectual and social problems or issues. After the mid-20th century, Neo-Thomists attempt to develop an adequate philosophy of science while taking into account the findings of phenomenology and psychiatry, and to evaluate the ontologies of existentialism and naturalism.

* Ecumenical Councils: Assemblies of bishops and other ecclesiastical representatives of the whole world whose decisions on doctrine, discipline, etc. are considered binding on all Christians. Seven Councils are held both in East and West to be oecumenical, namely those of (1) Nicaea I (325); (2) Constantinople I (381); (3) Ephesus (431); (4) Chalcedon (451); (5) Constantinople II (553); (6) Constantinople III (680~81); (7) Nicaea II (787). Vatican Councils I and II are to be included.

* Vatican Council I (1869~70): As the Roman Catholic's 20th Oecumenical Council and convoked by Pius IX (Pope from 1846~78) in 1868, the Council attempts to deal with a variety of issues such as the schema, a revised constitution on Faith, Four Chapters on God and the Creator, on Revelation, on Faith, and on Faith and Reason.

* Vatican Council II (1962~65): As the Roman Catholic's 21st Ecumenical Council and convoked by John XXIII (Pope from 1958~63), the Council attempts to renew the life of the Church and to bring up to date its teaching, discipline, and organization with the unity of all Christians as the ultimate goal.

28. Dietrich Bonhoeffer (1906~1945): Theologian Who Speaks Against Hitler and the German Christians

Nationality: German

Places of birth and death: Breslau, Germany; Hanged at Flossenburg Concentration Camp

Language(s): German, English, Spanish, Greek, Latin

Education: Begins theological studies at Tubingen University and studies under well-known theologians (e.g. Adolf von Harnack, Hans Lietzmann) (1923~24); Doctorate in Theology from the University of Berlin (1927);

Title: Ordained Lutheran Pastor, Theologian, Lecturer, Martyr, Doctor

Post: Student pastorate in Barcelona (1928~1929); Curator in a parish of a German community in Barcelona (1929~1930); Student pastor at Technical College, Berlin (1931~1933); Lecturer in Theology at the University of Berlin (1931~1933); Pastor at Zion's Church Congregation, Berlin (1932~1933); Associate lecturer at Frederick William University of Berlin (1931~1936).

Major Activities: Visits Rome and formulates ideas on church and community (1924);Travels to Barcelona and pastors to German expatriates (1927); Serves as a curator for a German congregation in Barcelona (1929~1930); Awarded Sloane Fellowship, and attends Union Theological Seminary in New York (1930~1931), and spends much of his time in Harlem in teaching and interacting with the congregation; Ordained at St. Matthias Church, Berlin (1931); Active in anti-Nazi work from 1933, and his essay, "The Church and the Jewish Question" is the first to address the new problems the church faces under the Nazi dictatorship (1933); Many Protestants welcome the rise of Nazism, and a group called the German Christians becomes the voice of Nazi ideology within the Evangelical Church (1933); The German Christians gain the control of many Protestant church governments throughout Germany with the policy of excluding those with "Jewish blood" from the ministry (1933); Pastor of two German-speaking

Protestant Churches in London (1933~1934); The anti-Nazi Confessing Church is organized in Barmen, Germany while Bonhoeffer bitterly opposes the Aryan supremacy (1934); Returns to Germany (1935) after serving chaplain to the Lutheran community at St. Paul's & Sydenham in London (1933~1935); Organizes & directs seminary for German Confessing church as leader of ecumenical movement (1935-37); Forbidden by the Nazi government to teach at the University of Berlin (1936); Makes first contact with conspirators in connection with political resistance against Hitler (1938); Leaves for New York (1939); Returns to Germany to join the political resistance (1939); Forbidden to print or publish (1941); Becomes part of Jewish rescue action (1941); Arrested and taken to Tegel Prison, Berlin (1943); Hanged at Flossenburg Concentration Camp for involvement in plot to assassinate Hitler (1945).

Publication: The Communion of Saints *(doctoral dissertation)* (1930); Act and Being (1931); Ecumenical, Academic and Pastoral Work (1931~1932); Creation and Fall (1932); Berlin (1932~1933); London (1933~1935); Theological Education at Finkenwade (1935~1937); Theological Education Underground (1937~1940); The Cost of Discipleship (1937); Life Together and Prayer-book of the Bible (1938); Life Together: The Classic Exploration of Faith in Community (1939); Conspiracy and Imprisonment (1940~1945); Ethics (1941~1943); Fiction from Tegel Prison (1943); Letters and Papers from Prison (1943~1945)

Contribution: Bonhoeffer helps us understand moral foundation as personal and social transformation. That is, moral foundation is conditioned by personal and social changes especially in a time of intellectual and religious crisis. He challenges not only Hitler but also the German Christians publicly for this type of radical transformation which is not based on Christian ethic. A Christian ethic of human rights values the central theme of biblical faith, which must be applicable even to the non-Christian world. The theme of "cheap grace" illustrates not only the meaningless of German Christianity, but also that of American Christianity as well (e.g. racial segregation, religious prejudice and that of against national origins).

Information related to his writing: The Cost of Discipleship (1937)

This book is published in the midst of the German Church's giving in to Hitler during the mid-1930s. Bonhoeffer describes the differences between "cheap grace" and "costly grace." Costly grace is costly because it calls us to follow Jesus Christ, and it is costly because it costs Jesus' life. On the other hand, cheap grace refers to all talk without action. This book is considered a classic of Christian thought because the author spells out what he believes it means to follow Jesus Christ. Regretfully, it is the time when the rise of the Nazi regime is underway in Germany and against this threatening sociopolitical situation, his theological idea develops, which eventually leads to his death. His best-known works, Letters and Papers from Prison (1943~1945), and The Cost of Discipleship (1937) are concerned with the growing secularization of humanity and the need to speak about God in a time of intellectual and spiritual turmoil.

The Cost of Discipleship (1937)

Chapter 1

"Cheap grace" is the deadly enemy of our Church. We are fighting today for "costly grace."

Cheap grace means grace sold on the market like cheapjack's wares. The sacraments, the forgiveness of sin, and the consolations of religion are thrown away at cut prices. Grace is represented as the Church's inexhaustible treasury from which she showers blessings with generous hands without asking questions or fixing limits. Grace without price; grace without cost! The essence of grace, we suppose, is that the account has been paid in advance; and, because it has been paid, everything can be had for nothing. Since the cost was infinite, the possibilities of using and spending it are infinite. What would grace be if it were not cheap?

Cheap grace means grace as a doctrine, a principle, a system. It means forgiveness of sins proclaimed as a general truth, the love of God taught as the Christian conception of God. An intellectual assent to that idea is held to be of itself sufficient to secure remission of sins. The Church which holds the correct doctrine of grace has, it is supposed, ipso facto *(by the fact itself)* a part in that grace. In such a Church the world finds a cheap covering for its sins; no contrition is required, still less any real desire to be delivered from sin. Cheap grace therefore amounts to a denial of the living Word of God, in fact, a denial of the incarnation of the Word of God.

Cheap grace means the justification of sin without the justification of the sinner. Grace alone does everything, they say, and so everything remains as it was before. "All for sin could not atone." The world goes on in the same old way, and we are still sinners "even in the best life" as Luther said. Well, then, let the Christian live like the rest of the world, let him model himself on the world's standards in every sphere of life, and not presumptuously aspire to live a different life under grace from his old life under sin. That was the heresy of the enthusiasts, the Anabaptists and their kind... The world has been justified by grace. The Christian knows that, and takes it seriously. He knows he must not strive against this indispensable grace... Yet, it is imperative for the Christian to achieve renunciation, to practice self-effacement, to distinguish his life from the life of the world. Indeed he must let grace be grace; otherwise he will destroy the world's faith in the free gift of grace··· Cheap grace is not the kind of forgiveness of sin which frees us from the toils of sin. Cheap grace is the grace we bestow on ourselves.

Cheap grace is the preaching of forgiveness without requiting repentance, baptism without church discipline, communion without confession, absolution without personal confession. Cheap grace is grace without discipleship, grace without the cross, and grace without Jesus Christ, living and incarnate.

"Costly grace" is the treasure hidden in the field. For the sake of it, a man will gladly go and sell all that he has. It is the pearl of great price to buy which the merchant will sell all his goods. It is the kingly rule of Christ, for whose sake a man will pluck out the eye which causes him to stumble; it is the call of Jesus Christ at which the disciple leaves his nets and follows him.

Costly grace is the gospel which must be sought again and again, the gift of which must be asked for, the door at which a man must knock. Such grace is costly because it calls us to follow Jesus Christ. It is costly because it costs a man *(Jesus)* his life, and it is grace because it gives a man the only true life. It is costly because it condemns sin; and grace because it justifies the sinner. Above all, it is costly because it cost God the life of his Son: "ye were bought at a price," and what has cost God much cannot be cheap for us. Above all, it is grace because God did not reckon his Son too dear a price to pay for our life, but delivered him up for us. Costly grace is the Incarnation of God.

Costly grace is the sanctuary of God; it has to be protected from the world, and not thrown to the dogs. It is; therefore, the living word, the Word of God, which he speaks as it pleases him. Costly grace confronts us as a gracious call to follow Jesus Christ; it comes as a word of forgiveness to the broken spirit and the contrite heart. Grace is costly because it compels a man to submit to the yoke of Christ and follow him; it is grace because Jesus says: "For my yoke is easy and my burden is light" (Matt. 11:30)···

Happy are they who have reached the end of the road we seek to tread, who are astonished to discover them by no means self-evident truth that grace is costly just because it is the grace of God in Jesus Christ.

Happy are the simple followers of Jesus Christ who have been overcome by his grace, and are able to sing the praises of the all-sufficient grace of Christ with humble heart.

Happy are they who, knowing that grace, can live in the world without being of it, who, by following Jesus Christ, are so assured of their heavenly citizenship that they are truly free to live their lives in this world.

Happy are they who know that discipleship simply means the life which springs from grace, and that grace simply means discipleship.

Happy are they who have become Christians in this sense of the word. For them the word of grace has proved a fount of mercy.

Sources:

Excerpted from Bonhoeffer, Dietrich (1937). The Cost of Discipleship. N.Y.: Macmillan, 1966

"The Cost of Discipleship": http://www.crossroad.to/Persecution/Bonhoeffer.html

"Dietrich Bonhoeffer": http://en.wikipedia.org/wiki/Dietrich_Bonhoeffer

"The Cost of Discipleship": http://en.wikipedia.org/wiki/The_Cost_of_Discipleship

29. St. Pope John Paul II (1920~2005): Energetic & Tireless Evangelizer

Birth Name: Karol Jozef Wojtyta

Nationality: Polish

Places of birth and death: Wadowice, Poland; Apostolic Palace, Vatican

Language(s): Polish, (12 Foreign Languages): Croatian, Czechoslovakian, English, French, German, Italian, Latin, Lithuanian, Portuguese, Russian, Spanish, Ukrainian,

Education: Graduates from Marcin Wadowita high school in Wadowice (1938); Enters Krakow's Jagiellonian University (1938) and studies theology, drama and various foreign languages; Graduates from Jagiellonian University with distinction in theology (1946); Studies theology at the Pontifical International Athenaeum in Rome (1946) and earns a licentiate and later a doctorate in Sacred Theology (1948).

Title: Priest, Bishop, Archbishop, Cardinal, Pope

Post: Professor of Social Ethics at the Catholic University of Lublin (1954); Auxiliary Bishop of Karkow, Poland (1958~1964); Takes part in the Second Vatican Council (1962~1965) where he contributes to its historic products: (1) Decree on Religious Freedom; and, (2) Pastoral Constitution on the Church in the Modern World; Archbishop of Krakow (1964~1978); Cardinal of the Sacred College (1967~1978); Pope of the Roman Catholic Church, the 264the Pope (1978~2005);

Major Activities: Baptized (1920), makes his first Holy Communion at age 9, (1929), and is confirmed at 18 (1938); Works as a messenger for a restaurant, and a manual laborer in a quarry and in a chemical factory to earn his living and to avoid being deported to Germany during the Nazi occupation (1940~1944); Continues to study theology in the major seminary in Krakow after World War II; Ordained to the priesthood (1946); Sent to Rome by Cardinal Sapieha to study theology at the Pontifical International Athenaeum(1946); Finishes his doctorate in theology with a dissertation titled Faith According to St. John of the Cross (1948); Assigned his first pastoral work in the village of Niegowick, Poland)1948); Transfers to the parish of St. Florian in Krakow (1949); Writes a series of articles in Krakow Catholic newspapers dealing with contemporary church issues (1954~1957); Teaches social ethics at Jagielloniaan University and at the Catholic University of Lubline (1954~1958); Takes the name of John Paul II and inaugurated his Petrine ministry as the 163rd successor to the Apostle (1978); Shot and critically wounded by a member of the militant Fascist group as the Pope enters St. Peter's Square (1981); His love for young people brings him to establish the World Youth Days (1984); Encourages dialogue with the Jews and with the representatives of other religions; Reforms the Eastern and Western Codes of Canon Law, creates new Institutions and reorganizes the Roman Curia; Makes trips to 129 countries, traveling more than 680,000 miles during his pontificate for 27 years (1978~2005); His most important documents include 14 encyclicals , 15 apostolic exhortations, 11 apostolic constitutions, and 45 letters; More than 3 million pilgrims come to Rome to pay their final homage to their beloved Pope, John Paul II, during April 2~8, 2005.

Publication: Faith According to St. John of the Cross *(His first doctoral dissertation)* (1948); Love and Responsibility *(the first published)* (1960); Sources of Renewal: Studies on Realizing Vatican II (1972); Sign of Contradiction (1979); The Acting Person: A Contribution to Phenomenological Anthropology (1979); Sources of Renewal: The Implementation of Vatican II (1980); Faith According to St. John of the Cross (1981); Love and Responsibility (1981); The Collected Plays and Writings on Theater (1987); John Paul II for Peace in the Middle East (1991); John Paul II Speaks to Youth at World Youth Day (1993); Person and Community: Selected Essays (1993); Letters to My Brother Priests: Holy Thursday, 1979~94 (1994); The Way to Christ: Spiritual Exercises (1994); Crossing the Threshold of Hope (1995); The Word Made Flesh: The Meaning of the Christmas Season (1994); Prayers and Devotions (1994); Priesthood in the Third Millennium: Address of Pope John Paul II (1994); Spiritual Pilgrimage: Texts on Jews and Judaism, 1979~95 (1995); The Spirit, Giver of Life and Love (1996); Gift and Mystery: On the Fiftieth Anniversary of My Priestly Ordination (1996); God, Father and Creator (1996); Jesus, Son and Savior (1996); The Church: Mystery, Sacrament, Community (1998); Pope John Paul II: In My Own Words (2002); The Poetry of John Paul II (2003); Roman Triptych (Meditation) (2004); Rise, Let us be on Our Way (2004); Memory and Identity: Personal Reflections (2005); Memory and Identity: Conversations at the Dawn of the Millennium (2005); Man and Woman He Created Them: A Theology of the Body (2006).

Selected Sermons: The Redeemer of Man (1979); The Father of Mercies and God of all Comfort (1980); Of Human Work (1981); In Commemoration of Sts. Cyril and Methodius (1985); The Lord and Giver of Life (1986); Mother of the Redeemer (1987); On Social Concerns (1987); On the Permanent Validity of the Church's Missionary Mandate (1990); The Splendor of Truth - Regarding Certain Fundamental Questions of the Church's Moral Teaching (1993); The Gospel of Life (1995); That They May be One—On Commitment of Ecumenism (1995); Faith and Reason (1998).

Contribution: His contribution is significant. (1) For the peace of the world, he causes the end of communism in Poland and eventually in Eastern Europe while denouncing the excesses of capitalism. Aside from that, he tirelessly travels to 129 countries so as to improve the world peace based on Christian tradition during his pontificate (1978~2005). (2) He improves the Catholic Church's relations with Judaism, Islam, the Eastern Orthodox Church, and the Anglican Communion while standing firm for his Orthodox Catholic traditions (e.g. his view against abortion, and for the sanctity of marriage).

Information related to his Inaugural Address: "Homily of John Paul II" (1978)

The Inauguration Address of John Paul II stresses the world peace based on Christian philosophy: love, equality, and respect for human dignity. The appointment of John Paul II as the first-ever Polish, the first non-Italian and the first-ever pope from a Communist country, signifies that its is a great boost to the Christians, for whom allegiance to the Church is one of few available means of protest against the dictatorship, Fascism, and Communism. In this respect, his inaugural speech opens a new era for the freedom from the oppressive regimes where human dignity and freedom of religion are not honored and tolerated. John Paul II enjoys extraordinary popularity not only throughout the World's Catholic and Christian Community, but also among the world citizens who love peace.

"HOMILY OF JOHN PAUL II FOR THE INAUGURATION OF HIS PONTIFICATE" (1978)

"You are the Christ, the Son of the living God" (Mt. 16:16). These words were spoken by Simon, son of Jonah, in the district of Caesarea Philippi. Yes, he spoke them with his own tongue, with a deeply lived and experienced conviction—but it is not in him that they find their source, their origin: ··· because it was not flesh and blood that revealed this to you but my Father in heaven (Mt. 16:17).

They were the words of Faith. These words mark the beginning of Peter's mission in the history of salvation, in the history of the People of God. From that moment, from that confession of Faith, the sacred history of salvation and of the People of God was bound to take on a new dimension, to express itself in the historical dimension of the Church. This ecclesial dimension of the history of the People of God takes its origin, in fact, is born, from these words of faith, and is linked to the man who uttered them: "You are Peter—the rock—and on you, as on a rock, I will build my Church."

On this day and in this place these same words must again be uttered and listened to: "You are the Christ, the Son of the living God." Yes, Brothers and sons and daughters, these words first of all...

Today the new Bishop of Rome solemnly begins his ministry and the mission of Peter. In this city, in fact, Peter completed and fulfilled the mission entrusted to him by the Lord. The Lord addressed him with these words: "...when you were young you put on your own belt and walked where you liked; but when you grow old you will stretch out your hands and somebody else will put a belt round you and take you where you would rather not go" (John 21:18). Peter came to Rome! What else but obedience to the inspiration received from the Lord guided him and brought him to this city, the heart of the Empire? Perhaps the fisherman of Galilee did not want to come here. Perhaps he would have preferred to stay there, on the shores of the Lake of Genesareth, with his boat and his nets. But guided by the Lord, obedient to his inspiration, he came here! ...

In past centuries, when the Successor of Peter took possession of his See, the triregnum or tiara was placed on his head. The last Pope to be crowned was Paul VI in 1963, but after the solemn coronation ceremony he never used the tiara again and left his Successors free to decide in this regard. Pope John Paul I, whose memory is so vivid in our hearts, did not wish to have the tiara; nor does his Successor wish it today. This is not the time to return to a ceremony and an object considered, wrongly, to be a symbol of the temporal power of the Popes. Our time calls us, urges us, obliges us to gaze on the Lord and immerse ourselves in humble and devout meditation on the mystery of the supreme power of Christ himself...

Brothers and Sisters! Do not be afraid to welcome Christ and accept his power. Help the Pope and all those who wish to serve Christ and with Christ's power to serve the human person and the whole of mankind. Do not be afraid, but open wide the doors for Christ. To his saving power open the boundaries of States, economic and political systems, the vast fields of culture, civilization and development. Do not be afraid. Christ knows "what is in man". He alone knows it. So often today man does not know what is within him, in the depths of his mind and heart. So often he is uncertain about the meaning of his life on this earth. He is assailed by doubt, a doubt which turns into despair. We ask you therefore, we beg you with humility and trust, let Christ speak to man. He alone has words of life, yes, of eternal life. Precisely today the whole Church is celebrating "World Mission Day"; that is, she is praying, meditating and acting in order that Christ's words of life may reach all people and be received by them as a message of hope, salvation, and total liberation...

I thank all of you here present who have wished to participate in this solemn inauguration of the ministry of the new Successor of Peter. I heartily thank the Heads of State, the Representatives of the Authorities, and the Government Delegations for so honoring me with their presence. Thank you, Eminent Cardinals of the Holy Roman Church. I thank you, my beloved Brothers in the Episcopate.

Thank you, Priests. To you, Sisters and Brothers, Religious of the Orders and Congregations, I give my thanks. Thank you, people of Rome. Thanks to the pilgrims who have come here from all over the world. Thanks to all of you who are linked with this Sacred Ceremony by radio and television.

I speak to you, my dear fellow-countrymen, pilgrims from Poland, Brother Bishops with your magnificent Primate at your head, Priests, Sisters and Brothers of the Polish Religious Congregations -- to you representatives of Poland from all over the world. What shall I say to you who have come from my Krakow, from the See of Saint Stanislaus of whom I was the unworthy successor for fourteen years? What shall I say? Everything that I could say would fade into insignificance compared with what my heart feels, and your hearts feel, at this moment. So let us leave aside words. Let there remain just great silence before God, the silence that becomes prayer. I ask you: be with me at Jasna Gora and everywhere. Do not cease to be with the Pope who today prays with the words of the poet: "Mother of God, you who defend Bright Czestochowa and shine at Ostrabrama". And these same words I address to you at this particular moment.

That was an appeal and a call to prayer for the new Pope, an appeal expressed in the

Polish language. I make the same appeal to all the sons and daughters of the Catholic Church. Remember me today and always in your prayers! ⋯

[The Holy Father spoke in similar terms in German, Spanish, Portuguese, Czechoslovakian, Russian, Ukrainian and Lithuanian].

I open my heart to all my Brothers of the Christian Churches and Communities, and I greet in particular you who are here present, in anticipation of our coming personal meeting; but for the moment I express to you my sincere appreciation for your having wished to attend this solemn ceremony. And I also appeal to all men-- to every man (and with what veneration the apostle of Christ must utter this word: "man"!) -- Pray for me! Help me to be able to serve you! Amen.

Source:

Excerpted from "Homily of His Holiness John Paul II for The Inauguration of His Pontificate." St. Peter's Square, October 22 (Sunday), 1978. The Vatican Publishing Company (2005)

Weigel, George (2010): The End and The Beginning: Pope John Paul II – The Victory of Freedom, the Last Years, and the Legacy. New York: Doubleday

"Pope John Paul II, Bibliography": http://en.wikipedia.org/wiki/Pope_John_Paul_II_bibliography

"John Paul II – His Life and Papacy": http://www.pbs.org/wgbh/pages/frontline/show/pope/etc/bio.html

"Books by John Paul II": http://www.catholicsociety.com/holy-father/john_paul_ii/books

"Leadership – John Paul II"; http://www.pbs.org/wgbh/pages/frontline/teach/leadership/pope

"Pope John Paul II": http://en.wikipedia.org/wiki/Pope_John_Paul_II

Comments: "Homily of His Holiness John Paul II for the Inauguration of His Pontificate" is effective in terms of organization and persuasiveness. The First Pope of the Catholic Church, St. Peter, is introduced first as the solid foundation for the establishment of the Church. Next, in paragraph 2, John Paul II mentions the objective of the Church by saying that "St. Peter came to Rome to follow the Lord's inspiration." In paragraph 3, John Paul II calls for a new era of Catholic Church "to gaze on the Lord and immerse ourselves in devout meditation of the mystery of the supreme power of Christ," instead of honoring traditional Catholic coronation ceremony. In paragraph 4, the new pope sincerely asks his Brothers and Sisters to help him "serve the human person and the whole of humankind" by "welcoming Christ and accepting his power." In paragraph 5 and 6, the new pope deeply appreciates all those who are present at the inauguration ceremony, his beloved Priests, Brothers and Sisters, fellow-countrymen and pilgrims from Poland." Finally, John Paul II, again asks to help him by appealing to all men including his Brothers of Christian Churches and Communities, "Pray for me! Help me to be able to serve you!" Truly now, his inauguration address is well-organized based on powerful spiritual appeal.

---

* Curia: Groups of advisors for the Pope drawn from the highest ranks of clergy.

* Encyclical: Papal letters to the bishops of the Church

* Episcopate: Bishops considered as a group.

* Exhortations: Speeches or discourses to make appeals.

* Jasna Gora: The Jasna Gora Monastery in Czestochowa, Poland, is one of the world's top destinations for Catholic pilgrims.

* Lake of Genesareth: It refers to the Sea of Galilee, which is also called the "Lake of Gennesaret" by Luke in the New Testament.

* Pope John Paul II's Speech at Jasna Gora Monastery (June 18, 1983): His appointment as the first-ever Polish pope and his speech at Jasna Gora Monastery in front of a million young people is seen as critical in maintaining the movement of defiance that eventually topples the Communist stronghold in Eastern Europe in 1989.

* Ostrabrama: A Roman Catholic Church in Poland.

* See: The official seat or center of authority, jurisdiction, or office of a bishop.

* St. Stanislaus (1030~1079); Bishop of Krakow martyred by the Polish king Boleslaw II the Bold.

* Triregnum or tiara: It is the Papal triregnum formed by three crowns symbolizing the triple power of the Pope: father of kings, governor of the world, and Vicar of Christ from the 18th century.

* Vicar: A priest who acts for or represents another cleric in Roman Catholic tradition.

30. John Shelby Spong (1931~): Creative Proponent for "The Shift of The Religious Paradigm"

Nationality: American

Places of birth and death: Charlotte, North Carolina;

Language(s): English

Title: Deacon, Priest, Bishop, Archbishop, Teaching Bishop

Post: Rector of St. Joseph's Church, Durham, North Carolina (1955~1957); Rector of Cavalry Parish, Tarboro, North Carolina (1957~1965); Reactor of St. Paul's Church, Richmond, Virginia (1969~1976); Reactor of St. Joseph's Church, Durham, North Carolina (1955~1957); Visiting lecturer at major American theological institutions including Harvard University and Graduate Theological Union in Berkley University until his retirement in 2000; Bishop of Newark (1979~2000)

Education: Attends public schools in Charlotte (1938~1948); Graduates from the University of North Carolina at Chapel Hill (1952); Master of Divinity from the Episcopal Theological Seminary, Alexandria, Virginia (1955); Doctors of Divinity (Honorary) from the Episcopal Theological Seminary and St. Paul's College

Major Activities: Through his major publications (e.g. Why Christianity Must Change or Die (1999); A New Christianity for a New World (2002); Eternal Life (2009)), he repeatedly advocates to reform the church he loves, instead of creating a new religion saying that "if the church remains where it is now, the Christian faith will die."; Media appearances in "60 Minutes," "Good Morning America," Fox News Live," "Politically Incorrect," "Larry King Live," and "The O'Reilly Factor." Recently tours to the United Kingdom, Australia, New Zealand, Canada, and Singapore where he delivers lectures based on his new publications.

Publication: Honest Prayer (1973); This Hebrew Lord (1974); Christ Power (1975); Dialogue: In Search of Jewish-Christian Understanding (1975); Life Approaches Death:

A Dialogue on Ethics in Medicine (1976); The Living Commandments (1977); The Easter Moment (1980); Into the Whirlwind: The Future of the Church (1983); Beyond Moralism: A Contemporary View of the Ten Commandments (1986); Consciousness and Survival: An Interdisciplinary Inquiry into the Possibilities of Life Beyond Biological Death (1987); Living in Sin? A Bishop Rethinks Human Sexuality (1988); Rescuing the Bible from Fundamentalism: A Bishop Rethinks the Meaning of Scripture (1991); Born of a Woman: A Bishop Rethinks the Birth of Jesus (1992); Resurrection: Myth or Reality? A Bishop's Search for the Origins of Christianity (1994); Liberating the Gospels: Reading the Bible with Jewish Eyes (1996); Why Christianity Must Change or Die: A Bishop Speaks to Believers in Exile (1999); Here I Stand: My Struggle for a Christianity of Integrity, Love and Equality (2001); A New Christianity for a New World: Why Traditional Faith Is Dying and How a New Faith Is Being Born (2002); The Sins of Scripture: Exposing the Bible's Texts of hate to Reveal the God of Love (2005); Jesus for the Non-Religious (2007); Eternal Life: A New Vision: Beyond Religion, Beyond Theism, Beyond Heaven and Hell (2009); Reclaiming the Bible for a Non-Religious World (2011)

Contribution: Helps us rethink traditional and today's Christian theology based on natural and historical contexts instead of created mythology.

Information related to his article: "The Shift of the Religious Paradigm" (2009)
Spong's article, "The Shift of the Religious Paradigm" in Eternal Life: Beyond Religion, Beyond Theism, Beyond Heaven and Hell (2009) creates both welcome and hostility from his readers. To those who have liberal ideas, Spong can be a reformist, and to those with fundamentalist views, he can be called a heretic.

"The Shift of the Religious Paradigm" in Eternal Life: A New Vision. (2009)

Enabling people to turn around in the way they think about and conceptualize God in order to embrace new possibilities is not unlike to turn the great ship Titanic around in a small pond. It is not impossible, but it feels that way. There are many who say it cannot be done. Perhaps there are many more who do not want it to be done. Yet turn we must…

It is not as if we have not had time to adjust. This God's demise was first announced in the nineteenth century by Friedrich Nietzsche in a book entitled Thus Spake Zarathustra (A Book for All & None).* It was not an announcement that was welcome. The response of the generally religious population of the Western world was predictable. First Nietzsche was attacked as mentally ill and called a madman, and when that failed he was subjected to biting ridicule and was dismissed with "cuteness." A popular quotation, used so often that its original author has been lost in the shadows of time, reads:

God is dead! -- Nietzsche
Nietzsche is dead! -- God

Those were the tactics employed by the religiously threatened. It was also in the nineteenth century that a similar recognition of the demise of religion as it had been practiced for centuries arose, surprisingly enough, from within the heart of the religious world of academia. For the first time biblical scholars admitted publicly that the claims of popular religion were no longer sustainable in the light of their current studies. Slowly the dated and increasingly uninformed literal jackets in which we had hidden our claims for scriptural or theological authority were riddled with holes and inconsistencies that could no longer be kept from public notice. It was a twenty-seven-year-old German New Testament scholar named David Friedrich Strauss who blew the first trumpet that allowed this knowledge to move into the public awareness. He published a book entitled The Life of Jesus Critically Examined in 1834. The response of both the religious public and the public at large was swift, immediate and predictably hostile. Strauss' was dismissed from the faculty of the University of Tubingen and was blackballed from other teaching positions in every university across Europe. He never taught New Testament again and his brilliant potential was lost in his own increasing bitterness. His work was translated in the 1850s into English by George Eliot, the pen name of Mary Ann Evans, the iconoclastic author of Silas Marner. As a woman who felt deeply oppressed by Victorian religion, Evans identified with Strauss struggle against both ecclesiastical and political repression. It was neither by accident nor by chance that she became the one through whom Strauss work entered the English -- including the image of a supernatural, external deity to whom we could look for meaning, the claim that the truth of this deity had been captured in a divinely written book and the hope for eternal life that was said to rest on these inerrant scriptures-- were passing from the scene. A chill set in among the established religious leaders and the suppression of this book and all that it represented became the response of choice from almost every ecclesiastical institution.

As the work of Strauss was driven underground, the religious world tried to pretend that he had never lived, much less written. His book, amazing as it seems, is never referred to, even today, in most denominational theological seminaries.

The world was even then still not ready to hear the message that the image of God into which we human beings had invested so many of our security needs for so long was no longer believable. The debate was out of the ecclesiastical closet, however, and while it would go through backing and filling operations for generations, it would never again disappear, until it finally began to be dealt with openly. That is the course followed by every radical new consciousness shift. Some, who catch just a glimpse of what this shift means, become so frightened that they retreat into an irrelevant version of the deceased thinking of the past. That never works. One cannot restore life by doing a facelift on a corpse. Others, who see farther, decide to give up on all ultimate issues and all God-talk and content themselves with seeking to live the good life and to make the most of what this life offers now. Some, however, are able to see still farther; they are the ones who begin to build a new paradigm and to walk into whatever direction that paradigm leads them. It is into this path of unknowing that we must now be prepared to journey.

The first step is to let go of the religious paradigm of yesterday and allow it to die. It will not die quietly or easily, but it will die. The rattles of rigor mortis can be heard even now. This is the place to which my journey of a lifetime has led me. It also seems to be the place to which the human journey has led or is leading all people. None of us can turn things around to make the viewpoint of yesterday live again. I no longer have a desire to do so, and what I sense is that there is a diminishing desire in the world at large to resuscitate this now deceased body of religious thinking, allowing its noble death to be accomplished and accepted. The only question is: "Where do we go from here?"

I am ready now to explore the dimensions of what our word "God" represented in our long human quest for identity and self-definition. What aspect of human life was the word, "God" used to define? I am ready to pose new questions that have not and probably could not have been imagined in the paradigm of yesterday's religious thinking. Recognizing that "the divine" and "the holy" are human concepts, where must we look for them? Surely it must be in life, not in some realm apart from life. So I will search for them only in the midst of the human, the known and the mundane. Religion in the past was a search for security, but security is something that I no longer recognize as a virtue. I must seek to embrace *insecurity* as one of the essential marks of our humanity and strive to help people understand that it is no longer a vice, but a doorway into a new understanding of our humanity. The religion of the past sought to locate meaning and purpose in an external deity. That effort succeeded only in robbing life here and now of its own intrinsic worth, meaning and purpose. The religion of the past sought an answer to the unique human awareness of death by postulating a realm in which death is overcome. I seek to find a doorway into the eternal by going deeply into this life. My search for "heaven" will cause me to turn to this life, to its very depths, for that is the only place where I now believe we can hear the echoes of eternity. In that search, I believe, we will discover that the word "heaven" points not to something external to us, but to something that is part of us.

I will seek to understand what our deep and natural interdependence is with all of life and indeed with the entire universe. I will look into how we can be so small and so insignificant when compared to the vastness of the universe, but can at the same time be the only living creature that can with a finite mind embrace, contemplate and interact with the vastness of space. Do these dual realities make us too small to be of any ultimate worth or so incredibly wondrous and mysterious as to cause us to believe that we were made for eternity?

The time has come, I believe, for us to turn our spiritual telescopes around so that we no longer look outward for meaning of God, but begin to look inward. That is not to walk away from God, as the fearful will scream; it is, I now believe, to walk into God. The path is internal not external, for it is identical with a walk into ourselves, and that is a journey that we must never refuse to take. I do not want to walk away from religion so much as I want to walk into things that religion and then beyond it. I want to walk into things that religion has never known. I do not want to abandon the wisdom of the past, but neither do I want to be bound by that wisdom, since wisdom is itself ever-changing. The turn from the deity above to the deity within is an enormous shift. It is, however, the only pathway open to us. We enter it with new, and shall we say great, expectations.

Comments: A central theme of Spong's writing is that the popular and literal interpretations of Christian scripture are not sustainable and do not speak honestly to the situations of modern Christian communities. He believes in a more nuanced approach to scripture informed by scholarship and compassion, which can be consistent with both Christian tradition and contemporary understanding of the universe. Towards these ends, he calls for a New Reformation as shown in Twelve Points for Reform, in which many of Christianity's basic doctrines should be reformulated.

His radical ideas including "The Twelve Points for Reform" have received strong criticism from numerous conservative preachers and theologians, especially on the issues (e.g. pre & post Darwinian mythology as proposed in (03); the virgin birth (04); resurrection (07); and, the story of the Ascension (08)), flatly commented by them as "confusion and misinterpretation." However, his proposed ideas along with those of Kaufman, D. Gordon (1925~2011) are worth to reconsider as one of the crucial issues: Rethinking Christian theology based on historical and naturalist context. The issues concerned are consistently advocated by Kaufman in his publications: God and Problem (1972); The Theological Imagination: Constituting the Concept of God (1981); Theology for a Nuclear Age (1985); Christian Theology in a Pluralistic World (1996); Jesus and Creativity (2006). In a nutshell, Spong's strangeness and originality of his ideas rouse the hostility of our old church traditions and conservative Christians, which can be a pioneer's sorrow.

Twelve Points for Reform:

(01) Theism, as a way of defining God, is dead; therefore, most theological God-talk is today meaningless. A new way to speak of God must be found.

(02) Since God can no longer be conceived in theistic terms, it becomes nonsensical to seek to understand Jesus as the incarnation of the theistic deity. So the Christology of the ages is bankrupt.

(03) The Biblical story of the perfect and finished creation from which human beings fell into sin is pre-Darwinian mythology and post-Darwinian nonsense.

(04) The virgin birth, understood as literal biology, makes Christ's divinity as traditionally understood, impossible.

(05) The miracle stories of the New Testament can no longer be interpreted in a post-Newtonian world as supernatural events performed by an incarnate deity.

(06) The view of the cross as the sacrifice for the sins of the world is a barbarian idea based on primitive concepts of God and must be dismissed.

(07) Resurrection is an action of God. Jesus was raised into the meaning of God. It therefore cannot be a physical resuscitation occurring inside human history.

(08) The story of the Ascension assumed a three-tiered universe and is therefore not capable of being translated into the concept of a post-Copernican space age.

(09) There is no external, objective, revealed standard written in scripture or on tablets of stone that will govern our ethical behavior for all time.

(10) Prayer cannot be a request made to a theistic deity to act in human history in a

particular way.

(11) The hope for life after death must be separated forever from the behavior control mentality of reward and punishment. The Church must abandon, therefore, its reliance on guilt as a motivator of behavior.

(12) All human beings bear God's image and must be respected for what each person is. Therefore, no external description of one's being, whether based on race, ethnicity, gender or sexual orientation, can properly be used as his basis for either rejection or discrimination.

Sources:

Spong, John Shelby (2009): Eternal Life: A New Vision: Beyond Religion, Beyond Theism, Beyond Heaven and Hell. New York: Harper One

"John Shelby Spong": http://en.wikipedia/wiki/John_Shelby_Spong

"Catholica": http://www.catholica.com.au/gc1/dg/034_dg_050609.php

"Bishop John Shelby Spong": http://firstparishnorwell.org/spongbio.html

"John Shelby Spong's Liberating the Gospels: A Critique": http://www.tektonics.org/qt/spong02.html

---

* Friedrich Nietzsche (1844~1900): German philosopher

* David Friedrich Strauss (1808~74): German theologian whose famous publication, Life of Jesus, (1835) applies the 'myth theory' to the life of Jesus.

* Kaufman, D. Gordon (1925~2011): A renowned liberal theologian who has taught theology at Harvard Divinity University since 1963.

* Silas Marner (1861): A novel by George Eliot who depicts that "In the village of Raveloe lives a weaver named Silas Marner. He is viewed with distrust by the local people because he comes from a distant part of the country.

* Thus Spake Zarathustra (A Book for All and None) is a publication that Nietzsche mimics the style of the Bible so as to present opposing ideas against Christian and Jewish morality and tradition.

▪ My Window

Nangja Woo(2005)

Oh, Lord, high up in heaven!
When I read Your Words
With my window closed,
I began to presume
That those people with different faiths
Are the children of Satan

Oh, Lord, high up in heaven!
When I reread Your Words
With my window half-open,
I began to believe
That those people with different faiths
Are my sisters and brothers

Oh, Lord, high up in heaven!
When I understood Your Words
With my window wide open,
I began to realize
That those people with different faiths
Are all Your children ultimately

REFERENCE

Barnes, Timothy(1971). Tertullian: A historical and literary study. Oxford: Clarendon Press.

Bonhoeffer, Dietrich(1991). Worldly preaching: Lectures on homiletics. N.Y.: Crossroad

Burke, Kenneth(1970). The rhetoric of religion. University of California Press

Cairns, Earle(1996). Christianity through the centuries. Grand Rapids, Michigan: Zondervan

Dargan, E.C(1954). A history of preaching: Vols. 1 & 2. Grand Rapids: Baker.

Davis, H(1963). Varieties of English preaching, 1900~1960. Englewood Cliffs, N.J.: Prentice-Hall Inc.

Edenstein, William(1958). Today's Isms. Englewood Cliffs, N.J.: Prentice-Hall, Inc.

Ferguson, Everett(1988). "Leo the Great" in Great Leaders of the Christian Church. ed. by John Woodbridge: Chicago. Moody Press

Geertz, Clifford(1966). "Religion as a cultural system." In Michael Banton (Ed). Anthropological approach to the study of religion. New York: Praeger.

Gibbon, Edward(2005). The history of the decline and fall of the Roman Empire. Oxford University Press.

Kaufman, Gordon D(1968). Systematic Theology: A historical perspective. N.Y.: Charles Scribner's Sons

Kerr, Hugh T(1966). Readings in Christian thought. Nashville, TE: Abingdon Press.

Leonard, Bill J(1992). "Preaching in historical perspective." In Duduit, Michael (Ed).

Handbook of contemporary preaching. Nashville: Broadman and Holman.

Littlejohn, Stephen W(1983). Theories of human communication. Belmont, California: Wadsworth Publishing Company

Livingston, E.A.(1977). Oxford Concise Dictionary of the Christian Church. New York: Oxford University Press Inc.

Machen, J. Gresham(1925). The Origin of Paul's Religion. Grand Rapids: WM.B. Eerdmans Publishing Co.

Maclear, George Fredrick(1863). A history of Christian missions during the Middle Ages. Cambridge and London: Macmillan and Co.

Metzger, Bruce M. & Michael D. Coogan(1993). Oxford guide to the Bible. N.Y.: Oxford University press, Inc.

Murphy, James J(1974). Rhetoric in the Middle Ages: A history of rhetorical theory from St. Augustine to the Renaissance. Berkeley and Los Angles: The University of California Press.

Old, Hughes Oliphant(1998). The reading and preaching of the Scriptures in the worship of the Christian church. Vols. I - VI. Grand Rapids, Michigan: William Eerdman Publishing Company.

Pattison, Harwood T(1912). The history of Christian preaching. Philadelphia: American Baptist Publication Society

Peterson, Houston(1954). A treasury of the world's great speeches. N.Y.: Simon and Schuster

Schaff, Philip(1882). History of the Christian Church: Vol. VII. Modern Christianity-The German Reformation Oak Harbor, WA: Logos Research Systems, Inc. Reprinted in 1997.

Schaff, Philip(1886). In A select library of the Nicene and post-Nicene fathers of the Christian church, Vol. 6. Trans. By W.R.W. Stephens. Michigan: Hendrickson

Publishers. Reprinted in 1994.

Schleiermacher, Friedrich(1799). On religion: Speeches to its cultured despisers. Trans. By Richard Crouter, Reprinted Cambridge University Press(1996).

Sider, Robert D(1971). Ancient rhetoric and the art of Tertullian. London: Oxford University Press.

Spielvogel, Jackson(2002). Western civilization. Belmont, CA: Wadsworth, Thomas Learning

Spong, John Shelby(2001). A new Christianity for a new world. N.Y.: Harper One.

Spurgeon, Charles Haddon(1883). Spurgeon's sermons. Volumes 1-10. Grand Rapids: Baker Books

St. Leo the Great: Sermons(1995). Translated by Jane Patricia Freeland & Agnes Josephine Conway. Washington, D.C.: Catholic University of America Press.

Tillich, Paul(1955). The New Being. N.Y.: Charles Scribner's Sons.

Vygotsky, Lev(1986). Thought and Language. Cambridge, MA: The MIT Press

Weigel, George(2005). The Cube and the Cathedral: Europe, America, and Politics without God. N.Y.: Basic Books

Wilken, Robert(1997). "John Chrysostom" in Encyclopedia of Early Christianity. ed. Everett Ferguson. N.Y.: Garland Publishing.

Yang, Kyuchul(1987). "Eastern and Western rhetoricians." Presented at Seventy-second Annual Meeting of the Speech Communication Association. Chicago, Illinois

Yang, Kyuchul(1988). Forms of address as indicators to changing social phenomena. Ann Arbor, Michigan: University Microfilm International Press

GLOSSARY

[A]

Abrahamic religions
These refer to the three religions which recognize Abraham as part of their sacred histories: Judaism, Christianity, and Islam.

Acts of the Apostles
The fifth Book of the New Testament which outlines the mission of the Church from the ascension of Christ to St. Paul's visit to Rome, c A.D. 62.

Agnostic
One who believes that there is no proof of the existence of God but does not deny the possibility that God exists.

Allegorical interpretation
A reading of a text with a view to finding other than the literal meaning (John Bunyan's The Pilgrim's Progress)

Antichrist
The great antagonist expected by the early Church to cause chaos and corruption in the last days before the Second Coming. It can refer to an enemy of Christ or a false Christian.

Anti-Semitism
Hostility toward or discrimination against Jews.

Antithesis
Usually in a parallel structure, it contributes to a memorable speech or writing by highlighting contrasting ideas in balanced sentences. An antithesis provides a neatly tuned rhythm while giving extra impact to the idea.
e.g. Ask not what your country can do for you; ask what you can do for your country.(John F. Kennedy, 1961)

Apocalypse
According to the Book of Revelation, it refers to prophetic or symbolic visions that foretell the imminent destruction of the world.

Apollinarianism
Based on the philosophy of Apollinarius (310-390), this teaching claims that Jesus did not have a human a human soul. Under this teaching, Jesus was totally divine, had no human nature at all, and could not be tempted. This teaching was condemned as heretical by several such as the Council of Alexandria in 378, the Council of Antioch in 379, and the Ecumenical Council of Constantinople in 381.

Apologetics
The branch of theology concerned with defending or proving certain doctrines or with providing the truth of Christianity. A form of argument that defends a position or system in self-depreciating or humble manner.

Apology
An intellectual or persuasive defense of the Christian faith.

Apostolic Era
The apostolic era refers to the time when the twelve apostles and Paul were still alive, roughly during the second half of the first century.

Apostolic Fathers
Church fathers of the first or second century, who are said to have received instruction from the 12 Apostles or from their disciples.

Arianism
A product of the followers of Arius(250-336), priest from Alexandria, Egypt. He postulated that God is alone, unknowable, and separate from every created being; therefore, Christ is a created being not God in the fullest sense but a secondary deity. Contrarily, Athanasius(293-373), bishop of Alexandria and life-long opponent of Arianism, argued that Jesus was human, but also true God, which created "the Arian conflict."

Armageddon
A place name found only in Revelation 16:16, where it is identified as the Hebrew name for the location

where the kings of the earth will assemble to fight against God. As a result, this word has become a familiar designation for the future final battle between forces of good and evil.

Asceticism
The principles and practices of an ascetic self-denial and austerity.

Atheism
The rejection of belief in God and a spiritual origin of the world.

Atonism
A belief that God has reconciled sinners to Himself through the sacrificial work of Jesus.

Awakening
"The Great Awakening" is a term referring to a period of heightened religious activities in American history from 1730s to 1970s. The Great Awakening Period is divided into four: The First, The Second, The Third, and The Fourth. The First Period(1730s~1740s) led to changes in American colonial society. The evangelical movement of the 1740s played a key role in the development of democratic concepts for the American Revolution. The Second Period(1800~1830s) saw a great religious revival consisting of renewed personal salvation experienced in revival meeting. The Third One(1850s~1900s) affected pietistic Protestant denominations and had a strong sense of social activism known as the Social Gospel. The Fourth Period(1960s~1970s) saw a great deal of change. New forms of evangelical movement that stressed a "Personal Relationship with Jesus" grew fast. This Charismatic Awakening stemmed from a Pentecostal movement that emphasized the experience of the Gifts of the Spirit, including speaking in tongue, healing, and prophecy. The anti-modern religious denominations (e.g. Southern Baptists, Missouri Synod Lutherans) grew rapidly in numbers, spread nationwide, became politically powerful as part of "religious right." At the same time, people without religious affiliation grew dramatically, and more conservative churches had to deal with those people over the issues such as gay rights, abortion, and creationism.

[B]

Beatitude
Any of the declaration of blessedness made by Jesus in the Sermon of the Mount.

Benefice
In the Christian church, a position such as bishopric, that consisted of both a sacred office and the right of the holder to the annual revenues from the position.

Bull
A written mandate of the Pope

[C]

Calvinism
It is the doctrine of John Calvin which emphasizes salvation by an integration of grace, faith, God's glory, Christ, and Scripture. The speculation that most people are irresistibly dammed called "predestination" is distorted(Packer, James, 1988). Instead, Calvin integrates several elements such as (1) Bible-centered in teaching, (2) God-centered in living, and (3) Christ-centered in faith. That is, Calvinism refers to "by faith alone," "by Scripture alone," "by grace alone," "by Christ alone," and "for God's glory alone."

Canon
It was used by early Christians to refer to the rule of faith and the basic doctrines and practices inherited from the apostles.

Canon law
The code of law in the Catholic Church.

Cartesian dualism
Descartes' principle of the separation of mind and matter that enabled scientists to view matter as something separate from themselves that could be investigated by reason.

Catechism
A book or manual giving a brief summary of the basic

principles of Christianity in question-and-answer form.

Celibacy
Life in an unmarried state, a binding obligation for priests of the Roman Catholic Church.

Christology
Doctrines about Christ, either who he was or his work.

Cistercian Order
The Order was founded at Citeaux in 1098 by St. Robert of Molesme and others who wanted a form of Benediction stricter and more primitive than any then existing.
The Cistercian life was one of secluded communal intercession and adoration.

Council of Chalcedon (451)
The statement of faith made by the Council of Chalcedon (451). It declares Christ to be one Person in two natures, the Divine of the same substance as the Father, the human of the same substance as us; these are united un-confusedly, unchangeably, indivisibly, and inseparably.

Council of Ephesus (431)
The church's third general council accused of Nestorius of teaching that Jesus was two separate persons, one human and one divine.

Council of Nicaea (325)
A formal statement of doctrine of the Christian faith adopted at the Council of Nicaea to defend orthodoxy from Arianism and expanded in later councils.

Council of Trent (1545-1563)
Reckoned by Roman Catholics as the 19th Ecumenical Council, it embodied the ideals of the Counter Reformation and established a solid base for the renewal of discipline and spiritual life in the Roman Catholic Church. The spread of Protestantism and the need for moral and administrative reforms had led to widespread demands for a General Council. Summoned by Paul III in 1537, and it eventually met at Trent in 1545.

Counter-Reformation
Attempt by the Catholic Church, following the Reformation, to return to church to an emphasis on spiritual matters.

Crusade
Military expeditions undertaken by European Christians in the 11th, 12th, and 13th centuries to regain the Holy Land from the Muslims.

Cultural relativism
The belief that no culture is superior to another because culture is a matter of custom, not reason, and derives its meaning from the group holding it.

[D]

Decalogue
The Ten Commandments

Deductive sermon
It starts with assertions, conclusions, propositions, generalizations or principles so as to define, delimit, diminish, dissect or defend its first premise. Reasoning from the general to the specific.

Deism
Belief in God as the creature of the universe who, after setting it motion, ceased to have any direct involvement in it and allowed it to run according to its own natural laws.

Dialectic
The art or practice arriving at the truth by using dialogue involving question and answer. A method of argument that weighs contradictory facts or ideas with a view to their relations.

Diaspora
The scattering of Jews throughout the ancient world after the Babylon captivity in the 6th century B.C.

Didactic sermon
A morally instructive preaching.

Diet
A formal general assembly of the princes or estates of the Holy Roman Empire.

Diocesan structure
The administrative structure adopted by the early

Christian church based on geographical locations where the bishop oversaw each diocese. Five cities: Rome, Constantinople, Jerusalem, Antioch, and Alexandria, held special eminences.

Dispensationalism
A system of biblical interpretation that has been prominent in the church since the resurgence of biblical study in the mid 1800s. John Nelson Darby, C.I. Scofield, and Lewis Sperry were among the most famous advocates of a system of theology. They advocated that the worldly affairs were divinely appointed or revealed.

Divination
The practice of seeking to foretell future events by interpreting divine signs, which could appear in various forms such as in entrails of animals, in patterns in smoke, or in dream.

Docetism
A claim/opinion associated with the Gnostics that Jesus' humanity is merely an illusion, thus it denies the incarnation. An early Church tendency that considers the humanity and sufferings of the earthly Jesus seem to be apparent, but not real.

Dominican order
It was founded in 1266 by the Spanish-born priest, St. Dominic(1170~1221). The creed expounds that Jesus is the Lord and Sunday as the Lord's Day.

Dominion
It refers to either political authority or the realm in which such authority is exercised. Dominion is also used figuratively for the authority of the law, the domination of sin, and death. The dominations are angelic powers that are subordinated to God (Col. 1:16).

Donatism
A product of the followers of Donatus (- d.355), priest in North Africa. His followers lived in the Roman province of Africa and flourished in the fourth and fifth centuries. They claimed that the church must be a church of saints, not sinners. Sacrament such as baptism administered by a priest who surrendered the Scriptures to the authorities could not be valid. It was because they had outlawed the possession of the Scriptures.

Doxology
An expression of praise to God, esp. a short hymn sung as part of a Christian worship service. It often starts, "Glory be to the Father…"

Dualism
The belief that the universe is dominated by two opposing forces, good and evil.

[E]

Eastern and Western Empires
Diocletian divided the empire into two halves in 292. Rome remained the capital city of the Western Empire until AD 476; whereas Constantine placed the capital of the Eastern Empire at Byzantium, later renamed Constantinople.

Ecumenism
A movement promoting unity among Christian churches or denominations. A movement promoting unity among religions through cooperation and understanding.

Edict of Milan
The edict was issued by the Roman Emperor Licinius at Milan in 313, which recognizes freedom of worship for all including Christians, and the restitution of possessions lost since the persecution of 303.

Edict of Nantes
The edict was signed at Nantes in 1598 by King Henry IV at the end of the French wars of religion between the Catholics and the Huguenots. The edict gave extensive freedom of worship and some political rights to the Huguenots.

Edict of Worms
It was a decree issued on May 25, 1521 by the Holy Roman Emperor, Charles V. The Edict decreed Luther to be an outlaw, a heretic, and banned the reading or possessions of his writing. In addition, no one in the empire could provide him with shelter and food.

Enlightenment
Period in the 1700s when philosophers believed that they could apply the scientific method and use

reason to explain human nature logically.

Enthymeme
A syllogism in which one of the premises or the conclusion is not stated logically or explicitly.
e.g. All Koreans love money. (Major premise). I am Korean. (Minor premise). Therefore, I love money. (Conclusion)

Ephesians
They refer to several epistles (letters) that were sent to Ephesius, one of the largest cities in Asia Minor. The city played an important role in the spread of early Christianity since the city was related to the ministries of Paul, Timothy, and the Apostle John.

Epicureanism
A philosophy founded by Epicurus(341-270 B.C.) that stressed the happiness related to freedom from emotional turmoil could be achieved through the pursuit of intellectual pleasure rather than sensual one.

Eschatology
The branch of theology dealing with the end of the world or of humanity.

Ethical monotheism
Religion believing in one god, emphasizing ethics.

Eucharist
A sacramental and the central act of worship in many Christian churches, in which bread*(body)* and wine*(blood)* are consecrated and consumed in remembrance of Jesus' death. A doctrine that the Body and Blood of Christ is universally accepted from the first.

Evangelical
An evangelical is any Christian who holds historically orthodox or conservative theological view. In general, the term applies to western Christians outside the Roman Catholic Church.

Evangelicalism/Evangelism
Belief or doctrine that puts high values on zealous Christian preaching and dissemination of the gospel, as through missionary work. An evangelist is to believe in the authority of the Bible, in salvation through regeneration, and in a transformed personal life.

Exegesis
Critical interpretation or explanation related to scriptural text, which is the foundation of Christian preaching.

[F]

Fallacious logical thinking
Any written or spoken statements considered to be not logically acceptable or justifiable.

False dichotomy
This assumes that there are only two possible choices or solutions, even though there are many.
e.g. To reunify the two Koreas, we must either negotiate with the leaders of North Korea or invade it.

Four Gospels
They are the Gospels of Mark, Matthew, Luke, and John. Mark's is the shortest; it represents Jesus as a man of action and is written with little figures of speech. It is believed to be the earliest of the four, dates around A.D. 70. Scholars believe that Matthew's is written towards the end of the first century, and was intended primarily for a Jewish audience and links Jesus back to the prophets, kings and patriarchs of Israel. Luke's Gospel is the longest of the four and is poetic in tune. It contains many more stories and images. It is believed to have been written around the end of the first and start of the second century. John's text contains lengthy passages in which Jesus tries to explain who he is and why he has come into the world. It is believed to have been written around the end of the second century.

Franciscan
A member of a religious mendicant order founded by St. Francis Assisi in 1209.

Free churches
Protestant churches that are independent of the state.

Fundamentalists
Those who read the scriptures of their religion in a literal, non-metaphorical way as defined by accepted, conservative, orthodox authorities. In the case of Christianity, the term is coined by a series of twelve small books published between 1910 and 1915

under the name of The Fundamentals. The committee assembled to put the series together identified five key doctrines they believe to be the essential core beliefs that all Christians are required to accept. The five fundamentals are:

1. The Virgin birth of Christ
2. Jesus' deity and substitutable atonement for sin
3. Christ's bodily resurrection
4. His literal Second Coming
5. The authority and inerrancy of the Bible

In the case of militant Islamic followers, the term is given by the media shortly after their takeover of Iran in the late 1970s.

[G]

Gentiles

The word translated in English as "Gentiles" refers to "the peoples" in the original Greek. A better translated word would be "foreigners," non-Jews. Christian assessment of Gentiles grew increasingly positive as more and more were baptized. Consequently, Christianity became an overwhelmingly Gentile religion, spreading throughout the Roman Empire.

Golden Rule

This term "Golden Rule" does not appear in the Bible, but it refers to the command of Jesus recorded in the gospels of Matthew and Luke. "Do to others as you would have them do to you" (Luke 6:31).

"So in everything, do to others what you would have them do to you" (Matthew 7:12).

Gnosticism

It refers to a religious or philosophical movement of the early centuries, which is regarded as a heresy within early Christianity. The doctrines and practices of several pre-Christian pagan, Jewish and early Christian sects in which it is held that a secret knowledge could secure release for the soul from imprisonment in the material body. Gnosticism flourishes in the second century A.D. and comes in many varieties claiming that physical world is evil and secret teachings can provide the key to salvation.

Gnostic Controversy

The Gnostics' false teachings first surfaces around AD 60, and by 90-140, Gnostics outnumber Christians in some areas.

Gospel

The first four books on the New Testament, named for the four Evangelists Matthew, Mark, Luke, and John. Generally, it refers to the teaching of Jesus. The Four Gospels are grouped together in the New Testament canon. The Gospels include stories about Jesus, sayings of Jesus and the career of Jesus in a connected narrative from the preaching of John the Baptist to Jesus' death and resurrection. Mark's gospel is the shortest and it presents Jesus as a man of action. It is written without too much rhetorical significances. Luke's gospel is the longest of the four with poetic in tone. It contains many more stories and images. John's gospel includes entire sections with lengthy passages in which Jesus tries to explain who he is and why he has come into the world. Matthew's gospel gives more space to explaining actions for a Jewish audience and links Jesus back to the prophets, kings and patriarchs of Israel.

Great Commission

The Great Commission refers to the place or the Church where Jesus sent out the apostles to evangelize all peoples.

Great Schism

The crisis in the late medieval church when there were first 2 and then 3 popes; ended by the Council of Constance(1414~1418).

[H]

Herald preaching

An emphasis on God's empowering of both the Scripture and the preaching event itself.

Herald preachers (e.g. Billy Graham, Jeremiah Wright, Gardner Taylor) are often dramatic in style using a few large building blocks while presenting several bold issues with fire and calls for a holistic response.

Heresy

Opinion that conflicts with official church beliefs.

Heretics

People who denies the truth of the church's principles or who preaches beliefs not approved by the church.

Hermeneutics
The science and methodology of interpretation esp. of scriptural text.

Homily
Homilies may be lengthy, but they are generally situated in the context of a larger liturgical service. Their forms seek to comment on and elucidate a pair of set of scriptural texts precisely as scriptures.

Hyperbole
Figure of speech that uses exaggeration to express strong emotion or to create a comic effect.
e.g. That limousine was as long as an ocean liner. It is easier for a camel to go through the eye of a needle than for a rich man to enter the kingdom of God. (Matthew 19: 24)

[I]

Icons
Holy pictures of Jesus, the Virgin Mary, or a saint.

Iconoclasm
An 18th century Byzantine movement against the use of icons(pictures of sacred figures), which was condemned as idolatry.

Incarnation
The doctrine that Christ was literally God made flesh.

Inductive sermon
It starts with the particular facts, illustrations, experience, or examples so as to build with the bridge beyond the particulars it starts with, and eventually to draw a conclusion by this process. It stresses that hearers' needs are most important and the preaching must be relevant to them as often practiced by evangelistic, apologetic, pastoral or political preachers.

Indulgences
Paid pardons from punishment for sin. The remission of temporal punishment still due for a sin.

Introit
A hymn or psalm sung at the opening of a Christian service, esp. in the Anglican Church. In Roman Catholic Church, the beginning of the Mass, usually consisting of a psalm verse, an anti-phone, and the Gloria Patri.

Investiture
The act or ceremony of conferring the authority and symbols of a high officer.

[J]

Jansenism
The theological principles of Cornelis Jansen (1585~1638) which emphasize predestination, deny free will, and teach that human nature is incapable of good. These teachings were deemed heretical by Pope Urban VIII.

Jerusalem Council (A.D. 49~50)
Church recognized that the gospel is for Gentiles too.

Jesuits
Catholic religious order founded by Ignatus de Loyola in 1534.

Jesus' 12 disciples
They are Andrew, Bartholomew, James, James (son of Alphaeus), John, Judas Iscariot, Matthew, Peter, Philip, Thaddaeus, and Simon the Zealot. (Matt. 10: 1-4; Luke 6:12-13)

Justification of faith
The primary doctrine of the Protestant Reformation claiming that humans are saved not through good work, but by the grace of God, bestowed freely through the sacrifice of Jesus.

[K]

Kerygma
The proclamation of religious truths as taught in the Gospels.

Kerygmatic preaching
It seeks to capture an evangelical spirit by proclaiming that the kingdom is here and it is time to repent.

[L]

Lay investiture
The practice in which a layperson chose a bishop and invested him with the symbols of both his temporal office and his spiritual office; led to the Investiture Controversy, which was ended by compromise in the Concordat of Worms in 1122.

Lectionary
A book or list of a variant reading or transcription of a text to be read at church service.

Liberation theology
Followers of this theology claim that they should reform religious traditions so as to help or defend socially oppressed or poor people.

Liturgy
Any form or act of public worship: the sequence of hymns, prayers, and other elements that make up a service in church.

Liturgical preaching
It is based on its roots in scripture and liturgy.

The Lord's Prayer
The shorter form is given in Luke 11.2-4, where Jesus responds to a disciple's request:
"Father, hallowed by your name. Your kingdom come. Give us each day our daily bread. And forgive us our sins, for we ourselves forgive everyone indebted to us. And do not bring us the time of trial."

Luke, Gospel of
It is the third and longest book in the New Testament of which narrative starts with an account of the birth of John the Baptist and of Christ, and then generally follows the similar course in Matthew. Luke stresses the Lord's kindness and human understanding and His care for the outcast and the poor. An important feature of Luke's Gospel is the insistence of the salvation offered by Christ's life, death, and teaching is addressed to all, not to the Jews only. Luke wrote his Gospel in Greece and died at the age of 84.

[M]

Mark, Gospel of
Mark is a disciple of St. Peter and the author of the gospel in the New Testament. Papias(c.60~130), Greek Christian prelate and writer who provides information on primitive Christianity and the origins of the Gospels, states that the Gospel was written by Mark, who drew his information from St. Peter. The Gospel of Mark is the shortest account of the ministry of Jesus and he makes it clear that Jesus is the Son of God (Mark 1:1). In addition, Mark wrote the Gospel for Gentile Christians by explaining Jewish customs in detail for the benefit of readers unfamiliar with Judaism.

Matthew, Gospel of
Traditionally it has been held to be the oldest of the four Gospels and it stands first in the New Testament Canon. It was probably written c. A.D. 80~90 by St. Matthew.

Mendicant
A member of an order of friars forbidden to own property in common who work or beg for their living. The member depends on alms or practicing begging for a living.

Mennonite
A member of an Anabaptist church characterized by simplicity of life, pacifism, and nonresistance. Menno Simmons(1469~1561), Dutch religious reformer influenced by Lutheran and Anabaptist thought, was an active organizer and leader of peaceful Anabaptist group in Holland. Mennonite church took its name from him.

Messiah
Transliteration of Hebrew word meaning "Anointed One" that was translated into Greek as Christos. "Christ" or "Messiah" is therefore a name suited to express both the church's link with Israel through the Old Testament and the faith that sees in Jesus Christ the worldwide scope of the salvation in Him.

Millennialism
Within Christianity, it refers to the teaching that Jesus will have an earthly reign of one thousand years on earth.

Modalism

A form of unorthodox teaching on the Trinity which denied the permanence of the three Persons (i.e. The Father, the Son, the Holy Spirit).

Monasticism
A desire to seek God through Christ by a life of asceticism and prayer.

Monism
Belief in the unity of God and creation.

Monophysite
An adherent of the doctrine that, in the person of Jesus, claims there is but a single divine nature.
The doctrine that claims there is only one nature, not two, in the Incarnate Jesus Christ.

Moravian
A member of a Protestant church founded in Saxony in 1722 by Hussites from Moravia. There was a strong Pietistic element in the community, and in the early days they had close links with the Lutheran Church. Since they believed they had a peculiar calling to witness to Christ among people who did not know Him, in 1732 Moravian missionaries began to work in the West Indies, Greenland, and South Africa. Moravians have emphasized fellowship and service rather than creedal statements.

Mystery religions
Religions that involve initiation into secret rites that promise intense emotional involvement with spiritual forces and a greater chance of individual immortality.

Mysticism
During the Medieval Ages, it refers to the immediate experience of oneness with God: the union of soul with God. During the Reformation, it refers to the personal experiences of God – in one's life that constituted true religious experience.

[N]

Nantes (The Edict of Nantes)
Limited religious and civil liberties were granted to the Huguenot, which was issued in 1598 by Henry IV of France and revoked in 1683 by Louis IV.

New Religious Movements (NRM's)
An umbrella term that encompasses groups arisen at the early 19th century, which recognizes the existence of a supreme being but has no doctrine about a practitioner's relationship with the supreme being, leaving that up to the individual instead.

Nicene Council
In 325, the Council at Nicae, ancient city of Bithynia in northwest Asia Minor, wrote down the main beliefs of the church and claimed the existence of the Trinity, the 3 forms in one God (Father, Son, and Holy Spirit).

Nicene Creed
A formal statement of doctrine of the Christian faith adopted at the Council of Nicaea in 325 to defend orthodoxy from Arianism and expanded in later councils.

Nominalism
A school of thought in medieval Europe that, following Aristotle, held that only individual objects are real and that universals are names created by humans.

Nonconformist
One who does not conform to or refuses to be bound by accepted beliefs, customs, or practices. A member of a Protestant church not observing the doctrines, usage, or polity of a national or established church (e.g. the hurch of England).

[O]

Occultism
It is a belief in occult powers and the possibility of bringing them under human control.

Ontology
It refers to branch of metaphysics that deals with the nature of being.
e.g. God is being of which nothing greater cannot be conceived. I can conceive of such a being.
It is greater to exist in reality than merely in the imagination.
Therefore the being of which I conceive must exist in reality.

Orthodoxy
It refers to "right belief," if it conforms to what a church or group officially believes.

[P]

Parable
It is a simple story illustrating a religious or moral lesson.

Passion
The root is the Greek verb, *pascho*, "to suffer," which refers to the suffering of Jesus during the last two days of his life, or in the period of following the Last Supper including the Crucifixion.

Passover
The Jewish festival celebrated each spring in connection with the Exodus. In the time of Jesus Christ it was the chief Jewish festival of the year.

Pauline Gospel
The Gospel pertains to St. Paul or to his writings such as the Pauline Epistles.

Paulinism
In Christian church history, the teachings found in or deducible from the writings of St. Paul.

Pelagianism
The doctrine of Pelagius, a British monk, denying original sin and affirming the exercise of free will to achieve righteousness. The doctrine is condemned by the Roam Catholic Church as heresy in A.D. 416.

Pentateuch
The first five books of the Hebrew Bible (Genesis, Exodus, Leviticus, Numbers, and Deuteronomy).

Pentecost
A renewal religious movement within Christianity that places special stress on a direct personal experience with God through the baptism of the Holy Spirit. This movement commemorates the descent of the Holy Spirit upon the followers of Jesus Christ. Also, this is the day marking the birth of the Church: the seventh Sunday after Easter.

Petrine supremacy
The doctrine that the bishop of Rome, the pope, as the successor of Saint Peter should hold a preeminent position in the church.

Pietism
A late 17th & 18th century movement within Protestantism which seeks to supplant the emphasis on institutions and dogma in orthodox Protestant circles by concentrating on the practice of piety rooted in inner experience & expressing itself in a life of religious commitment. Philipp J. Spener's writing, <u>Pia Desderia</u>(1675) serve as a decisive movement in the development of the Pietism. Simply put, it is a response to the Protestant revivalism for a deeper personal devotion to God.

Polemic
A controversial argument, esp. one refuting or attacking an opinion or a doctrine. The term generally denotes the art of controversy and disputation. Polemics serve to demarcate and fortify the boundaries between "us" and "them" by often deploying explosive language that compels the listener to take a stand. Religious polemics are frequently used to combat opposing interpretations of the truth. Christian polemic serves as the opposite of apologetics in that it attempts to win people away from another belief system or doctrine; whereas, apologetics attempts to persuade them to Christ.

Predestination
A belief, associated with Calvinism, that God as a consequence of His foreknowledge of all events, has predetermined those who will be saved and those who will be damned.

Premise
A proposition upon which an argument is based or from which a conclusion is drawn.
e.g. All human beings are mortal. (Major premise).
Socrates is a mortal. (Minor premise)
Therefore, he is mortal. (Conclusion)

Prophetic preaching
The preaching prophesies that God often has a particular word for a particular time and a particular place; however, this type of preaching cannot be regularized, institutionalized, or made part of the

religious establishment. A variation is that, this preaching refers to a charisma, divinely inspired, which either seeks to recover a faithful word from within the Christian tradition against corrupt practices or seek to discover a necessary word in new situations that threaten the rule of God.

Proselyte
It refers to a person who converted to a new doctrine or religion.

Protestantism
A branch of Christianity developed out of the Reformation, the 16-century protest in Europe against beliefs and practices of the Catholic Church. Three distinct branches of Protestantism emerged at first: Lutheranism, based on the teachings of Martin Luther in Germany; Calvinism, based on the teachings of John Calvin in Switzerland; and Anglicanism established by King Henry VIII in England. Protestantism spread throughout Europe in the 16th century, and later, the world. As differences in beliefs developed, new denominations formed such as (1) Lutheranism; (2) Anglicanism (Episcopalian, Baptist, Methodist, Pentecostal); and, (3) Calvinism (Presbyterian, Reformed).

Proverbs
The book of Proverbs contains the essence of Israel's wisdom. It provides a godly worldview and offers insight into living. The Book represents a compilation of various collections of proverbs, stemming from widely different places and periods.

Psalms
The Old Testament contains 150 Psalms which have been divided into five sections, each section ending with doxology (Book 1, Psalms 1-41; Book 2, 42-72; Book 3,, 78-89; Book 4, 90-106; Book 5, 107-150), The Psalms are held to cover the whole range of relations between God and human beings.

Puritans
English Protestants inspired by Calvinist theology who wished to remove all traces of Catholicism from the Church of England. Puritanism, a movement for "a more godly through Reformation" in the English church and society, began in 1560. Besides, Puritans advocated strict religious discipline and simplification of the ceremonies & orders of the Church of England.

[Q]

Quaker
A member of a religious sect, the Society of Friends, founded by an English religious leader, George Fox(1624~1691), who preached the superiority of God-given inspiration over scriptural authority or creed. Members believe in plainness of dress, manners, and religious worship, and are opposed to military service and taking oath.

[R]

Rationalism
A system of thought regarding that human reason and experience are the chief sources of knowledge.

Realism
In medieval Europe, the school of thought that, following Plato, held the individual objects we perceive are not real but merely manifestations of universal ideas existing in the mind of God. In the 19th century, a school of painting that stressed the everyday life of ordinary people, depicted with photographic realism.

Reincarnation
Belief in the rebirth of the soul.

Relic
An object considered to be particularly holy.

Revelation, Book of
This is the last book in the New Testament and the only one that is on Apocalypse. The author is identified as John. The book is a manifestation of divine will or truth which reveals "of, from, about" Jesus Christ structured based on an apocalyptic literature.

[S]

Sacraments
Visible forms of invisible grace. Ceremonies at which participants receive God's direct favor or grace to help ward off the consequence of sin.

Scholasticism
Medieval philosophy attempting to bring together faith and reason. The dominant western Christian ideological and philosophical school of the Middle Ages based on the authority of the Latin Fathers and of Aristotle and his commentators.

Secularization
The process of becoming more concerned with material, worldly, temporal things and less with spiritual and religious things.

Septuagint
A Greek translation of the Hebrew Bible made in the third century B.C.

Simony
Practice of buying high positions in the Catholic Church, common during the Middle Ages.

Social Darwinism
The application of Darwin's principle of organic evolution to the social order, which leads to the belief that progress comes from the struggle for survival as the fittest advance and the weak decline.

Social gospel
It refers to a movement in the late 19th and early 20th centuries that seeks to use Christian values to improve the living conditions of the poor.

Society of Jesus
It is often called "Jesuit," which was founded by Ignatius Loyola in 1540 as a society of priest dedicated to the service of the Catholic Church.

Socratic discourse/method
A form of teaching that uses a question-and-answer format to enable students to reach conclusions by using their own reasoning.

Soliloquy
A long speech in which a character alone expresses his/her thoughts aloud on stage.

Sophists
Wandering scholars and professional teachers in ancient Greece who stressed the importance of rhetoric and tended toward skepticism and relativism.

Stoicism
A philosophy founded by Zeno in the 4th century B.C., which teaches that happiness can be obtained by accepting one's lot and living in harmony with the will of God, thereby achieving inner peace.

Stoics
A member of a Greek school of philosophy founded by Zeno Citium(B.C. 335~262), believing that human beings should be free from passion and calmly accept all events as the inevitable result of divine will or natural order. Stoics viewed that the universe was permeated by the Logos/Reason, also referred to as God or Providence. Human beings are particles of God, for divine Reason is manifested in a special way in human reason.

Syllogism
A form of deductive reasoning consisting of a major premise, a minor premise, and a conclusion.
e.g. All human beings are mortal (Major premise).
I am a human being (Minor premise).
Therefore, I am mortal (Conclusion).

Syncretism
The combining of different forms of belief or practice as two gods are regarded as different forms of the same underlying divine force and are fused together.

[T]

Textual sermon
A type of sermon that finds its theme and goal in a text so as the text determines the choice of the sermon topic.

Topical sermon
A sermon that begins with a theme and goal in the mind of the preacher before he turns to a text to define it. A good topical preaching is integrative while reaching out in all relevant directions for substance and form in order to make the best possible case for the matter under consideration. This sermon relies on scripture, for the Bible is the common ground on which both preacher and congregation meet.

Torah

The body of law in Hebrew contained in the Pentateuch: the first 55 books of the Hebrew Bible.

Traducianism
The theory that human soul is transmitted by parents to their children

Transubstantiation
A doctrine of the Roman Catholic Church which teaches that during the Eucharist the conversion of the whole substance of the bread and wine into the whole substance of the body and blood of Jesus Christ.

[U]

Unitarianism
The denial of the Trinity, and insistence that God is simply a single person. Modern Unitarianism developed during the Enlightenment. Belief that a law is useful if it leads to "the greatest happiness of the greatest number" of the people.

Universal Church
"Catholic Church" before A.D. 1054: the split between Rome and Constantinople, is often translated as "Universal Church."

Universal religions
Those that address themselves to all humanity and have had a sufficient measure of success in doing so (e.g. Buddhism, Christianity, Islam).

Utopian socialists
Intellectuals and theorists in the early 19th century who favored equality in social and economic conditions and wished to replace private property and competition with collective ownership and cooperation.

[V]

Vulgate
Latin version of the Bible translated by Jerome about A.D. 400s.

[W]

Waldensian
A Christian schismatic sect that originated in southern France in the later 12th century and adopted Calvinism in the 16th century. Peter Waldo, French religious leader(?~1218) founded the Waldenses and was excommunicated in 1184.

World-machine
Newton's conception of the universe as one huge, regulated, and uniform machine that operated according to natural laws in absolute time, space, and motion.

[Z]

Zionism
National movement to build a homeland for the Jews in Palestine.

Zoroastrianism
A religion founded by the Persian Zoroaster in the 7th century B.C., which is characterized by worship of a supreme god, Ahuramazda, who represents the good against the evil spirit, Ahriman.

세계사를 바꾸어 놓은 기독교 설교
Christian Preachers Who Changed the World

초판 인쇄 2019년 2월 25일
초판 발행 2019년 2월 28일

저자 Byungki Song · Kyuchul Yang
번역 조 영 석

표지디자인 배 영 미
내지 편집 박 지 현

발행인 전 호 환
펴낸곳 부산대학교 출판부
주소 – 부산광역시 금정구 장전동 부산대학로 98
전화 – (051) 510 – 1932~3
전송 – (051) 512 – 7812
등록 – 제카 11-2 1992. 9. 10.

* 잘못된 책은 구입한 서점에서 교환해 드립니다.

정가 24,000원

ISBN 978-89-7316-615-2 03200

이 도서의 국립중앙도서관 출판예정도서목록(CIP)은
서지정보유통지원시스템 홈페이지(http://seoji.nl.go.kr)와
국가자료공동목록시스템(http://www.nl.go.kr/kolisnet)에서 이용하실 수 있습니다.
(CIP제어번호: 2019007341)